《环境损害司法鉴定概论》

编 委 会

主　编：宋有涛　臧淑艳　孙丛婷

副主编：邹华国　吕　晖　张国徽

编　委（以姓氏笔画为序）：

王欣若　布乃顺　吕　晖　乔建芳　刘宏伟

安宇宏　孙丛婷　李志辉　邱立春　邹华国

宋有涛　张国徽　岳　力　郑　蕴　赵　悦

袁俊文　黄金玲　葛红霞　臧淑艳　霍焱焱

顾　问：朱京海

普通高等教育“十四五”规划教材

环境损害司法鉴定概论

宋有涛　臧淑艳　孙丛婷　主　编

邹华国　吕　晖　张国徽　副主编

中国环境出版集团·北京

图书在版编目（CIP）数据

环境损害司法鉴定概论/宋有涛，臧淑艳，孙丛婷主编. —北京：中国环境出版集团，2022.1
普通高等教育“十四五”规划教材
ISBN 978-7-5111-5014-1

Ⅰ. ①环… Ⅱ. ①宋…②臧…③孙… Ⅲ. ①环境污染—司法鉴定—中国—高等学校—教材 Ⅳ. ①D922.683

中国版本图书馆 CIP 数据核字（2022）第 009434 号

出 版 人　武德凯
责任编辑　宾银平
责任校对　任　丽
封面设计　彭　杉

出版发行　中国环境出版集团
（100062　北京市东城区广渠门内大街 16 号）
网　　址：http：//www.cesp.com.cn
电子邮箱：bjgl@cesp.com.cn
联系电话：010-67112765（编辑管理部）
发行热线：010-67125803，010-67113405（传真）
印　　刷　北京中科印刷有限公司
经　　销　各地新华书店
版　　次　2022 年 1 月第 1 版
印　　次　2022 年 1 月第 1 次印刷
开　　本　787×1092　1/16
印　　张　19.5
字　　数　450 千字
定　　价　68.00 元

序　言

随着生活水平的提升，人们对环境质量的要求也越来越高。但是随着人口的增长和经济的发展，自然环境的损害越来越严重，各种环境问题日益突显。环境损害司法鉴定是环境审判最为重要的技术保障，对确保诉讼顺利进行、精准恢复生态基线、规范企业和个人生产生活方式有着独特的作用。2015 年 12 月，最高人民法院、最高人民检察院、司法部联合发文，将环境损害司法鉴定纳入司法鉴定统一登记管理范围。2017 年 12 月，中共中央办公厅、国务院办公厅联合印发了《环境损害赔偿制度改革方案》，要求尽快在全国范围内构建责任明确、途径畅通、技术规范、保障有力、赔偿到位、修复有效的环境损害赔偿制度。近年来，我国的环境民事公益诉讼蓬勃发展，但无论是民事公益诉讼还是生态环境损害赔偿，都离不开司法鉴定。因此，迫切需要编著一本集环境损害与司法鉴定于一体的实用性教材。

由宋有涛、臧淑艳和孙丛婷等编写的《环境损害司法鉴定概论》一书，以习近平生态文明思想为引领，理论结合实践，从实际应用角度出发，全面地介绍了我国现行环境损害司法鉴定政策和措施，梳理了环境损害司法鉴定方面的重要法律、法规，并结合典型案例给予针对性解读，实用性强。在结构设计上，由浅入深，层层渗透，逻辑性强，是一本面向普通高等学校环境类专业的本科生教材和环境损害司法鉴定的技术培训用书，以后将逐步引入到研究生教学中。

2003—2016 年，我担任辽宁省环境保护厅副厅长、厅长，虽然当时我们社会在整体上进入了市场经济时代，但是在环境管理上的诸多方面还保留着计划经济的思维模式和方法。例如，环境损害赔偿就没有列入法律程序，导致人民群众的环境利益在受到损害后，得不到合理补偿，造成了不少社会矛盾，而在处理这些社会矛盾当中又无法可依、无章可循。因此，在我看来，环境损害司法鉴定，是我们国家在环境领域走向市场经济、走向法制社会的一个重要标志。

宋有涛教授担任辽宁大学环境学院院长多年，是环境损害司法鉴定和环境损害公益诉讼国家库的专家，他作为专家组组长于2018年主持了辽宁省首批环境损害司法鉴定机构评审，2020 年牵头辽宁大学获批生态环境部生态环境损害鉴定评估资质，迄今完成了省内外数十个生态环境损害鉴定评估案例，并组织了多次环境损害司法鉴定和生态环境损害鉴定评估等相关培训，积累了丰富的经验。这次很高兴看到他和辽宁省司法厅合作，集聚该领域诸方面人才，花费两年多时间打磨、润色编成初稿，并对其进行多次修改和补充，共同完成了这本面向全国的《环境损害司法鉴定概论》教材，希望该教材能对环境损害司法鉴定在全社会的推广和发展起到积极的作用。

环境损害司法鉴定案例的研究还处于起步阶段，对相关内容的规律性概括也存在进一步深化的空间。期待宋有涛教授跟踪近年发生的案例，尽快取得此方面的研究成果。

朱京海

2021 年 7 月 1 日

前　言

随着人口数量的不断增加和生产力水平的逐步提高，人类对自然环境的影响越来越大，甚至已经超过了自然环境的承受能力，而且人为破坏环境的案件不断上升，由此导致了生态环境问题。环境损害司法鉴定研究的实质是运用以环境损害学为基础的多学科交叉的综合专业知识，解决困扰环境污染和生态破坏相关责任追究的司法鉴定问题。通过分析和研究环境损害、修复、保护与司法鉴定之间的关系，可以最大限度地利用司法手段，实现保护环境、惩处生态环境破坏者，并且在争取环境效益、社会效益的同时，实现总体经济效益的最大化，维护社会的可持续发展。因此，无论是理论研究人员，还是实践工作者，学习环境损害司法鉴定都具有重要的现实意义。

笔者作为环境损害司法鉴定的国家库专家，于 2018 年主持了辽宁省首批环境损害司法鉴定机构评审，2020 年牵头辽宁大学获批生态环境部生态环境损害鉴定评估资质（全国共三批 42 家，且仅有中国地质大学、武汉大学、大连理工大学和辽宁大学 4 所高校）。近几年，我们多次组织了环境损害司法鉴定和生态环境损害鉴定评估等相关培训，积累了较丰富的经验。为了教学工作的需要，我们从 2019 年开始着手编纂一本面向普通高等学校环境类及相关专业本科生学习的教材——《环境损害司法鉴定概论》，以适应国家的“新工科”和“新文科”建设需求，同时期待本教材也可作为环境、生态、法律和经济类等相关专业研究生和社会上生态环境管理及技术人员的参考书。在编纂本教材时，我们研读了大量的国内外环境损害司法鉴定及其相关的教材、专著、文件，并广泛检索、搜寻相关论文、案例，进行系统梳理；花费两年多时间，编成初稿，逐步引入本科生教学和环境损害司法鉴定的技术培训中，并对其进行多次修改和补充，方定此稿。

本教材具有以下特点:

（1）实用性强

截至目前,从管理及鉴定意见的形成与采信角度诠释有关环境损害司法鉴定相关内容的图书很少。然而，环境损害司法鉴定是在诉讼活动中鉴定人运用环境科学的技术或者专门知识，采用监测、检测、现场勘察、实验模拟或者综合分析等技术方法,对环境污染或者生态破坏诉讼涉及的专门性问题进行鉴别和判断并提供鉴定意见的活动。在具体实施过程中，缺少专业指南和相关教材系统论述环境损害司法鉴定从启动到鉴定意见的形成及采信这一过程中所涉及的法律政策、理论指导、技术支撑等内容。为了填补该空白，本教材侧重于对环境损害司法鉴定人的技术要求及鉴定过程中应用的理论模型和技术方法进行详细论述,能够为环境损害司法鉴定人提供技术支撑。

（2）系统性强

本教材在结构设计上，由浅入深，层层渗透，逻辑性强。由司法鉴定概述开始，先探讨基本理论，然后过渡到环境损害司法鉴定，随后接续环境损害司法鉴定人的管理层面和技术深度、广度，最后综合所学的全面知识分析案例。为了方便读者查阅书中所提到的法律法规和国标、行标，本书附录给出了其中较为重要、常用的部分，从而使教材内容前后照应，系统性强。通过对本教材的系统学习，读者基本可具备对常见环境损害案例的分析能力，为环境损害鉴定工作的实际开展奠定基础。

（3）梳理了环境损害司法鉴定方面的重要法律、法规

2015 年 12 月，最高人民法院、最高人民检察院、司法部联合印发的《关于将环境损害司法鉴定纳入统一登记管理范围的通知》，正式将环境损害司法鉴定纳入司法鉴定行政主管部门统一登记管理之中。为此，我们仔细梳理了国家层级 2015 年 12 月以来环境损害司法鉴定方面的重要法律、法规，并对必要的法律、法规进行了摘录和说明。

本教材是编委集体智慧的结晶。特别感谢我的导师——辽宁省环境科学学会理事长、原辽宁省环境保护厅厅长朱京海教授，作为顾问在环境损害司法鉴定与生态

环境管理结合方面做出的重要贡献。感谢沈阳化工大学臧淑艳教授、辽宁大学孙丛婷教授在环境损害司法鉴定的理论和实践方面，辽宁省司法厅公共法律服务管理处邹华国同志、吕晖同志在环境损害司法鉴定的资质和技术管理方面，辽宁省环境科学学会秘书长张国徽教授对本教材在教学、培训适用性方面，原辽宁省公安厅环境安全保卫总队副总队长刘宏伟同志在环境损害司法鉴定案例实践方面的贡献。另外，编委会成员辽宁大学环境学院布乃顺副教授、博士研究生王欣若、郑蕴，辽宁大学信息化中心高级实验师赵悦，辽宁大学城市与能源环境国际工程研究院生态环境损害鉴定评估研究中心岳力教授级高工、李志辉、乔建芳、邱立春、袁俊文，辽宁省司法厅公共法律服务管理处霍焱焱，东北大学无锡研究院安宇宏，中国医科大学黄金玲，辽宁嘉良检测技术工程有限公司葛红霞等参与了本教材的撰写并帮助收集资料、整理、校对，他们做了大量烦琐的工作，在此对他们的鼎力相助表示由衷的感谢。此外，感谢中国环境出版集团为本书出版付出的辛勤劳动。

在本教材编写过程中，我们参阅了国内外大量相关文献，得到了许多信息和启发，受益匪浅，从而使本教材得以按计划完成。借此教材出版之际，再次对帮助和支持我们的所有人员表示衷心的感谢。

由于时间和作者水平有限，书中难免有不妥之处，敬请各位读者、专家、同行朋友惠予指正。

宋有涛

2021 年 6 月 1 日

目　录

第 1 章　司法鉴定概述……1

1.1　司法鉴定的概念……1

1.2　司法鉴定的基本性质与基本属性……5

1.3　司法鉴定的功能与任务……8

1.4　司法鉴定的研究对象及学科体系……17

1.5　司法鉴定发展的基本趋势……20

第 2 章　环境损害司法鉴定概述……24

2.1　环境损害司法鉴定的概念及功能……24

2.2　环境损害司法鉴定的特殊性……28

2.3　环境损害司法鉴定的管理……35

2.4　环境损害司法鉴定的启动……48

2.5　环境损害司法鉴定的受理……53

2.6　环境损害司法鉴定的实施……59

2.7　环境损害司法鉴定的标准……66

第 3 章　环境损害司法鉴定人的管理……73

3.1　环境损害司法鉴定人管理的现状……73

3.2　环境损害司法鉴定人管理面临的问题……75

3.3　环境损害司法鉴定人管理的完善……77

3.4　评审专家库管理的完善……80

3.5　司法鉴定职业道德基本规范……85

第 4 章 环境损害司法鉴定技术要求 86
4.1 污染物性质鉴定 86
4.2 地表水和沉积物环境损害鉴定 92
4.3 空气污染环境损害鉴定 107
4.4 土壤与地下水环境损害鉴定 120
4.5 近海海洋与海岸带环境损害鉴定 128
4.6 生态系统环境损害鉴定 145
4.7 其他环境损害鉴定 149

第 5 章 环境损害司法鉴定典型案例 151
5.1 山东省济南市章丘区 6 家企业非法倾倒危险废物生态环境损害赔偿案 151
5.2 贵州省息烽大鹰田 2 家企业非法倾倒废渣生态环境损害赔偿案 152
5.3 浙江省诸暨某企业大气污染生态环境损害赔偿案 154
5.4 天津经济技术开发区某企业非法倾倒废切削液和废矿物油生态环境损害赔偿案 155
5.5 江苏省苏州市高新区某企业渗排电镀废水生态环境损害赔偿案 156
5.6 湖南省郴州屋场坪锡矿“11·16”尾矿库水毁灾害事件生态环境损害赔偿案 157
5.7 深圳市某企业电镀液渗漏生态环境损害赔偿案 159
5.8 安徽省池州月亮湖某企业水污染生态环境损害赔偿案 160
5.9 上海市奉贤区张某等 5 人非法倾倒垃圾生态环境损害赔偿案 161
5.10 重庆市两江新区某企业非法倾倒混凝土泥浆生态环境损害赔偿案 162
5.11 “散乱污”严重污染环境刑事案件 164
5.12 江西省九江市人民政府诉江西正鹏环保科技有限公司、杭州连新建材有限公司、李德等 7 人生态环境损害赔偿责任案 165
5.13 重庆市南川区林业局诉李成冬生态环境损害赔偿纠纷案 166
5.14 山东省生态环境厅诉山东道一新能源科技有限公司合同纠纷案 167
5.15 江苏省人民政府诉安徽海德化工科技有限公司生态环境损害赔偿案 168
5.16 山东省生态环境厅诉山东金诚重油化工有限公司、山东弘聚新能源有限公司生态环境损害赔偿诉讼案 169
5.17 黑龙江省双鸭山市某林场矿石非法开采案 171
5.18 辽宁省大连市某企业废水非法倾倒污染生态环境损害赔偿案 172
5.19 辽宁省旅顺某包装制品公司污染环境赔偿案 173

附 录 175
附录 1 全国人民代表大会常务委员会关于司法鉴定管理问题的决定 175
附录 2 司法鉴定人登记管理办法（修订征求意见稿） 178
附录 3 环境损害司法鉴定机构登记评审细则 184
附录 4 司法部 生态环境部关于印发《环境损害司法鉴定执业分类规定》的通知 208
附录 5 环境损害司法鉴定机构名册（78 家） 217
附录 6 生态环境损害鉴定评估推荐机构名录 227
附录 7 全国环境损害司法鉴定机构登记评审专家库（国家库）专家名单 229
附录 8 司法部办公厅关于进一步做好环境损害司法鉴定管理有关工作的通知 238
附录 9 最高人民法院 最高人民检察院 公安部 司法部 生态环境部关于办理环境污染刑事案件有关问题座谈会纪要 241
附录 10 最高人民法院 最高人民检察院关于办理环境污染刑事案件适用法律若干问题的解释 249
附录 11 常用的环境价值评估方法 253
附录 12 国家危险废物名录（2021 年版） 255
附录 13 第二批生态环境损害赔偿磋商十大典型案例 281

参考文献 295

第1章　司法鉴定概述

在系统学习环境损害司法鉴定相关知识体系之前，有必要了解司法鉴定的基本定义、属性、功能、任务、研究对象、发展趋势等内容。本章主要介绍了司法鉴定的概念，司法鉴定的基本性质与基本属性，司法鉴定的功能与任务，司法鉴定的研究对象及学科体系，以及司法鉴定发展的基本趋势。

1.1　司法鉴定的概念

1.1.1　司法鉴定相关语义界定

在相关行业、部门中存在若干与司法鉴定的内涵、外延较为相近的专业术语，通过对这些术语的语义界定，可以明晰其与司法鉴定的区别与联系。

（1）鉴定：指具有专业知识的技术人员经过一定程序和科学实验，对特定客体的本质特征及其周边关系所作的识别与判定。

（2）技术鉴定：指具有专门技术和专门经验的人对特定法律事实或客体的性质、状态或质量等所进行的识别与判定。一般分为初样成果技术鉴定和试验样机的设计定型技术鉴定两种。在设计定型技术鉴定中，还必须提供工艺文件、成本分析文件和经济可行性文件以便全面评价产品的设计和工艺。大量事实证明，技术鉴定并不是对技术成果作出客观评价的最好形式。发达国家都逐渐抛弃了这种主观成分过多的评价方式而代之以客观的检测和合理的统计，这就需要技术参数的标准化、系列化，测试和例行实验手段的科学化、现代化。

（3）物证技术鉴定：物证是指据以查明案件真实情况的一切物品和痕迹。这些物品和痕迹包括作案的工具，行为所侵害的客体物，行为过程中所遗留的痕迹与物品，以及其他能够揭露和证明案件发生的物品和痕迹，等等。物证技术鉴定通常是指对物质、物品、物体和文书等有形物及其所反映的形象的鉴定。

（4）刑事技术鉴定：也称刑事科学技术鉴定，是公安机关、司法机关依照《中华人民共和国刑事诉讼法》（简称《刑事诉讼法》）的规定，运用自然科学和社会科学的相关原理和方法，为确定与案件有关的某项事实或证据，而对一定的人体或物品进行检查和勘验的一种技术手段。其是以形象痕迹、作为物证的文书、枪弹和其他有关的人体或物品为检验对象，以解决同一认定或种属鉴定为主要任务的专门技术。通常包括物品鉴定、痕迹鉴定和法医鉴定。刑事技术鉴定由专门机关和鉴定人依法进行。

（5）检察技术鉴定：是我国检察机关对所属鉴定部门从事的专门性技术活动的称谓，而非严格意义上的根据学科分类或法律划分进行的命名。

（6）法医技术鉴定：人民法院的鉴定机构出具的鉴定书经常被称为法医技术鉴定书，这是因为人民法院鉴定机构早期只为审判机关提供法医技术服务，虽然后来人民法院技术鉴定范围不断扩展，但还是称法医技术鉴定。在 2005 年 10 月《全国人民代表大会常务委员会关于司法鉴定管理问题的决定》（以下简称《决定》）实施后，法院技术鉴定部门就不再从事鉴定工作。

（7）法庭科学鉴定：指运用自然科学理论与技术为法律工作服务的系列学科的总称。该词语最初诞生于 20 世纪 40 年代末期的欧美国家，时至今日，已成为欧美国家诉讼法律体系对解决案件中专门性问题的科学实证活动的特定称谓。其中，欧美国家的法庭科学鉴定与我国的司法鉴定的概念基本一致；司法机关聘请或法官命令或当事人委托进行的法庭科学鉴定与我国司法鉴定也没有本质区别，但鉴定范围与我国司法鉴定范围有一定差别。

1.1.2 司法鉴定的内涵

1.1.2.1 司法鉴定的起源

“司法鉴定”一词在中文语境中存在的历史相对较短。20 世纪 50 年代中期，我国在学习苏联经验、模式的同时，从俄语中翻译并引入“司法鉴定”一词。该词最早源于苏联专家楚贡诺夫编写的“司法鉴定”讲义的名称。此后，苏联专家马阔廖夫、柯尔金等分别在上海、北京等地举办了数期司法鉴定培训班，并普遍使用了以司法鉴定为名称的培训讲义。在这一阶段，我国建立的一些鉴定机构开始以“司法鉴定”为前缀进行命名。1955 年，“最高人民法院华东分院法医研究所”在更名为“司法部法医研究所”的同时，增挂“司法部司法鉴定科学研究所”牌子，以承担法医学和刑事技术的检验鉴定工作。2005 年，《决定》第一次以法律的形式对“司法鉴定”一词进行权威界定。至此，“司法鉴定”一词在中文语境中已从专业领域的习惯表述上升为国家层面的法律用语。

1.1.2.2 司法鉴定的定义

对司法鉴定的表述，在《决定》颁布前，观察角度不同造成了对其概括和界定的不统一。例如，从司法鉴定的应用范围、决定机关、任务目的、鉴定主体等方面，司法鉴定被定义为：在诉讼中，有法定司法鉴定决定权的机关和部门，依其职权，或自己决定，或应犯罪嫌疑人、被告人的请求，或任何一方当事人的请求，委派具有专门知识、技能或特别经验的人，对案件涉及的某些专门问题进行鉴别、判断的活动。从司法活动层面，司法鉴定被定义为："在诉讼活动中，对于案件中的某些专门性问题，按诉讼法的规定，经当事人申请，司法机关决定，或司法机关主动决定，指派、聘请具有专门知识的鉴定人，运用科学技术手段，对专门性问题作出结论的一种核实证据的活动。简单而言，司法鉴定就是侦查、起诉、审判等诉讼活动中依法进行的鉴定。"从学者角度，司法鉴定又被定义为："人民法院、人民检察院、公安机关、国家安全机关、监狱对案件立案前调查或诉讼执行中的专门问题，由本部门鉴定机构中有专门知识的人或者委托社会专业鉴定组织中有专门知识的人进行检验、评断的活动"，"诉讼过程中鉴定机构和鉴定人依法对案件涉及的专门性问题进行分析、研究和鉴别并作出结论的活动"，"司法鉴定人接受司法机关、仲裁机构或当事人的委托，依照法律规定的条件和程序，运用专门知识或技能对诉讼仲裁活动中所涉及的某些专门性问题进行鉴别和判定的活动"，等等。

除上述几种表述外，还有广义的司法鉴定和狭义的司法鉴定之分。广义的司法鉴定是指在争议解决过程中，鉴定人运用科学技术或者专门知识对争议解决中涉及的专门性问题进行鉴别和判断并提供鉴定意见的活动。狭义的司法鉴定也就是《决定》中对司法鉴定的定义，即在诉讼活动中鉴定人运用科学技术或者专门知识对诉讼中涉及的专门性问题进行鉴别和判断并提供鉴定意见的活动。通过对比发现，广义的司法鉴定与狭义的司法鉴定的共同点是：二者均包含司法鉴定的实施主体、司法鉴定的具体任务、司法鉴定的基本手段以及司法鉴定的服务领域这些基本要素。二者的不同点是：在司法鉴定服务的领域方面有宽窄之分，狭义的司法鉴定所服务的领域仅限于诉讼活动，而广义的司法鉴定包括为诉讼、仲裁、调解、和解等多种争议解决过程提供科学实证的活动。

本书所讲的司法鉴定就是狭义的司法鉴定，其主要包括以下几个方面：

1）司法鉴定的服务领域

司法鉴定主要是为诉讼服务的，是在诉讼活动中进行的，因此是一项涉及诉讼的活动。《决定》第一条把诉讼法中的"鉴定"称为"司法鉴定"，并不是鉴定活动本身具有司法职能，而是因为鉴定是在司法诉讼活动中进行的。但这类活动并不都属于《决定》所指的司法鉴定。只有在诉讼活动中对案件的某些专门性问题进行鉴别和判断的活动，才属于司法鉴定的范畴。

我国的诉讼活动包括刑事诉讼、民事诉讼、行政诉讼三种，在这三种诉讼活动中发生的鉴定都属于《决定》所指的司法鉴定。从《决定》中界定的司法鉴定的内涵来看，凡涉及诉讼的专门性问题都需要进行司法鉴定予以解决。在涉及诉讼的理解上，应当包括刑事诉讼、民事诉讼、行政诉讼的诉前准备、诉中和诉后的执行各个阶段，不应把司法鉴定仅仅局限于案件正式提起诉讼后的审判阶段。

2）司法鉴定的实施主体

司法鉴定实施的主体是司法鉴定人。需要明确的是鉴定人不属于司法工作人员，而是一种特殊的证人，而且作为一种特殊的证人，有出庭作证的义务。《刑事诉讼法》第一百八十七条第三款是关于鉴定人出庭的规定，主要包括两个方面的内容：鉴定人出庭的条件和对不出庭的鉴定意见如何处理。《决定》规定，在诉讼中，当事人对鉴定意见有异议的，经人民法院依法通知，鉴定人应当出庭作证。《中华人民共和国民事诉讼法》（简称《民事诉讼法》）第七十八条规定："当事人对鉴定意见有异议或者人民法院认为鉴定人有必要出庭的，鉴定人应当出庭作证。经人民法院通知，鉴定人拒不出庭作证的，鉴定意见不得作为认定事实的根据；支付鉴定费用的当事人可以要求返还鉴定费用。"实践中应当注意的是，不能把鉴定机构等同于鉴定人。鉴定机构是由一定数量的鉴定人组成的组织。《决定》规定接受鉴定委托的应当是鉴定机构，鉴定机构接受当事人或有关部门的委托后应当指派鉴定人进行鉴定，并由具体从事鉴定工作的人员在鉴定意见上署名。

3）司法鉴定的具体任务

司法鉴定的目的是解决诉讼涉及的专门性问题。依照我国有关法律规定，对于诉讼涉及的专门性问题需要进行鉴定的，应当依法进行鉴定。有关司法鉴定的具体任务请参见本书"1.3.3 司法鉴定的任务"。

4）司法鉴定的基本手段

司法鉴定是诉讼活动中一项重要的调查取证活动。在诉讼中有些问题通过人们的五官感知或逻辑推理是无法直接认识和判断的，必须借助科学技术或专门知识进行鉴别和判断。司法鉴定作为诉讼活动，是人们在利用自然和改造自然的过程中，经过日积月累，形成了反映自然、社会、思维等客观规律的知识体系；也是人们在生产劳动实践中，在某个领域、某个方面积累起来的一些知识经验。因此，科学技术和专门知识是司法鉴定解决诉讼涉及专门性问题的基本手段与方法。

5）司法鉴定的结果表述

鉴定人在完成鉴定工作后应当依照法律规定及与委托方的协议约定，向委托人提供由鉴定人本人签名的书面鉴定意见。《决定》中将司法鉴定结果表达形式由原先的"鉴定结论"修改为"鉴定意见"，"鉴定意见"的表述比"鉴定结论"更为科学、准确，更符合鉴定活动的内在属性。而新修订的《刑事诉讼法》《民事诉讼法》中也已将"鉴定结论"改为"鉴定意见"，这一变动更好地反映了司法鉴定活动的本质特征。

鉴定意见作为司法鉴定个人的认识和判断，表达的只是鉴定人个人的意见。对整个案件来说，鉴定意见是诸多证据中的一种证据，鉴定意见在法庭审理中应当接受质证。审判人员应当结合整个案件的全部证据加以审查，综合判断其能否作为认定案件事实的根据。

1.2　司法鉴定的基本性质与基本属性

1.2.1　司法鉴定的基本性质

司法鉴定既不是行政行为，也不是司法行为和一般的科学技术行为。司法鉴定是一种运用科学技术、专门知识、职业技能和执业经验为诉讼活动尤其是司法审判活动提供技术保障和专业化服务的司法证明活动，其本质是法律性与科学性的有机统一。在司法鉴定具体实践中，则体现出鲜明的双重性。

（1）司法鉴定活动的双重性。司法鉴定活动既是一种科学实证活动，也是依法参与诉讼的活动。

（2）司法鉴定机构的双重性。除一少部分专门的司法鉴定机构外，大批社会行业鉴定机构既是本行业的鉴定机构，经过依法申请登记后又是司法鉴定机构。

（3）司法鉴定人身份的双重性。除少量专职的司法鉴定人，多数则为经过批准的兼职司法鉴定人。这些兼职司法鉴定人，既是本行业的专业技术人员，同时在需要从事司法鉴定业务时又是具有司法鉴定人执业资格的司法鉴定人。

（4）调整司法鉴定活动的规范也具有双重性，既包括法律规范，又包括行政规范、技术规范。

（5）权力配置的双重性。既涉及司法权，又涉及行政权。

（6）司法鉴定制度的双重性。司法鉴定制度既涉及司法制度，如司法鉴定的实施制度，司法鉴定结论的举证、质证、认证和采信制度，又涉及司法行政管理制度，如司法鉴定人的职业资格准入和监督、管理，鉴定机构的设立、授权和资质管理，司法鉴定人的教育培训，司法鉴定活动的监督评估，等等。

正是因为司法鉴定在实际工作中具有这些双重性，所以管理模式必须与之相适应。这就要求司法鉴定的许可登记只能是在取得行业资质基础上的“二次准入”。管理模式的思考和设定，只有从这一实际出发，建立科学合理的双重管理结构，实现间接管理与直接管理的有机统一，才能优化司法鉴定管理资源的配置，推进登记主管机关与业务主管部门的最佳功能整合。

司法鉴定双重性的特点在实践活动中有着重要的意义：

（1）司法鉴定活动的双重性特点决定了司法鉴定作为法律性与科学性相统一的特殊科学鉴定，其与普通的技术鉴定和行业鉴定具有明显的区别。

（2）司法鉴定活动的双重性特点决定了司法鉴定活动不同于侦查活动、检察活动以及审判活动，司法鉴定是一种对诉讼涉及的专门性问题进行鉴别和判断并提供鉴定意见的专门活动。

（3）司法鉴定活动的双重性特点决定了相关领域的专业技术职务任职条件不得替代司法鉴定人的职业资格。同时，相关法人、组织未经司法鉴定主管部门的批准、登记，不得享有司法鉴定权。根据这一理念，人民法院在对外统一委托司法鉴定业务时，应当在司法鉴定主管部门登记公告的名册内，委托具有鉴定资质的司法鉴定机构与司法鉴定人进行鉴定工作。

（4）司法鉴定活动的双重性特点决定了司法鉴定的管理模式是一种行为管理，是兼具直接管理与间接管理的一类专门管理模式。

（5）司法鉴定活动的双重性特点决定了司法鉴定制度的改革与发展方向。司法鉴定与诉讼制度的关系极为密切，司法鉴定制度应当适应以及配合诉讼制度的改革要求与改革方向。在一定意义上，司法鉴定是为诉讼服务的，旨在为裁判者在诉讼中正确理解证据和认定案件事实提供可靠的证据方法。诉讼制度是司法鉴定存在的前提，司法鉴定作为司法制度的重要组成部分，其科学与否是衡量诉讼立法完备程度的重要标志之一。此外，司法鉴定制度的改革与发展也要适应科学技术发展的要求，做到法律规范、行政规范和技术规范的协调和统一。

1.2.2 司法鉴定的基本属性

从《决定》对司法鉴定的定义来看，司法鉴定既是一种诉讼活动，也是一种科学技术实证活动，具有法律性与科学性相统一的性质。

1）客观性

鉴定人运用科学技术或者专门知识对诉讼涉及的专门性问题进行鉴别和判断并提供鉴定意见。鉴定意见应如实反映客观存在的事实，不能主观想象、猜测或捏造事实。这种客观性是建立在科学性基础之上的，司法鉴定人必须具备一定的专业知识、经验和技能，鉴定的原理和方法是被科学界普遍接受的，是经得起检验的。要做到客观，就必须在引用材料时注意从正反两个方面收集、引用与鉴定事项有关的材料，切忌先入为主，避免对鉴定事项的预决。

2）合法性

《决定》第二条明确规定：“国家对从事下列司法鉴定业务的鉴定人和鉴定机构实行登记管理制度：（一）法医类鉴定；（二）物证类鉴定；（三）声像资料鉴定；（四）根据诉讼需要由国务院司法行政部门商最高人民法院、最高人民检察院确定的其他应当对鉴定人和鉴定机构实行登记管理的鉴定事项。法律对前款规定事项的鉴定人和鉴定机构的管理另有规定的，从其规定。”《民事诉讼法》第七十六条规定：“当事人可以就查明事实的专门性问题向人民法院申请鉴定。当事人申请鉴定的，由双方当事人协商确定具备资格的鉴定人；协商不成的，由人民法院指定。当事人未申请鉴定，人民法院对专门性问题认为需要鉴定的，应当委托具备资格的鉴定人进行鉴定。”所谓“具备资格的鉴定人”，是指“按照《决定》规定的司法鉴定人的条件和登记程序，经省级司法行政机关审核登记或备案登记，取得司法鉴定人资格的人。不具备法定资格的人进行的鉴定属于非法鉴定，其出具的鉴定意见不具备证据效力”。也就是说，从事司法鉴定的机构和司法鉴定人必须经省级司法行政机关审核登记，取得执业证，按照登记的司法鉴定执业类别，从事司法鉴定业务，并由司法行政机关编制名册和公告。合法的鉴定活动受法律保护，经合法的鉴定程序作出的鉴定意见可以被法院采信，而违法进行的鉴定，鉴定意见不但不能被法院采信，同时还要追究其法律责任。

3）相关性

鉴定的结论必须与委托鉴定事项相关，这就要求司法鉴定机构必须按照委托事项进行鉴定。例如，委托方要求对《借款协议》保证人处的签名的形成时间进行鉴定，对《借款协议》保证人处的签名与协议正文中手写文字是否是同一时间形成的进行鉴定。鉴定机构在鉴定实施过程中发现样本库中无法寻找到匹配的试验样本，所以无法鉴定出签名的形成时间。是否对第二项进行鉴定，鉴定机构应当及时与委托方进行联系，得到答复后再实施鉴定。相关性应重点把握：一是检查方法与委托事项相关；二是引用材料与委托事项相关；三是鉴定意见与委托事项相关；四是鉴定的技术标准和技术规范与鉴定事项相关。委托的鉴定事项完成后，司法鉴定机构应当指定专人对该项鉴定的实施是否符合规定的程序、是否采用符合规定的技术标准和技术规范等情况进行复核，发现有违反这些情形的，司法鉴定机构应当予以纠正。

4）独立性

《决定》第十条明确规定：“司法鉴定实行鉴定人负责制度。鉴定人应当独立进行鉴定，对鉴定意见负责并在鉴定书上签名或者盖章。多人参加的鉴定，对鉴定意见有不同意见的，应当注明。”即司法鉴定人应当根据自己对鉴定材料的认识作出判断，并出具鉴定意见，任何组织和个人不得强迫司法鉴定人出具任何意见。因此，司法鉴定人不应受任何来自外界的干预，且应进行独立的判断推理。尽管不同的鉴定人之间可以相互讨论，也可以向本机构以外的相关专业领域的专家进行咨询，但不能盲目服从所谓权威的意见，最终的鉴定意见应当是司法鉴定人独立作出，鉴定人对自己作出的鉴定意见负责。

除以上基本属性外，司法鉴定还有其他一些属性，主要有：

1）公共性

社会主义社会实行的是社会优先原则，各种社会行为和个人行为都必须受到公共理性和公共原则的控制。诉讼的公法性质和诉讼活动的复杂性决定了在刑事诉讼中，司法鉴定是诉讼活动顺利运行的保障。在民事诉讼中，司法鉴定活动不仅涉及当事人的权利，而且涉及公共利益和社会其他利益的调整和补偿，同样具有很强的公共性。正因为司法鉴定具有公共属性，《国务院对确需保留的行政审批项目设定行政许可的决定》（国务院 2004 年第 412 号令）和《决定》才把司法鉴定确定为政府管理范畴，赋予司法行政机关行政许可的职责。

2）社会性

司法鉴定是为诉讼服务的。从服务主体来看，司法鉴定不仅为司法机关服务，也为当事人服务；从诉讼范围来看，不仅为刑事诉讼服务，也为民事诉讼和行政诉讼服务。在刑事诉讼中，应当把为侦查机关提供控方证据的职权鉴定机构及鉴定人和为诉讼提供证据的社会鉴定机构及鉴定人区别开来，从而使刑事诉讼活动控辩式审判方式得以有效进行。

3）综合性

司法鉴定既是一项多学科交叉的技术科学实证活动，又是诉讼参与活动，在一些重大疑难和特别复杂案件以及突发重大公共事件中，往往需要综合运用自然科学、社会科学和工程技术三大领域的理论、知识、方法和技术。

当然，鉴定意见也有主观性的一面（这也是产生重复鉴定的客观原因之一），这是由客体的多样性和社会科技发展水平以及主体认识水平的不同而决定的，如采用的设备和技术标准不统一，检测比对的标准体系不统一，鉴定人的认识水平和方法不同，鉴定对象的多样化和时间上的差异，等等。尽管如此，与其他言词证据形式相比较而言，鉴定意见的客观性因素大大超过其主观性因素，因而具有相对的合理性和更高的可靠性。

由于借助科技手段的鉴定结果是现代社会公认的发现真相的最有效手段，一般将其作为科学的证据，并将其作为认定事实的根据，而鲜有对其质疑。但是鉴定结果可能受鉴定人的专业知识及经验的影响，对如何排除假的鉴定结果，如何审核鉴定结果的范围，怎样确定跨领域鉴定结果的效力等问题，都需要法官进行决断。由于司法鉴定人在确认事实之前，须先对事实进行判断，这种判断虽然是依据司法鉴定所获得的意见，但仍然无法避免因鉴定人的不同而出具不同的意见，尤其是专业知识经验存在差异，鉴定采用的科技手段不同，特别是在科技进步的冲击下，鉴定的实施在诉讼程序上的衍生问题也越来越多。这些均需要通过完善司法鉴定制度来获得保障。

1.3 司法鉴定的功能与任务

1.3.1 司法鉴定的功能

1.3.1.1 弥补法官在专门性问题上的认识不足

在理想状态下，诉讼活动中的法官在面对证据并做出判断时，只需根据自身经验并运用判断能力，即能有效认定案件事实。然而，现代社会的高速发展以及科学技术的不断更新，使司法实践中案件事实涉及的信息量有时远远超出了一般的生活经验范围以及普通人的专门认识程度。此时，法官的判断力由于缺乏相关知识的可靠支撑，不得不借助有关专业人士的介入与帮助。毋庸置疑，法官是法律方面的专家，理解并熟练运用法律是法官职业化的基本要求与必备素质，但社会分工的不断细化以及知识结构的复杂程度，使法官不可能成为各个研究领域的专业人士。与此同时，法官并不能仅以诉讼中需要判断的事实超出其认识能力范围而拒绝做出裁判。法官对诉诸法院的争议问题作出判决都是其理所当然应承担的一种责任。法官具有不得拒绝裁判的义务，然而法官在专门性问题的认知能力方面欠缺专业知识背景，这迫使法律不得不寻求解决机制以弥补法官对于专门性问题认知能力的短板。而当今世界科学技术的突飞猛进，像汹涌的浪潮冲击着人类社会的各个领域，深刻地影响和改变着自然界的面貌和人类的命运，也给各行各业带来了新的机遇和挑战。无疑，在诉讼活动中引入现代科学技术，运用科技手段为法官解读专门性问题已成为必然之选择。在司法实践中，鉴定人的任务是将案件中的专门信息与知识向法官进行传达，其效用往往决定着某一案件的最终导向。因此，司法鉴定的重要功能之一是利用超出一般认知范围的专门知识，对专门性问题作出鉴别与判断，从而弥补法官在专门性问题认识上的欠缺。这也使司法鉴定在诉讼活动中具有了越发重要的地位，其已成为辅助法官认定案件事实的一项制度性保障措施。

值得注意的是，现代科技的高度发达以及社会分工的日趋精细，使法官在面对专门性问题时，往往将自身拥有的审判权部分让渡给鉴定人，不仅造成了鉴定权的越位，更使鉴定人似乎已成为判断专门性问题的法官。为了防止审判权的让渡以及鉴定权对于审判权的越位，有必要对司法鉴定的运用进行一定的限制，如通过明确科学技术在诉讼活动中的边界，防止科学技术对诉讼活动造成的负面影响，避免法官在审理案件时对鉴定意见过度依赖。首先，司法鉴定仅针对诉讼案件中的事实性问题，对于可能涉及的法律性问题，司法鉴定人不得对此进行判断并发表意见。其次，司法鉴定的实施只能限定于诉讼中的专门性问题，鉴定人基于其技术与知识，在专门性问题上具有比普通人更高的认知能力，而对于普通常识性问题范畴内的事实认定，鉴定人的认知能力并不必然占有优势地位。因此，鉴定人不得干预、取代属于法官的任何职权。

1.3.1.2　扩展法官认识对象的范畴

法官审理案件的过程，即其运用逻辑能力认识具体案件的过程。在司法逻辑的指引下，法官须遵循“三段论”的逻辑模式来处理案件。法官在适用法律处理案件时，以选择与适用法律规范作为大前提，在此之前，法官则需通过一系列的审理，对案件事实形成某种程度上的内心确信。“三段论”中的小前提是对案件事实的客观认知与把握，而这一过程在整个司法活动中具有极为重要的地位。案件事实均属于已成为历史的事件，鉴定人即使通过科学技术与专门手段进行鉴别、判断，也只能最大限度地接近案件事实，但不能完全替代或重现已发生的相关事实。案件一旦发生，事实便转化为不依赖于人的主观意志的客观存在，成为司法活动的认识对象。法官对案件事实的认识，应当在尽量保证符合其本来面目的情况下进行，唯其如此，司法才能最大限度获得客观性，才能对案件作出最符合客观实际的评价。在司法活动中，法官对于案件事实的认知，往往基于相关证据所反映出的各项信息。因此，只有具备客观属性的证据，才能满足法官认识案件事实的必然要求。

司法鉴定在现代诉讼中的运用，是通过科学技术手段，获取鉴定对象中与案件事实相关的客观信息。司法鉴定人在实施鉴定工作后，向法官提供的结论性意见，是其利用自身的知识结构、专门技能以及执业经验等方面的专长，对于诉讼所涉专门性问题形成的专业判断。司法鉴定活动介入之前，与案件相关的某些事实往往因各类因素的限制而无法为法官所认知，法官的认识对象往往只能限于根据逻辑或经验能够从证据中获取的范畴，而司法鉴定意见的形成与提交，使法官的认识对象不仅包括了诉讼双方所提供的认识对象以及法官自身在审理过程中获取的其他认识对象，更促使法官从司法鉴定意见中吸收、获取有价值的各类信息。司法鉴定利用技术手段对案件中被掩盖信息的解读与揭示，提高了普通人对于证据的认识能力，从而进一步为法官提供了更多可供认识的具体对象。可以说，司法鉴定在一定程度上帮助法官理解了某些专门性问题，从而扩展了法官认识对象的范畴。

1.3.1.3 对其他证据的证明力进行印证与补强

司法鉴定不同于一般意义上的科学技术活动，而是司法活动与科学技术活动的有机融合与兼容。司法鉴定除具有科学技术活动的特性外，还是一种极为重要的证据调查与诉讼证明活动。司法鉴定工作中运用的科学技术手段，使原本隐藏在物证、书证、视听资料等证据材料中的相关事实信息得以暴露。此类案件事实信息通过司法鉴定意见的形成加以展示后，能够为法庭查明案件事实提供重要依据。司法鉴定意见作为法定证据种类之一，有着印证与补强其他证据证明力的重要功能。在司法实践中，鉴定对象有时是作为证据材料的物证、书证、视听资料等，通过鉴定，这些证据材料中的证据价值得以揭示。通常而言，物证往往以其外观、形态以及所处位置等物理状态来进行证明，而书证则是以其内容来证明案件的真实情况。但在特定情况下，此类证据类型只有通过具备专门知识与技能的专业人员鉴别与判断才能确定其证明力，并真正发挥其在诉讼活动中的证明作用。在某些情形下，通过司法鉴定还可明确某一证据材料究竟是属于物证还是书证的问题。除上述功能外，司法鉴定还能为诉讼活动中的部分实体性及程序性主张提供意见与支撑。诉讼双方在庭审过程中，为了追求胜诉的渴求，往往会不断提出各类实体性或者程序性的主张。此时，司法鉴定的功能就在于从专业角度为诉讼双方提出的某些主张提供意见与支撑。此外，对于特定领域适用的一些规则、惯例及专业术语等，普通人往往难以理解，而通过司法鉴定进行解释与说明，有利于帮助控、辩、审三方更好地判断、理解各方面的意见。

1.3.2 司法鉴定的作用

司法鉴定作为国家司法活动的重要组成部分，在维护司法公正、化解社会矛盾、解决社会纷争、促进社会和谐稳定方面具有不可替代的重要作用。

1.3.2.1 是构建社会主义和谐社会的内在要求

公平正义是社会主义和谐社会的基本特征之一。实现公平正义必须靠司法公正来保障。司法鉴定是服务于司法诉讼活动的技术性活动，其功能是从科学的角度帮助司法机关确认证据，具有科学性和法律性高度统一的特点，其内在属性和基本准则，就是必须客观、中立、公正。司法鉴定机构和鉴定人在司法鉴定活动中，保持中立地位和独立的身份，提供客观科学真实的鉴定意见，保证诉讼活动顺利进行，从而维护法律的尊严，促进司法公正的实现。

1.3.2.2 是构建社会主义和谐社会的客观要求

构建社会主义和谐社会的任务之一，就是要建立起分工合理、配套齐全的纠纷解决机制。而一个完善的纠纷解决机制必须具备三个核心要素：能够正确地认定事实，有一整套完善的规则体系，有中立的第三者。司法鉴定作为一种科学的证明方法，运用科学技术，查明纠纷和案件的事实，在解决纠纷中举足轻重，不可或缺。司法鉴定意见作为法定的证据之一，不仅本身具有证据功能，而且有印证、判定其他证据的独特功能，对于正确适用法律、提高司法效率、顺利解决社会纷争具有特殊的不可替代的作用。

1.3.2.3 是构建社会主义和谐社会的现实需要

构建社会主义和谐社会要最大限度地减少不和谐因素，就是要更加积极主动地正视矛盾、化解矛盾。如果说人民调解是解决社会矛盾纠纷的第一道防线，那么诉讼则是最后一道防线，也是最高层次的、最权威的一种解决手段。司法鉴定结论作为一种科学证据，是诉讼证据的重要种类，是有效化解纠纷讼争必不可少的重要前提和关键环节，对诉讼结果往往起到至关重要的作用。充分发挥司法鉴定的作用，对于及时、妥善地处理社会矛盾与纠纷，维护社会稳定，为社会、经济发展创造良好的法律环境与社会环境具有积极的作用。

1.3.3 司法鉴定的任务

1.3.3.1 基本任务

司法鉴定的基本任务是：鉴定人运用科学技术或专门知识对诉讼涉及的专门性问题进行鉴别和判断并提供鉴定意见，为诉讼活动和相关执法活动提供科学证据。

1.3.3.2 具体任务

诉讼中涉及的司法鉴定事项范围是相当广泛的，各种科学现象都可能成为司法鉴定事项，并且随着科学技术的发展，司法鉴定的范围也会不断扩大。目前，我国法律统一管理的司法鉴定的学科类别以及在诉讼中出现频率较高的专门性问题所涉及的学科类别主要有以下几个方面：

1）法医类鉴定

（1）法医病理鉴定主要解决以下问题：涉案个体死亡原因的鉴定、死亡方式的判断、死亡时间推断、致伤（死）物认定、生前伤与死后伤鉴别、死后个体识别等。法医病理鉴定的主要内容包括：

①确定死亡原因，主要在于确定是自然死亡（病死或老死）还是非自然死亡（暴力死亡），在同时存在损伤与疾病时，要分析损伤、疾病与死亡的关系，对于存在几种致命性损伤，应确定主要死因，以便澄清谁应负主要致死责任。

②判定致死方式，即判定是他杀、自杀还是意外死亡，判定致死方式要比确定死亡原因复杂，常须结合现场勘验和案情调查进行全面分析，然后作出判断。

③推断死亡时间，是指人死后到尸体检验的时间，推定死亡时间有助于侦查范围的确定，主要根据所见尸体现象和对生物化学变化的检测，结合当时当地的气象条件进行综合判断。

④认定致伤（死）物体，主要是根据损伤的形态、大小、程度及其他性质，如损伤内的附着物来推定，或依据咬痕、扼痕、捆绑痕、注射针孔以及各种工具打击痕迹等的性质、形成方式和方法来判断。

⑤鉴别生前伤与死后伤，即推断死者损伤是生前造成的还是死后形成的，以及生前损伤后经过的时间。在鉴定中，还可通过骨骼、牙、毛发的检验推定死者的性别、身高、年龄、血型等。

（2）法医临床鉴定主要解决以下问题：涉案活体人身损伤程度鉴定、损伤与疾病关系分析、道路交通事故受伤人员伤残等级评定、职工工伤与职业病致残程度评定、劳动能力评定、活体年龄鉴定、性功能状态鉴定、是否诈病（伤）及造作病（伤）鉴定、致伤物和致伤方式推断等。近年来，医疗纠纷的司法鉴定呈现上升势头，医疗纠纷司法鉴定主要解决涉案的医疗行为是否存在过错、被鉴定人是否存在损害后果以及医疗过错和损害后果二者之间是否存在因果关系等专门性问题。

（3）法医物证鉴定主要解决以下问题：涉案活体或尸体的身份识别、亲权关系鉴定、性别鉴定、种族和种属认定等。

（4）法医精神病鉴定主要解决以下问题：对涉及与法律有关人员（包括犯罪嫌疑人、被害人、有关证人等）的精神状态、法定能力（如刑事责任能力、受审能力、服刑能力、民事行为能力、监护能力、被害人自我防卫能力、作证能力等）、精神损伤程度、智能障碍等问题进行鉴定。

（5）法医毒物鉴定主要解决以下问题：案件（事件）中的有关人员是否中毒、是否中毒死亡，以及中毒时间、中毒途径、中毒方式、中毒原因和毒物种类的分析与推断。

2）物证类鉴定

（1）文书鉴定主要解决以下问题：分析文书制作人（书写人）的特点；认定文书书写人、制作人；确定文书真伪，判明文书伪造、变造方法；查明文书涂污、损毁的方法，显示或恢复文书内容或原貌；显现不清晰的文书字迹，判读其真实内容；鉴定文书物质材料的种类成分；确定文书制作机具、认定文书制作机具的异同；判定文书制作时间范围；研究伪造、变造文书的规律特点，制定预防伪造、变造文书的措施等。

（2）痕迹鉴定主要解决以下问题：对有关人体、物体形成痕迹的同一性及分离痕迹与原整体相关性等问题进行鉴定；对涉案枪弹及射击后残留物、残留物形成的痕迹、自制枪支和弹药及杀伤力进行鉴定等。

（3）微量（物证）鉴定主要解决以下问题：通过对与案件有关的物质材料的成分、结构进行定性、定量分析，对检材的种类、检材和嫌疑样本的同类性和同一性进行鉴定等。

3）声像资料鉴定

主要解决以下问题：对涉案的录音带、录像带、磁盘、光盘、图片等载体上记录的声音、图像信息的真实性、完整性及其所反映的情况过程进行鉴定；对有关载体上记录的声音、图像中的语言、人体、物体作出种类或同一认定等。

4）知识产权鉴定

主要解决以下问题：对案件涉及的可能被侵权的技术和相关技术的特征是否相同或者等同进行认定；对技术转让合同标的是否成熟、实用，是否符合合同约定标准进行认定；对技术开发合同履行失败是否属于风险责任进行认定；对技术咨询、技术服务以及其他各种技术合同履行结果是否符合合同约定，或者有关法定标准进行认定；对技术秘密是否构成法定技术条件进行认定；对其他知识产权诉讼中的技术争议进行鉴定等。鉴定内容主要包括：

（1）商业秘密案件的司法鉴定：①权利人主张的信息是否不为公众所知悉；②权利人主张的信息是否具有经济性、实用性；③被控侵权方的信息与权利人的非公知信息是否相同或相似；④其他与商业秘密相关的鉴定事项。

（2）专利案件司法鉴定：①被控侵权产品或方法的技术特征与专利的技术特征是否相同或等同；②根据被告提供的证据材料，判定被控侵权技术是否属于原告专利申请日之前已经公开的公知公用技术；③被控侵权产品的外观设计是否与原告的外观设计专利相同或者近似；④被授予专利权的发明或者实用新型是否具备新颖性、创造性；⑤发明、实用新型专利说明书是否充分公开技术方案；⑥其他。

（3）著作权/版权案件司法鉴定：①权利人的作品是否具有独创性；②被控侵权作品与权利人的作品是否相同或相似；③软件著作权中软件代码是否具有同一性。

（4）商标案件司法鉴定：①被控侵权商标是否与权利人的注册商标相同或近似；②其他。

（5）技术合同类案件司法鉴定：①技术开发合同、技术转让合同等的技术成果是否达到合同约定的技术标准或存在重大技术缺陷；②转让方履行技术转让合同所交付的技术文件资料是否符合合同约定的标准；③履行合同所做的技术指导是否符合合同约定的技术服务内容；④其他。

（6）集成电路布图设计案件司法鉴定：通过比对侵权产品与权利人的集成电路布图是否相同或者等同进行鉴定。

（7）其他类知识产权案件司法鉴定：①被控侵权产品的名称、包装、装潢与权利人产品的名称、包装、装潢是否相同或近似；②其他。

5）会计司法鉴定

主要解决以下问题：①对财会证据中反映的会计处理方法及核算结果，包括会计分录的制作是否正确和合理，账户余额的计算、列示是否正确，会计要素的确认、计量方法是否正确，会计报表项目的数据是否正确等问题进行鉴定；②对财会错误的状况及影响后果等问题进行鉴定；③对现金、存货、固定资产等资产差异的确认；④对资金流向、账户发生额的形成原因、小金库的资金来源与使用等其他财会事实等问题进行鉴定；⑤对其他包括贪污贿赂、偷逃税款、证券欺诈、反倾销、洗钱等经济案件中的涉案金额和犯罪事实的认定等。

会计司法鉴定中的检材包括：①诉讼涉及的财务会计资料（如财务凭证、会计凭证、会计账簿、会计报表、其他财务会计资料）；②财务会计资料证据，即诉讼主体已经作为证据材料固定的那部分财务会计资料；③与鉴定事项有关的《勘验检查笔录》。

6）计算机司法鉴定

主要对通过非法手段使计算机系统内数据的安全性、完整性或系统正常运行产生的危害行为及其程度等进行鉴定。在电子数据司法鉴定中依据证据法学理论、使用高端技术和先进设备，对电子信息载体存储的数据进行鉴定，并出具法庭采信的书面鉴定结论。在刑事诉讼、民事诉讼、行政执法、财务审计、公司调查、保险行业、知识产权保护等活动中都需要计算机取证专家对电子数据进行专业鉴定。电子数据司法鉴定提取相应的计算机信息，甚至需要从已被删除或加密的文件、电子邮件中提取数据，经分析确认作为法庭上的诉讼凭据。常见的有对数字证据的来源鉴定、同一性鉴定、内容鉴定、功能鉴定、损失鉴定、复合鉴定。来源鉴定在追踪网络违法犯罪案件时对确定违法犯罪者机器的位置、软件最初制作者有着很重要的意义。目前，来源鉴定应用较多的是确定违法犯罪者机器的地理位置。常见的有利用 IP 地址确定来源，利用 MAC 地址确定来源，利用电子邮件头部地址确定来源等。同一性鉴定是指根据委托人提供的文档资料，确定文档是否为原始信息（或者是提供两份电子文档，确定其是否一致），也就是比较两份文件有关内容是否真实一致。常见的鉴定主要有 Office 文档鉴定、E-mail 鉴定、数码照片鉴定等。内容和功能鉴定包括对计算机文档内容真实性的鉴定、存储设备被破坏后的鉴定、加密数据的鉴定，以及对计算机软件（这里主要是指那些破坏性的程序）的功能、特征的鉴定。损失鉴定包括对计算机案件涉及的计算机资产（包括无形资产和有形资产）损失的鉴定。复合鉴定包括计算机软件知识产权鉴定、计算机会计鉴定、加密数据鉴定、计算机证据链鉴定等涉及多学科的综合鉴定。

7）建筑工程司法鉴定

建筑工程司法鉴定是指依法取得有关建筑工程司法鉴定资格的鉴定机构和鉴定人受司法机关或当事人委托，运用建筑学理论和技术，对涉及诉讼活动的建筑工程质量评定、工程质量事故鉴定、工程造价纠纷等与建筑工程相关的专业性问题进行鉴定，并提供鉴定意见的活动。

8）环境损害司法鉴定

2015 年 12 月，最高人民法院、最高人民检察院、司法部联合印发了《关于将环境损害司法鉴定纳入统一登记管理范围的通知》（以下简称《环境损害司法鉴定统一管理通知》），正式将环境损害司法鉴定纳入司法鉴定行政主管部门统一登记管理之中。环境损害司法鉴定也就成为《决定》近 16 年来除法医类、物证类、声像资料类之外第一个被纳入司法鉴定行政主管部门统一登记管理的业务种类。

（1）污染物性质鉴定：①固体废物鉴定；②危险废物鉴定；③有毒物质（不包括危险废物）鉴定；④放射性废物鉴定；⑤含传染病病原体的废物（不包括医疗废物）鉴定；⑥污染物筛查及理化性质鉴定；⑦有毒物质、放射性废物致植物损害鉴定；⑧有毒物质、放射性废物致动物损害鉴定。

（2）地表水与沉积物环境损害鉴定：①污染环境行为致地表水与沉积物环境损害鉴定；

②污染环境行为致水生态系统损害鉴定；③地表水和沉积物污染致植物损害鉴定；④地表水和沉积物污染致动物损害鉴定。

（3）空气污染环境损害鉴定：①污染环境行为致环境空气损害鉴定；②环境空气污染致植物损害鉴定；③环境空气污染致动物损害鉴定；④室内空气污染损害鉴定；⑤室内空气污染致人体健康损害鉴定。

（4）土壤与地下水环境损害鉴定：①污染环境行为致土壤环境损害鉴定；②污染环境行为致地下水环境损害鉴定；③污染环境行为致土壤生态系统损害鉴定；④土壤污染致植物损害鉴定；⑤地下水污染致植物损害鉴定；⑥土壤污染致动物损害鉴定；⑦地下水污染致动物损害鉴定。

（5）近岸海洋与海岸带环境损害鉴定：①污染环境行为致近岸海洋与海岸带环境损害鉴定；②污染环境行为致近岸海洋与海岸带生态系统损害鉴定；③近岸海洋与海岸带环境污染致海洋植物损害鉴定；④近岸海洋与海岸带环境污染致海洋动物损害鉴定。

（6）生态系统环境损害鉴定：①生态破坏行为致植物损害鉴定；②生态破坏行为致动物损害鉴定；③生态破坏行为致微生物损害鉴定；④生态破坏行为致森林生态系统损害鉴定；⑤生态破坏行为致草原生态系统损害鉴定；⑥生态破坏行为致湿地生态系统损害鉴定；⑦生态破坏行为致荒漠生态系统损害鉴定；⑧生态破坏行为致海洋生态系统损害鉴定；⑨生态破坏行为致河流、湖泊生态系统损害鉴定；⑩生态破坏行为致冻原生态系统损害鉴定；⑪生态破坏行为致农田生态系统损害鉴定；⑫生态破坏行为致城市生态系统损害鉴定；⑬矿产资源开采行为致矿山地质环境破坏、土地损毁及生态功能损害鉴定。

（7）其他环境损害鉴定：①噪声损害鉴定；②振动损害鉴定；③光损害鉴定；④热损害鉴定；⑤电磁辐射损害鉴定；⑥电离辐射损害鉴定。

1.3.4 司法鉴定意见的作用

司法鉴定意见为揭露犯罪、确认犯罪事实、认定犯罪嫌疑人、准确打击犯罪、维护社会秩序、保障人民合法权益不受侵犯提供科学的依据，对侦查、起诉、审判、判决执行起着至关重要的作用，具体包括以下五个方面的作用：

（1）为社会治安管理和执法活动提供科学证据。例如，在办理涉及人身伤害、妨碍公务、寻衅滋事等案件中往往需要对涉案的专门性问题进行鉴定，此时司法鉴定可为依法准确认定案情，确定处罚方式和力度等提供依据。

（2）为侦查机关开展侦查活动提供线索。对涉嫌构成犯罪的案件，往往需要通过司法鉴定确定案（事）件是否达到刑事案件的立案标准，锁定或排查犯罪嫌疑人等。

（3）为检察机关审查起诉提供科学证据。必要时，检察机关可以通过司法鉴定意见审查核实案情和有关证据，作为确定批捕和公诉的依据。甚至在一些自侦案件中检察机关也可以启动司法鉴定帮助查明事实真相。

（4）为审判机关依法审理和判决提供科学证据。司法鉴定意见是审判机关认定法律事实的重要依据，是审查核实案内其他证据的重要手段，也是审判人员进行科学、公正判决的重要依据。

（5）司法鉴定意见还可以为监狱部门以及其他判决执行部门正确有效地执行司法判决提供依据。在刑罚执行中，经常需要对服刑人员的服刑能力，以及是否符合保外就医条件等专门性问题进行鉴定。

1.4 司法鉴定的研究对象及学科体系

1.4.1 司法鉴定的研究对象

任何一门学科，都有其区别于其他学科而独立存在的研究对象。司法鉴定作为自然科学技术与法学相结合而形成的交叉性学科，不仅具有专门的学科体系、研究范畴、基本原理以及基本制度，也有着特定的研究对象以及专门的研究方法。司法鉴定的研究对象主要包含司法鉴定法律规范、司法鉴定制度与理论以及司法鉴定实践与技术。

1.4.1.1 司法鉴定法律规范

司法鉴定作为一门应用性极强的综合性法学学科，以司法鉴定法律规范作为其自身的研究对象，我国目前尚无统一的司法鉴定法典，但这一问题已为我国最高立法机关所重视，部分人大代表多次在全国两会上提出制定“司法鉴定法”的议案。当前，有关司法鉴定的法律应属于司法鉴定研究的基本对象，尤其是2005年的《决定》，目前在司法鉴定管理体系中已处于“基本法”的地位。通过《决定》的形式将司法鉴定制度改革过程中取得的改革成果予以法定化。随之，司法鉴定的主管部门以及相关部门和地方立法均以法规规章等规范性文件的形式对统一司法鉴定管理问题予以规定，使司法鉴定统一管理在改革之初就基本进入了有法可依的状态。除《决定》外，与司法鉴定有关的法律主要还有《中华人民共和国刑法》《刑事诉讼法》《民事诉讼法》《中华人民共和国行政诉讼法》《中华人民共和国监狱法》《中华人民共和国仲裁法》《中华人民共和国行政许可法》《中华人民共和国行政处罚法》等。上述法律规定除作为司法鉴定的法律依据外，也是司法鉴定研究的主要法律内容。

除法律层面外，有关司法鉴定的规章、解释、批复等也属司法鉴定研究的范畴。此类规范性文件主要有：司法部发布的《司法鉴定机构登记管理办法》《司法鉴定人登记管理办法》《司法鉴定程序通则》《司法鉴定执业活动投诉处理办法》，国家发展改革委、司法部颁布的《司法鉴定收费管理办法》，最高人民法院发布的《关于民事诉讼证据的若干规定》《关于行政诉讼证据若干问题的规定》，以及最高人民法院、最高人民检察院、公安部、国家安全部、司法部发布的《关于办理死刑案件审查判断证据若干问题的规定》等。

1.4.1.2 司法鉴定制度与理论

司法鉴定的基本范畴、理论、原则及制度不仅是司法鉴定研究的基础，也是其作为一门独立的学科所应具备的最基本内容。司法鉴定制度与理论研究的主要领域包括司法鉴定的基本构成要素，即司法鉴定主体、司法鉴定客体、司法鉴定行为以及司法鉴定运作的机理。基本涵盖了司法鉴定学科的基本范畴、司法鉴定的基本原则与基本原理、中外司法鉴定发展史、司法鉴定伦理准则与职业道德规范、司法鉴定体制、司法鉴定的启动制度、司法鉴定机构与鉴定人制度、司法鉴定技术管理制度、司法鉴定行业管理制度、司法鉴定意见适用及质证制度、司法鉴定程序制度、司法鉴定质量监控、司法鉴定文书规范、司法鉴定技术标准化等问题。其中，司法鉴定主体主要由司法鉴定的管理主体、启动主体、实施主体以及监督主体等构成；司法鉴定客体则是司法鉴定主体在从事司法鉴定过程中具体指向的对象；司法鉴定行为中则涵盖了司法鉴定的启动、实施，鉴定意见的质证、认证及救济等行为。

司法鉴定作为一门独立的法学二级学科，其研究对象除司法鉴定的活动规律外，还包括司法鉴定在诉讼活动中借助专门知识与技术手段进行证据调查的活动规律。因而，在以往的学科分类中，司法鉴定长期被作为诉讼法学的一门分支学科。就司法鉴定实践角度而言，司法鉴定确实是服务诉讼活动，并保障诉讼活动顺利进行的重要学科，司法鉴定过程是发生于诉讼过程的一个阶段，司法鉴定意见也是作为诉讼证据的一个种类。但是在学科理论研究上，并非如此。由于司法鉴定的研究内容非常独特，其学科理论基础与诉讼法学理论基础并不相同，诉讼法学虽然存在对其研究对象和研究方法上的程序制约，但并非理论上的包含关系或等同关系，司法鉴定在理论及制度建设上与诉讼法学各有自身的学科特色。

1.4.1.3 司法鉴定实践与技术

司法鉴定作为一门实践性、交叉性、专业性极强的应用性法学学科，在从事具体司法鉴定活动时离不开实践工作与应用。尤其是某些鉴定领域，对于实验室条件有着高度的依赖性，因为实验室的技术与检测数据往往还是得出鉴定意见的主要依据。科学技术的高度发展以及专门知识的丰富与积累，使司法鉴定实践活动中所采用的技术手段也在不断变化，极大地促进了司法鉴定专门技术的更新换代。此外，司法鉴定制度的建设与完善也在不断要求、督促司法鉴定实践与技术的现代化。例如，司法鉴定机构资质认定、司法鉴定机构实验室与检查机构认证认可、司法鉴定技术准入制度建构等。社会科学与自然科学相互交融的特性，决定了司法鉴定学科作为一门应用性较强的学科，无论在理论探索、教学科研，还是在司法鉴定检察工作中，均离不开一定的实践操作与专门技术。此外，定期对司法鉴定实践中出现的典型案例进行剖析、归纳与总结，不仅有利于揭示当前司法鉴定基础理论、程序规范以及专门技术等方面存在的不足之处，更能为司法鉴定制度的建构与完备提供现实依据。

1.4.2　司法鉴定的学科体系

1.4.2.1　司法鉴定学科的独立地位

在中华人民共和国成立后的较长一段时间内，司法鉴定及其学科在传统法学教育领域中并无自身独立的地位。随着法治化建设的不断深入，普通公民法律意识逐渐提高，加之科学技术的突飞猛进，在刑事、民事、行政诉讼以及争议纠纷解决过程中，涉及专门性问题鉴定的案件数量不断攀升，司法鉴定逐渐得到认可与重视。自20世纪80年代初期，我国部分高等院校以及科研机构已开始专门研究司法鉴定理论与技术，并在部分政法院校以及法学院的教学体系中增加了司法鉴定相关内容的专业课程。司法鉴定长期以来被简单地定位于服务诉讼实践或作为侦查手段之一，致使其往往被划归于诉讼法学或侦查学，并作为下属的法学三级学科。1997年，国务院学位委员会颁布的《授予博士、硕士学位和培养研究生的学科、专业目录》中，亦未将司法鉴定列入，仅作为诉讼法学下的一个专门研究方向。

司法鉴定的目的在于为诉讼活动服务，其服务手段是针对诉讼涉及的专门性问题进行鉴定，其服务形式是为诉讼活动提供作为证据的鉴定意见。因此，随着社会主义法治建设的不断完善，司法鉴定作为一种保障司法公正目标实现的重要手段，其作用日益凸显。司法鉴定意见往往会直接关系到案件法律事实的认定和法律的适用，特别是在刑事诉讼中，鉴定意见往往直接决定案件性质、量刑处罚等后果，对案件法律事实的认定与法律的适用具有重要的乃至决定性的影响。无论在刑事案件、民事案件还是行政诉讼案件的审理中，司法鉴定在“验证案情、明辨是非、识别真伪、确定性质、依法明断”方面具有无可替代的作用。

随着2005年《决定》的正式实施，司法鉴定及其相关学科专业作为法学教育领域一个新的分支学科已经初步形成，并逐步确立了自身的独立地位。在本科教育层次，除公安类高等院校外，国内许多普通高等院校都已开设司法鉴定类专业课程。在研究生教育层次，教育部在科研与教材等方面开始把司法鉴定作为法学的二级学科，之后又在研究生教育方面作为目录外专业招收、培养硕士和博士研究生。司法鉴定已成为现代法学学科中不可或缺的重要组成部分。司法鉴定已作为法学二级学科被列入高等教育学科目录，并在《学科分类与代码》(GB/T 13745—2009)中拥有自身独立的法学学科代码——820.3065。可以说，司法鉴定作为一门学科，其形成经历了一个逐步演化发展的历史过程，现已基本形成了自己的知识结构框架，逐步建立起了相对完善的学科体系。

1.4.2.2 司法鉴定学科的体系建构

司法鉴定作为一门独立的法学学科，其体系建构主要包括学科理论体系以及学科内容体系两大部分。

1）司法鉴定学科理论体系

司法鉴定学科理论体系主要可以分为理论基础、基本理论以及应用理论等方面。理论基础是任何一门学科独立存在的理论依据。而司法鉴定基本理论则是该学科研究的基准，主要涵盖了学科的本质特征、研究对象、研究方法，以及学科发展规律等方面，司法鉴定应用理论则集中了司法鉴定的基本原则、制度以及相关规则等内容。司法鉴定学科理论体系对于其内容体系具有必然的指导作用，在研究司法鉴定活动时，须首先研究具有指导性意义的基础理论以及能将司法鉴定各要素予以相互衔接的司法鉴定制度。

2）司法鉴定学科内容体系

司法鉴定学科内容体系具体可以分为司法鉴定总论与司法鉴定分论。司法鉴定制度与管理除包括司法鉴定管理制度、司法鉴定机构管理制度、司法鉴定人管理制度、司法鉴定实施制度、司法鉴定质量监控制度、司法鉴定质证制度、司法鉴定人出庭作证制度、司法鉴定认证制度等方面，还应包括司法鉴定立法等相关内容。司法鉴定历史沿革则主要由中外司法鉴定历史演变、变化规律以及发展前景等方面内容组成。司法鉴定分论因涉及不同的客体及技术，进而可以继续划分为不同的分支学科。此类分支学科主要包括法医病理司法鉴定、法医临床司法鉴定、法医物证司法鉴定、法医毒物司法鉴定、精神疾病司法鉴定、文书司法鉴定、痕迹司法鉴定、微量物证司法鉴定、声像资料司法鉴定、计算机司法鉴定、会计司法鉴定等。

3）体系间的相互联系与互动

司法鉴定体系间的相互联系，主要包括理论与实践、总论与分论之间的互动关系。司法鉴定理论与总论可以对实践与分论内容进行指导与规范，而司法鉴定实践与分论则反作用于理论与总论，并对其产生一定的促进作用。

1.5 司法鉴定发展的基本趋势

在某些角度上我国司法鉴定的发展历程就是鉴定技术不断发展完善的历程，早期的司法鉴定在很大程度上凭借的是鉴定人员积累的鉴定经验，对鉴定人员的个人能力有着很高的要求。在司法鉴定的实践过程中，需要充分发挥鉴定人员视觉、嗅觉、听觉这些感官作用，因此鉴定中不可避免地会带有一些主观色彩。随着技术的发展进步，照相机、显微镜这些较为简单的工具开始应用于司法鉴定，这在很大程度上促进了鉴定质量的提升，但是在鉴定全面性上以及鉴定的效率上仍有所不足。近年来随着现代科学的进一步发展，尤其随着微电子技术以及信息技术的发展进步，出现了各种精密的分析仪器以及专门用于司法鉴定的计算机软件，如扫描仪、扫描电子显微镜、PCR 扩增仪、气相色谱-质谱联用仪等仪器，以及 Adobe Photoshop 图像处理软件、Praat 语音分析软件等的应用，让司法鉴定由以往的依靠人员经验逐渐走向依靠技术化鉴定的发展方向。在这个阶段下，司法鉴定的工作效率以及结论准确性得到了很大的提升，能够针对更加微小的细节进行分析鉴定，有效地提升了司法鉴定的科学性以及权威性。结合我国当前司法鉴定改革发展动向，可以预见我国司法鉴定行业发展的几个总体趋势。

1.5.1　司法鉴定的机构趋于中立化

在《决定》颁布之前，我国的司法鉴定机构主要以司法机关内设机构为主体，自 2005 年 10 月 1 日以后，我国各级人民法院不再设立和保留司法鉴定机构。全国各地公安机关、监察机关等司法机关设立的司法鉴定机构也逐步退出了与各自司法职能无关的鉴定领域，如公安机关的司法鉴定机构不再受理民事类型的交通事故鉴定，检察机关设置的司法鉴定机构也不再受理一般经济和民事案件中的有关技术鉴定案件。近年来，处于第三方地位的高等院校、科研院所的司法鉴定机构秉承司法鉴定机构的中立性，在鉴定人才、大型设备、资金投入、内部管理、政策扶持、业务量、科研成果等方面均得到了长足的发展。在未来的数年到数十年间，我国的大学和科研院所设置的司法鉴定机构将会得到快速发展，并逐步承担起司法鉴定行业主力军的作用。

1.5.2　司法鉴定的实施程序趋于透明化

目前，诉讼当事人的诉讼权利正逐步得到我国立法和司法部门的重视和保护。在司法鉴定实施程序中，诉讼当事人也依法享有重要的程序权利，如参与选择鉴定机构、鉴定人、鉴定方法、鉴定标准，确认鉴定检材和样本，见证鉴定操作，要求鉴定人、会诊专家回避，申请鉴定人出庭，要求鉴定人回答与鉴定意见有关的问题，要求鉴定机构披露鉴定机构的基本信息（执业范围、技术能力、收费标准等）等诸多权利。上述权利的实现常常直接影响到鉴定意见的形成、正确性，以及诉讼当事人对于鉴定意见的认可度。因此，无论是司法鉴定机构、鉴定人还是司法人员、管理人员都应努力在工作中保障诉讼当事人的这些基本权利。当然，通过不断地制定和完善法律、法规、行政规章、内部操作规程等进行制度革新则是一个很好的保障措施。

1.5.3 司法鉴定的内容将趋于多元化

随着社会生活的日益复杂化、多样化，还有犯罪领域的高科技化、经济生活的多元化，司法活动中对于司法鉴定的需求也必然呈现出多样化格局，如计算机和声像资料等电子领域的鉴定需求将进一步凸显。随着我国“精神卫生法”的立法进程加快，对于涉案人的精神能力的司法鉴定也将体现出更多的需求。随着环保意识、环境法治建设的加快，未来对于环境侵权、环境犯罪、环境行政执法和管理活动中环境事件的原因、后果、因果关系、治理方案、经济损失、对人体健康的影响等诸多技术问题都可能需要进行司法鉴定，如对于大气污染、土壤破坏、水源污染的原因、程度、后果等的司法鉴定，职业环境中毒事件的司法鉴定，家庭装饰环境污染、汽车环境污染的鉴定，都可能成为司法鉴定项目。

1.5.4 司法鉴定的标准化体系将逐步形成

目前，我国在司法鉴定领域尚未建成全国统一的标准化体系，也未能设立全国性的司法鉴定标准化委员会。司法鉴定领域的技术标准大多由公安部牵头，在全国标准化委员会下设立刑事技术标准化委员会，主要由公安系统的技术专家参与起草和完成研制，适用领域主要在公安行业内部，也有一些标准如《道路交通事故受伤人员伤残评定》（GB 18667—2002）[①]是国家强制性标准，主要由公安部交通管理局牵头制定，由国家标准化委员会发布。近年来，司法部作为我国司法鉴定行业的行政管理机关，牵头制定了不少行业技术规范，对于完善司法鉴定的技术标准体系起到了重要的作用。从长远来看，我国应尽快建立司法鉴定行业的专门性标准化组织，并在各专业领域分设专业委员会，以承担制定、修改、废除各专业领域技术标准、技术方法的重任。当然，制定标准需要国家在科研领域的投入，如在国家自然科学基金项目、“863”项目等设置时应有所侧重。另外，我国在司法鉴定标准制定过程中不能闭门造车，而应放眼全球，关注国外先进的司法鉴定方法、技术标准，在不涉及我国法制自主权的前提下，可以优先采用国际标准，借鉴国外先进标准。

1.5.5 司法鉴定人的权利和义务将更加明晰

随着我国法治建设的步伐加快，法治宣传的日益普及，法制知识、法治意识和观念将逐步深入人心，权利意识也将逐步显现。作为为诉讼活动提供技术保障的司法鉴定行为必将受到来自司法机关、诉讼当事人等多方的监督，其职业要求也将会不断提高，因此司法鉴定职业风险也相应加大。当然，司法鉴定行业组织的不断健全、司法鉴定管理立法的完善也将促进司法鉴定人的权利得到进一步保障。

---

① 该标准已于 2017 年废止。

1.5.6　司法鉴定的行业自律管理将得到进一步加强

在司法鉴定管理领域，将会在《决定》确定的行政管理与行业管理相结合的模式下，逐步发展、壮大行业管理的力量、管理范围。今后司法鉴定人执业资格的认定可能会与德国等国家的做法类似，首先由行业协会通过某种方式认定，体现出自律性。另外，应当制定司法鉴定领域的综合法律——“司法鉴定法”，以达到依法行政、依法管理，促进司法鉴定行业的长期稳定发展。

1.5.7　形成“智慧+”的司法鉴定模式

随着大数据技术以及人工智能技术的不断发展完善，大数据技术以及人工智能技术在部分鉴定领域得到了大规模应用，形成了以仪器设备为依托，以智能技术为辅助的司法鉴定新模式。随着智慧侦查、智慧检察以及智慧法院在实践中的不断完善，其技术优势已越来越明显，取其优势加上现有鉴定运行模式的成熟经验，司法鉴定领域正经历从传统鉴定模式向智慧鉴定模式过渡的进程中，“智慧+”的司法鉴定模式必将是未来司法鉴定发展的重要方向。

第 2 章　环境损害司法鉴定概述

工业文明为人们带来富足、便利生活的同时，环境污染与生态破坏等问题也持续困扰着全球。伴随我国改革开放 40 多年的经济高速增长，生态环境同样也面临资源约束趋紧、环境污染严重、生态系统退化的严峻形势。2012 年，党的十八大从新的历史起点出发做出了“大力推进生态文明建设”的战略决策，将生态文明建设纳入中国特色社会主义事业“五位一体”总体布局，标志着我国生态文明体制改革全面深化，生态环境保护事业发生历史性、转折性、全局性的变化，资源有限、环境有价的理念持续深入人心。2017 年，党的十九大报告中，习近平总书记指出，我们要建设的现代化是人与自然和谐共生的现代化，既要创造更多物质财富和精神财富以满足人民日益增长的美好生活需要，也要提供更多优质生态产品以满足人民日益增长的优美生态环境需要，并提出了推进绿色发展、着力解决突出环境问题、加大生态系统保护力度、改革生态环境监管体制四项具体措施。生态文明建设是关系人民福祉、关乎民族未来的长远大计。为满足环境损害诉讼需要，加强环境发展、环境保护和环境修复工作，推进生态文明建设，将生态环境保护责任追究制度和环境损害赔偿制度落到实处，2015 年最高人民法院、最高人民检察院、司法部联合发文，将环境损害司法鉴定纳入统一登记管理，环境损害司法鉴定成为继法医类、物证类和声像资料之后的第四大司法鉴定类别。这不仅是适应国家法制建设的必然要求，更是落实推进生态文明建设的国家战略，保障生态安全与人民生命健康的重要举措。环境损害司法鉴定纳入统一登记管理，给鉴定主管部门和鉴定机构都带来了新的任务和挑战。司法部会同生态环境部先后发布了《关于规范环境损害司法鉴定管理工作的通知》《环境损害司法鉴定机构登记评审办法》《环境损害司法鉴定机构登记评审专家库管理办法》《环境损害司法鉴定机构登记评审细则》《环境损害司法鉴定执业分类规定》等文件，积极推动环境损害司法鉴定统一登记工作有序、规范地开展。本章内容主要包括环境损害司法鉴定的概念及功能、特殊性、管理、启动、受理、实施等。

2.1　环境损害司法鉴定的概念及功能

为了研究环境损害司法鉴定问题，首先有必要对其内涵、与相关概念的联系、在公益诉讼中的重要功能等事项进行明确。

2.1.1　环境损害司法鉴定的概念

为对本章相关内容进行研究，首先应当对环境民事公益诉讼及环境损害司法鉴定相关概念有清晰的认识。

2.1.1.1　“环境民事公益诉讼”的称谓

环境公益诉讼的概念是，在环境受到或可能受到污染和破坏的情形下，社会成员为维护环境公共利益不受损害，针对有关民事主体或行政机关而向法院提起诉讼的制度。对环境民事公益诉讼概念进行阐释，首先有必要对“环境污染”等概念进行研究。对于环境污染，各国立法和学者对此有不同的表述。从法律条文角度来看，英美法系国家沿袭“妨害行为”（nuisance）；德国称为“干扰侵害”；法国称为“近邻妨害”；日本使用“公害”表述，其并不是严格意义上的法律概念，更多的是一种日常通俗用语，包括了因为环境污染行为而引起的损害。对于环境侵害的表述和界定，我国立法和学者也有不同角度的探讨。例如，在立法层面，针对不同性质的污染，我国在相应的条文中作了不同的解释，如关于水污染、噪声污染、海洋环境污染等在相应的法律条文中都有明确规定。

对于因环境污染等造成侵害而引发的诉讼，在理论界和实务界分别有环境侵害诉讼、环境民事公益诉讼、环境侵权诉讼等不同的表述。环境侵害诉讼或者环境侵权诉讼，均只能表明环境因污染行为而受到损害这一情形；然而环境民事公益诉讼不仅能表明环境因污染而受到损害，而且能表明行为人污染环境行为对社会公众的利益造成了侵害。因此，环境民事公益诉讼表达得更为具体、贴切。

2.1.1.2　环境民事公益诉讼与环境资源诉讼、生态环境损害赔偿诉讼辨析

在司法实践中，除有环境民事公益诉讼称谓以外，还有环境资源诉讼、生态环境损害赔偿诉讼等称谓。例如，最高人民法院 2019 年 3 月发布的《中国环境资源审判 2017—2018》就使用了上述词语，如“依法严厉惩治环境资源犯罪”“强化环境资源审判”“出台环境资源司法政策”等使用了“环境资源审判”的概念，与此相对的就是“环境资源诉讼”；生态环境关系到人类共同利益，建立生态环境损害赔偿制度的目的在于维护环境公共利益、预防生态环境破坏影响人类的生存和发展，从这个意义上来讲，生态环境损害赔偿诉讼是一种环境公益诉讼。生态环境损害赔偿诉讼又不同于一般的环境民事公益诉讼。环保组织提起环境民事公益诉讼的法理依据是诉讼担当（起诉资格的转让，专业的人做专业的事），检察院提起环境公益诉讼（包括民事类和行政类）的法理依据是宪法赋予检察机关的监督权，而政府能够提起生态环境损害赔偿诉讼的法理依据是自然资源国家所有权。由此产生的问题是，环境民事公益诉讼、环境资源诉讼、生态环境损害赔偿诉讼相互之间有何区别

与联系。

环境民事公益诉讼与环境资源诉讼的关联：通过最高人民法院对《中国环境资源审判2017—2018》的解读，我们不难发现，环境资源审判实际上包含环境资源刑事审判、环境资源民事审判、环境资源行政审判等损害司法鉴定的不同种类。由此可见，环境资源诉讼是一个总称，包括环境有关诉讼的所有内容，性质涵盖刑事、民事、行政。例如，《中国环境资源审判 2017—2018》明确要求“稳步推进环境资源审判专门化机构建设和归口审理模式”，并指出“有 15 个高级人民法院实行环境资源刑事、民事、行政案件合一或三合一归口审理模式”。可见，凡是和环境资源纠纷、审理有关的都属于环境资源审判的范畴。

《中国环境资源审判 2017—2018》还使用了“生态环境损害赔偿诉讼”一词。在对生态环境损害赔偿诉讼进行阐释的时候，明确了其提起主体为“省、市政府”。言下之意，对于其他主体提起的则不能称为生态环境损害赔偿诉讼。

环境民事公益诉讼是行为人实施了污染环境行为，侵害了社会公共利益，由特定的社会团体或者检察机关向法院提起诉讼的一种模式，实际上属于民事诉讼的一种类型。由此我们基本可以就三者关系进行判定：①对于提起主体为省、市政府的，则为生态环境损害赔偿诉讼；②对于符合《民事诉讼法》第五十八条规定的，则为环境民事公益诉讼；③生态环境损害赔偿诉讼、环境民事公益诉讼、普通环境侵权诉讼、环境刑事诉讼、环境行政诉讼等所有与环境有关的诉讼，统称为环境资源诉讼。

2.1.1.3 环境民事公益诉讼的内涵

1）环境民事公益诉讼的概念

《民事诉讼法》第五十八条确立了民事公益诉讼制度。至于环境民事公益诉讼的具体概念，不同学者有不同的解释。通过对《民事诉讼法》相关条文的解读，可以从以下几个方面进行理解：①诉讼针对的是行为人实施的污染环境的行为；②该行为损害的客体是社会公共利益，当然这种公共利益可能包含具体的私人利益在内，但并不以私人利益的存在为前提；③提起主体必须是法律规定的机关和有关组织，自然人是不能提起公益诉讼的。在目前实践中，能够提起环境民事公益诉讼的是检察机关和社会团体。但社会团体必须满足《中华人民共和国环境保护法》规定的条件才能提起公益诉讼。在实践中，该类公益组织也在大量出现。只有同时满足上述条件，才能称为环境民事公益诉讼。

2）与环境行政公益诉讼的区别

环境民事公益诉讼与环境行政公益诉讼存在显著区别，前者是对实施了环境污染行为的行为人追究其相应的民事责任，尤其是对被污染的环境进行修复的责任，而后者追诉的对象是具有环境保护行政管理职责的环境主管部门，就其行政不作为或乱作为导致环境污染发生的行为进行追诉。从诉讼性质来看，前者属于民事公益诉讼范畴，后者实则属于行政公益诉讼范畴。

3）与环境民事私益诉讼的区别

环境民事公益诉讼与环境民事私益诉讼也存在显著差别，前者的存在不以自然人等私人利益受损为前提，其最终是为了对社会公共利益进行保护，但这并不妨碍公益诉讼会间接对部分环境污染受害者的利益进行保护。例如，在北京市朝阳区自然之友等诉江苏某某化工有限公司等环境污染公益诉讼案［（2016）苏 04 民初 214 号］中，原告的诉讼请求包括：被告消除其污染物对原厂址及周边区域土壤、地下水等生态环境的影响，并承担相关生态环境修复费用；向公众赔礼道歉；赔偿原告支持起诉的所需费用等。从公益诉讼组织的请求来看，其并不是要求实施了污染行为的被告对其进行赔偿，而是对环境进行修复，对公众进行赔偿，以及其自身为了支持诉讼所支付的必要的费用。当然，这并不否认部分因环境污染受害的社会公众可能因此受到相应的补偿，但这并不是环境民事公益诉讼的根本目的，而仅仅是其附加价值。

然而，环境民事私益诉讼是环境污染事件中的被害人就环境污染行为人侵犯自身权利而提起的诉讼，其是以自身权利受到侵犯为前提的；原告的诉讼请求也是以弥补自身权利受到侵害为前提的。例如，在吕某某等 79 人与山海关船舶重工有限责任公司海上污染损害赔偿纠纷案［（2014）津高民四终字第 22 号］中，吕某某等 79 人就是因为其养殖的海产品因被告公司的污染环境行为受损，而起诉至法院，并要求法院判令被告对其因此受到的损失进行赔偿。通过上述案例，我们不难看出，在普通的环境民事侵权案件中，案件的启动是以受害人的权利受到被告人污染环境行为的侵害为前提的，案件的诉讼请求是弥补自身权利受损。

2.1.1.4 环境损害司法鉴定的内涵

环境损害司法鉴定是环境民事公益诉讼中，解决专业技术问题的重要证据方法。2015 年以前，我国司法鉴定大致可以分为两大类：一大类是根据《决定》，由司法鉴定行政主管部门进行统一登记管理的法医类鉴定、物证类鉴定以及声像资料鉴定，俗称“三大类”；另一大类是在上述“三大类”以外，无须进行统一登记管理的其他类司法鉴定，如会计司法鉴定、建设工程司法鉴定等。2015 年 12 月，最高人民法院、最高人民检察院、司法部联合印发的《环境损害司法鉴定统一管理通知》，正式将环境损害司法鉴定纳入司法鉴定行政主管部门统一登记管理之中，环境损害司法鉴定就此成为《决定》近 16 年来除法医类、物证类、声像资料之外第一个被纳入司法鉴定行政主管部门统一登记管理的业务种类。

同时，司法部、原环境保护部《关于规范环境损害司法鉴定管理工作的通知》对环境损害司法鉴定的内涵从法律上进行了规定。可以从以下几个方面对环境损害司法鉴定进行理解：①环境损害司法鉴定是诉讼活动中的一种证据方法；②鉴定人所运用的技术方法包括监测、检测、现场勘察、实验模拟等与环境相关的技术或者与环境相关的专门知识等；③环境损害司法鉴定所要解决的问题是环境污染或者生态破坏中有关环境专业的专门性问题。此外，在司法实践中，关于环境损害司法鉴定的称谓在纳入统一管理之前有不同的表述，其中使用比较多的是“环境损害评估制度”“环境污染损害鉴定评估”等。

环境损害司法鉴定的内涵可分别从鉴定人、鉴定对象、鉴定技术、鉴定程序几方面进行理解：①进行鉴定的主体是司法鉴定人，即具有环境相关专业的知识，能够解决环境污染案件中专业性问题，在司法鉴定行政主管部门取得相应资质的人；②解决的对象是环境污染或者生态诉讼中的有关环境方面的专业性问题；③依据的技术是有关环境科学的技术或者相关知识；④鉴定人依照法定程序进行鉴定，出具相应的鉴定报告。环境损害司法鉴定需要满足上述几方面条件。

2.1.2 环境损害司法鉴定的功能

在环境民事公益诉讼中，环境损害司法鉴定意见成为裁判中不可或缺的一部分内容，并且对裁判的结果发挥着决定性作用。通过对公益诉讼不同提起主体以及不同污染性质的案件进行分析，无论提起主体是政府、检察院还是公益组织，无论案件性质是大气污染、水污染还是土壤污染，或是其他污染，公益诉讼案件中，法庭在对污染物性质、污染与损害因果关系、环境修复方案或环境损害赔偿的数额等进行裁判时，对于环境损害司法鉴定意见的依赖程度相当高。这在一定程度上展现了环境损害司法鉴定在民事公益诉讼中的重要地位。

从法律操作层面来看，法院明确要求在公益诉讼提起之前，起诉主体必须提供必要的证据证明，同时要有明确的诉讼请求。环境民事公益诉讼明确的诉讼请求，无非包括两大类：一类是要求被告支付原告因提起公益诉讼所支付的必要费用；另一类是要求被告进行环境修复，或者支付必要的环境修复费用。对于第一类诉讼请求，在诉讼提起之前较为容易确定。对于第二类诉讼请求，往往是公益诉讼提起主体无法解决的专业问题，因此需要借助专业机构或者专业人士的帮助来进行判定。同时，环境民事公益诉讼中的污染物性质确定、污染后果确定、环境修复方案制定等这些专业问题，往往是作为事实裁判者的法官，无法单凭自身专业知识能够准确判定的，这就必然要求法官在对诉讼进行裁判的时候，借助专业机构或者专业人士的帮助进行认定。

2.2 环境损害司法鉴定的特殊性

首先对民事公益诉讼的证明与其他诉讼的证明的关联进行区分。在此基础之上，需要就环境损害司法鉴定与一般司法鉴定的区别进行阐释，从而探索环境损害司法鉴定的特征。

2.2.1　环境民事公益诉讼证明的特殊性

行为人的环境污染行为必然会对环境造成破坏。因而，在污染环境行为发生后，根据情节轻重，当事人可能需要承担不同的法律责任。在环境污染民事诉讼中，行为人需要承担的是民事责任，从而希望被行为人污染的环境能够尽快得到修复。如上文所述，在环境相关诉讼中最为关键的就是环境专业技术问题的认定，需要借助专业机构和专业人士的专业判定，这是环境民事公益诉讼的关键。例如，曾经在国内产生重大影响的泰州“天价环境民事公益诉讼案”中，被告将 2.6 万 t 危险废物交给没有相应资质的公司处理，从而对水体造成重大污染。法院最终判定常隆农化有限公司等 6 家企业承担 1.6 亿元的环境修复费用。而在该案中，法官据以确定行为人民事责任和 1.6 亿元赔偿的重要依据就是江苏省环境科学学会出具的评估报告和专家辅助人的意见。

2.2.1.1　原告起诉时证明的特殊性

根据《民事诉讼法》和最高人民法院司法解释等的规定，民事公益诉讼提起主体必须在起诉时提交必要的证据材料，同时需要有明确的诉讼请求，即环境民事公益诉讼请求需明确环境损害赔偿或执行相应的环境修复方案，以及原告因提起诉讼所支付的必要费用。环境损害赔偿数额或环境修复方案是原告在提起民事公益诉讼中必须明确提出的，否则将因诉讼请求不明确而难以被法庭受理。但环境修复方案，或者在环境无法修复的情况下，环境损害赔偿数额的确定等，这些往往是公益诉讼提起方无法直接获取，也无法通过自身专业所能够获取的，从而需要借助专业人士或者专业机构的帮助。其中，最为主要的就是环境损害司法鉴定。

此外，最高人民法院司法解释还明确要求原告必须有初步证据证明其主张。所谓的初步证据，主要是能够证明原告诉讼请求的证据，而原告的核心请求就是环境修复或者环境损害赔偿。然而原告往往缺乏确定环境修复方案或者环境损害赔偿数额的能力，需要借助环境损害司法鉴定意见。这是与其他诉讼存在显著区别的地方。例如，在一般环境民事侵权案件中，原告诉讼一般是请求被告方支付一定的赔偿费用，因而原告只需提出证据表明其因环境污染受到损失的数额多少即可，而这个损害赔偿数额是原告凭借其自身能力就可获取的。

2.2.1.2　诉讼过程证明的特殊性

无论是社会组织还是检察机关提起环境民事公益诉讼，其最终都需要用确实、充分的证据来证明自身的诉讼主张。与一般民事诉讼不同，环境民事公益诉讼的显著特征表现在证明责任分配方面，实行举证责任倒置。《中华人民共和国侵权责任法》第六十六条、《中华人民共和国水污染防治法》第九十八条等都作了类似规定。换言之，公益诉讼主体只需证明污染行为客观存在与污染后果产生两者之间存在形式意义上的关联即可，如果污染行为与损害后果之间具有因果关联，则被告需要承担责任，反之则不需要承担责任。

此外，在环境民事公益诉讼中，因为其涉及的水、气、土壤等环境领域众多，且这些环境领域往往都具有较强的专业性，控辩双方和法官往往无法解决，而这无法解决的问题却成为整个诉讼的核心，如行为与危害后果之间的因果关系等。这就需要借助专业机构和专业人士的帮助来对这些专业问题进行判定。从中国裁判文书网中以“环境民事公益诉讼”作为关键词进行检索[①]，共找到裁判文书 51 件，其中一审 27 件、二审 11 件、再审 9 件、再审审查 1 件、审判监督 1 件、其他 2 件。经筛选，遴选出 19 件典型文书，其中一审 14 件、二审 5 件，均不存在当事人相同的情形（表 2-1）。19 例案件中由提起诉讼方申请鉴定的有 18 例（含 12 例由提起诉讼方向法院提交的其他部门申请的损害评估报告），由法院经当事人申请并依职权委托鉴定的有 1 例，没有被告主动委托进行鉴定的案件。尽管法院在对评估意见的性质认定上存在差异，但 19 例案件中的被告均没有有利证据来推翻评估意见的正确性和科学性，这使得评估报告最终被法院直接采纳。

2.2.1.3 法庭裁判事实时证据认定的特殊性

如上文所述，环境民事公益诉讼案件诉讼各方争论的核心事实都需要科学证据支撑，或者说更多依赖环境损害司法鉴定意见。因而，法官在对案件进行裁判时，自然需要对环境损害司法鉴定意见进行审核认证，对鉴定意见认定的损害赔偿额或者环境修复方案是否合理等进行审查。同时，在没有鉴定意见的情形下，法庭还可能委托鉴定人或者专家证人出庭，帮助其对相关事实进行准确认定。上述 19 例案件中，原告申请专家证人出庭接受质询的案件有 12 例，占 63.16%。这表明，鉴定评估报告作为认定案件事实的关键证据，只有专家证人出庭接受双方当事人的质询才能作为法院采纳的依据，这从程序上体现了法律的公平正义，提高了环境损害司法鉴定评估报告的权威性。再者，法官对环境损害司法鉴定意见进行认证时，对于复杂的鉴定意见单通过自身知识可能无法解决，而同样需要借助可靠的专家来帮助其进行认证。

综上所述，环境民事公益诉讼证明的特殊性，集中表现在环境损害司法鉴定意见对于起诉阶段的重要性，以及诉讼阶段对于案件事实认定的重要性方面。相比于其他案件而言，其对环境损害司法鉴定的依赖性更强。

---

① 检索时间为 2020 年 12 月。

表 2-1　19 例环境民事公益诉讼典型案件审理简况

序号	裁判时间	案件事例	委托人	评估人	评估费用/万元	专家辅助人出庭情况	被告是否对报告有质疑	被告是否申请重新鉴定
1	2015-10-29	北京市朝阳区自然之友等诉谢知锦等四人侵权责任纠纷案	自然之友	北京中林资产评估有限公司	0.6	评估人员 2 名、专家辅助人 1 名	对报告内容有质疑	否
2	2017-10-16	江苏省南京市六合区检察院诉张某甲等污染环境罪刑附民事公益诉讼案	不详	环境保护部南京环境科学研究所	不明	无	对报告内容有质疑	否
3	2016-09-13	重庆市绿色志愿者联合会诉恩施自治州建始磺厂坪矿业有限责任公司水库污染民事公益诉讼案	重庆市绿色志愿者联合会	北京师范大学	16.3	鉴定人出庭	对鉴定资质和内容均有质疑	否
4	2017-02-22	广东省广州市检察院诉张玉山、邝达尧水污染责任环境民事公益诉讼案	广东省广州市从化区国土资源和规划局	广东省微生物研究所	不明	2 名具有专门知识的人员和广州市从化区环境监理二所所长助理	对报告内容有质疑	否，但申请鉴定机构工作人员出庭作证
5	2016-11-19	广东省环境保护基金会与焦云水污染责任民事环境公益诉讼案	广东省环境保护基金会	广东省环境科学研究院	9	具有专门知识人员 1 名	对报告内容有质疑	否
6	2017-07-27	广东省广州市检察院诉李伟来污染海洋环境责任纠纷民事公益诉讼案	广东省广州市南沙区水务和环保局	环境保护部华南环境科学研究所	不明	鉴定人出庭	对报告内容有质疑	否
7	2017-12-06	山东省聊城市检察院诉芦国文环境污染责任纠纷案	不详	淄博市环境保护局、园林分局	不明	无	对报告内容有质疑	否
8	2017-12-06	山东省聊城市检察院诉路荣太环境污染责任纠纷案	不详	淄博市环境保护局、园林分局	不明	无	对报告内容有质疑	否
9	2017-12-27	中国生物多样性保护与绿色发展基金会诉马鞍山市玉江机械化工公司环境污染公益诉讼案	刑事案件的公安分局	安徽省环境科学研究院	不明	无	无	否
10	2014-12-29	江苏省泰州市环保联合会诉江苏常隆农化有限公司等环境污染侵权赔偿案	江苏省泰州市检察院、环保局	江苏省泰州市检察院、环保局	10	专家证人出庭	对资质及内容均有质疑	否

序号	裁判时间	案件事例	委托人	评估人	评估费用/万元	专家辅助人出庭情况	被告是否对报告有质疑	被告是否申请重新鉴定
11	2017-09-15	河南省企业社会责任促进中心诉铜仁市铜鑫汞业有限公司等环境污染责任公益诉讼案	河南省企业社会责任促进中心	河南农业大学资源与环境学院3位专家	5	专家证人出庭	否	否
12	2017-09-18	广州市检察院诉王韦富污染海洋环境责任纠纷民事公益诉讼案	广东省广州市南沙区水务和环境保护局	环境保护部华南环境科学研究所	17.5	鉴定人员1名出庭	否	否
13	2016-04-14	江苏省常州市检察院诉许建惠、许玉仙环境公益诉讼纠纷案	不详	常环环境科技有限公司	不明	专家辅助人出庭	对报告内容有质疑	否
14	2012-09-21	北京市朝阳区自然之友诉泰州市沃爱特化工公司环境污染损害赔偿纠纷	自然之友	江苏省环境科学学会	10	未出庭，原告直接提供专家意见	对报告内容有质疑	否
15	2012-09-25	云南省宜良县国土资源局诉赵潮龙环境污染责任纠纷	云南省宜良县国土资源局	云南省地矿局地球物理地球化学勘察队	1	编制评估报告的项目负责人出庭	否	否
16	2016-06-02	中国生物多样性保护与绿色发展基金会诉陈亮亮环境污染公益诉讼案	中国生物多样性保护与绿色发展基金会	中国矿业大学教授张雁秋、徐州市环境科学学会研究员级高工林丰、徐州市环境监测中心站高级工程师肖思海	0.14	作出报告的3位技术专家到庭	否	否
17	2017-10-24	中华环保联合会诉浙江新安化工集团股份有限公司建德化工二厂等环境污染责任纠纷	不详	中国环境科学研究院固体废物污染控制技术研究所	不明	无	否	否
18	2016-07-18	中华环保联合会诉德州晶华集团振华有限公司大气污染责任纠纷公益诉讼案	中华环保联合会	环境风险与损害鉴定评估研究中心	10	无	对报告内容质疑	否
19	2017-12-14	中华环保联合会诉江苏顺驰拉链有限公司等环境污染侵权赔偿纠纷	江苏省常熟市环保局	江苏省环境科学学会	10	无	否	否

2.2.2　环境损害司法鉴定的独特性

2.2.2.1　相较于一般司法鉴定的特殊性

作为司法鉴定的一种，环境损害司法鉴定必然具有司法鉴定的一般特征，但因为其特殊性，其也必然存在与法医类、物证类、声像资料等传统司法鉴定不同的显著特点。这就直接决定了其本质。

首先，环境损害司法鉴定的本质就是司法鉴定。同司法鉴定一样，其是自然科学在司法领域的运用，要遵守自然科学和社会科学的普遍规律；实行的是“鉴定人负责制”。同样，环境损害司法鉴定要统一接受司法鉴定行政主管部门的行政管理，接受行业协会的自律管理，并由司法鉴定行政主管部门统一对外发布名册。在司法鉴定中要严格根据《司法鉴定程序通则》的规定，进行委托、受理鉴定、实施鉴定，并出具鉴定意见书等。在环境损害司法鉴定过程中，如果出现任何违法情况，还要根据《司法鉴定程序通则》和有关法律对其加以惩处。

其次，环境损害司法鉴定区别于传统司法鉴定。环境损害司法鉴定作为被新纳入统一管理的鉴定种类，其与法医类、物证类、声像资料等传统司法鉴定存在显著区别。例如，就准入而言，一般种类司法鉴定仅需要具备《司法鉴定机构登记管理办法》《司法鉴定人登记管理办法》等规定的条件即可。司法鉴定机构和司法鉴定人申请从事环境损害司法鉴定的，还必须通过同行专家（专家评审库成员）的评审，即申请机构除需要满足司法鉴定一般需求以外，还要满足环境损害司法鉴定的特殊要求。又如，在环境损害司法鉴定意见的形成程序中，因为其特殊性，如果严格按照司法鉴定一般程序实施的话，则可能会影响诉讼进程。以启动为例，如果起诉方不能在诉讼之前就启动鉴定的话，则可能无法提出准确的诉讼请求（赔偿金额、赔偿修复方案等），诉讼就无法正常启动。诸如此类还有很多，并且本书所研究的内容也是希望能够就环境损害司法鉴定与一般司法鉴定的不同之处进行阐释。

2.2.2.2　相较于环境侵权诉讼环境损害司法鉴定的特殊性

环境民事公益诉讼中环境损害司法鉴定与环境侵权诉讼中环境损害司法鉴定处于两种不同的诉讼类型当中，这就决定了两者具有天然联系但又具有本质区别。

首先，讨论环境民事公益诉讼环境损害司法鉴定与环境侵权诉讼环境损害司法鉴定的联系。毫无疑问，无论是在环境民事公益诉讼中，还是在环境侵权诉讼中，其需要解决的问题都与环境污染行为有关，都包括污染物性质的确定、污染后果的确定以及两者因果关系的确定等。两者在诉讼中都需要司法鉴定帮助其解决相应的专业问题。这就决定了两个不同诉讼类型中的环境损害司法鉴定在各方面存在天然的联系。如在司法鉴定管理方面，两者在准入、退出、评审专家评审、日常管理等方面，都接受同样的管理；在司法鉴定意见形成程序中，两者都必须严格按照同样的程序和技术标准等出具相应的鉴定意见；在鉴定意见采信中，两者都同样需要出庭接受控辩双方的质证；等等。环境损害司法鉴定在这些层面，并不会因为所处的诉讼类型不同而产生区别。

其次，讨论环境民事公益诉讼环境损害司法鉴定与环境侵权诉讼环境损害司法鉴定的区别。虽然两者具有天然的联系，但是依然存在一些区别，主要表现在两者的目的存在一定差别。环境侵权诉讼中的环境损害司法鉴定往往是为了保障私益，而环境民事公益诉讼中的环境损害司法鉴定往往是为了保障社会公共利益。在环境侵权诉讼中，双方的诉讼关系比较明确，原被告双方人数也较少。在诉讼过程中，双方争论的焦点也往往是被告污染环境的行为是否造成了原告的损失，以及损失数额是多少，并不涉及其他案外人的利益，更不会对社会公共利益造成一定的妨碍。可见，环境侵权诉讼环境损害司法鉴定保护的对象是私益。

环境民事公益诉讼案件中的环境损害司法鉴定就其保护的对象来看，具有一定的公益性，而这种公益性的体现不仅仅是因为该司法鉴定是在公益诉讼中，而更多的是因为从其最终保护的对象和效果来看，是为了保障社会公众的环境权，而不是为了保障特定某个人自己的环境权。环境损害司法鉴定意见最终得出的结果并不会包含自然人个人因环境污染受损的情况，而要确定的是被污染的环境如何才能得到修复，以及在无法修复的情况下，被告应当承担环境损害赔偿的数额。

可见，从保护目的和最终结果来看，环境民事公益诉讼与环境侵权诉讼中环境损害司法鉴定还存在较大的差别。

2.2.3 环境损害司法鉴定的特征

除了具有一般司法鉴定的司法性、科学性等特征，环境损害司法鉴定还具有与其他种类司法鉴定不同的特征，主要表现在以下两个方面。

2.2.3.1 环境损害司法鉴定具有一定的时效性

与其他司法鉴定相比，环境损害司法鉴定还具有一定的时效性。一旦在特定时期内没有及时鉴定，赖以得出结果的相关材料就可能会灭失，甚至最终导致鉴定人无法得出准确的结果。因为污染环境的因素通常具有易逝性、隐蔽性等特点，如污染环境因素可能会因为时间的流逝和天气的变化而灭失。例如，2017 年嘉陵江水污染案，2017 年 5 月 5 日 18 时四川广元市环境监测中心发现西湾水厂水源地水质铊元素超标 4.6 倍；5 月 6 日 6 时，铊元素超标 2.2 倍，呈下降趋势；5 月 6 日 10 时，铊质量浓度为 0.001 mg/L，超标 1.1 倍。

可见，铊浓度在水源当中处于一个快速下降的过程。又如，在气体污染中，有害气体也可能因为风向、雨水等出现浓度降低等情形。

由此可见，如果需要对环境污染进行司法鉴定，相关人员应当在污染行为发生后及时进行取材、检测，否则污染行为、污染物等都可能随着时间的推移产生变化，从而影响环境损害司法鉴定结果的正确性。当然，在一些特定的案件中，这种时效性并不明显，例如环境污染造成受害人人身损害的，其往往需要经过一段时间，甚至相当长的时间才能显现出来。

2.2.3.2　环境损害司法鉴定最终结果的特殊性

环境民事公益诉讼要保障的是社会公共利益，这就决定了环境损害司法鉴定意见的最终结果与其他类司法鉴定，包括环境侵权诉讼中环境损害司法鉴定存在很大不同。这主要表现在环境民事公益诉讼环境损害司法鉴定需要对环境修复方案进行确定。关于环境修复方案的确定，在环境损害司法鉴定中一般有三种情形：第一种是鉴定意见确定环境修复方案；第二种是在环境无法修复或者修复成本明显大于获得收益的情况下，鉴定意见对环境污染诉讼的损害赔偿数额进行定量确定；第三种就是环境损害司法鉴定明确给出环境修复方案或者就对方采取的环境修复方案是否合适给出意见。

无论是在一般司法鉴定还是在环境侵权损害司法鉴定中，其都不会对被破坏的环境如何修复等问题进行确定，这是由一般司法鉴定和环境侵权诉讼司法鉴定的本质特征决定的。然而由于环境民事公益诉讼的特点，在最终结果中确定环境修复方案，是环境损害司法鉴定意见必备的内容。

2.3　环境损害司法鉴定的管理

针对专业性强且复杂多样的环境民事公益诉讼案件而言，环境损害司法鉴定意见似乎成了法官所能依赖的重要证据。然而，在司法实践中，哪些是符合条件的具有专业知识的人，这些人应当具备何种资质，如何取得资质等，都与传统司法鉴定存在显著不同。环境损害司法鉴定的鉴定主体不明、鉴定技术标准缺失、鉴定范围模糊、鉴定理论准备不充分等问题依然存在。这些问题实际上是环境损害司法鉴定管理方面的内容。而管理妥当与否将直接对鉴定最终结果，甚至整个司法鉴定体系产生重要影响。正如学者所指出的，司法鉴定行政管理机关对鉴定机构、鉴定人资质管理水平的高低，将会直接影响鉴定最终结果。又如，对于司法鉴定标准的管理，如果不合理，则可能导致实践中鉴定机构没有标准可参照执行，或者就同一鉴定事项存在多个不同的标准，鉴定人无所适从或者随意使用，这就会对鉴定的最终结果产生影响，甚至造成鉴定结果之间相互矛盾。就司法鉴定管理角度而言，其主要分为管理内容和管理方式两个层面。就司法鉴定管理内容而言，其包括对鉴定机构、鉴定人的管理，对司法鉴定具体业务范围的管理、文书管理、档案管理等；就司法鉴定行政主管部门管理方式而言，目前主要采取的是质量控制管理方式（能力验证、认证认可）和信息化管理方式等。

在环境损害司法鉴定中，司法鉴定管理同样会对鉴定最终结果产生较大影响。在鉴定管理内容方面，环境损害司法鉴定的管理与传统法医类、物证类、声像资料等司法鉴定存在显著的不同，如资格准入条件较高、须经过同行评价等。

2.3.1 关于司法鉴定机构的管理

环境损害司法鉴定主体的资格性问题，是指哪些主体在环境民事公益诉讼中可以从事司法鉴定工作，并就此环境技术问题出具鉴定意见。这是我们首先应当予以考量的。而在鉴定管理中，首先需要考虑的就是机构的准入退出等问题。根据现有政策和相关法律法规，我国环境损害司法鉴定机构和司法鉴定人的批准、设立等与传统三大类司法鉴定机构存在显著不同，前者是以高门槛、高标准来起步的。据此，在实践中，不仅要防止传统三大类机构和鉴定人目前已经产生的弊端，还要就环境损害司法鉴定建立一整套完善的准入退出机制。

2.3.1.1 现状

我国环境损害司法鉴定机构主要包括侦查机关根据侦查工作需要设立的鉴定机构，以及可以面向社会接受委托的环境损害司法鉴定机构。对于第一类机构，目前相对较少。但随着检察机关承担环境民事公益诉讼职能之后，检察机关设立的司法鉴定中心也在逐渐配备相应的技术力量，扩展鉴定项目，从而承担更多的环境民事公益诉讼中司法鉴定职能。因此随着符合条件的环境损害司法鉴定机构不断被批准从事相关业务，其必定在环境民事公益诉讼中发挥越来越重要的作用。

1）机构管理规范

司法鉴定行政主管部门对环境损害司法鉴定机构的管理，首先需要考虑的是机构管理的相关法律规范，尤其是对在诉讼中争议较多的内容进行规范。环境损害司法鉴定机构的资质是环境民事公益诉讼被告质疑较多的对象。例如，在与重庆市绿色志愿者联合会诉恩施自治州建始磺厂坪矿业有限责任公司水库污染民事公益诉讼案［（2016）渝 02 民终 772 号］和铜仁市人民检察院诉贵州玉屏湘盛化工有限公司土壤污染责任纠纷案［（2016）黔 03 民初 520 号］中，行为人都对鉴定主体资格提出了异议。然而，对于环境损害司法鉴定机构的管理规范，除了要遵循司法鉴定机构的一般规则，还需要遵循有关特别法律规范。

为进一步细化环境损害司法鉴定机构的审核登记等工作，司法部、生态环境部于 2018

年 6 月印发了《环境损害司法鉴定机构登记评审细则》。该评审细则分为正文部分和 5 个附件，5 个附件分别为《环境损害司法鉴定机构登记评审评分标准》《环境损害司法鉴定机构和人员专业能力要求》《环境损害司法鉴定机构实验室和仪器设备配置要求》《环境损害司法鉴定机构登记专家评审意见书》《环境损害司法鉴定机构登记评审工作方案（参考模板）》。评审细则就环境损害司法鉴定机构应当具备的条件等予以了明确，同时还明确了专家评审组的工作程序和登记评审评分标准。这与其他司法鉴定种类存在显著区别。根据评审细则的规定，对于申请从事环境损害司法鉴定事项的机构，省一级司法鉴定行政主管部门应当同生态环境部门在司法鉴定机构登记评审专家库中遴选专家对其进行评审。并且，根据《环境损害司法鉴定机构登记评审专家库管理办法》，专家库分为国家库和地方库，而在具体对鉴定事项进行评审时，对于鉴定机构申请的每个鉴定事项都不得少于 3 名专家，而这 3 名专家从国家库中遴选的则不得少于 1 人，以保障审核的客观性。根据细则规定，专家组在评分时应当按照人员条件、技术能力和设施设备 2∶5∶3 的比例，对机构进行评分（总分为 100 分），并形成最终的《环境损害司法鉴定机构登记专家评审意见书》。对于鉴定机构申请从事环境损害司法鉴定业务的，评审细则还明确规定，专家评审的得分在 70 分以上，且人员条件、技术能力和设施设备分别不低于 12 分、30 分和 18 分的，应当准予其进行环境损害司法鉴定业务。如果总分在 70 分以下或者其中有任何一项未达到该项满分的 60%的，则应得出“不具备设立环境损害司法鉴定机构的技术条件和技术能力”的结论。例如，在申请从事环境损害司法鉴定业务法人或其他组织评分表中，其评审要素包括环境损害司法鉴定人构成、技术水平、实验室条件三项，而环境损害司法鉴定人构成又分为鉴定人数量和专业配置两项，并且分别对其进行评分，具体见附录 3 中的附件 1（一）。对于申请从事环境损害司法鉴定人的又单设一张评分表，分职业道德、基本情况、工作能力、工作成果四个核定要素，对每类核定要素又有具体的评分标准，具体见附录 3 中的附件 1（二）。

2）机构准入管理

严格执行准入条件，宁缺毋滥。根据环境损害司法鉴定机构的发展规划和布局要求，在总量控制、有序发展的原则下，评审专家应当秉持宁缺毋滥的指导思想，严格执行评审标准、严格规范评审程序、保证鉴定机构技术质量，力争打造一支公道正派、技术精湛、素质过硬的环境损害司法鉴定队伍，实现建设高资质、高水平机构的目标。

（1）准入对象依托的主体。能够从事环境损害司法鉴定业务的主体是环境损害司法鉴定机构，这也是司法鉴定行政主管部门准入的对象。但在实践中，有的机构是单独设立的，是一个实体；有的机构会依托一定的主体，如高等院校、科研院所等，以便能够充分发挥其依托主体的资源、技术等优势，以期达到更好的鉴定效果。目前，就环境损害司法鉴定机构设立主体的多样性，曾经有学者做了总结，包括各级环境监测站和环境监测系统设立的司法鉴定机构、社会化环境司法鉴定机构、专项环境司法鉴定机构，并且这种多样性在相应的司法解释上还可以找到特定的支持。例如，原农业部制定的《渔业水域污染事故调查处理程序规定》明确指出，渔业环境监测站出具的监测数据、鉴定结论或其他具备资格的有关单位出具的鉴定证明是主管机构处理污染事故的依据。

需要说明的是，还有其他一些评估公司、检测中心等也从事环境损害方面的评估工作，尤其是对损害赔偿数额等进行评估，如吉林省吉林市人民检察院诉唐立环境污染责任纠纷案［（2018）吉 02 民初 13 号］。实际上，由评估公司在环境相关案件中发挥相应的鉴定职能的情形还不在少数，并且这种做法在相关司法解释中也得以确认。在诉讼中，我们时常需要对环境污染的受损结果进行量化，而评估公司在这些案件中对受损结果的量化等发挥了重要作用，履行的是鉴定机构职能。限于环境损害司法鉴定被纳入统一管理的时间不长，部分评估公司、鉴定中心等并不具备相应的鉴定资质，但随着环境损害司法鉴定被纳入统一管理之中，这些主体应当向司法鉴定行政主管部门申请，并取得相应的司法鉴定资质。

（2）准入的数量。根据《决定》，面向社会接受委托的鉴定机构又可以分为纳入统一管理的三大类司法鉴定机构，以及没有纳入统一管理的三大类以外的司法鉴定机构。在 2016 年环境损害司法鉴定机构被纳入统一管理之后，各省（区、市）对环境损害司法鉴定也陆续进行审批。根据《2017 年度全国司法鉴定情况统计分析》，“截至 2017 年年底，从事法医类、物证类、声像资料和环境损害鉴定业务的机构为 2 606 家，其中环境损害司法鉴定机构占 2.76%”。由此推算得出，截至 2017 年年底，我国环境损害司法鉴定机构共计 72 家左右。到 2018 年 9 月，环境损害司法鉴定机构 111 家，鉴定人 2 500 余名。最新的数据显示，截至 2021 年 4 月，环境损害司法鉴定机构增加至 168 家（表 2-2）。

表 2-2　国内环境损害司法鉴定机构分布　　单位：家

地区	省份	数量	地区	省份	数量
华东	上海	2	华中	河南	3
	山东	11		湖南	2
	江苏	12		湖北	1
	浙江	2	华南	广东	7
	福建	12		海南	20
	江西	25		广西	1
	安徽	1	西北	陕西	8
东北	黑龙江	5		甘肃	3
	吉林	2		新疆	1
	辽宁	1		青海	1
华北	北京	1		宁夏	2
	天津	4	西南	重庆	7
	河北	3		四川	3
	山西	3		云南	17
	内蒙古	3		贵州	5

3）机构项目管理

项目管理是指司法鉴定行政主管部门就机构可以从事环境损害司法鉴定的业务进行的管理。根据《关于规范环境损害司法鉴定管理工作的通知》，环境损害司法鉴定类别包括污染物性质鉴定、地表水和沉积物环境损害鉴定、空气污染环境损害鉴定、土壤与地下水环境损害鉴定、近海海洋与海岸带环境损害鉴定、生态系统环境损害鉴定及其他环境损害鉴定。为进一步规范环境损害司法鉴定管理，司法部、生态环境部于 2019 年 5 月发布了《环境损害司法鉴定执业分类规定》，将上述 7 大类鉴定项目细分为 47 个执业类别。但司法鉴定行政主管部门对环境损害司法鉴定机构进行审批之后，并不意味着鉴定机构可以从事所有环境损害司法鉴定项目。相反，其仅能就司法鉴定行政主管部门审批的允许进行的鉴定项目进行鉴定，一旦从事没有经过审批的事项，则属于没有资质鉴定。在我国已经获批可以从事环境损害司法鉴定的机构中，较多机构仅仅只能就某特定业务进行鉴定，如仅能就污染物性质进行鉴定等，业务范围相对较窄。这也就造成了在环境民事公益诉讼中，一个案件往往需要多个不同的机构共同进行鉴定的情形。

4）机构名册管理

对经相关权力部门批准可以从事司法鉴定的机构名单，由省一级人民政府司法鉴定行政主管部门进行名册的编制、公告等。然而，在环境民事公益诉讼中，从事环境损害司法鉴定业务的，很大一部分是《环境损害鉴定评估推荐机构名录》上的鉴定机构。例如，在阜阳义杰商贸有限公司、张某杰环境污染责任纠纷案［（2016）皖 1204 民初 2959 号］的判决书中，法官明确表明“安徽省环境科学研究院是我国环境保护部推荐的第一批《环境损害鉴定评估推荐机构名录》中的鉴定机构之一，具备生态环境损害鉴定、评估的资质”。而这在过去很长一段时间内，包括到现在，实质上起到了名册发布的功能。

除发布推荐机构名录以外，环境保护部（现生态环境部）还明确名录以外的机构在符合环境保护主管部门推荐的条件下，也可以从事环境损害司法鉴定业务。例如，在北京市人民检察院第三分院与赵某赞环境污染责任纠纷一案［（2017）京 03 民初 177 号］中，轻工业环境保护研究所对案件进行了鉴定，但被告对其资质提出质疑。为此，通州环保局向北京市通州区人民检察院就案件鉴定机构资质的问题进行复函，该复函中载明：现国家尚未有环境损害鉴定评估资质的统一标准，实践中如遇到司法机关、行政机关或者其他单位和个人要求提供环境损害鉴定评估机构信息时，根据环境保护部关于《环境损害鉴定评估推荐机构名录（第一批）》相关问题的说明，环境保护行政主管部门既可以提供该名录，也可以推荐没有列入该名录的其他鉴定评估机构。这说明实际上是由环境保护行政主管部门（现生态环境行政主管部门）发布名录，且这种名录成为一种随时可增加的状态。

在名单发布上，在实践中还存在由法院平台发布的情况。例如，在常州市环境公益协会与储某清、常州市博世尔物资再生利用有限公司等环境污染责任纠纷案［（2014）常环公民初字第 2 号］中，诉讼被告方就委托作出技术报告的常环公司的资质提出了质疑。法院最终认定评估技术报告有效的依据是“常环公司已在江苏省法院网的鉴定评估平台备案”。

在此，需要特别说明的是，2018 年 6 月 26 日，最高人民法院在人民法院诉讼资产网上线“人民法院对外委托专业机构专业人员信息平台”、“人民法院专家库信息平台”以及“暂予监外执行组织诊断工作信息平台”等。其中“人民法院对外委托专业机构专业人员信息平台”汇集了全国各高、中级人民法院审查通过的对外委托鉴定等备选专业机构和专业人员信息。在该平台中，就专业类别而言，包括法医类鉴定、物证类鉴定、产品质量鉴定、建设工程质量鉴定、测量测绘、海损评估、土地评估、森林资源资产价格评估等，其范围宽泛。

可见，对于包括环境损害司法鉴定在内的鉴定机构而言，在司法鉴定行政主管部门已经统一登记并编制名册的情况下，法院在平台上可再次公告名册。各级法院可以委托的鉴定机构是在系统里的鉴定机构，而能够进入系统的鉴定机构是各级法院审核通过的鉴定机构，即无论该司法鉴定机构是否取得司法鉴定行政主管部门的审批，都可能进入法院的鉴定机构名册。而法院由于其在诉讼中的后位优势，这种册中册的情形就成为实质意义上的审查。在司法鉴定行政主管部门对环境损害司法鉴定尚未大范围审批的情况下，法院平台发布名册，对环境损害司法鉴定可能更是一种风险。

2.3.1.2 存在的问题

通过对上述现状的分析，目前我国环境损害司法鉴定管理还存在诸多问题，主要集中表现在以下几个方面。

1）管理规范与实践不相适应

申请从事环境损害司法鉴定业务的机构必须经过专家评审组的评审，这是其他司法鉴定业务所没有的，且目前所设定的评审的因素和条件相对较为完善和具体。但是，大量的环境民事公益诉讼案件中的司法鉴定涉及专业广泛，往往一个专业机构难以完成所有的鉴定业务。在环境损害司法鉴定从业资格层面，根据评审细则，评审组仅仅是对某个鉴定业务单独进行评审。一旦某个机构仅申请从事一项环境损害司法鉴定业务，其只能获得该项业务资质，解决该项技术难题，这也就可能造成该鉴定机构不能解决环境民事公益诉讼中其他的技术性问题。但是，如果要求所有机构都具备环境损害司法鉴定的所有专业种类，一方面因为环境涉及专业众多，要求鉴定机构具有所有相关专业业务资格并不现实；另一方面这也会造成机构疲于增加鉴定项目，而不探索新技术、环境损害司法鉴定管理及鉴定意见的形成与采信，以及以民事公益诉讼为对象的分析新方法，从而最终导致整个环境损害司法鉴定技术水平的停滞不前，甚至降低。

就机构技术水平而言，其分值比例占 50%。评审组在评估其技术水平时，包含鉴定评估项目数量，鉴定评估项目与相关工作成果完成质量、鉴定人能力三项，这三项分值分别为 10 分、10 分和 30 分［具体评分标准见附录 3 中的附件 1（一）］。从鉴定评估项目数量一栏可知，申请机构参与环境损害评估项目及相关工作，因为委托主体的不同，而具体所得分值也并不相同。在传统法医类、物证类、声像资料类鉴定中，并不会因为委托主体是高级人民法院而在对疑难问题解决的技术水平上，就比中级人民法院委托的专业问题在鉴定技术水平上有更高的要求。究其原因，在环境损害司法鉴定中，因为行政管理权限的原因，省部级以上机构权限范围内的环境民事公益诉讼问题，其社会影响大、涉及面广、危害后果严重等，所以要求的技术水平也高。

2）准入管理导致鉴定机构质和量有待提高

司法鉴定行政管理部门对环境损害司法鉴定机构准入的质和量的管理问题，主要体现在以下两个方面。

第一，环境损害司法鉴定机构被准入数量难以满足司法实践需求。随着我国对环境保护力度的不断加大，以及我国公众环境权意识的不断提升，实践中环境民事公益诉讼案件以及环境污染等刑事案件大幅度增加，可以预见的是，环境损害司法鉴定的需求量也将同比例上升。这就对环境损害司法鉴定机构从质量和数量上提出了新的要求。但目前我国环境损害司法鉴定存在问题较多，如时间周期长、取证难等问题依然十分严峻，并且鉴定机构和人员水平参差不齐。目前，鉴定机构首先在数量上就已经难以适应环境民事公益诉讼司法实践对司法鉴定的需求，可能影响环境民事公益诉讼的顺利运行。

第二，准许从事环境损害司法鉴定的机构的依托主体复杂，从而导致多头管理，机构中立性受到质疑。通过对表 2-1 中 19 例案件进行分析，发现鉴定机构依托的主体具有多样化的特点，这就决定其除了要受司法鉴定行政主管部门的管理，还会受到其依托主体的管理和限制。不同的管理部门在管理思路、管理标准、技术方法等方面存在不同，同时各部门对司法鉴定态度的不同，也会直接对司法鉴定机构的业务造成实质影响。在实践中有的依托主体认为，与企业本身主要产业相比，司法鉴定产生的经济效益较少，且容易造成投诉，为避免不必要的麻烦，对司法鉴定往往采取不鼓励的态度，这造成在实践中鉴定机构少接甚至不接案件。在以科研院所为依托主体的鉴定机构中，这种现象更为突出。

依托主体过多、复杂，产生的另外一个问题是，这些鉴定机构的中立性会受到诉讼各方的质疑。由于环境问题涉及部门较多，如海洋、林业、环保等。这些行政部门都在各自管辖范围内负责处理相应的环境事务。在出现环境污染行为以后，这些行政部门往往会指定或委托本部门下设的鉴定中心进行鉴定，出具相应的报告。因而，这些鉴定机构在中立性问题上往往会受到来自各方的质疑。此外，还有学者认为，排污单位往往与政府有关部门关系十分密切，而此时又由具有行政色彩的相关鉴定机构在环境民事公益诉讼案件中提供鉴定意见，这难免让人对其进行质疑，甚至鉴定意见本身就会有行政权属性在里面。法院对环境监测中心等行政机关设立的机构是否具有鉴定资质也是态度不一。有的法院认为，行政机关设立的机构没有法定鉴定资格，而有的法院则认为有些机关设立的机构具有相应的鉴定资格，出具的鉴定意见可以作为证据。从目前统计的鉴定机构来看，难免让人对鉴定意见的中立性产生怀疑。这也会对民事公益诉讼裁判的公信力产生一定的影响。

3）项目管理难以适应环境民事公益诉讼需求

相对于其他案件而言，环境民事公益诉讼牵涉专业往往是综合性的，仅涉及单一环境专业的往往较少。但在司法鉴定管理中，管理部门会根据申请机构的各项指标，决定其从事哪项业务。其中就可能造成鉴定机构仅能就一个项目进行鉴定的情形出现。如果案件涉及专业较多，该鉴定机构恐怕难以完成诉讼需求。在实践中，这还可能造成环境损害司法鉴定机构超范围接受委托的情形出现。这也成为辩护方抗辩的理由之一。例如，在江苏常某农化有限公司等与泰州市环保联合会等环境污染侵权赔偿纠纷案［（2014）苏环公民终字第 0000 号］中，被告就对鉴定机构的资质提出质疑。这在一般的环境民事公益诉讼案件中也较为常见。

环境损害司法鉴定机构的业务范围超出核定的资质范围内进行鉴定，一方面，表明该机构没有解决该技术问题的技术力量，在此背景下出具的鉴定意见，毫无疑问会存在较大的不确定性；另一方面，即使接受委托的机构具有解决该专业技术问题的能力，但如果它没有从事该鉴定业务的资质，也将因为超出行政审批的范畴而使其鉴定意见失去证据效力。否则，将导致实践中充斥着各式没有资质的鉴定意见，在影响鉴定意见权威性的同时，最终导致司法公信力的下降。因而，司法鉴定行政主管部门在对环境损害司法鉴定机构或者司法鉴定业务进行审批时，应当注重项目的审批数量和质量。

4）司法鉴定机构名册管理权限不清

实践中对于司法鉴定机构的名册，主要有司法鉴定行政主管部门发布的名册、生态环境行政机关推荐机构的名册以及最高人民法院信息平台公布的名册三种形式。对于这三者关系而言，司法鉴定行政主管部门是法定管理部门，生态环境行政机关是主管部门且具有较强的技术能力，法院由于其后位优势在名册发布中占据先天优势。但是，法院并没有明确上文所述平台上的名册与司法鉴定行政主管部门的名册有关。在传统三大类鉴定机构中，由于法院在信息平台上公布的名册已经发展得较为成熟，基本和司法鉴定行政主管部门相同。而对于发展还不成熟的环境损害司法鉴定机构而言，其具有实质意义上的审查功能。环境损害司法鉴定机构多部名册的发布，产生的后果就是委托方不知该以何部名册发布的鉴定机构为准，进行委托。同时，还可能造成另一怪象：为了获取更多的案源，环境损害司法鉴定机构往往在多个部门进行备案、登记。

在此需要予以特别说明的是，虽然我国环境损害司法鉴定实行的是鉴定人负责制，但是我国环境损害司法鉴定人依然需要在一个鉴定机构进行执业，且不能私下接受委托人的委托。因而，无论是在鉴定人层面，还是在鉴定机构层面，只要任何一个层面出现问题，都可能致使最后的环境损害司法鉴定意见产生缺陷，甚至错误而被排除在庭审之外。然而，我国鉴定机构和鉴定人无论是从数量上还是从质量上，目前恐怕都难以满足环境民事公益诉讼的需求。即使已经存在的鉴定机构和鉴定人，依然会由于其鉴定水平、业务范围、程序规范等方面的原因，而造成裁判最终将其鉴定意见排除在外的困境。因而，这就成为我们首先要解决的问题之一。当然，解决该问题的措施有很多，但其中司法鉴定管理是一项基础措施，可以防止低水平鉴定机构进入行业之中，同时将已经不具备鉴定条件的鉴定机构及时淘汰。

2.3.2　关于司法鉴定管理的区域协作

随着社会、时代大融合，无论是在政治、经济还是在人文等方面，各国、各地区都出现相互融合的趋势。任何一个国家或地区都不可能脱离其他国家或地区而单独存在，任何一个国家或地区的任何一件事情都可能对其他国家或地区产生一定的影响，这已经成为社会发展不可逆转的趋势。由此，自然而然产生了区域主义。除政治、经济、文化相互融合之外，环境问题也成为全球重点关注的问题，且环境问题并不是某一个国家或地区凭借自身努力就能实现的，而更应强调区域之间的协作，包括环境的保护、监管等。环境污染行为性质越恶劣、后果越严重，对环境专业技术也越依赖，其中以对环境损害司法鉴定的需求最为强烈。当然，在环境民事公益诉讼中，对于同一环境专业技术性问题可能一个鉴定机构无法解决，但我们可以通过司法鉴定协会组织多个不同的环境损害司法鉴定机构共同进行鉴定。然而，从环境损害司法鉴定管理实践角度来看，我们有必要进一步加强司法行政在环境损害司法鉴定管理上的区域协作。关于环境领域的区域协作，实则在《生态文明体制改革总体方案》中已经有明确表示。环境损害司法鉴定作为对环境污染事件发生后，追究环境污染行为人法律责任的有效证据方法之一，同样应当是生态文明建设领域污染防治区域联通机制的必要组成部分。

2.3.2.1　本质

所谓环境损害司法鉴定区域协作，是指地理相近的若干行政区划之间，为加强地区间环境损害司法鉴定的互动、增强司法鉴定公信力而在司法鉴定制度、技术与管理等层面而展开的合作。环境损害司法鉴定区域协作同其他司法鉴定种类的司法鉴定协作相比，具有显著区别。例如，在法医类、物证类、声像资料类等传统司法鉴定领域，其每一个鉴定都具有相对独立性，不会在技术、管理等层面产生协作的必要。但就环境损害司法鉴定而言，其鉴定对象——环境污染行为等，是没有边界的，往往会发生在不同的行政区划之间。而在鉴定管理过程中，就需要不同行政区划的管理部门在鉴定标准、鉴定收费管理、鉴定人资质等诸多方面进行必要的合作。并且在目前司法鉴定领域中，仅仅在环境损害司法鉴定领域有相应的政策性文件出台。这为构建我国环境损害司法鉴定区域协作机制提供了一定的法律依据。

当然，环境损害司法鉴定区域协作是区域社会规则当中的一个方面，其同区域社会规则一样，具有双重属性。这种双重属性，就像学者所指出的那样，包含了国家性和区域性两个层面。其中，在国家性层面，主要是指区域是国家整体层面的一个子系统，同时该子系统具有一定的特殊性，子系统内部又有一定的相似性。就该子系统单独而言，在一定层面上也能形成一定的体系。因而，环境损害司法鉴定管理的区域协作不仅是满足环境民事公益诉讼案件司法鉴定业务需求的重要途径，还是有效解决司法鉴定冲突、突破司法鉴定自身困境的有效途径，具有区域性、协作性、平等性、内容的特定性等基本特征。所谓区域性，是指在不同行政区划之间环境损害司法鉴定在管理层面的协作；所谓平等性，是指环境损害司法鉴定协作的不同行政区划相互之间是平等的，不存在上下级关联；所谓内容的特定性，是指环境损害司法鉴定区域协作仅就特定内容进行协作，不是全面的、无限制的合作。

2.3.2.2 现状

在我国，对于司法鉴定区域协作实际上已经有一定的探索，最早可以追溯到东北三省司法鉴定论坛、江浙沪司法鉴定论坛等。在这些论坛中，都仅限于学术交流和工作交流层面，并未发生实质性的管理层面的协作。然而，即使是这些论坛也基本在举办一两届之后就无疾而终了，其原因无外乎是部分相关方积极性不高，从而导致在举办一两届之后就出现无人承办的局面；也存在办会经费不足的原因等。目前为止，依然还活跃的自发性质的区域协作形式有“西部地区司法鉴定年会”，目前该年会已经举办了四届。在年会中，交流的内容依然是仅限于学术交流和管理工作交流。

2018 年，司法鉴定区域协作得到有效改善，并有明确的政策依据。2018 年 6 月 13 日，司法部下发了《关于全面推动长江经济带司法鉴定协同发展的实施意见》，在明确推进长江经济带司法鉴定协同发展的具体举措方面，实施意见明确提出要以“环境损害司法鉴定”为先导，从而推动长江经济带 11 省（市）在司法鉴定规划布局、管理措施、执业规范质量建设等的一体化发展。随后，2018 年 6 月 29 日，司法部在湖北省武汉市组织召开了司法鉴定服务长江经济带发展座谈会，并由 11 省（市）签订了《长江经济带司法鉴定协同发展协议》，成立了长江经济带司法鉴定协同发展工作组，其秘书组设在湖北省司法厅。至此，我国司法鉴定协同发展正式进入了新的轨道，不仅具有相关行政主管部门的政策支持，也有地方省（市）共同签署的协议，这对司法鉴定管理的区域协作提出了新的要求和挑战。

2.3.2.3　模式选择

目前，各地的生态基础和司法实践存在较大的地域差异，且环境损害鉴定还面临着鉴定主体管理体系不规范、鉴定标准不一和鉴定程序混乱、立法空白等诸多方面的困境。尽管司法部、生态环境部已经出台了一系列文件来规范鉴定主体的准入和鉴定技术的标准，环境损害司法鉴定的发展仍需要进一步完善。随着新区域主义的兴起，区域法治逐渐登上历史舞台，环境损害鉴定因其自身的独特性，成为区域法之研究中不可忽视的一部分。有学者对我国区域立法的模式进行了一定的概括，分别为："一是区域专门立法模式，指在城市圈内成立专门的立法机构负责城市圈内立法事宜；二是区域协作立法模式，指城市圈各城市或行政区划城市的权力机关或政府的立法资格不变，通过协作的方式，以期达到立法资源与立法结果共享；三是区域上级主导立法模式，指由组成城市圈的各城市共同的上级机关作为立法主体主导城市圈的立法事务；四是核心城市主导立法模式，指由城市圈中依法享有立法权的核心城市主导圈内立法事务"。对于第一种立法模式而言，其需要在一定的城市圈范围内设立专门的立法机构，该专门立法机构应当由不同城市圈代表参加，否则不能了解各城市圈具体情况，据此制定出来的相关政策也可能不具代表性。然而随着城市圈范围的不断扩大，该专门立法机构还需要不断调整，此外还涉及专门的编制设定问题。对于第三种模式而言，各不同城市的共同上级主导立法模式也不太适宜我国。我国地域范围广泛，有的城市不由共同上级制定相关的立法模式，很可能就需要直接由国务院颁布，如江浙沪的直接上级就是国务院。随着我国的不断发展，城市圈也可能是某个省份的地区和另一个省份的地区之间签署，则其共同上级也是国务院。这无论是就理论性层面而言，还是就实践操作性层面而言，都不适宜我国。至于第四种模式——核心城市主导立法模式，则有可能造成一个城市在另一个城市之上的嫌疑。

据此分析上述第二种模式，即区域协作立法模式，更符合我国实际。一方面可以避免上述其他三种模式存在的弊端，另一方面也可以使签订的协议更具可操作性，各签订方会自行履行协议的内容。对于这种相互协商的具体操作模式，可以考虑通过制定专门的信息交流机制、定期联席会议机制、司法鉴定地区规范的相互报送机制、咨询评估机制等来具体运行区域司法鉴定协作。

2.3.2.4　协作内容

在司法部已经发布的《关于全面推动长江经济带司法鉴定协同发展的实施细则》中，明确需要协作的内容包括鉴定机构合理规划布局、落实司法鉴定准入登记、推动统一鉴定标准、联合执业检查和文书质量评查、建立教育培训协调联动和资源共享机制、加强行业自律管理和业务协作、加强司法鉴定管理信息交换和鉴定援助异地协作等。

1）准入管理与评审专家库

司法鉴定管理的区域协作，首要解决的就是司法鉴定机构的准入管理问题，即相互协作的省份之间应当就环境损害司法鉴定机构的合理布局和机构准入标准达成一致。在机构设置方面，各省份需要根据自身和其他省份的实际情况，在机构数量、机构专业等方面发挥各自特色和专长，以达到优势互补的局面。在机构准入标准层面，各省份可能针对辖区的自身情况，制定更为细化的标准和程序，对此不同省份之间应当达成共识并互认。

当然，对于司法鉴定资格准入，更为重要的是评审专家库的合作方面。这种合作不是指专家相互之间的合作，而是指行政机关在建立评审专家库时的合作。每个省份都有自己的特色，每个省份都有自身的优势专业，也可能在某些专业方面出现没有专家的情形。对此，在相互协作的省份之间，完全可以建立一个适合各协作省份的评审专家库，供所有省份机构评审时使用。而没必要各个省份都自行建立专家库，造成资源的浪费，并可避免出现评审专家库专业缺失的情形。

2）环境损害司法鉴定标准

如上文所述，环境损害司法鉴定标准对于最终鉴定结果的准确性起着决定性影响。然而目前我国关于环境损害司法鉴定标准还非常缺失。对此，在全国标准还尚未发布的情形下，各合作省份之间可以先行就环境损害司法鉴定的标准制定团体标准，由各省份司法鉴定机构和鉴定人遵照执行。这样就可以在一定程度上缓解标准缺失和政出多门等诸多弊端。

3）环境损害司法鉴定收费

目前，鉴定收费也是制约环境民事公益诉讼顺利运行的一项重要内容，在相关省份已经有合作协议的情形下，可以就各项目制定统一的收费标准，防止在不同省份之间收费标准不一带来的社会公众对司法鉴定公信力的不信任。同时，针对环境民事公益诉讼中，公益诉讼提起主体确实在经费方面有困难的情形，各省份还可以就法律援助发布统一的规则，从而保障环境损害司法鉴定顺畅进行，不至于导致诉讼的拖延甚至无法诉讼。

2.3.2.5 协作程序

环境损害司法鉴定管理的区域协作必须就特定的内容依据特定的程序开展相关活动，以确保区域协作的正常有序。对此，在区域协作中，相关主管部门可以采取定期会议和不定期会议的形式开展合作。定期会议可以每半年开一次，就本半年度的工作和下半年的工作合作计划等进行讨论，并形成相应的决议；不定期会议主要是针对需要立即予以解决的问题，可以由任一协作方召集成员，召开相应的专题会议，在协作机构层面研究解决。

此外，为保障环境损害司法鉴定区域协作的日常开展，我们还应当明确在各协作部门之间建立信息通报制度。此种信息通报制度包含两个方面：一方面是环境损害司法鉴定行政主管部门之间，就在管理中发现的问题、采取的措施等进行相互通报；另一方面是环境损害司法鉴定作为贯穿诉讼全过程的证据方法，其有必要在环境损害司法鉴定使用的过程中，加强司法鉴定管理与使用部门的沟通。其中，对于第二个方面内容需要予以特别说明。

包括环境损害司法鉴定在内的司法鉴定意见，其实是一个管理与使用相互融合的过程。首先，我们需要的是加强司法鉴定的行政和行业协会的管理，从源头上保障诉讼中的鉴定意见是科学、客观、公正、准确的。其次，在司法鉴定人对案件中的专业性问题作出认定，并出具鉴定意见以后，往往就要被侦查机关、审查起诉机关、裁判机关等委托主体运用。作为鉴定意见的使用者，其就会在使用过程中发现司法鉴定中存在的问题，如鉴定机构、鉴定人是否有相应资质，方法是否准确，程序是否合法，是否有违反法律规定情形，等等。这些内容也往往是鉴定意见使用者在对鉴定意见进行审查判断时所需要考虑的核心要素。据此，鉴定人出具鉴定意见以后鉴定意见使用者是最可能发现鉴定意见当中存在的各式问题的。然而，即使鉴定意见使用者在发现鉴定意见当中存在的各种问题后，也往往不向其他相应部门反馈，这就可能造成同样问题在以后的司法鉴定中同样存在。同时，鉴定综合水平也无法提高。然而目前在我国相关司法鉴定条文中，仅有《青海省司法鉴定条例》对信息相互通报制度进行了规定。虽然青海省有关于司法鉴定相互通报的制度，但是范围仅包括名册及其管理情况、意见采信情况、鉴定人出庭情况等。而对于鉴定人是否超资质鉴定、是否有程序违法、技术标准适用是否正确等更可能对鉴定最终结果产生疑问的因素则没有过多提及。且根据上述条例规定，司法鉴定管理的行政部门与司法鉴定的使用部门的信息通报也仅限于同级之间。但是在司法鉴定领域，其往往没有行政层级之分，可以接受异地侦查机关、审查起诉机关、审判机关的委托，也可以接受任何一级侦查机关、审查起诉机关、审判机关的委托，因而上述信息通报可能就存在一定的信息不对称的情形。此外，《青海省司法鉴定条例》也仅能就青海省内的公检法司等机关进行司法鉴定的信息相互通报，而对于省外与省内之间的信息通报却没有加以规定，也没有权限规定。如上文所述，司法鉴定实践中，尤其是环境损害司法鉴定中，并没有区划的限制。因而，虽然青海省在司法鉴定信息通报制度中取得重要进展，但其在一定程度上仅仅是解决了本区划的问题，且有一定限制。对于真正发挥信息通报制度的应有功能还有很大局限。

据此，对于在管理和使用过程中发现的问题，我们可以环境损害司法鉴定管理者为中介，对于各管理部门中发现的问题，各协作成员之间在收到通报之后，可以就此问题在各自辖区内通报相关使用者；各使用者对于在使用环境损害司法鉴定过程中发现的问题，可以及时向辖区内的司法鉴定行政主管部门通报，然后由该司法鉴定行政主管部门在各协作成员之间相互通报，从而形成对鉴定监督和区域合作的良好态势。

综上所述，环境民事公益诉讼环境损害司法鉴定虽然实践需求会越来越多，但司法部将其纳入统一管理时间并不长，在主体性层面（包括司法鉴定机构和司法鉴定人）都存在较大问题。同时，也正由于环境损害司法鉴定被纳入统一管理时间不长，且其准入退出、管理等都与传统法医类、物证类、声像资料类等司法鉴定存在显著不同。在司法鉴定体制改革不断推进的今天，对于将来能够在所有专业通行的做法，在环境损害司法鉴定中可以先行试点，探索出可能的路径，为将来其他司法鉴定的发展提供思路。

2.4 环境损害司法鉴定的启动

《民事诉讼法》第七十六条对司法鉴定的启动进行了明确规定。作为诉讼活动之一，司法鉴定同样应当遵守诉讼程序相关规定，同时还应当遵循《司法鉴定程序通则》的规定。然而同其他种类司法鉴定相比，环境损害司法鉴定在紧迫性（尤其是在突发性环境污染事故中）、时效性等方面都存在差别。在启动层面，除了委托机关可以委托鉴定，当事人、相应的环境公益诉讼组织等也享有鉴定启动权。同时，对于启动时间而言，其他种类司法鉴定往往是在诉讼程序启动以后由相应的办案机关委托。

2.4.1 启动现状

环境损害司法鉴定启动程序应当严格依据《民事诉讼法》和《司法鉴定程序通则》的规定进行。环境损害司法鉴定的特殊性，造就了其在启动时间和启动主体层面也应具有相应的特殊性。

有关立法规定，集中体现在启动的决定权归属和启动时间层面。

2.4.1.1 启动的决定权归属

法院有关环境损害司法鉴定的启动，在新修订的《民事诉讼法》中有明确规定。根据该规定，司法鉴定程序的启动有两种情形，一种是依当事人的申请启动，另一种是依法院的职权确定。但是，依据当事人申请启动的，依然需要法院决定。此外，对于鉴定机构的选择，根据《民事诉讼法》的规定，或是双方当事人协商确定，或是在双方当事人无法确定的情况下，由法院决定。此外，司法部发布的《司法鉴定程序通则》进一步明确，只有办案机关才能委托鉴定。这实际上就是进一步明确了鉴定启动权在法院等办案机关而当事人只有申请权。

在环境民事公益诉讼案件中，《关于全面加强环境资源审判工作为推进生态文明建设提供有力司法保障的意见》同样明确，对于原告承担举证责任的涉及社会公共利益的事实需要鉴定的，可以依职权委托鉴定。再次，最高人民法院《关于审理环境民事公益诉讼案件适用法律若干问题的解释》(以下简称《环境民事公益诉讼司法解释》)第十四条第二款也作了类似规定。由此可见，在立法上，我国环境损害司法鉴定的启动权依然归属于法院。

2.4.1.2　鉴定启动时间明确为“诉讼中”

根据《司法鉴定程序通则》的规定，司法鉴定的时限明确界定为“诉讼中”。相关诉讼方需要委托进行鉴定的，只能在诉讼中进行委托。司法鉴定机构也只能在案件已经进入诉讼程序后才能接受委托从事司法鉴定。从有关法律对鉴定启动的规定与实践的矛盾，可以看出，因为环境民事公益诉讼的特殊性，环境损害司法鉴定与其他司法鉴定相比，其启动程序还存在一定的不同。

1）启动时间的特殊性

根据《司法鉴定程序通则》的规定，司法鉴定是诉讼过程中的活动，即司法鉴定是在诉讼启动后的活动，在诉讼没有开始前是无法进行司法鉴定的。但是在环境污染行为中，鉴于影响环境的因素具有易逝性等特征，一旦错过时间，则可能会导致无法再收集到完整的鉴定资料，从而无法保障环境损害司法鉴定意见的准确性。因而，在环境民事公益诉讼中，“如果任由纠纷进入诉讼后，再由法院要求加害企业举证，则可能错过鉴定的最佳时机，损害现场发生变化，污染因子已经消解，基础鉴材和事发现场已经灭失。此时，再由企业举证，损害症状可能已经消失”。

从另一层面来看，在环境民事公益诉讼中，司法鉴定的启动或是由办案机关依职权启动或是由当事人申请、办案机关决定启动。而对于是否要启动环境损害司法鉴定又需要根据诉讼进程的推进情况来判断决定，此时则有可能延误启动时机。如果完全根据司法鉴定传统启动时间来启动环境损害司法鉴定，则可能会对鉴定的最终结果产生影响，甚至出现无法进行鉴定的现象。

2）启动主体的特殊性

民事诉讼中举证责任原则为“谁主张，谁举证”，即在民事诉讼中，由提出主张的人对其主张成立负举证责任，如果提出的证据无法达到证明标准或者无法提供证据证明其主张的，应当承担举证不能的不利后果。在环境公益诉讼中，最高人民法院《环境民事公益诉讼司法解释》第十四条第二款也对委托司法鉴定进行了规定，即原告可以向法庭提出鉴定的申请，由法院决定是否委托。这在《民事诉讼法》和《司法鉴定程序通则》中也有规定，即同样坚持当事人仅具有司法鉴定的申请权，而没有决定权，是否进行司法鉴定，由办案机关决定并委托。

上述规定在司法实践中，尤其是在普通环境侵权案件中，也得到了确认，如在雷某、曾某财、何某照与常德市鼎城区芦苇场聂某国、孙某、李某国水污染纠纷一案［鼎城区人民法院（2008）常鼎民初字第627号］中，法院就以当事人单方委托鉴定的程序违法而将该鉴定意见排除。由办案机关委托鉴定有其优势，如可以确保鉴定材料的真实性，从而确保鉴定结果的准确性。同时，这还可以在一定程度上避免部分当事人滥用鉴定权，造成诉讼成本的提高和诉讼的拖延。然而，环境损害司法鉴定结果可能对环境侵权诉讼的结果产生最为直接的影响，对当事人权利影响较大，如果不赋予其鉴定启动权就意味着对其权利影响较大的诉讼活动并不能由其决定。实际上，在国外，一般都赋予了当事人的决定权。例如，在澳大利亚，法院可以依据职权委托专家证人出庭，但当事人同样可以自行委托专家证人出庭说明专业问题，即在澳大利亚，在承认法院等具有鉴定启动权的情况下，并不否认当事人也有鉴定启动权，这两者之间并不冲突。

另外，之所以修订后的《司法鉴定程序通则》将司法鉴定委托主体限定为办案机关，其中一个原因很可能就是在传统法医类、物证类、声像资料类等司法鉴定中，当事人私人委托司法鉴定时，向司法鉴定机构提交了虚假鉴定资料，从而造成鉴定结果最终出现一定误差，甚至错误。为避免这种情形以及其他情况的出现，《司法鉴定程序通则》可能就将委托人限定为办案机关。但是，在环境民事公益诉讼中，根据有关规定，其提起主体是检察机关和社会公益组织。社会公益组织在公益诉讼中会因经济等原因而影响其职能的行使，随着公益诉讼制度的不断推进，检察机关必然会成为发起公益诉讼的主要主体，而检察机关作为国家机关，不太可能作出立法禁止的行为。因此，在一定层面上，可由环境民事公益诉讼提起主体委托司法鉴定。而如果一味地强调由法院委托鉴定，就会出现上述所论述的贻误鉴定时机的情况。同时，也会影响公益诉讼主体提起诉讼的热情和积极性，不方便原告明确其具体诉求。

2.4.2 启动的完善

2.4.2.1 诉前证据保全确保环境损害鉴定意见的准确性

环境损害司法鉴定意见的最终结果是否准确，受多种因素共同制约，如检材提取、技术规范、鉴定程序等。而这正如本部分所述，环境损害司法鉴定与其他司法鉴定相比，其检材灭失、毁坏的可能性较大，一旦按照《司法鉴定程序通则》规定的“在诉讼中”启动司法鉴定，则很有可能难以得出准确的环境损害司法鉴定意见。据此，我们可以尝试另外一种解决该问题的方式——诉前证据保全。

根据《民事诉讼法》第八十一条的规定，在情况紧急时，利害关系人可以在诉前申请证据保全。当然，如果用诉前证据保全的方式来保障环境损害司法鉴定意见的准确性需要解决几个方面的问题：一是公益诉讼提起方是否可以解释为“利害关系人”；二是在申请证据保全时，是保全检材还是启动司法鉴定程序保全鉴定意见。对于第一个问题，《民事诉讼法》设立公益诉讼的目的在于对受到损害的公共利益进行保障，而并不在于保护某个私人利益。因而，在公益诉讼中，可能并不存在“利害关系人”。但这并不意味着公益诉讼中的证据就没有灭失、毁坏的可能。如果在证据可能灭失或者毁坏的情况下，没有及时保全证据，则可能会影响公益诉讼的顺利运行，而这又与公益诉讼设立的初衷相违背。如果申请证据保全的公益诉讼组织，没有提起公益诉讼的，或者存在其他滥用证据保全情形的，法院可以以司法建议的形式向有关主管部门反馈情况，作出处理。

对于第二个问题，诉前证据保全的前提是情况紧急、证据可能灭失或者毁灭，而鉴定意见并不是诉讼一开始就存在的，而是鉴定人根据现有资料按照科学方法出具的相应意见。此外，鉴定意见是不可能灭失的，灭失的只能是检材。因此，法庭不可能对鉴定意见进行保全，保全的只能是检材。保全检材的目的是能够得到准确的鉴定意见，然而法庭或者公益诉讼提起者都不具备将检材转化为鉴定意见的能力。同时，根据前文所述，民事公益诉讼的提起必须有明确的诉讼请求和初步证据，也即在环境民事公益诉讼中，原告需要在诉前获取环境损害司法鉴定意见。为此，在公益诉讼组织申请证据保全之后，法院可以随即启动环境损害司法鉴定。

2.4.2.2　环境损害司法鉴定启动时间的有限前置

根据《民事诉讼法》有关起诉的规定，相关主体提起环境民事公益诉讼时，必须要有明确的诉讼请求。环境民事公益诉讼的诉讼请求中最为主要的就是环境修复方案，或者环境损害赔偿数额的确定。然而这恐怕是原告无法通过自身专业知识进行判定的，需要借助专业机构或者专业人士的帮助，尤其是环境损害司法鉴定机构的帮助，这是其一。其二，根据最高人民法院司法解释环境民事公益诉讼的起诉，原告必须要有必要的初步证据。当然，这种初步证据，显然是能够证明环境污染行为已经发生，以及能够支撑自身诉讼请求的证据，其中包括环境损害司法鉴定意见等科学证据。可见，环境损害司法鉴定意见在诉前就有存在的必要。据此，为保障环境民事公益诉讼的顺利启动，可以将启动时间前置。具体为，在环境公益诉讼中，公益诉讼提起主体发现环境污染行为时如果不先行委托鉴定或者不先行由环境损害司法鉴定机构对检材进行提取，则可能贻误鉴定时机或影响检材提取的，可以申请由鉴定机构在诉讼启动之前就先行进行鉴定，或者先行提取相应的检材。当然，对于鉴定机构先行提取检材或者先行鉴定的，环境公益诉讼提起主体应当在特定时间内及时启动诉讼程序，向法院提起诉讼。例如，法律可以规定，在环境损害司法鉴定机构进行鉴定或者提取检材后 15 日内，当事人或者环境公益诉讼组织应当提起诉讼，否则环境损害司法鉴定机构应当终止鉴定，并要求当事人或者环境公益诉讼组织承担一定的费用。此外，对于在环境公益诉讼之前没有启动环境损害司法鉴定，而在诉讼中申请或直接启动鉴定的，也有时间限制，防止部分人故意实施拖延诉讼的行为等。故此，我国法律明确规定环境公益诉讼提起主体申请鉴定可以在举证期限届满前提出，这也应当是申请鉴定的最后期限。

2.4.2.3 启动主体的扩展

应当对环境损害司法鉴定启动主体进行必要的扩展，主要是将环境民事公益诉讼提起主体纳入司法鉴定委托主体范围。一方面，可以有效保障环境公益诉讼提起主体及时获取相应的证据支撑，这是对其权利保障的体现；另一方面，可以有效避免环境民事公益诉讼因提起时间的延误而造成错过最佳鉴定时间的情形发生。在环境公益诉讼中，非常重要的内容是法定主体在提起公益诉讼时，应当明确其诉讼请求，而该诉讼请求的重要内容就是环境修复方案或者环境修复费用等专业性问题。因而，由其来先行委托鉴定，也有助于环境民事公益诉讼的顺利启动。但是，对于启动主体，还应当在其权利运行时有一定限制，即“如果不及时进行鉴定或者收取材料，会对环境损害司法鉴定或者环境民事公益诉讼正常进行产生严重阻碍”。民事公益诉讼环境损害司法鉴定启动主体与法医类、物证类、声像资料类等传统司法鉴定申请启动主体相比，其显著特点是鉴定意见结果与其自身利益无关。因此，在民事公益诉讼环境损害司法鉴定中，对启动主体进行有限扩展，兼具必要性和可行性。

2.4.2.4 检察机关启动环境损害司法鉴定的理解

根据《司法鉴定程序通则》以及有关法律法规的规定，司法鉴定机构仅在刑事诉讼中，诉讼的开始以侦查机关的侦查为标志；在民事诉讼中，诉讼的开始以法庭的立案为标志。因而，根据现有规定，在刑事诉讼中，司法鉴定可以接受侦查机关、审查起诉机关、审判机关的委托；在民事诉讼中，司法鉴定仅能接受审判机关的委托。环境民事公益诉讼是公益诉讼的一种。根据《民事诉讼法》的规定，检察机关可以作为环境民事公益诉讼的提起主体，但检察机关并不行使侦查、审查起诉等职能。根据相关资料，检察机关在诉前委托环境损害司法鉴定是常态，并成为启动环境民事公益诉讼的前提。

检察机关提起环境民事公益诉讼有两种情形：一种是直接提起公益诉讼；另一种是在追究当事人刑事责任的同时提起公益诉讼，即附带民事诉讼。在检察机关提起环境公益诉讼时，可以将其理解为《司法鉴定程序通则》规定中的“办案机关”。这是因为：①《司法鉴定程序通则》将司法鉴定委托主体限定为办案机关，目的是更好地保障鉴定检材的客观性，从而确保鉴定意见的准确性；②检察机关作为法律监督机关，且其并没有左右鉴定意见最终结果的必要和理由，加之检察机关提起民事公益诉讼，是履行《民事诉讼法》赋予其的职责，属于履职行为。对于第二种情形需要说明的是，检察机关办理环境刑事案件本身就是作为办案机关，而在办案过程中收集的环境损害司法鉴定意见，当然可以作为附带民事公益诉讼的证据使用。

环境损害司法鉴定启动是司法鉴定的开端，只有由启动主体在恰当的时间内及时委托，司法鉴定机构方能尽早出具客观、科学的鉴定意见，才能最终为环境民事公益诉讼提供相应的证据资料。因此，对于环境损害司法鉴定启动程序，是目前亟须考量的问题。

2.5　环境损害司法鉴定的受理

环境损害司法鉴定委托主体提请司法鉴定委托后，环境损害司法鉴定机构应当根据具体情况，决定是否受理。对于司法鉴定受理，《民事诉讼法》并没有相应规定。《司法鉴定程序通则》第十三～第十七条专门对司法鉴定的受理程序进行了规定，包括受理期限、检材审查、不得受理情形等内容。在环境损害司法鉴定中，受理程序与一般司法鉴定并无二致。环境损害司法鉴定的受理过程，在检材提取方面，存在与其他鉴定不同的情况。同时，还应当特别注意的是，环境损害司法鉴定因为涉及专业广泛，有可能在同一案件中，单一司法鉴定机构无法对案件进行有效鉴定，而需要多个不同鉴定机构就环境问题共同进行鉴定，但这在目前其他司法鉴定中是非常少见的，也要求对多个不同鉴定机构共同受理的情形予以完善。

2.5.1　司法鉴定检材移交

环境损害司法鉴定是司法鉴定人根据委托人所提交的检材运用科学技术方法对其进行鉴定的过程。在一定程度上，环境损害司法鉴定意见就是在鉴定检材基础之上进行的，离开检材，会对环境损害司法鉴定的进行产生阻碍，甚至无法进行司法鉴定。如果委托人提供的鉴定材料有遗漏或者错误，则环境损害司法鉴定人也不可能得出正确的鉴定意见。因而，《司法鉴定程序通则》明确规定，委托人应当向环境损害司法鉴定机构提供真实、可靠、充分的鉴定材料。在环境损害司法鉴定进行过程中，如果鉴定人发现鉴定材料不符合鉴定要求的，可以要求委托人补充提供检材或者可以自行提取相关检材。但是某些检材在环境污染行为发生后可能转瞬即逝，且容易受到周边环境的影响。因而，在部分环境损害司法鉴定中，很有可能出现当委托人委托机构进行鉴定时，部分检材已经无法提取的情况，而需要向委托机关以外的其他部门调取相关材料，例如，向环境监测部门调取监测报告、污染行为发生时的样本等。随之产生的问题就是，鉴定机构及委托人以外的其他部门提取的材料能否作为鉴定材料、这些材料的合法性如何保障等。

2.5.1.1　检材移交的意义

鉴于证据易逝等特点，通过行政机关移交证据的方式成为必要。但是，对于在司法鉴定中是否可以使用行政机关或其他团体提供的材料等这一问题，并没有相关规定予以明确。环境民事公益诉讼中，相应污染源、污染因素等极其容易灭失，对于生态环境等行政机关在鉴定前收集的相应的资料，也可以作为环境损害司法鉴定机构进行鉴定的检材。这具有十分重要的意义。

1）防止检材的灭失

无论是对于突发性环境污染事故还是对于渐进性环境污染事故，在污染行为发生后一段时间内，如果需要鉴定的，则由相应的委托机关或人员委托具有资质的鉴定机构进行鉴定。然而，在环境污染事故发生后，污染现场相应的材料都可能随着时间的推移而消逝，这一点是毋庸置疑的。在突发性环境污染事故中，相关部门会启动应急机制，环境损害司法鉴定机构还可能提前介入。而在渐进性环境污染事故中，因为时间长，当初污染源可能已经不复存在，检材灭失的可能性极大。如果完全在环境损害司法鉴定启动后，通过委托机关提供或者鉴定机构提取检材的方式进行鉴定，可能最终会影响鉴定结果。

根据环境行政执法的相关规定，生态环境行政主管部门需要对包括环境监测在内的有关内容履行相应的职责。例如，2007 年实施的《环境监测管理办法》，专门就环境监测有关问题进行了规定。可见，环境监测是生态环境行政部门的职责之一，在生态环境行政部门监测过程中，其就可能掌握有关数据或样本，而在环境损害司法鉴定中，对于已经不可能提取的检材，由生态环境部门移交环境损害司法鉴定机构并经委托人同意的，就完全可以作为环境损害司法鉴定的检材。

2）诉讼效率的提升

承认环境损害司法鉴定中，生态环境部门移交证据材料的效力，可以在一定程度上显著提高诉讼效率。最主要是因为生态环境部门移交证据可以防止检材的灭失，从而加速环境损害司法鉴定及诉讼整体进程。在此，需要说明的是，随着我国法治进程的不断推进，行政机关收集证据的要求也越来越严格。具体就环境污染案件而言，生态环境部门对相关监测数据、样本的提取也非常严格。通过生态环境部门移交相关的检材，在一定程度上可以不迟延地将其交给环境损害司法鉴定机构进行鉴定，另外，生态环境部门严格的材料收集方式还可以确保鉴定检材的质量，为司法鉴定顺利运行提供基础。因而，从整体上来看，在检材缺失或难以获取的情况下由生态环境部门移交相应的证据资料，可以有效提升诉讼效率。

2.5.1.2 检材移交典型实例

在鉴定意见据以得出结果的检材方面，提出异议的有两例典型案件。在江苏省常州市人民检察院诉许某惠、许某仙环境公益诉讼纠纷案［（2015）常环公民初字第 1 号］中，被告就鉴定意见提出五项反对意见，其中就检材方面就提出三项意见。被告就检材提出异议后，在庭审中，法院认为检材提取合法、程序合理，并最终予以了认定。

在中山市环境科学学会与李某某、苏某某环境污染责任纠纷案[(2017)粤 01 民初 201 号]中，被告针对环境保护部华南环境科学研究所出具的《中山市横门西水道西三围垃圾倾倒污染事件环境损害鉴定评估报告》，同样对鉴定所依赖的检材提出了质疑："存在检测、取样机构没有法定资质、取样时间存疑，鉴定过程和方法不符合相关专业的规范要求，评估方法选择不当，数据计算重复有误，收费缺乏依据等问题，不能作为本案定案证据。本案中由于缺乏案发前被控污染地常规性监测数据予以比对，无法确定被控污染地在案发前的环境和生态常规状态，从而无法判断被告胡某某及苏某某填埋被控污染物是否直接导致了被控环境的污染和生态破坏……"

当然，在此需要说明的是，虽然上述两则案例，被告方对环境损害司法鉴定依据的检材提出了质疑，但最终法庭没有认可被告方的质疑。对于检材移交，有必要通过多方措施予以完善，从而尽可能减少此种质疑的产生。

2.5.1.3　行政机关收集证据移交的现状及困境

我国对于行政机关收集的证据并不持反对态度，相反，我国对于行政机关证据的移交问题还有专门的法律予以规定。新修订的《刑事诉讼法》还明确规定，对于行政机关收集的相应材料可以作为证据使用。

1）现状

检材在不同机关之间的相互移交，在我国已经有相应的规定，归结起来，其目的就是防止一些证据资料的灭失，从而导致诉讼程序的阻碍。而关于行政执法机关移交证据，实则早在 2001 年《行政执法机关移送涉嫌犯罪案件的规定》就有所规定，对移送的主体、内容、程序等都有所明确。之后，《人民检察院办理行政执法机关移送涉嫌犯罪案件的规定》《公安机关办理经济犯罪案件的若干规定》等都对行政机关的证据资料的移交问题予以了规定。

对于行政机关收集的证据同刑事证据之间的相互衔接，2011 年 1 月 10 日发布的《关于办理侵犯知识产权刑事案件适用法律若干问题的意见》之中有明确规定。此外，《关于加强工商行政执法与刑事司法衔接配合工作若干问题的意见》也作了类似规定。2012 年，《刑事诉讼法》同样对行政机关与刑事诉讼的证据转换问题予以了最终确认，该法明确规定行政机关收集的证据材料可以在刑事诉讼中作为证据使用，但是其证据范畴仅限于物证、书证、视听资料、电子数据四类实物证据。当然，也有学者对这四类实物证据以外的其他证据是否可以作为证据使用，即第五十四条的"等"是"等内"还是"等外"的问题一直都在争论，因这并不是本部分探讨的重点，故在此不再赘述。

对于相应的行政机关在行政执法中收集的证据，我们并不排斥在诉讼中运用，但其范围一般限于实物证据，而对于证人证言、被害人陈述等言词证据等，则需要根据诉讼程序重新收集。此外，如果我们排斥这些证据在诉讼程序中运用，则会造成诉讼程序受阻。

2）可能存在的问题

在行政机关证据移交中，也会存在一定的问题，其中最明显的就是可能会对诉讼原被告双方的权利造成一定的侵犯。诉讼程序中的控辩双方在诉讼之初基本就全程参与其中，对于相应的程序、内容都比较了解，同时诉讼程序因为涉及特定利益，其往往比其他程序更为严格，这是其一。其二，对于行政机关收集的证据资料，控辩双方并不了解收集主体、收集程序等内容，如果行政证据直接在诉讼中使用，则极有可能对控辩双方的质证权造成一定的侵犯。

此外，撇开环境民事公益诉讼，而单纯就环境侵权案件而言，该问题同样是大量存在的，而且甚至最终会导致就该检材所做的鉴定被法庭排除在诉讼之外。例如，在海南省桑德水务有限公司诉海南省儋州市环境保护局环保行政处罚纠纷案中，儋州市环境保护局根据 2013 年 6 月 5 日海南省环境监测中心站出具的琼环监字（2013）第 153 号监测报告，做出行政处罚。法院就因为儋州市环境保护局无法证明采样过程的合法，无法证明送检样品的真实性，从而未予认可最终结果。

再者，在诉讼程序中，有一项基本原则：非法证据排除。即能够在诉讼中作为证据的材料，一定是法定主体依据法定程序收集的符合法定形式的证据，只要其中一项不符合，即不能作为认定案件事实的根据，而要被排除在诉讼之外。当然，这要充分赋予控辩双方在法庭上的质证权等。然而，对于行政机关移交的证据，如果行政机关在行政执法或查办案件过程中以合法方法收集证据，然后再依据证据衔接机制将其在刑事诉讼中“合法”使用，则会导致刑事诉讼中的非法证据排除规则被架空。这是行政机关移交证据的另一风险点。

综上所述，虽然行政机关移交证据可能会产生一定问题，但相比证据资料的灭失、无法查明事实真相而言，还是应该通过采取完善行政机关收集证据资料等各种方式，来达到消除上述困境的目的。

2.5.1.4 检材移交的完善

虽然由相应的生态环境部门提供一定的鉴定材料具有重要意义，但是生态环境部门等机关毕竟不是司法机关，对于证据资料等的要求也有所不同，还可能对控辩双方的质证权以及相应诉讼制度产生阻碍。因此，有必要对环境损害司法鉴定检材移交制度进行全方位的完善，从而使其能够最大限度地发挥应有作用，而将缺陷降至最低。

1）相应机关提取证据资料的合法性

在检材移交过程中，最可能使诉讼各方产生怀疑的是环境保护机关等提取证据资料的合法性问题。即暂且不论生态环境机关是否将证据资料移交至环境损害司法鉴定机构，单就该机关自身收集证据是否合法的问题而言，也常常会受到质疑。因而，就生态环境部门而言，也应当不断提高依法行政的程度，不断督促在法定框架内执法，接受监督，严格要求法定主体依照法定程序对相应的材料进行收集。这也就使生态环境行政机关提出的证据资料的合法性有所保障。

2）强化相应机关检材收集人员的出庭义务

当然，即使生态环境等行政机关严格依法行政，严格收集证据，但控辩双方依然可能对其产生怀疑。环境损害司法鉴定意见是建立在准确、合法的检材基础之上的，在控辩双方对行政机关移交的检材有异议或者法院认为有必要的情况下，可以要求相关行政人员出庭就此说明情况，接受控辩双方和法庭的质疑，以此来充分保障控辩双方的质证权，此外，这也是最有效的消除各方疑虑和对检材合法性、准确性进行判断的方法。

3）强化对当事人权利的保障

在行政机关向司法机关移送证据资料的过程中，有可能因为各种原因而没有完全移送相关证据，而对控辩双方权利义务的确定产生影响。同样，在环境污染案件中，为了防止生态环境主管部门规避责任而不移送对其不利的证据，或是其他原因没有移送，应当赋予控辩双方当事人向法院或者向委托司法鉴定的机关申请调取相应检材的权利，对于确实可能对环境损害司法鉴定机构最终鉴定活动产生影响的，司法机关应当从行政机关调取相关检材，并移送至环境损害司法鉴定机构。

综上所述，生态环境、检测等部门将其在鉴定之前收集的材料移交给环境损害司法鉴定机构进行鉴定，对于保障环境损害司法鉴定意见的客观、科学、准确具有重要意义。然而，也应当从严格检材提取主体收集程序、保障当事人合法权益等角度对其予以完善。这是环境民事公益诉讼中理应包含的内容。

2.5.2　多个司法鉴定机构共同受理鉴定

在通常情况下，对于案件中的专业技术问题，司法鉴定机构在接受委托后即指派鉴定人进行鉴定，并由其出具相应的鉴定意见。但在环境损害司法鉴定中，如前文所述，限于其复杂性，一个鉴定机构往往无法完成全部的鉴定工作，而需要借助外部专家或者多个鉴定机构共同完成。

在司法鉴定启动后，司法鉴定机构应当立即不迟延地按照相关程序和技术方法进行司法鉴定活动。然而，司法鉴定是一种专业技术人员运用科学技术手段解决专业问题的活动，是一般社会公众无法通过自身知识予以解决的。司法鉴定人在进行鉴定时，虽然其具有一定专业知识，在一定程度上可以解决案件中的专业问题，但是并不代表其就能完全解决案件中的全部专业问题，甚至还需要咨询鉴定机构以外的其他专家。这在《司法鉴定程序通则》中也予以了确认。即鉴定机构邀请司法鉴定机构以外的专家对专业问题进行咨询，这在法律条文中也是有所规定的。对此，应无异议。在涉及面更广、专业更多、更复杂的环境损害司法鉴定中，这种情况更为常见。

除上述咨询鉴定机构外的专家外，对于诉讼中特别复杂的专业或技术难题，甚至可能出现需要由多个鉴定机构共同鉴定的情形。即对于同一案件同一专业性问题，办案机关可以同时委托多个不同的环境损害司法鉴定机构进行鉴定。这在国外也有所规定。例如，《澳大利亚统一民事诉讼规则》（*Uniform Civil Procedure Rules of 2005*）第 31.20（2）（e）条规定，法庭可以限制对某一问题提出证据的专家证人的数量。其限制的目的，就是避免专家证人制度带来的诉讼迟延、专家意见倾向性等对法庭裁判结果产生不利影响。可见，双方当事人可以同时聘请多个专家证人就同一问题提供专家咨询意见，然而这并不意味着当事人可以无限制地聘请专家，同样要受到法庭对数量的限制的影响。

2.5.3 多个司法鉴定机构受理环境损害鉴定的可能

环境民事公益诉讼中，鉴于环境污染的特殊性和复杂性，由鉴定机构在接受委托后咨询专家的方式，恐怕难以有效完成环境损害司法鉴定的全部内容，而似乎由多个不同鉴定机构共同完成鉴定的方式更为妥当。

2.5.3.1 多个不同鉴定机构共同鉴定的立法依据

在我国，《司法鉴定程序通则》明确规定可以委托司法鉴定协会组织多个司法鉴定机构进行鉴定，同样没有对司法鉴定机构的数量进行限制。如前文所述，环境民事公益诉讼案件中涉及专业众多极为复杂，依赖一个环境损害司法鉴定机构往往无法解决公益诉讼案件中的所有技术问题，因而需要多个环境损害司法鉴定机构共同解决的可能性非常大。但是，需要指出的是，根据通则的规定，由多个不同鉴定机构共同鉴定，并不是由委托人来决定具体机构，而是由协会来确定不同的鉴定机构。

2.5.3.2 不同鉴定机构鉴定需要注意的几个问题

1）组织鉴定机构鉴定的权利主体应扩展至委托方

虽然立法对不同机构共同鉴定进行了规定，但环境损害司法鉴定与其他司法鉴定存在较大差异。一方面，在司法鉴定协会管理范围之内，可能并没有合适的鉴定机构；另一方面，环境民事公益诉讼影响的可能是不同行政区划的环境，而司法鉴定协会可能就无法对其他司法鉴定协会的鉴定机构进行指定。同时，限于环境民事公益诉讼提起主体，要么是检察机关，要么是社会公益组织，加之公益诉讼方更能全面客观地了解所需要解决的专业技术问题，赋予环境民事公益诉讼提起主体确定多个不同鉴定机构的权利也有必要。

2）多个不同鉴定机构进行鉴定的鉴定意见书的出具

需要指明的是，由多个环境损害司法鉴定机构共同解决环境民事公益诉讼案件中的技术性问题时，以谁的名义出具鉴定意见书则是问题的关键。因为这直接决定谁对该份鉴定意见的最终结果负责，谁需要就其得出的结论出庭接受质询。

各环境损害司法鉴定机构如果鉴定的问题或者说事项是相互独立的，则可以以实际承担鉴定的环境损害司法鉴定人的名义出具鉴定意见；如果是多个环境损害司法鉴定机构共同对同一无法单列的事项进行鉴定的，则应当由作出该结论的所有鉴定人共同出具鉴定意见，需要加盖单位公章的，也应当在鉴定意见书上同时加盖公章。当然，对于是相互独立的单一事项还是无法划分的单一事项，可以考虑在鉴定委托时，以鉴定听证会的形式事先予以确认。如污染物性质确定、污染与损害结果因果关系的确定，即是可以单列事项；而鉴定方案的确定，则可能需要不同鉴定机构共同进行。如果是随着环境损害司法鉴定的不断向前推进，司法鉴定人认为还应当同时由另外鉴定机构共同进行鉴定的，应及时通知委托人，并予以确认。如果委托人不同意的，环境损害司法鉴定机构可以根据情况决定终止委托或者继续进行鉴定。

综上所述，环境损害司法鉴定在启动之后，就需要明确由哪个鉴定机构或哪几个鉴定机构进行鉴定，并同时要确保鉴定赖以得出意见的检材的客观、科学等基本属性。只有完善这些，才能从源头上为鉴定意见的正确、科学、可靠提供一定的保障。

2.6　环境损害司法鉴定的实施

在司法鉴定启动以后，鉴定人就需要根据委托方的要求对相应的鉴定事项进行鉴定。对此，《民事诉讼法》有相关规定，鉴定人在实施鉴定时可以了解案件材料，可以询问相关当事人或者证人。同时，在最终鉴定意见书上，鉴定人需要签名或者盖章。《民事诉讼法》对于司法鉴定实施并没有作出过多的规定。但《司法鉴定程序通则》同样对包括指定鉴定人、回避、鉴定方法、见证、终止鉴定、补充鉴定等内容进行了规定。

在环境民事公益诉讼中，鉴定机构受理鉴定后需及时根据鉴定的委托要求，按照法定方法对鉴定事项进行鉴定并得出相应的鉴定结果。如果鉴定人没有按照法定鉴定方法进行鉴定，则可能会对鉴定的科学、客观造成一定影响。在本书收集到的 19 例环境民事公益诉讼案件中，对于环境损害司法鉴定技术方法的确定也有存在争议的地方。例如，在江苏省常州市人民检察院诉许某惠、许某仙环境公益诉讼纠纷案［（2015）常环公民初字第 1 号］中，被告就对鉴定人适用的鉴定方法产生疑问，其指出“报告没有按照新的环境损害方法进行调查”。在中山市环境科学学会与李某某、苏某某环境污染责任纠纷案［（2017）粤 01 民初 201 号］中，被告也指出评估方法选择有误，但并没有对方法本身产生异议。

最终在这两起环境民事公益诉讼案件中，因为被告无法提供实质反驳证据，法庭对鉴定方法的选择予以采信。

因而，涉及水、固体废物、噪声、土壤等多种不同污染类别的案件，在污染发生后，环境损害司法鉴定机构和鉴定人需要借助科学的方法对损害结果、污染行为与环境损害间的因果关系、损害程度以及环境修复等予以鉴定评估。对于环境损害司法鉴定中的指定鉴定人、回避、终止鉴定、补充鉴定等内容与其他司法鉴定并无太多不同，在此不做过多阐释。

2.6.1 司法鉴定的基本方法

关于鉴定的技术方法，环境保护部于 2014 年发布的《环境损害鉴定评估推荐方法（第Ⅱ版）》，从背景和目的、适用范围、规范性引用文件、术语和定义、总则、环境损害确认、因果关系判定、损害评估方法、鉴定评估报告的编制等方面作出了非常详细的规定。同时，《突发环境事件应急处置阶段环境损害评估推荐方法》也对突发事件中的损害评估方法进行了规定。

上述两部推荐方法基本涵盖了环境损害司法鉴定技术方法的所有内容，且在实践中运行十分完善。例如，在损害评估方法中，《环境损害鉴定评估推荐方法（第Ⅱ版）》就对人身损害、财产损害、生态环境损害的方法进行了全面的规定。具体至生态环境损害，其评估方法又明确包括替代等值分析方法和环境价值评估等评估方法。在替代等值分析方法中，又包含资源等值分析方法、服务等值分析方法和价值等值分析方法；在环境价值评估方法中，又包含直接市场价值法、揭示偏好法、效益转移法和陈述偏好法。上述推荐方法对于环境损害司法鉴定在何时、何种条件下使用何种方法，都有明确的规定。例如，避免损害成本法是指个人为减轻损害或防止环境退化引起的效用损失而需要为市场商品或服务支付的金额，可用于评估净化的空气和水等非市场商品的价值。可见，我国对于环境损害司法鉴定评估方法已经做了十分全面且完善的规定。

在环境民事公益诉讼中，无论是水、大气、噪声还是土壤等受到污染，鉴定人在对其进行鉴定时，只要根据推荐方法规定的程序和内容依据特定的标准进行鉴定即可。而对于在环境民事公益诉讼中，各不同污染源的鉴定技术标准，在国内也已经相对较为成熟，且就目前而言，已经能满足环境损害司法鉴定的需求。且随着环境的日益改变，国家对各标准也在不断进行修正，或者发布新的标准。例如，2018 年 12 月 21 日生态环境部正式印发了《生态环境损害鉴定评估技术指南　土壤与地下水》，就如何进行土壤与地下水损害现状和基线调查、因果关系分析、恢复目标确定、恢复技术筛选、恢复方案决策、恢复效果评估、损害价值量化等问题从技术层面予以了明确规定。

鉴于《环境损害鉴定评估推荐方法（第Ⅱ版）》《突发环境事件应急处置阶段环境损害

评估推荐方法》等对环境损害司法鉴定的技术操作已经有较为完善的规定。在环境民事公益诉讼中，除了要确认损害物的性质、损害后果以及两者因果关系，更为重要的是要对受污染的环境进行修复。然而，上述两部推荐方法虽然规定了修复的方法以及在不能修复的情况下，环境损害司法鉴定机构该如何确认赔偿数额，但是，其并没有明确环境损害司法鉴定中，公众是否可以参与司法鉴定过程，并对其见证，尤其是与自身生存利益有密切联系的环境修复方案的确定。此内容也是本部分探讨的重要内容。

2.6.2　司法鉴定见证的法律依据

对于见证制度，在我国实际上并不是一项新制度。相反，我国相关法律对于见证制度早有规定。在 2016 年修订的《司法鉴定程序通则》中，也同样明确了见证制度在司法鉴定中的地位。至于与环境有关的事项，鉴于其与社会公众密切相关的特点，更是强调了社会公众的参与。

2.6.2.1　诉讼程序中有关见证制度的规定

在部分有可能对相对人权益产生侵害的程序中，或者需要由案外人进行监督、见证的程序中，就需要引入见证人参与程序之中，以充分保障程序的正当性。这在我国相应的诉讼程序中早已有规定。例如，为保障传票、通知书等确实送达，防止被送达人以程序违法而提出异议，导致诉讼中断，根据《刑事诉讼法》第一百零七条的规定，送达人可以邀请见证人在场见证，将有关文书留置送达。此外，对于公安机关进行的现场勘查等活动，在特定程序中，也强调见证人的参与。例如，公安部印发的《公安机关刑事案件现场勘验检查规则》第二十四条第二款规定，公安机关侦查人员对现场的勘验、检查等也要邀请见证人到场，一方面可以监督其勘验、检查等活动是否合法;《民事诉讼法》方面也可以客观记录当时情况，从而为将来证据的质证提供基础。此外，该规则第五十一条、第五十五条、第五十七条、第五十八条也作了类似的规定。在民事诉讼中，同样存在有关见证制度的规定。《民事诉讼法》第八十六条第一款对留置送达进行了规定，并明确在受送达人不接收相关诉讼文书时，可以在见证人和送达人在场的情况下，将文书留置在受送达人住所处。这在法律上同样将其视为已经将诉讼文书送达受送达人。同时，最高人民法院《关于适用〈中华人民共和国民事诉讼法〉的解释》第一百三十条、第一百三十二条、第一百三十三条等对留置送达的具体情形进一步予以了明确，更便于具体运作。

2.6.2.2　环境事务中有关见证制度的规定

环境权是一项社会公众权利，对社会公众权的影响较大，因而在处理或决定与环境相关的问题时，我们也十分强调社会公众的积极参与。例如，1996 年国务院《关于环境保护若干问题的决定》明确提出“建立见证机制”，2003 年实施的《中华人民共和国环境影响评价法》对见证首次做了明确规定。此外，就社会见证环境相关事宜，还专门发布了相应的规定，如国家环境保护总局《关于印发〈环境影响评价公众参与暂行办法〉的通知》（环发〔2006〕28 号）、环境保护部《关于推进环境保护公众参与的指导意见》（环办〔2014〕48 号）、环境保护部办公厅《关于建设项目环境影响评价公众参与专项整治工作的通报》（环办函〔2015〕1899 号）等，都对社会见证与环境有关的内容、程序等问题进行了规定。这为社会见证环境损害司法鉴定提供了法理上的依据。

2.6.2.3 《司法鉴定程序通则》有关见证制度的规定

司法鉴定意见作为诉讼中的一种科学证据，相对其他证据而言，更具神秘性色彩。强调在特定程序中邀请有关人员参与司法鉴定过程，同样不仅可以对司法鉴定起到监督作用，同时还能通过见证人的参与树立司法鉴定的权威和公信力，《司法鉴定程序通则》对司法鉴定见证人制度也有规定。

2016 年最新《司法鉴定程序通则》有关见证人参与司法鉴定的内容主要体现在第二十四条第二款和第二十五条第三款之中。第二十四条是有关司法鉴定人亲自提取检材的规定。对于见证人的范围则限定在委托人指派或者委托的人在场。当然，可以是司法鉴定委托机关内部的人员，也可以是其他被委托的人。对于司法鉴定过程的见证，《司法鉴定程序通则》第二十五条也进行了明确，在具体司法鉴定实践中，需要见证的范围包括：①对无民事行为能力人或限制民事行为能力人进行审查检查；②进行法医精神病鉴定；③进行尸体解剖。同时，对于见证人的范围予以了明确。而对于其他种类鉴定，程序通则没有规定是否需要通知见证人到场。

由见证人参与诉讼过程，对相应的诉讼活动进行见证，不仅可以起到对诉讼活动的监督作用，同时可以防止诉讼因为不必要的原因而造成拖延，影响诉讼的进程。因而，见证制度在诉讼中同样发挥了重要作用。

2.6.3 司法鉴定见证的现状

民事公益诉讼保障的是社会公共利益，环境损害司法鉴定所要解决的是与社会公众环境权利密切相关的环境技术问题，对于司法鉴定确定的环境损害赔偿数额或者环境修复方案等，也会对不特定的社会公众的环境权产生影响。因而，由第三方的见证人来参与环境损害司法鉴定，似乎可以作为环境损害司法鉴定意见公信力保障的一项重要措施。

2.6.3.1 见证的法律依据

随着社会经济的发展，人类对舒适环境的需求越来越高。环境权也逐渐被认同为是一种社会公众所共同享有的权利，而不是某个人、团体、机关所独享的权利。因而，在涉及环境相关的事务中，也越来越多地重视社会公众的积极参与。所谓见证，是指具有共同利益和兴趣的社会群体对政府涉及公共利益事务的决策的个人或者提出意见和建议的活动。环境损害司法鉴定作为环境侵权相关纠纷中维护当事人合法权益、解决环境修复等一系列问题的重要证据活动，也需要强化环境损害司法鉴定的社会见证。然而，根据《司法鉴定程序通则》以及其他相关规定，却没有有关环境损害司法鉴定通知见证人到场见证的规定。可以说，环境损害司法鉴定有关见证的规定处于一种缺位状态。

2.6.3.2　见证的实践——形式与阶段

虽然民事公益诉讼环境损害司法鉴定的见证缺乏法律依据，但是在环境民事公益诉讼实践中，包括环境损害司法鉴定过程，近年来已经出现见证的情形。当然，这种参与更多的是体现在最终环境修复方案选择和确定层面。在本书收集的 19 例案件中，同样存在社会见证鉴定方案确定的情况。例如，在常州市环境公益协会诉储某清、常州博世尔物资再生利用有限公司等土壤污染民部公益诉讼案［（2014）常环公民初字第 2 号］中，专业机构事先就环境修复方法确定了三套方案供选择。而审判法院也将该三套方案公布于众，并以发放问卷的形式向环境污染影响地的公众收集意见，最终综合各方面情况，确定环境修复方案，形成最终的鉴定报告。这种情形在环境侵权实践中越来越常见。这对于环境损害司法鉴定最终结果能被社会公众所接受，司法裁判能被公众所接受具有重要的意义。

目前，见证环境损害司法鉴定的内容是环境修复方案的确定；见证的形式是就三种不同方案提供意见；方案公布的形式是通过法院公布。除此之外，对于是否有其他见证人参与环境损害司法鉴定，本书没有收集到更多的资料。

环境损害司法鉴定作为一项对社会公众权益可能产生直接影响的重要司法鉴定事项，不仅是环境民事公益诉讼和司法鉴定程序中的重要证据方法，也是对环境保护、环境修复、受害人权益保障等具有重要影响的活动。对于这种涉及面广的事项，也理应邀请见证人对鉴定部分过程予以见证。

2.6.4　司法鉴定见证的重要意义

环境损害司法鉴定是鉴定人通过科学技术对环境相关的专业问题作出的解答。正如前文所述，环境权俨然成为一种社会公众权利，而当这种社会公众权利受到侵犯需要予以救济时，这种救济权只有在社会见证的前提下行使才能得到完美保障。

2.6.4.1　有利于体现环境民事公益诉讼的公益属性

环境是人类赖以生存的前提，而这种前提是不以某个人的意志为转移的，也不会因为任何个人的意志力、行政地界等的差别而有所区别。相反，在环境所影响的范围内，其对所有社会公众的生活均产生影响。尤其是在环境民事公益诉讼中，整个诉讼的不断向前推进的最终目的就是公益。当然，环境民事公益诉讼不一定有具体的被害人，但不妨碍在公益诉讼中，充分吸纳社会公众到环境损害司法鉴定的过程中来。这样也许能更好体现环境民事公益诉讼的公益属性。当环境污染行为对不特定的受害人造成了严重损害，也是对社会公众共同拥有的权利造成了侵害。为保障在当事人权利受到侵害后，权利救济的公开、公正，同时也与环境公众权的属性相适应，有必要确定见证环境损害司法鉴定的制度。

2.6.4.2 有利于鉴定意见权威性的树立

司法鉴定与其他证据不同，其实现了将不可复制的结果用自然科学可复制的方式得到反复验证的效果。因而，鉴定意见也正是因为其披着科学的外衣而得到控辩双方和法庭的认可。但随着时间的不断往前推进，诉讼各方逐渐发现因为科学技术发展水平、鉴定人执业素养、程序规则等各方面原因，鉴定意见的最终结果也会出现差错。而这种差错因为其科学特点及其鉴定过程的神秘性，同其他证据相比，往往更难以被发现。尤其是随着近年来鉴定黄牛、鉴定伪证等情形的曝光，司法鉴定的公信力逐渐下降。更何况环境损害司法鉴定收费更高、专业涉及更多、涉及当事人范围更广难免使社会公众产生鉴定人或鉴定机构追求经济利益的质疑，甚至引发群体性事件。此外，这是为社会公众提供参与环境损害司法鉴定过程中的途径，也可以形成对鉴定的有效监督，从而对于保障环境损害司法鉴定意见的真实性具有一定意义。因而，为进一步提升环境损害司法鉴定的公信力，确保社会公众能对环境损害司法鉴定的结果信服，有必要积极邀请社会公众，尤其是与本案有关的人员参与鉴定之中。

2.6.4.3 有利于服判息诉

见证环境损害司法鉴定能够提高鉴定意见的公信力。换言之，环境损害司法鉴定意见作为环境污染相关案件中的关键证据，一旦其能被社会公众控辩双方和法庭信服，无疑会强化社会公众对环境污染相关案件裁判的信服，从而有利于服判息诉。尤其是在环境污染案件中除了要对受害人进行赔偿，还会涉及环境修复问题。修复方案如何确定，将直接影响公众对裁判的接受程度。见证环境损害司法鉴定过程，同时对环境修复方案提出意见、为法庭提供必要的参考，进而最终确定一项各方都满意的修复方案。这在一定程度上有利于减少后续缠诉、闹诉的情形发生。

2.6.5 司法鉴定见证的完善

见证具有重要意义，然而司法实践却处于缺位状态，亟须相关部门予以完善。在鉴定具体实践中，首先要从明确参与主体、参与内容及程序等方面予以完善。

2.6.5.1　见证的阶段

环境损害司法鉴定是一项持续性活动，包括现场勘查、资料获取、监测方案、确定损害的影响、因果关系、损害范围和程度、恢复方案的制定等。邀请社会见证环境损害司法鉴定并不意味着公众可以对环境损害司法鉴定的全过程进行参与，而仅仅是对部分过程的见证。结合我国实践，社会公众可以参与鉴定的范围限于鉴定材料的认定和环境修复方案的确定两方面。在鉴定中，鉴定材料是鉴定人进行鉴定的基础，是环境损害司法鉴定意见最终是否正确的前提，应当赋予见证人对鉴定材料的确认权、知情权等。环境修复方案的确定直接影响被污染环境如何能够恢复到被污染以前的状态，这直接会对社会公众以后的生活产生影响，因此，也应当赋予社会公众见证修复方案确定的权利。

2.6.5.2　见证的主体

邀请见证环境损害司法鉴定，首先需要确定的是，是否任何团体、任何成员都可以参与其中。对此，应当根据参与阶段的不同来进行确定。对于见证检材提取，可以被邀请参与见证的主体可以包括人大代表、政协委员、新闻媒体等。一方面，这些主体与案件无利益关联，具有中立性；另一方面，由于其自身身份的特殊性，由其来见证环境损害司法鉴定相关过程，具有权威性。因而，由上述主体作为见证主体，可以增强鉴定的权威性，同时也有利于法院最终裁决的权威性。如果环境损害司法鉴定需要确定环境修复方案的，可以采取实践中已经采取的方式，即由法院公布不同的环境修复方案，由不特定的社会公众共同来确定哪种方案合适以及提出适当的意见，不确定具体由谁来见证。

之所以区分不同的见证主体，这是由两个不同阶段的本质特征决定的。环境损害司法鉴定检材提取的见证，其主要目的是确定环境损害司法鉴定的检材取得是否合法、来源是否可靠、程序是否适当等。整个过程是对已有材料的收取，并不是创造新的材料，因而只需要有特定的主体见证，保障其真实、客观即可。相反，如果见证人数过多，还可能会影响检材的正常提取。但是环境修复方案的设定是否科学、客观、合理等，直接会对环境是否能够恢复到以前状态产生影响，还可能会涉及被污染环境所在区域的不特定社会公众的环境权，影响社会公共利益。因而，环境修复方案的确定应当由不特定的社会公众共同见证。

在此，需要指出的是，见证人虽然可以参与、见证鉴定部分过程，但是不能干扰环境损害司法鉴定工作的正常进行。如果发现环境损害司法鉴定人有违相关规定的，可以及时向鉴定人或鉴定机构提出。如果鉴定人或鉴定机构不予采纳的，见证人可以在最终签名时写明相关情况，或者向法院申请重新鉴定，或在法庭质证过程中予以提出。此外，这并不意味着所有的人大代表、政协委员、新闻媒体等都可以参与到见证过程之中来，否则不仅不能起到保障鉴定意见客观、公正的目的，相反还会对正常的环境损害司法鉴定过程造成困扰。对于检材提取的见证，环境损害司法鉴定机构可以委托 1～2 名人员参与相关鉴定活动。

2.6.5.3 见证的形式与程序

社会公众见证环境损害司法鉴定也同样需要遵守一定的程序，如环境损害司法鉴定机构在对特定事项进行决定时，应当主动书面通知相应的见证人到场，并记明相关情况。见证人经通知不到场的，应当在鉴定材料中予以特别说明，并开始不迟延地进行鉴定活动。此外，见证人到场之后不能实施有碍鉴定正常进行的行为，对于其中存在的问题可以及时提出，并要求鉴定机构或鉴定人改正。如果鉴定机构或鉴定人不改正的，可以在书面记录中写明该情况。此外，鉴定活动结束后，见证人应当在相关材料上签字确认等。

见证并不意味着所有人都能随意参与到司法鉴定之中，也并不意味着公众可以左右鉴定意见。见证环境损害司法鉴定的主体仅仅是参与者、监督者、意见提供者，并不是环境损害司法鉴定的鉴定人。

2.7 环境损害司法鉴定的标准

司法鉴定人在对案件中的专业问题进行鉴定时，应当严格依据法定程序和法定的技术标准进行鉴定。对此，《司法鉴定程序通则》有专门的条文规定。即鉴定人依据一定的司法鉴定标准进行鉴定时，应当严格按照标准顺序进行：有国家标准的，应当严格按照国家标准来进行鉴定；没有国家标准的，应当根据行业标准和技术规范来进行；在上述两项标准都没有的情况下，可以根据专业领域多数专家认可的技术方法进行鉴定。环境损害司法鉴定，是具有环境相关专业知识的人运用其所具备的环境相关专业技术知识，对环境民事公益诉讼案件中的环境相关问题进行认定的过程。环境损害司法鉴定人必须依据一定的科学技术方法和标准进行。对于民事公益诉讼中环境损害司法鉴定运用的方法，前文已经对其进行了相应的论述，但是环境损害司法鉴定标准在公益诉讼实践中同样发挥重要作用，甚至成为诉讼方质疑鉴定意见的理由。

2.7.1 标准的现状及困境

司法鉴定是鉴定人依据科学方法对委托事项进行鉴定，其必然要依据一定的技术标准，如果鉴定人随意使用标准，不仅可能导致鉴定结果的不可靠，还可能致使法庭在对案件进行裁判时无法作出准确判定，也可能造成环境民事公益诉讼中，被告方对鉴定结果产生怀疑，从而影响环境民事公益诉讼的运行。因此，虽然对于包括环境损害司法鉴定在内的司法鉴定都有相应的鉴定标准，但是依然存在一定的问题。

2.7.1.1　标准的现状

司法鉴定技术标准是司法鉴定人开展司法鉴定的前提，是确保鉴定意见科学、客观、准确的基石。因而，在司法鉴定领域，技术标准往往处在一个十分重要的位置。包括环境损害司法鉴定在内的所有司法鉴定人从事司法鉴定工作必须严格依据《司法鉴定程序通则》规定的技术标准，并且应当严格按照规定顺序进行，这是司法鉴定技术标准运用的基本要求。有关环境损害司法鉴定，在我国目前没有形成统一的司法鉴定标准体系。在实践中，各相关领域的主管部门基本都会就其所辖范围发布相应的标准，如实践中可能涉及的标准就包括《环境空气质量标准》（GB 3095）、《地表水环境质量标准》（GB 3838）、《渔业水质标准》（GB 11607）、《建设用地土壤污染状况调查技术导则》（HJ 25.1）、《建设用地土壤修复技术导则》（HJ 25.4）等。此外，生态环境主管部门，针对环境损害司法鉴定的特点，印发了《环境污染损害数额计算推荐方法（第 I 版）》《环境损害鉴定评估推荐方法（第 II 版）》。

2.7.1.2　标准的困境

司法实践中，司法鉴定管理部门也十分重视相关标准、技术法规的制修订工作。在法律形式层面，包括法规、规章，还包括各种办法、细则等。总体而言，我国司法鉴定标准化依然存在以下问题：①标准化立法滞后，已经无法满足司法实践对司法鉴定标准的需求；②司法鉴定标准的司法适用性稍差，部分司法鉴定领域缺乏相应的标准、已有的司法鉴定标准落后、标准之间相互矛盾等；③司法鉴定标准政出多门，缺乏统一的归口管理。《司法鉴定程序通则》是对所有司法鉴定标准进行的规定，是所有司法鉴定都必须遵守的。但就技术标准自身而言，还存在以下几个方面的困境。

1）鉴定技术本身的欠缺

环境损害司法鉴定纳入统一管理时间不长，但在纳入统一管理之前，环境损害评估在实践中也同样运行。如前文所述，我国环境损害司法鉴定起步很晚，而环境污染行为却早已存在，并且涉及专业广泛，污染行为、危害后果及行为与后果之间的关系更是错综复杂。这就造成了前文所提及的环境损害司法鉴定的各种缺陷出现。最终后果就是可能对环境民事公益诉讼的处置难以进行准确、及时的认定，最终使被害人权益无法得到保障甚至在有的案件中，部分环境损害司法鉴定意见因为鉴定技术的缺陷而被排除在诉讼之外。目前，实践中存在比较普遍的一个问题：环境污染行为致人身伤害的因果关系问题。这个问题一直是环境损害司法鉴定的难点，在一定程度上也是司法部颁布的环境损害统管理规定中没有将环境损害致人身伤害纳入统一管理的原因。在黎某祥与融安县长安镇石其众森页岩砖厂环境污染侵权纠纷上诉案［（2010）柳市民一终字第 397 号］中，双方就被告石其众森砖厂所排放的二氧化硫浓度问题产生异议，并向法庭申请鉴定，但没有请到有相应资质条件的鉴定机构进行鉴定，最终法院只能依据证明责任对案件进行裁判。

2）鉴定标准滞后

虽然我国将环境损害司法鉴定纳入统一管理的时间不长，但在司法实践中对环境损害司法鉴定的需求在很早就存在了。为了满足特定领域的鉴定需求，相关部门也在管辖权限范围内发布了相应的标准，但部分标准过于陈旧，很难适应目前环境污染行为的实际。最终导致的后果就是司法实践无据可循。环境损害司法鉴定标准滞后带来的另一个后果就是在实践中对同一问题会有多种不同的方法，从而得出不同的解决方案。例如，针对水、土壤、空气等污染问题时有直接市场法、揭示偏好法、效益转移法以及陈述偏好法等，而不同方案的选择，带来的后果可能就是裁判结果的不同。例如，某法院审理的一起污染环境罪中，专家们分别提出三种不同的方案，其中两种方案的修复费用分别是 1 000 万元和 33 万元，另一种方案则是转移污染。最终法庭采纳了 33 万元修复费用的方案。可见，最终选取方案的不同，除了可能会导致金钱等方面的差别以外，还可能会导致二次污染等情况的发生。

3）鉴定标准政出多门、多头管理

环境损害司法鉴定涉及农林渔海洋等诸多领域，就其鉴定种类而言常见的包括农业、养殖和野生渔业、海洋生态、室内环境质量检测、林业环境破坏评估鉴定、危险废物认定等。这就涉及环保、农业、国土等环境资源行政管理部门。实践中，各相关领域的主管部门基本都会就其所辖范围发布相应的标准。标准的政出多门就可能导致一系列问题，如管理主体之间的相互推诿或者相互就自身领域从自身角度出发发布相应标准。又如，可能因为标准的不统一、甚至矛盾最终造成环境损害司法鉴定意见的相互矛盾等。这就是标准政出多门所导致的严重后果，甚至会影响环境侵权诉讼的正常运行和裁判结果。

4）缺乏统一的标准体系

统一的环境损害司法鉴定标准体系欠缺，是阻碍环境民事公益诉讼运行的重要因素。对此，在 2017 年 3 月全国政协十二届五次会议上，何悦委员建议制定环境损害司法鉴定意见质证认证规则，涵盖程序性规范和实体性规范，其中明确就环境损害司法鉴定的技术标准质疑。为此，最高人民法院答复称“为统一环境损害鉴定评估技术方法，规范鉴定评估工作程序，环境保护部在借鉴国内外环境损害鉴定评估方法并总结环境损害鉴定评估实践经验的基础上，印发了《环境污染损害数额计算推荐方法（第 I 版）》《环境损害鉴定评估推荐方法（第Ⅱ版）》，初步建立起生态环境损害鉴定评估技术规范体系”。这与司法鉴定实际相符合。

环境保护部于 2016 年以环办政法〔2016〕67 号文的形式，印发了《生态环境损害鉴定评估技术指南　总纲》《生态环境损害鉴定评估技术指南　损害调查》等文件。这些文件在一定程度上对规范环境损害司法鉴定技术起到了相应的作用，但是这些技术性指导文件依然“缺乏对于鉴定评估工作的顶层设计指导，缺乏针对不同污染类型设定不同的损害量化模型，也没有明确适用资源等值分析法”。这一问题逐渐受到相关管理部门和社会公众的重视。例如，在 2018 年司法部《关于全面推动长江经济带司法鉴定协同发展的实施意见》中，明确提出要“推动适用统一鉴定标准”。综上所述，环境损害司法鉴定是一项依据科学方法得出科学结论的证据手段。然而，目前我国环境损害司法鉴定标准中的种种问题，最终会导致鉴定结果的准确性受到种种质疑。因此，建立一整套完善的环境损害司法鉴定标准体系同样成为一项重要议题。

2.7.2　标准体系的完善

鉴定标准反映的是鉴定人对环境民事公益诉讼中的专业性问题进行判定的技术手段问题，而技术问题在各国具有一定的相似性。国外的环境损害评估（鉴定）起步早，技术较为成熟，对于标准的管理也相对较为完善。以美国为例，美国已经有相对较为完善的环境损害鉴定评估体系，同时鉴定标准行政主管部门并不制定相应的标准，包括环境损害在内的所有标准都有相应的部门来统一管理和协调。这就能有效避免标准之间相互矛盾、标准滞后、欠缺等一系列问题，从而为保障环境污染相关诉讼的顺利进行具有重要作用。

例如，司法鉴定标准是鉴定人出具鉴定意见的技术方法的标准，然而标准的发布、管理往往是由政府特定部门负责，随即产生的就是政府在标准制定中的角色定位问题，即司法鉴定行政主管部门在司法鉴定标准中处于一种什么地位。如果行政管理部门处于制定者的地位，则其对标准的具体内容具有决定性权利，能够直接指导鉴定人在具体的环境损害司法鉴定中正确运用合适的技术。如果行政管理部门处于发布者的地位，则其对标准的具体内容不能起决定性作用，相反，而应当由特定部门或组织制定鉴定标准，环境损害司法鉴定标准的主管部门发布该标准。

在美国，对于包括环境损害司法鉴定标准在内的所有标准，“《美国标准战略》认为，政府在标准化活动中扮演着参与者、消费者和协调者的角色，政府不宜充当标准制定者的角色”。这与政府的职能也是相适应的。如果由其制定相应鉴定标准，也会使社会公众因为管理者自身身份的原因，造成对该标准的质疑。据此，环境损害司法鉴定业务的标准应当由具备相应专业知识的专家来制定，这不仅使得标准客观准确，还能根据标准的实践运作，发现其中存在的问题，及时作出修改。而环境损害司法鉴定主管部门则作为参与者、消费者、协调者的角色进入标准化过程中，能够更加具有针对性地、较好地履行其相应的职责。

目前，我国环境损害司法鉴定标准体系还存在较大问题，对环境民事公益诉讼的顺利进行产生了一定阻碍。在充分考虑我国标准实践的基础之上，借鉴域外的有益经验，可以从以下几个方面对我国环境损害司法鉴定标准体系进行完善。

2.7.2.1 加速鉴定标准体系建设

2016 年 12 月 30 日，国家标准化管理委员会、国家发展和改革委员会发布了《生活性服务业标准化发展“十三五”规划》（国标委服务联〔2016〕99 号），该规划明确目前的重点任务包括居民和家庭服务、健康服务、养老服务、旅游服务、体育服务、文化服务、法律服务、批发零售服务、住宿餐饮服务、教育培训服务 10 项内容。在“（七）法律服务”中又进一步明确：“健全法律服务业标准体系，推动成立全国法律服务标准化技术组织，促进法律服务的专业化和职业化。加快制定律师、公正、法律援助、司法鉴定等法律服务标准。”即明确将加快制定司法鉴定法律服务标准作为法律服务建设的一项重要内容。

在司法鉴定法律服务标准中，则明确要求“开展司法鉴定人员执业资格及诚信体系、司法鉴定机构从业资格及资质等级、机构名册登记与公告、实施程序、技术规范、质量控制、执业监管等标准研究”。即将包括环境损害司法鉴定标准化在内的所有司法鉴定标准纳入“十三五”规划之中。为此相关部门应当以此为契机，加速建立科学、客观、合理的环境损害司法鉴定标准体系并颁布实施，缓解目前在标准体系中存在的一系列问题。具体可以由司法部和生态环境部牵头，出台《环境损害鉴定评估技术规范　总纲》，由相关的“国土、农业、林业、海洋、卫生等各部门参与，针对环境污染所致人身、财产和生态环境损害开展鉴定评估和赔偿工作，规范其评估原则、基本程序和评估工作各个阶段或环节的一般要求和特殊要求，以及鉴定评估报告的内容和格式要求”等，使之能充分保障鉴定结果的科学可靠。

2.7.2.2 确定统一的司法鉴定标准管理部门

如前文所述，我国鉴定标准政出多门的局面依然没有改变，致使鉴定标准相互矛盾等情形时有发生，有必要明确包括环境损害司法鉴定标准在内的所有司法鉴定标准的管理体制，包括管理部门和标准体系架构。2017 年，我国新修订的《中华人民共和国标准化法》明确国务院标准化行政主管部门统一管理标准化工作。因而，应当通过法律文件的形式确立司法鉴定标准的专门管理机构，这样不仅可以防止政出多门、理顺司法鉴定标准制修订工作，还可以防止因为司法鉴定种类无限扩展带来的标准缺陷等问题。

2017 年 10 月，国家质量监督检验检疫总局通过了《全国专业标准化技委员会管理办法》，其对专业技术委员会的职责、组织架构、运行和监督管理等作出了具体规定。鉴于此，司法部作为司法鉴定行政管理的最高机关，应当加快成立“全国司法鉴定标准化技术委员会”，该委员会下设若干专业委员会，各专业委员会由本专业的权威专家组成，并实行动态管理。至于标准制定，则由该专业委员会提出并具体负责草拟，由全国司法鉴定标准化技术委员会同意后，报司法部审批颁布。具体至环境损害司法鉴定标准，可以成立环境损害司法鉴定标准化技术委员会，由该委员会对环境损害司法鉴定需要进行的标准化工作提出方案，并将草案上报至全国司法鉴定标准化技术委员会，委员会同意后报司法部审批。在相应标准经过审批并颁布实施后，由各专业委员会负责对标准运行过程中的问题进行监督，发现需要修改完善的，尽快修改完善，形成环境损害司法鉴定标准的良性运行。

2.7.2.3 积极鼓励制定环境损害司法鉴定团体标准

应当积极鼓励环境损害司法鉴定团体标准的制定。《中华人民共和国标准化法》明确鼓励团体标准的制定。对于团体标准，我国发布了《团体标准管理规定》，并明确团体标准是市场主体共同制定的标准。当然，与该行业的国家标准相比，团体标准更加严格、更加完善，这样才能不断提升司法鉴定的技术水平。对此，具体至环境损害司法鉴定而言，在加快制定环境损害司法鉴定全国技术标准制定工作的同时，行政主管部门还要积极鼓励环境损害司法鉴定团体标准的制定，以促进环境损害司法鉴定技术的不断提升。

2.7.2.4 正确认识和对待“专家法”的运用

我国《司法鉴定程序通则》第二十三条明确规定了“该专业领域多数专家认可的方法”（简称“专家法”）的法定地位。环境损害司法鉴定涉及专业往往众多，以污染物与受害人人身伤害的因果关系而言，就可能存在现行已经发布的标准没有对其进行规定的情况。因而，在环境损害司法鉴定中更可能适用“专家法”。然而，在环境损害司法鉴定中运用“专家法”时，应当十分慎重，尤其是要正确认定该“专家法”是否是“多数专家认可的”。因为在实践中囿于科学自身的限度，不同专家对相同问题意见相左的情况时有发生。对此，在运用环境损害司法鉴定“专家法”时，应当明确该方法是否有特定的证据支撑，如是否已经在权威期刊上发表过学术论文，或该专业领域的权威专家是否也对此方法予以认可等。如果仅仅是鉴定人认为该“专家法”是“该专业领域多数专家认可的方法”，而毫无权威依据的话，不得根据该方法从事环境损害司法鉴定。

2.7.2.5 完善相应的保障体系

要建立完善的环境损害司法鉴定标准体系和良性运行机制，必须要有一套完善的保障体系与之相配套。标准体系的建立同样需要一定的配套措施与之相匹配。可以从以下几个方面予以保障：①完善环境损害司法鉴定标准化操作细则。即要对标准的提出、起草、征求意见、发布、修改、废止等相关内容，有相应的法规体系进行保障，明确相应的操作程序，以保障标准化的严肃性。②相应的经费支撑。标准化工作的开展必然要有充足的资金支持。虽然我国司法鉴定行政主管部门对部颁技术规范项目的标准化工作有一定的资助，但十分有限，与国外相比差距较大。相关主管部门可适当加大对环境损害司法鉴定标准化工作的经费支持。③专业的团队运行。要在培养环境损害司法鉴定专业化人才方面加快步伐。

综上所述，没有完善的技术标准体系，即使鉴定人得出了鉴定结果，也可能因为标准体系的缺失而导致双方对鉴定结果存在争议，甚至结果无效。环境损害司法鉴定标准体系同传统三大类司法鉴定还存在显著不同，前者目前是没有标准，而后者虽然没有形成完善的体系，但在实践中上有相应的标准可遵守。因而，环境损害司法鉴定目前在标准制定、体系建设层面还存在极大的改善空间。

第 3 章　环境损害司法鉴定人的管理

在环境损害司法鉴定中，参与鉴别和判断并提供鉴定意见的鉴定人即为环境损害司法鉴定人，简称鉴定人。拟申请从事环境损害司法鉴定业务的人员，应当积极参加司法鉴定专业培训与交流，参加培训交流情况将作为专家评审考核打分项计入总分。开展岗前培训和考核是环境损害司法鉴定人准入的重要程序，有利于拟执业司法鉴定人全面熟悉司法鉴定工作基本要求以及环境损害司法鉴定相关专业要求，进一步提高其能力素质，以更好地适应环境损害司法鉴定工作需要。申请从事环境损害司法鉴定业务的鉴定机构和鉴定人，必须要提供申报材料，接受政府管理部门所组织相关会议，按照国家规定的标准进行评审和现场考察，成绩合格之后，报请生态环境主管部门批准。与此同时，评审专家库的专家评审，对于鉴定机构和鉴定人的准入、水平高低等具有决定性作用。本章主要介绍环境损害司法鉴定人管理的现状、面临的问题以及评审专家库管理完善等。

3.1　环境损害司法鉴定人管理的现状

司法鉴定都是由具有专业知识的鉴定人根据科学技术就专业问题作出的判定。虽然鉴定人要在某一个鉴定机构中进行执业，但鉴定意见最终是由鉴定人出具的，并对其负责。因而，司法鉴定人专业技术水平、执业素养等的高低，将直接对鉴定意见的结果产生决定性作用。所以鉴定人的资格准入必须严格控制，积极管理。

3.1.1　司法鉴定行政主管部门审批鉴定机构时对环境损害司法鉴定人的要求

在 2016 年之前，我国各省级司法鉴定行政主管部门根据诉讼实践需要，首先会对环境损害司法鉴定机构和司法鉴定人资质进行审批，相关部门依据的是《司法鉴定机构登记管理办法》和《司法鉴定人登记管理办法》。例如，《司法鉴定机构登记管理办法》第十四条对于新设司法鉴定机构的名称、住所、资金、业务范围、仪器设备、实验室、鉴定人数量等方面给出了明确的规定。而对于需要从事环境损害司法鉴定的专家个人，必须经过司法行政机关依据《司法鉴定人登记管理办法》有关规定进行审查批准。

2016 年之后，对于需要从事环境损害司法鉴定业务的机构的审批，司法部和原环境保护部专门发布了《环境损害司法鉴定机构审核登记评审办法》。该评审办法第四条对环境损害司法鉴定机构的设立予以了规定，并指出，除了要符合机构管理办法的规定，环境损害司法鉴定机构还需要在高级职称人数和资金上遵循特别的规定。其中，最为显著的就是，鉴定机构每项鉴定业务至少需要有 2 名相关专业的高级技术职称鉴定人。除此以外，申请从事环境损害司法鉴定业务的单位，必须经过政府部门组织的评审专家组的专业评审。而且这种专业评审并不是对机构的整体状况进行评审，而是针对机构申请的每一项鉴定项目都需要单独进行评审，并且参与此类评审的专家必须从已经公布的国家专家库和地方库入库专家中选取。此外，该评审办法还就评审意见方式、内容、程序等予以了明确规定。

3.1.2 司法鉴定行政主管部门对环境损害司法鉴定人资格准入的管理

除要符合鉴定人一般的执业要求外，环境损害司法鉴定人还需要满足立法、司法鉴定行政主管部门的特殊规定。只有在同时具备上述条件的情形下，鉴定人方可从事相应的司法鉴定业务。而现有法律规定对于环境损害司法鉴定人的资格要件并没有作直接的、明确的规定，而是在《环境损害司法鉴定机构登记评审细则》第三条第五项中予以了阐释。这也成了司法鉴定行政主管部门对环境损害司法鉴定人资格准入管理最为直接的依据。通过对《环境损害司法鉴定机构登记评审细则》的解读，基本可以判定评审细则对环境损害司法鉴定人的资格要求：①根据《申请从事环境损害司法鉴定人评分表》，鉴定机构中鉴定人的平均得分不得低于 55 分，这实际上对鉴定人的职业资格提出了相应的要求；②根据《环境损害司法鉴定机构登记评审细则》的要求，每个鉴定人的执业类别不超过两项，特殊专业不得超过三项；③根据《申请从事环境损害司法鉴定人评分表》，鉴定人分值的核定要素包括职业道德、基本情况、工作能力和工作成果四个方面，满分分别为 5 分、10 分、40 分和 45 分。

从鉴定人的“工作成果”核定要素来看：“工作成果”总分值为 45 分，可见工作成果得分值几乎占据了司法鉴定人近一半的评分，具体评分标准见附录 3 附件 1（一），工作成果主要内容包括“技术文件”“论文著作”“培训交流影响”三个方面，分数分别为 15 分、10 分和 20 分。从核定要素“技术文件”来看鉴定人“工作成果”，评审细则就此项内容规定得较为细致。

在此需要予以特别说明的是，最高人民法院公布了“人民法院专家库信息平台”。该平台为具有专业知识的技术专家编制了一份名册。根据显示的信息，该类技术专家包括但并不限于司法鉴定人，同时部分司法鉴定人也并不在该平台专家库中。换言之，该专家库信息平台是由法院自行审核认定的一份具有专业技术知识的专家名单。因为法院是纠纷的最终裁判者，这在一定程度上起着鉴定人目录的作用。同时根据相关媒体对该平台的介绍，该平台上的专家可以为环境损害诉讼双方“组织专家辅助人出庭”提供帮助，为诉讼各方聘请专家指明了方向，在一定程度上也是变相对鉴定人或专家通过名册进行了管理。

当然，环境损害司法鉴定人是司法鉴定依靠的专家人员中的一种，环境损害司法鉴定以外其他司法鉴定人共同存在的诸如技术水平欠缺、能力不足等普遍性问题，在环境损害司法鉴定人群中同样存在，这些问题因为与其他种类司法鉴定具有类似性，在此不再赘述。

3.1.3　司法鉴定人登记管理办法

2005 年 9 月 29 日，司法部颁布中华人民共和国司法部令第 96 号：根据《全国人民代表大会常务委员会关于司法鉴定管理问题的决定》第十六条规定，《司法鉴定人登记管理办法》已经国务院批准，于 2005 年 9 月 30 日公布实施，2000 年 8 月 14 日公布的《司法鉴定人管理办法》（司法部令　第 63 号）同时废止。为贯彻落实中央关于健全统一司法鉴定管理体制改革的决策部署，进一步完善司法鉴定机构和司法鉴定人登记管理制度，切实提高司法鉴定管理工作制度化、规范化、科学化水平，2019 年 8 月 15 日，司法部就《司法鉴定机构登记管理办法（修订征求意见稿）》和《司法鉴定人登记管理办法（修订征求意见稿）》对外公开征求意见。其中，《司法鉴定人登记管理办法》的修订征求意见稿全文详见附录 2。

3.2　环境损害司法鉴定人管理面临的问题

环境民事公益诉讼中环境损害司法鉴定人管理面临的问题，主要体现在司法鉴定行政主管部门对鉴定人准入管理的评审细则设定的科学性方面，这方面还有待商榷。按照现行规定：鉴定人是否具备从事环境损害司法鉴定资质需要接受评审专家的评审。但在实际操作过程中是否严格遵守，依然是一个不确定的问题。例如，在评审中，如何避免评审专家与被评申请人或机构之间可能存在的利益关联？申请机构或司法鉴定人一旦被批准从事环境损害司法鉴定业务，是否需要持续对其各方面能力进行审查。如前文所述，环境损害司法鉴定是一项多专业融合的鉴定业务，鉴定机构仅能从事某一方面业务范围往往很难完成整个案件的鉴定，那司法鉴定行政主管部门对其进行评审时，是按照单一专业进行审查还是按照多个专业进行评审。

以评审细则中的“工作成果”为例。从“工作成果”这一核定要素中的“技术文件”“论文著作”“培训交流影响”三方面内容来看，分数分别为 15 分、10 分和 20 分。但综观这三项具体要素的内容和评分标准，这更像是由相关部门对环境损害司法鉴定机构和鉴定人进行理论研究水平的评定，而不是对其实践操作水平的评定。

例如，评审细则将“论文著作”作为工作成果的一部分内容，并占据 10 分的分值。“论文著作”的主要内容是“在公开发行的期刊上发表的环境损害鉴定评估相关学术论文，公开出版的学术著作”，并在评审标准方面分为 SCI 期刊论文、IE 论文、国内核心期刊、国内非核心期刊、著作、翻译著作等几方面具体指标。然而暂且不论这样划分是否合理，就目前学术期刊发表论文而言，在期刊界已经是乱象丛生。仅从这一点来看，论文的刊发并不一定能代表学术水平的高低，更遑论一些虚假署名等现象的发生。另外，即使作者在权威期刊发表了学术质量很高的论文，但就期刊角度而言，这些论文的刊发都是从其观点、论据等理论和实践角度进行审查的。但是，这并不代表作者就能从事环境损害司法鉴定的实践操作，更不意味着作者具备实践操作能力。

此外，根据评分标准，如果没有发表学术论文，在论文著作这一栏的 10 分中，一分也不能得。这就在一定程度上意味着鉴定人必须发表学术论文，否则就会对其执业产生影响。但是，反向来推，这并不代表没有发表学术论文的鉴定人就不能作出合乎要求的鉴定。相反，在一定程度上一位优秀的鉴定人往往所承接的案件较多，因此占据了大量的精力和时间，这势必挤压了其从事学术研究的时间，从而在一定程度上造成其可能无法发表高质量的学术论文，甚至无法发表论文。因而，就从这一角度而言，这也意味着鉴定人在鉴定与科研之间会产生一定的矛盾。即能发表论文的鉴定人并不代表能够从事具体实践工作，不能发表论文的鉴定人也并不代表其不能够从事具体实践工作。综上几点，单就“论文著作”作为“工作成果”的一大重要核定要素，有失偏颇。

最后，从核定要素“技术文件”来看鉴定人“工作成果”。技术报告、标准、制度等的发布往往是由特定的机构来完成的，而这些机构往往是该行业或者该领域的佼佼者。所以，无论从理论上还是从实践上来看，这些机构都是且都应当是该行业内比较有权威的。对于其他一些机构而言，即使其想参与其中，也往往由于各方面原因而无法参与。换言之，能够主持或者主要参与报告、标准、制度等制定工作的机构是十分有限的。因而，将此作为一项核定要素对于行业领域的大多数人而言，恐怕都不是一种理想的方式。

此外，主持或者主要参与完成相关技术报告、标准、制度等的专业人员，就如同上述发表论文一样，其可能不具备实践操作能力。以环境损害鉴定评估法律或相关法律文件的发布为例，其中可能需要大量的法学教授来承担，而这些人有时往往并不懂自然科学技术，更遑论环境损害司法鉴定这种对技术综合性要求较高的领域，这是其一。其二，从主持环境损害鉴定评估相关技术、标准的实际操作来看，这项工作的顺利完成除了要有深厚的理论功底、丰富的实践经验，还要有一定的协调相关资源的能力，否则在一定层面难以了解相关信息，也难以就相关技术、标准等在该领域获得建设性意见。因而，虽然制定技术、标准、制度等相关规章的组成人员大多数是该专业领域的专家，但往往也会有其他专业、能够确保顺利完成指定任务的人员参加。

3.3　环境损害司法鉴定人管理的完善

英美法系国家在环境污染诉讼中，有关环境专家的规定已经较为成熟，相关经验对于我国鉴定人管理能够起到一定的借鉴意义。

3.3.1　域外有关环境损害司法鉴定人（专家证人）的规定

英美法系国家传承普通法，强调诉讼中控辩双方的主体性地位，主导诉讼的顺利进行。对于诉讼中出现的专业技术性问题，法庭也主要以诉讼双方专家解决。因而，在司法实践中，英美法系国家将解决诉讼中专业技术性问题的人员称为“专家证人”。而对专家证人，英美法系国家一般并不编制名册，而是对专家证人的范围、资格、权利义务等加以规定。如前文所述，为解决案件中的专业技术性问题，诉讼往往会大量依赖专家。因而，对英美法系国家专家证人制度予以阐释，对于解决我国存在的问题具有重要意义。

国外对于诉讼中专业性问题的解决也特别关注，其将科学证据放在十分重要的位置。环境是社会得以顺利发展的前提，因此国外对于环境污染诉讼问题历来也十分重视，相关法律条文一般都将环境污染诉讼作为特别条款对待。例如，在美国司法体制中，环境污染诉讼虽然是作为民事诉讼的一种，但也是作为民事诉讼中的特别程序对待。然而，诸如英美法系等国家对于环境损害司法鉴定机构和鉴定人的管理与我国存在较大差别，其中最为主要的是将鉴定意见或者说专家证言的可靠度、可信度等作为最终评价指标。

美国是英美法系国家中对环境污染诉讼中专业问题处理相对成熟的国家。美国将环境污染诉讼中专业问题的解决，称为 NRDA，国内较多学者将其翻译成自然资源损害评估。美国的 NRDA 与其法律传统密切相关，在自然资源损害评估方面，也是以自律管理为主、政府管理为辅的模式。美国对专家证人并不像我国一样进行审核并取得执业资质，也没有专门的取得资质的鉴定机构。美国的环境损害评估领域，主要的环境管理主体包括“美国国家环保局及自然资源受托人”，美国能够作为自然资源管理部门开展自然资源损害评估的部门主要包括美国内政部、商务部、海洋与大气管理局、农业部、国防部、能源部等。当然，这都是美国联邦层面的有关规定。在地方层面，也有相应的自然资源受托人，如加利福尼亚州的亚渔猎部、佛罗里达州的州环保局等。

在自律管理层面，美国的自然资源损害评估主要是以商业服务的形式进行的，即由具备解决环境污染诉讼案件中专业问题能力的机构进行，这些机构可以是专门的商业化公司，也可以是相应的科研机构。它们与政府从事自然资源环境损害评估不同，其主要是以商业的模式运营。当然，商业运营模式也并不代表所有的机构都可以从事此份工作，而必须满足特定的条件，具备解决环境污染诉讼案件中专业技术性问题的能力。因此，由这些机构启动损害评估工作的前提是都要接受相关方的委托，而相关方一般是自然资源受托人或者责任方。因而这些从事商业损害评估的机构，无论是公司还是相应的科研机构，通常都会为自然资源损害评估提供相关的技术、数据支撑，以及进行一些基础性的工作。对于机构中或者在机构外可以从事自然资源损害评估的自然人，美国还是以《联邦证据规则》为指引和基础。对从事自然资源损害评估的专家而言，首先是要具备解决该专业性技术问题的能力。

对于聘请的专家证人的种类，澳大利亚新南威尔士州土地与环境法院进行了区分，主要包括三大类，分别是单方聘请的专家证人、双方共同聘请的专家证人和法院聘请的专家证人。当然，对于一方聘请的专家证人，可能带来的问题是另一方当事人对该专家证人证言的不信任；对于法院聘请的专家证人，可能造成的问题是双方当事人均对该专家证人证言的不信任。因而，在崇尚当事人意思自治的原则下，法院和诉讼双方都倾向于由诉讼双方共同聘请的专家证人对自然资源损害的结果进行评估。为了最大限度地避免专家证人的倾向性给诉讼带来的阻碍，即使对于双方共同聘请的专家证人也会赋予其一定义务，以强调专家证人的中立性色彩。这同大陆法系国家的鉴定人的义务有一定的相似。

根据澳大利亚《统一民事诉讼规则》第 31.23 条和《专家证人指导法典》第 7 部分的规定，专家证人的首要义务是无偏向地协助法院，而不是仅仅满足当事人的要求，专家必须毫不妥协地捍卫证据的客观性。这与美国传统的专家证人角色存在显著不同，也与当事人所聘律师的地位存在显著不同。在英美法系国家，专家证人出庭是必须的。专家证人应当于审判期日之时到达法庭，接受控辩双方的质证。同时，需要说明的是，法律法规同样明确要求专家证人需要出具专家报告，并且对报告书的格式、内容等予以了明确规定。针对自然资源损害评估中的专家证人，澳大利亚新南威尔士州还专门发布了《新南威尔士土地和环境法院专家证人实践指南》（2003）（*The Land and Environment Court of New South Wales Expert Witness Practice Direction*，2003）。该指南从专家证人对法庭的一般义务和专家报告的形式两方面进行了规定。这两方面的内容主要是强调专家对法庭的客观性义务，以及专家应当秉持的中立色彩。最终目的都是确保在环境污染诉讼中，案件能够得到科学、客观的结果，从而使得因环境污染而遭受侵害的被害人的权利能够得到最大限度的保护。

综上所述，在英美法系国家，囿于其历史、文化、法系等各方面原因，即使是将环境污染诉讼与其他诉讼单列，英美法系国家和大陆法系国家相关制度也逐步出现融合。但是从具体制度设计层面，英美法系国家依然是当事人主义，推崇由双方当事人推进诉讼的进程。在解决自然资源损害评估这一技术性问题时，也以当事人聘请专家证人为主，然而为了避免诉讼拖延、专家证人的倾向性等问题，法律也不断强调专家证人对法院的义务，以及专家报告书的书写等内容，以确保专家证人的中立性。

3.3.2　环境损害司法鉴定人管理的完善

鉴定人能否公正科学地进行鉴定，将对鉴定意见的最终结果产生决定性影响。因而，我们有必要从以下几个方面对鉴定人管理进行完善。

3.3.2.1　环境损害司法鉴定人的数量

司法鉴定行政主管部门应当规范环境损害司法鉴定机构每项业务所需的鉴定人人数。环境损害司法鉴定人的数量，是指在申请从事损害司法鉴定业务的机构中，同一专业领域所需鉴定人的数量。该问题既牵涉机构，也牵涉司法鉴定人。从环境损害司法鉴定机构登记评审评分标准来看，在评定要素“环境损害司法鉴定人构成—专业配备”一个项目中，对于同一专业方向的人数，也有分数赋值的考量，具体见附录 3 中的附件 1（一）。在“地表水和沉积物、环境空气土壤与地下水、近海海洋与海岸带、生态系统、其他”和“污染物性质鉴定”中，均有“同一专业具有 2 名及以上鉴定人的，得 2 分”的规定；而在“生态系统类别中的物种鉴定”中则规定的是“具有 1 名上述专业鉴定人得 2 分，同一专业多名鉴定人可累计得分，最高不超过 10 分”。换言之，对于前两项鉴定类别，如果有 2 名及以上鉴定人的，该项可以得 2 分，而对于第三项鉴定类别，只要有 1 名专业鉴定人就能得 2 分。这是本评分表的基本原则。

然而，根据《司法鉴定程序通则》第十九条的规定，鉴定人开展鉴定业务必须至少有 2 名鉴定人才可以，如果少于 2 名鉴定人，则该鉴定意见就将因为程序违法而被排除在诉讼程序之外。此外，根据《司法鉴定程序通则》第三十五条的规定，凡是进行司法鉴定的案件在出具鉴定意见以前都需要进行复核，以确保鉴定意见的正确和鉴定程序的合规。从上述条文不难看出，对于同一鉴定事项至少需要 3 名具有鉴定资质的鉴定人，其中 1 人是复核人。复核人实则具有一定的后位优势，且在实际运作中，复核人的资历一般不低于鉴定人。但是，在环境损害司法鉴定业务法人或其他组织评分中，前两项鉴定类别要求 2 名鉴定人就可以得 2 分，第三项鉴定类别仅要求 1 名专业鉴定人就可以得 2 分，这与上述分析的一项专业至少需要 3 名鉴定人存在一定的冲突。退一步而言，即使我们对复核人资格作技术处理，由其他相关专业的人员来进行复核，但从《司法鉴定程序通则》第十九条的规定来看，一个鉴定事项的人员至少是 2 名，如果低于 2 名则是涉及直接取消该专业鉴定的问题，而不是不得分的问题。至于仅要求 1 名鉴定人的，则更是有违程序规定。据此可得出以下结论：对于同一专业至少应当有 2 名鉴定人，没有 2 名该专业鉴定人的，直接取消该专业的评审资格。

3.3.2.2 环境损害司法鉴定人准入管理的评审细则

执业道德是诉讼中司法行为的必要前提，是一项必备的要素。如果环境损害司法鉴定人在执业活动中连基本的执业道德都无法坚守的话，则很难想象其能秉承科学公正的态度出具司法鉴定意见。由此可见，鉴定人的执业道德是履行其职责的首要前提，如果鉴定人没有执业道德，则应当直接取消其评审资质。这在环境损害司法鉴定人评分表中已经有所体现。而对于具体的评分标准，应当特别注重“工作成果”这一核定要素。当然，“技术文件”“论文著作”“培训交流影响”可以在一定层面反映鉴定人技术水平，但并不能反映总体水平。环境损害司法鉴定作为一项实践性活动，在评审时应当注重实践操作能力。对此，对于申请从事环境损害司法鉴定的自然人，评审组专家可以就其原本从事的业务进行评判，从规则遵循情况、业务效果情况、违反规则情况、参加培训情况等角度进行综合评分。同时，对于自然人在原业务范围内出现故意或者重大过失而造成他人损失的，应当实行一票否决制，禁止其从事环境损害司法鉴定业务。

综上所述，鉴定人是解决环境民事公益诉讼案件中专业技术性问题的实际操作者，并由其对鉴定意见负责。因而，鉴定人的资格准入将直接对日后鉴定意见准确性产生决定性影响，提高环境损害司法鉴定人的准入资格也是势在必行的。作为司法公正的重要保证，对于鉴定人执业道德的重视应当放在首位。就分值占比较大的“工作成果”而言，不应当以理论研究、标准制定等作为重要的核定要素。相反，应当以鉴定人的实际鉴定效果情况作为考核要素，对于技术文件、论文著作、培训交流等可以作为辅助性要素。同时，应当要求机构在申请环境损害专业时，应当每个专业至少储备 2 名鉴定人，否则应当直接取消该鉴定项目的审批。此外，需要特别予以说明的是，与鉴定机构一样，除要有鉴定人资格审批的准入外，还应当完善鉴定人资格的退出机制，同时要加强鉴定人执业的定期和不定期审查。对于已经不符合鉴定人审批条件的，应当及时剔除出去；对于在鉴定过程中出现一定的违法违规情形的，也应当按照规定取消其鉴定人资质。对此，在鉴定机构的退出机制当中已经有较为详细的论述，鉴定人的退出机制可以比照鉴定机构的进行。

3.4 评审专家库管理的完善

《环境损害司法鉴定机构审核登记评审办法》明确，对于申请人申请从事环境损害司法鉴定业务的，应当组织有关专家进行评审，并且根据评审专家的意见决定是否予以批准。同时，2016 年 10 月司法部、环境保护部发布了《环境损害司法鉴定机构登记评审专家库管理办法》，对专家库的专业范围、条件、工作内容、管理等进行了规定。

因此，评审专家库的管理问题也是一个应当予以特别关注的问题。根据《环境损害司法鉴定机构登记评审专家库管理办法》，专家库分为国家库和地方库。该管理办法中对于专家入选国家库的条件予以了明确。同时该管理办法明确，生态环境部门会同司法鉴定行政主管部门对专家库实行动态管理。但是，该管理办法并没有对地方库专家所应具备的条件予以明确。同时，该管理办法虽然明确对专家库进行动态管理，但是对在何种情况下应当将专家调整出库没有明确。此外，根据已经发布的国家库成员名单来看，其中很大一部分本身就是司法鉴定人，即使不是鉴定人，将来也可能成为鉴定机构的外聘专家或咨询专家等。由此可见，环境损害司法鉴定登记评审专家对于环境损害司法鉴定具有重要影响，同时又具有天然联系。因此，如何保障评审专家的科学客观、公正也就成了应当首要考虑的问题。然而，综观评审专家库建立等内容，不难发现，评审专家库的科学性还有待商榷。据此，如何保障评审专家库评审结果的客观、公正、有效是一项重要议题。同时，还应当进一步明确专家库成员自动退出机制，以保障专家库的及时更新。

3.4.1　评审专家库准入管理的完善

评审专家库专家是对鉴定机构、鉴定人是否能从事环境损害司法鉴定业务进行评审的人员，对于保障环境损害司法鉴定的水平、质量等具有重要意义。因此，对于评审专家库专家入库条件管理的完善，是首先应当明确的内容。当然，其中主要是明确管理部门可以将专家入库管理的情形，以及不可以将专家入库管理的情形。同时，管理部门还应当完善地方库专家入库条件的管理。

3.4.1.1　明确专家库入库的具体条件

环境损害司法鉴定从业资格的评审是由评审专家进行的，因而由谁来担任评审专家就显得尤为重要。根据规定，对于能够入选专家国家库的，同时需要工作经验、专业技能、法律知识、职业操守等方面的基本素质。可以讲在专家符合上述条件的情形下，其基本能对申请从业的司法鉴定机构或者鉴定人是否有能力从事环境损害司法鉴定有一个比较清晰的判定。然而，正如前文所述，环境损害司法鉴定是一项诉讼活动中的科学技术活动，对其执业道德等有较高的要求。同样，作为评审申请人或机构是否具有从事该项业务能力的专家，国家对其执业道德也有较高的要求。

据此，在对入选国家库的专家的积极条件进行明确的前提下，同样应当对不得入选国家库的消极条件予以明确，即使专家具备《环境损害司法鉴定机构登记评审专家库管理办法》第 4 条的规定，但也不得作为国家库的专家。这些情形可以包括但不限于以下几种：①因犯罪受过刑事处罚的；②曾经被司法鉴定行政主管部门撤销司法鉴定人登记的；③无民事行为能力或限制行为能力的；④曾经受过行业协会警告以上处罚的；⑤曾经被司法鉴定行政主管部门剔除出国家库或地方库成员名单的；⑥其他不能作为国家库专家成员的情形。从积极和消极两方面对国家库成员的条件予以规定，可确保进入专家库成员的层次和评审工作的公正、客观。因此，管理部门在对评审专家库的管理中发现成员存在上述情形的，就应当不将其纳入专家库；已经纳入专家库的，就应当及时将其从名单中剔除。

3.4.1.2 完善专家库地方库入库条件

根据《环境损害司法鉴定机构登记评审专家库管理办法》，评审专家库应当由国家库和地方库组成。但是，该管理办法仅对国家库的入库条件予以了明确，而对于地方库专家的入选条件则没有明确。因为该管理办法将地方库的建立交由各省、自治区、直辖市生态环境主管部门和同级司法鉴定行政主管部门，由此推测，该管理办法也是将专家库地方库的入库条件交由地方生态环境主管部门和司法鉴定行政主管部门负责。

但是，无论国家库还是地方库的评审专家，其虽然在专家库的建立上存在差别，但为保障评选结果的公平、公正，其入选专家库的条件应当是相同的，两者并无二致，这在环境损害司法鉴定条文上能得出明确的答案。《环境损害司法鉴定机构审核登记评审办法》第6条明确规定对于鉴定业务的评审由国家库和地方库的专家成员担任。从该条规定来看，评审专家组由国家库和地方库专家组成，作为同一专家组成员，其成员之间的权利义务应当是相同的，且立法也并没有明确规定国家库成员的权利要高于地方库成员的权利。同时，《环境损害司法鉴定机构登记评审细则》明确在专家组中应当确立组长一名，但是组长的确定方式是采取专家自荐与组内推荐的方式进行，如果推选不出的话，则由省级司法鉴定行政主管部门指定。这进一步推断，国家库专家并不当然是组长，也不当然有其他特殊权利。因而，据以上述情形，国家库和地方库专家成员在实体权利和义务层面没有区别对待，因而地方库专家的入库条件也应当同国家库成员一样，从积极要件和消极要件两方面予以规定，而不应当单设其他条件。

3.4.2 完善专家地方库管理

目前，相关管理部门主要关注的是评审专家国家库的管理，而对于专家地方库的管理关注不够，然而专家地方库在实践中发挥了十分重要的作用。相关管理部门应当从以下几个方面对其进行完善。

3.4.2.1 完善专家地方库区域化建设

专家国家库的建立基本已经完成。2017年4月24日，环境保护部、司法部发布了《全国环境损害司法鉴定机构登记评审专家库（国家库）专家名单公告》，通过国家库专家遴选，将沈敏等298名专家纳入国家库，并在网上予以公布（见附录7）。各地方专家库则由省一级生态环境部门和司法鉴定行政主管部门建立。地方库由各个省、自治区、直辖市自行建立、可能会存在一系列问题。例如，①专家库成员的人数不足。我国地域范围较大，各地发展不均衡，东西差异、南北差异都较大，专业分布也不均衡。如果每个地方都建立一个环境损害司法鉴定评审专家地方库可能造成有的地方无法将该地方库建立起来。②作为国家库的成员是无法加入地方库的，则产生的另外一个问题是，已经加入一个省份地方库的专家是否能够加入另外一个省份的地方库专家名单。③每个地方都建立一个专家库还可能造成资源的浪费。虽然每个地方的实际情况都存在不同，但是从总体上来看，部分省份尤其是相近的省份在文化、理念、发展水平方面都存在一定的类似之处。如果每个省份都建立评审专家库的话，则就可能造成专家库设立的重复，增加行政成本，从而造成资源的浪费。

据此，为避免上述情形的出现，同时为实现环境损害司法鉴定的高效运转，我们有必要对地方库的建设予以明确。对于地方库的建立可以采取区域化的建设方案，即由环境损害司法鉴定情形相近的几个省份共同建立一个地方库，然后由该库的专家和国家库的专家共同对这些省份的申请从事环境损害司法鉴定业务的机构和人员进行评审。例如，经请示环境保护部、司法部同意，河北省、北京市、天津市环境保护主管部门和司法鉴定行政主管部门研究决定，2018 年 5 月 15 日河北省环境保护厅、北京市环境保护局、天津市环境保护局、河北省司法厅、北京市司法局和天津市司法局共同发布了《关于京津冀环境损害司法鉴定机构登记评审专家库专家名单的公告》。在一定程度上，京津冀生态环境部门和司法鉴定行政主管部门建立的跨区域的评审专家库的模式必将会取得较好的资源共享效果，同时也可以实现专家库名单的非重复建设、各专业的优秀专家进入地方库名单的效果。其他有条件的省份可以参照京津冀的模式运行。当然，对于一些环境损害司法鉴定需求较大、人员配备较强的省份而言，其也可以自行建立符合本行政区域特色的专家库。

3.4.2.2　明确对地方库专家跨区域评审的管理

区域发展的不平衡可能致使部分区域的环境损害司法鉴定相关专业难以建立完善的专家库，或者由于专家回避等原因，造成当地的环境损害司法鉴定专家库成员不适合对当地的司法鉴定业务进行评审。则据此产生的问题就是，管理部门是否可以允许异地地方库专家参与其他区域机构或自然人的评审。同时，国家库成员不能成为地方库成员，但已经进入一个地方库的专家是否可以成为另外一个地方库的专家。即异地库专家可以参与其他区域评审，同时对于已经进入一个地方库的专家可以成为另一个地方库的专家。这主要是考虑到地方专业发展不平衡，同时可以实现不同区域地方库专家的资源共享。假设，要求所有地区都一定得建立完整的环境损害司法鉴定专业库，一方面不能发挥地方优势，如在西藏地区要求建立近海海洋与海岸带等专业就显然没必要；另一方面如果地方库与地方库之间的专家也相互排斥的话，可能造成的是无法邀请到相关专业的专家参与到各地方库当中，或者说可能并没有那样多的专家可供选择。据此，环境损害司法鉴定地方库专家参与其他区域评审问题应当适度放宽。

3.4.3 完善专家库的动态管理

《环境损害司法鉴定机构登记评审专家库管理办法》第七条规定了专家库的动态管理。在专家库成员数量或者专业等不能满足评审工作实践需求的时候，需要增补专家；在已经入库专家不能履行相应职责的时候，需要及时调整出库。专家库的动态调整范围应当包括国家库和地方库。评审专家库的动态调整可以有效保障专家库成员的客观、公正，及时将不符合条件的专家调整出库。然而在专家库管理办法中，并没有明确列出将专家调整出库的具体条件。但各地相关部门对不符合条件或者不适宜继续从事评审工作的专家，应当及时调整出库，在此之前应当对调整出库的情形予以进一步明确。可以认为，在已经入库的专家出现下列情形的情况下，应当调整出库：①出现不符合《环境损害司法鉴定机构登记评审专家库管理办法》第四条规定的情形的；②在对申请项目进行评审过程中应当回避而没有回避的；③在对申请项目进行评审中徇私舞弊的；④在其本职工作中出现违规情形被行政机关给予警告以上处罚的；⑤被纳入失信被执行人名单的；⑥其他不适宜再担任专家库成员的情形。此外，应当说明的是，对于已经进入专家库名单而被调整出库的，原则上不得再进入国家库和地方库。

专家库的动态管理由生态环境主管部门会同司法鉴定行政主管部门进行，可以包括主动管理和被动管理。其中，主动管理是指两部门定期或不定期对国家库和地方库名单中的人员是否依然具备相应条件进行审查，对于已经不具备此条件的，调整出库，在需要的时候同时遴选新的专家进库。被动管理，是指在日常管理中，经专家库成员自行向主管部门汇报，或者其他相关人员认为某专家不再符合专家库成员条件的，向生态环境主管部门或司法鉴定行政主管部门进行汇报，由主管部门根据专家实际情况进行审查，从而确定该专家是否符合相应条件。对于确实不符合相应条件的人员应及时调整出库。

综上所述，专家成员是否有能力、是否能正常履行其评审职责等直接决定将来环境损害司法鉴定机构和人员的水平。因而，从积极和消极两方面条件来对专家库成员进行合理规制，并进行全程的动态管理，可以有效确保专家库成员应具备的公正性、合理性和科学性。对于评审专家库管理体系，有学者还提出要从明确入库专家遴选方式，包括符合《环境损害司法鉴定机构登记评审专家库管理办法》第四条的规定，建立专家库评分选拔制度、公示遴选专家基本情况等，以此完善专家库信息平台，对专家的权利义务进行规范和管理。另外，还可以借鉴环境损害司法鉴定中，对环境损害司法鉴定机构和环境损害司法鉴定人的管理方式和方法。此外，环境损害司法鉴定具体需要对哪些事项进行鉴定。这些都将成为研究的主题。

同时，对环境损害司法鉴定的管理形式也会对整个鉴定行业产生一定影响，而且该种影响将会作用于诉讼程序，对诉讼最终结果产生一定的制约。所以，需要根据现有立法以及环境损害司法鉴定特殊性，对于环境损害司法鉴定机构在现有的管理方式基础上，还应研究国家与地方实施不同等级管理制度的可行性以及在环境损害司法鉴定领域探索管理的区域协作方式等。

3.5　司法鉴定职业道德基本规范

根据国家相关规定，作为司法鉴定人，在其具备一定的专业技术知识的基础上，还必须具备相应的基本道德。2009 年 12 月 15 日，司法部第 33 次部党组会议通过了我国《司法鉴定职业道德基本规范》，并于 2009 年 12 月 23 日印发全国，要求认真贯彻执行。《司法鉴定职业道德基本规范》的具体内容包括：

崇尚法治，尊重科学

基本要求：树立法律意识，培养法治精神，遵守诉讼程序和法律规定；遵循科学原理、科学方法和技术规范。

服务大局，执业为民

基本要求：坚持以人为本，牢固树立社会主义法治理念；保障司法，服务诉讼，化解矛盾纠纷，维护公民合法权益。

客观公正，探真求实

基本要求；尊重规律，实事求是，依法独立执业，促进司法公平，维护公平正义；对法律负责，对科学负责，对案件事实负责，对执业行为负责。

严谨规范，讲求效率

基本要求；认真负责，严格细致，一丝不苟，正确适用技术标准；运行有序，保证质量，及时有效，严格遵守实施程序和执业行为规则。

廉洁自律，诚信敬业

基本要求；品行良好，行为规范，举止文明，恪守司法鉴定职业伦理；遵守保密规定，注重职业修养，助力社会效益，维护职业声誉。

相互尊重，持续发展

基本要求：尊重同行，交流合作，公平竞争，维护司法鉴定执业秩序；更新观念，提高能力，继续教育，促进司法鉴定行业可持续发展。

第 4 章　环境损害司法鉴定技术要求

环境损害司法鉴定是解决环境纠纷的关键性技术支撑，也是环境审判权威、客观、公正的基础。环境损害鉴定评估是环境损害司法鉴定工作有序推进的保障，将新技术、新手段运用到环境损害评估当中来，在发挥科学技术手段先进优势的基础上，利用先进技术监测自然环境遭受破坏的范围，以此分析环境破坏与自然生态完整性之间的关系，预计使环境或者生态平衡恢复到最初阶段所需要的时间期限，并估算环境遭到损害的程度。

4.1　污染物性质鉴定

在污染物性质鉴定方面，承担单位及个人应当具备根据相关标准进行危险废物鉴定和环境污染物类别、性质和毒性毒理鉴定的能力，具备定性和定量分析污染物浓度、预测污染物理化性质、环境行为和毒性特征的能力，具体见表 4-1。

表 4-1　污染物性质鉴定人员专业能力要求

鉴定事项	适用范围	人员专业要求	专业能力要求
污染物性质鉴定	危险废物鉴定，有毒物质鉴定，污染物其他物理、化学性质的鉴定	化学/应用化学/无机化学/分析化学/有机化学/化学工程/化学工程与工艺/环境科学/环境科学与工程/环境工程/卫生毒理学/生物化学与分子生物学/生物科学/化学生物学/农药学	具备根据相关标准进行危险废物鉴定和环境污染物类别、性质和毒性毒理鉴定的能力，具备定性和定量分析污染物浓度、预测污染物理化性质、环境行为和毒性特征的能力。具体包括： （1）熟悉常见化学污染物的性质和检测分析方法，能够根据需求制定污染物性质鉴别工作方案； （2）能够根据现场勘察、行业特征、快速检测等手段和信息综合分析判断特征污染物； （3）能够综合利用多种分析方法识别未知污染物； （4）能够根据废物鉴别相关技术标准和文件进行危险废物鉴定； （5）能够根据文献资料和模型方法预测毒性，或根据国内外标准化的毒性测试规范方法鉴定主要污染物毒性特征、计算毒性当量； （6）具备确定鉴定废物合理的处置利用方式及其处置利用费用的能力

4.1.1　熟悉常见化学污染物的性质和检测分析方法，能够根据需求制定污染物性质鉴别工作方案

污染物按性质可分为化学污染物、物理污染物和生物污染物。污染物性质鉴定检测项目及常用仪器见表 4-2。

表 4-2　污染物性质鉴定检测项目及常用仪器

序号	检测项目	仪器设备
1	重金属	原子吸收光谱仪、电感耦合等离子体发射光谱仪（ICP-OES）、原子荧光光谱仪等
2	阴离子	离子色谱（IC）等
3	挥发性有机物、半挥发性有机物	气相色谱（GC）、气相色谱-质谱联用（GC-MS）等
4	非挥发性有机物	液相色谱（LC）、液相色谱-质谱联用（LC-MS）等
5	有机金属化合物	电感耦合等离子体-液相色谱联用（ICP-LC）等

上述检测方法涉及的标准如下：《土壤环境质量标准　农用地土壤污染风险管控标准（试行）》（GB 15618—2018）、《土壤环境质量　建设用地土壤污染风险管控标准（试行）》（GB 36600—2018）、《土壤质量　铅、镉的测定　石墨炉原子吸收分光光度法》（GB/T 17141—1997）、《土壤质量　镍的测定　火焰原子吸收分光光度法》（GB/T 17139—1997）、《土壤质量　铅、镉的测定　KI-MIBK 萃取火焰原子吸收分光光度法》（GB/T 17140—1997）、《土壤质量　铜、锌的测定　火焰原子吸收分光光度法》（GB/T 17138—1997）、《土壤　总铬的测定　火焰原子吸收分光光度法》（HJ 491—2019）、《土壤质量　总汞的测定　冷原子吸收分光光度法》（GB/T 17136—1997）、《土壤质量　总砷的测定　硼氢化钾-硝酸银分光光度法》（GB/T 17135—1997）、《土壤质量　总砷的测定　二乙基二硫代氨基甲酸银分光光度法》（GB/T 17134—1997）、《水、土中有机磷农药测定气相色谱法》（GB/T 14552—2003）、《土壤质量　总汞、总砷、总铅的测定原子荧光法　第 1 部分：土壤中总汞的测定》（GB/T 22105.1—2008）、《土壤质量　总汞、总砷、总铅的测定原子荧光法　第 2 部分：土壤中总砷的测定》（GB/T 22105.2—2008）、《土壤质量　总汞、总砷、总铅的测定原子荧光法　第 3 部分：土壤中总铅的测定》（GB/T 22105.3—2008）、《水中无机阴离子的测定（离子色谱法）》（SL 86—1994）、《环境空气　苯系物的测定　固体吸附/热脱附-气相色谱法》（HJ 583—2010）、《室内空气质量标准》（GB/T 18883—2002）、《水质　铜、锌、铅、镉的测定　原子吸收分光光度法》（GB 7475—1987）、《水质 铁、锰的测定　火焰原子吸收分光光度法》（GB 11911—1989）、《水质　银的测定　火焰原子吸收分光光度法》（GB 11907—1989）、《水质　总汞的测定　冷原子吸收分光光度法》（HJ 597—2011）。

4.1.2 能够根据现场勘察、行业特征，利用快速检测等手段和信息综合分析判断特征污染物

观察并绘制场地平面布置情况，包括污染物堆放的位置和范围，记录污染物储存的容器类型和数量、颜色、气味等基本信息。

现场检测 pH，能够准确确定 pH 大于等于 12.5 或小于等于 2.0 的，直接出具认定意见。

具备重金属元素、有机物等现场快速检测条件的，结合现场情况检测相应特征因子，按照重金属元素、挥发性有机物、半挥发性有机物等特征因子顺序判断特征污染物。

特征污染物是指项目排放的污染物中除常规污染物以外的特有污染物。主要指项目实施后可能导致潜在污染或对周边环境空气保护目标产生不良影响的特有污染物，或者是指能够反映某种行业所排放污染物中有代表性的部分，能够显示此行业的污染程度，一般可以从量上理解成排放较多的污染物，如制药行业中 COD、BOD、乙醇、丙酮等，其所指在同一行业中由于生产工艺、产品有所不同也是可以不同的，再如，汽车尾气特征污染物为碳氢化合物、NO_x 等。

项目的特征污染物是指国家规定的污染物排放总量控制指标未包括，但又是项目排放的主要污染物，如电解铝、磷化工排放的氟化物，氯碱化工排放的氯气、氯化氢等。这些污染物虽然不属国家规定的污染物排放总量控制指标，但由于其对环境影响较大，又是项目排放的特有污染物，必须作为项目的污染物排放总量控制指标。

用到的具体标准如下：《土壤中 pH 值的测定》（NY/T 1377—2007）、《森林土壤土粒密度的测定》（LY/T 1224—1999）、《森林土壤温度的测定》（LY/T 1219—1999）、《森林土壤最大吸湿量的测定》（LY/T 1216—1999）、《森林土壤含水量的测定》（LY/T 1213—1999）。

4.1.3 能够综合利用多种分析方法识别未知污染物

对于分析难度大的有机物利用高分辨质谱开展筛查分析，通过已发表的文献和专利查找名录中现有的危险废物质谱信息，构建（内部使用的）危险废物数据库。

建立广覆盖的高分辨质谱前处理和仪器分析方法，并利用这些方法对样品进行分析，比对样品与数据库的指纹图谱，一级、二级质谱信息均可匹配的物质峰被认为是可能存在的特征污染因子。

对于不确定的物质需通过标准物质进一步验证。对于不在名录中的污染物和未知物则利用高分辨质谱提供的精确质量数开展非靶向筛查。

对未知污染物判断的依据：①用 pH 试纸初步判断污染物属于酸性还是碱性；②从现场气味判断污染物的种类；③从人员或动物中毒症状判断污染物的种类；④从污染区征候和痕迹判断污染物的种类。

4.1.4　能够根据废物鉴别相关技术标准和文件进行危险废物鉴定

根据《中华人民共和国固体废物污染环境防治法》的规定，危险废物是指列入国家危险废物名录或者根据国家规定的危险废物鉴别标准和鉴别方法认定的具有危险特性的废物。

根据《国家危险废物名录》的定义，具有下列情形之一的固体废物和液态废物，被列入本危险废物名录：①具有腐蚀性、毒性、易燃性、反应性或者感染性等一种或者几种危险特性的；②不排除具有危险特性，可能对环境或者人体健康造成有害影响，需要按照危险废物进行管理的。

危险废物的鉴别是有效管理及处理处置危险废物的首要前提。世界各国因其危险废物性质及立法的不同而存在差异。通常有名录法及特性法两种鉴别方法。中国的危险废物鉴别是采用名录法与特性法相结合的方法。对未知废物首先必须确定其是否属于《国家危险废物名录》中所列的种类。如果在名录之内，则必须根据《危险废物鉴别标准》来检测其特性，按照标准来判定具有哪类危险特性；如果不在名录之列，也必须根据《危险废物鉴别标准》来判定该类废物是否属于危险废物及相应的危险特性。《危险废物鉴别标准》要求检测的危险废物特性为腐蚀性、急性毒性、浸出毒性、易燃性、反应性等。

相关标准如下：《固体废物鉴别标准　通则》（GB 34330—2017）、《危险废物鉴别标准　通则》（GB 5085.7—2019）、《危险废物鉴别标准　腐蚀性鉴别》（GB 5085.1—2007）、《危险废物鉴别标准　急性毒性初筛》（GB 5085.2—2007）、《危险废物鉴别标准　浸出毒性鉴别》（GB 5085.3—2007）、《危险废物鉴别标准　易燃性鉴别》（GB 5085.4—2007）、《危险废物鉴别标准　反应性鉴别》（GB 5085.5—2007）、《危险废物鉴别标准　毒性物质含量鉴别》（GB 5085.6—2007）、《危险废物鉴别技术规范》（HJ 298—2019）。

4.1.5　能够根据文献资料和模型方法预测毒性，或根据国内外标准化的毒性测试规范方法鉴定主要污染物毒性特征、计算毒性当量

为了准确预测混合污染物的联合毒性，首先必须选择合适的模型，然后以该模型为标准来确定混合污染物的毒性是否具有加和性。

假如毒性模型的预测结果与选择的模型预测结果相差不大，则表示混合物的毒性可以累加；若毒性结果大于毒性模型预测的结果，则该混合污染物的毒性不具有加和作用，而具有协同作用；反之，若毒性结果小于毒性模型预测的结果，则表示混合污染物的毒性具有颉颃作用。

较为常用的定性评价方法有相加指数法、毒性单位法等；混合物联合毒性的定量评估方法主要有相互作用模型（IAI）、浓度加和模型（CA）、独立作用模型（IA）、两阶段预测

模型（TSP）等，其中 CA 模型和 IA 模型较为常用；定量预测模型建立之前，首先需要参考混合物的浓度和混合物产生的效应这些试验数据绘制浓度-反应曲线（CRCs），进而通过 CRCs 对混合物单一组分的毒性进行评价。CRCs 的自变量是混合物的浓度，应变量是该化合物产生的效应。然后，采用毒理学上较为常用的正态分布模型对试验数据进行分析。

4.1.5.1 浓度加和（CA）模型

基于 CA 模型预测化合物的原理可知，假如化合物中各个组分的作用原理相差不大，则可以应用 CA 模型预测其毒性。计算公式如下：

$$\mathrm{TU}=\mathrm{EC}_{x,\min}=\left(\sum_{i=1}^{n}\frac{p_i}{\mathrm{EC}_{x,i}}\right)-1 \tag{4-1}$$

式中，p_i——化合物中组分 i 浓度占混合物浓度的比例；

$\mathrm{EC}_{x,i}$——组分 i 达到 x 效应时的浓度；

$\mathrm{EC}_{x,\min}$——多种组分达到 x 效应时的浓度，计算结果为 1 时，表明混合物之间的作用为相加作用，小于 1 时为协同作用，大于 1 时为颉颃作用。

4.1.5.2 独立作用模型（IA）

基于 IA 模型预测化合物的原理可知：若化合物的组分具有相异的作用，则可以应用 IA 模型对其毒性进行预测和评估。其计算公式如下：

$$E(C_{\mathrm{mix}})=E\left(c_1+\cdots+c_n\right)=1-\prod\nolimits_{i-1}^{n}\left[1-E(C_i)\right] \tag{4-2}$$

式中，C_{mix}——混合物中各个组分的浓度之和；

C_i——混合物达到 x%效应时组分 i 的浓度；

E（C_i）——组分 i 独自作用达到 x%效应时的浓度。

4.1.5.3 两阶段预测模型（TSP）

TSP 模型预测化合物联合毒性的大致步骤如下：首先，基于作用机制或者作用位点这一依据对混合体系中的化合物进行分类，即作用机理相似或者作用位点相同的混合物划分为一类，反之划分为另一类；然后，分别应用 CA 模型和 IA 模型对其毒性进行评估。该模型的计算公式如下：

$$E(C_{\mathrm{mix,mix}})=1-\prod\nolimits_{i-1}^{n}[1-E(C_{\mathrm{mix},i})] \tag{4-3}$$

式中，$E(C_{\mathrm{mix},i})$——混合物中组分 i 的联合毒性；

n——混合体系中的组分总数。

4.1.6 具备确定鉴定废物合理的处置利用方式及其处置利用费用的能力

固体废物的处置主要可以分为：无害化处理与资源化处理。无害化是指去除掉固体废物中的有害物质，或是采用固定的方式避免固体废物中的有害物质向周围环境扩散而造成更大隐患的一种处理方式，如垃圾填埋等方法。资源化处置方式相对复杂，且对固体废物处置的方法与具体技术有很高的要求。

从具体的技术手段来进行分类，资源化处置方式可以分为直接资源化和间接资源化两种，二者的区别在于具体方式的不同。

直接资源化：指固体废物不经过任何处理便可以作为一种资源而参与后续的生产。"垃圾只是放错位置的资源"，部分固体废物经过分类便可以成为一种资源，如金属类、纸张类、塑料产品等。此种方式能够有效地对固体废物进行减量，并产生一定的经济效益，能够有效地吸纳社会资本进入固体废物处置体系中来。直接资源化处理方式对于终端垃圾分类与收集要求较高，现阶段的硬件与社会行为规范建设很难满足要求。

间接资源化：指固体废物通过一定的方式处置来获得资源（能源）的一种方式，主要分为焚烧与沼气两种模式。部分固体废物是可燃的或者部分有机固体废物可以在堆肥的过程中产生沼气。在具体的操作过程中，其具有如下几方面的特点：①首次投入较大，资源化处置装备的建设成本较高，且需要不断的投入与维护，相比其受到规模的限制，经济收益需要较长的成本回收周期；②在焚烧的过程中会存在烟尘的二次污染，这要求在实际建设过程中予以重视；③此种模式能够有效降低固体废物的总量，同时还会产生一定的经济效益。

判定危险废物处置或利用的三大原则：

1）依据有害成分的固化目的

在对危险废物进行处置时，有时会选择将废弃物的有害成分固定在产品中而达到解毒的目的。

（1）如果目的在于解毒、消除危害，而不是为了生产产品，就属于处置。

（2）如果目的是将废弃物作为产品的一种直接原料或替代原料，缺少这种原料无法形成产品，则属于利用。

2）依据有害化学成分的转化目的

许多废弃物是由于含有害化学成分而成为危险废物的，但化学成分在一定的条件下可以发生变化，通过这种变化可实现降低或消除废物对环境或健康的危害。

（1）危险废物的焚烧实质上是将有毒有害的化学成分在高温下转化为无毒无害的气体

而排放，故是一种最终消除危害的方法，这种通过焚烧使化学成分转化的形式也有不同的转化目的。①如果焚烧危险废物主要目的在于解毒、消除危害，而不是为了回收热能，一般则视为危险废物处置；②如果是将危险废物焚烧后，在降低其毒性和危害性的条件下，还可充分利用焚烧废弃物产生的能量，则属于利用。

（2）废酸废碱中和处理后的排放实际上也是通过化学转化达到去除危害的目的的一种处置形式。但是，必须注意，危险废物的化学转化处置过程应尽量减少二次污染。

3）依据使用生物处理方法的原因

危险废物的处理方法中，生物处理方法也是比较常见的。经处理后的危险废物也有不同的使用目的。

相关标准如下：《一般工业固体废物贮存和填埋污染控制标准》（GB 18599—2020）、《危险废物贮存污染控制标准》（GB 18597—2001）、《生活垃圾填埋场污染控制标准》（GB 16889—2008）、《生活垃圾焚烧污染控制标准》（GB 18485—2014）。

4.2 地表水和沉积物环境损害鉴定

地表水和沉积物环境损害鉴定人员应具备地表水环境质量及水生态系统人类活动识别、污染物识别、污染物迁移转化模拟、因果关系分析、健康风险评估、损害确定和量化、恢复方案设计及费用计算、恢复效果评估等能力（表 4-3）。

表 4-3 地表水和沉积物环境损害鉴定人员专业能力要求

鉴定事项	适用范围	人员专业要求	专业能力要求
地表水和沉积物环境损害鉴定	因环境污染或生态破坏造成的地表水、沉积物水生生物等水环境资源以及水生态系统服务的损害鉴定	环境科学/环境工程/环境科学与工程/地理信息科学（或地图学与地理信息系统/大地测量学与测量工程/摄影测量与遥感/地图制图与地理信息工程）/水文学及水资源/水文与水资源工程/水力学及河流动力学/水质科学与技术/水生生物学/生态学/化学/应用化学/无机化学/分析化学/有机化学	具备地表水环境质量及水生态系统人类活动识别、污染物识别、污染物迁移转化模拟、因果关系分析、健康风险评估、损害确定和量化、恢复方案设计及费用计算、恢复效果评估等能力，具体包括： （1）具备开展污染区域行业特征，点源面源排放摸查、快速检测识别特征污染物，以及判断入侵物种、非法捕捞等破坏活动的能力； （2）具备地表水环境中水质、水生生物类群（大型底栖动物、浮游动物、浮游植物等）、沉积物等多介质及河流、湖库、河口等不同类型生态系统现场勘察、污染物监测与分析识别，以及损害评估方案设计的能力； （3）利用地表水环境背景值、标准值、对照值等数据进行综合分析以确定地表水环境质量与水生态系统服务基线水平，结合现场调查结果，确认环境损害的能力；

鉴定事项	适用范围	人员专业要求	专业能力要求
			（4）具备使用相关水质模型、污染物迁移扩散模型，进行地表水中污染物迁移转化模拟分析、还原污染过程、模拟污染趋势、确定污染范围，运用多受体环境暴露评估模型、毒理学实验、生物评价方法等进行地表水和沉积物、水生生物风险、水生态系统服务评估，对损害进行实物量化的能力； （5）具备基于污染物、物理、化学迁移转化过程，采用统计学、同位素等技术进行地表水和沉积物污染物、物种和生态服务损害解析，构建概念模型，进行损害因果关系分析的能力； （6）具备地表水和沉积物环境介质、生态服务损害价值量化分析以及判断废水及其污染物合理处理工艺及其费用的能力； （7）具备地表水和沉积物生态环境恢复目标制定、技术筛选、恢复方案设计及恢复费用计算的能力； （8）具备地表水环境资源及不同类型生态系统环境监测、生态恢复效果评估的能力

4.2.1　具备开展污染区域行业特征、点源面源排放摸查、快速检测识别特征污染物，以及判断入侵物种、非法捕捞等破坏活动的能力

4.2.1.1　污染区域行业特征

分析行业特征的主要内容包括：行业经济结构的分析、行业生命周期的分析、行业与经济周期关联程度的分析。

4.2.1.2　点源面源排放摸查

1）点源调查

（1）调查的原则。点源调查的繁简程度可根据评价等级及其与建设项目的关系来判断。评价等级高且现有污染源与建设项目距离较近时应详细调查。

（2）调查的内容。有些调查内容可以列成表格，根据评价工作的需要选择下述全部或部分内容进行调查。

a）污染源的排放特点。主要包括排放形式，分散还是集中排放；排放口的平面位置（附污染源平面位置图）及排放方向；排放口在断面上的位置。

b）污染源排放数据。根据现有实测数据、统计报表以及各工艺路线等选定的主要水质参数，调查其现有的排放量、排放速度、排放浓度及变化情况等数据。

c）用排水状况。主要调查取水量、用水量、循环水量、排水总量等。

d）废水、污水处理状况。主要调查各排污单位废（污）水的处理设备、处理效率、处理水量及事故状况等。

2）面源调查

（1）调查原则。面源调查基本上采用搜集资料的方法，一般不进行实测。

（2）调查内容。根据评价工作需要，选择下述全部或部分内容进行调查：

a）工业类面源污染源。原料、燃料、废料、废弃物的堆放位置（主要污染源要绘制污染源平面位置图）、堆放面积、堆放形式（几何形状、堆放厚度）、堆放点的地面铺装及其保洁程度、堆放物的遮盖方式等；排放方式、排放去向与处理情况，说明面源污染物是有组织的汇集还是无组织的漫流；是集中后直接排放还是处理后排放；是单独排放还是与生产废水或生活污水合并排放等；根据现有实测数据、统计报表以及根据引起面源污染的原料、燃料、废料、废弃物的成分及物理、化学、生物化学性质选定调查的主要水质参数，并调查有关排放季节、排放时期、排放浓度及其变化等方面的数据。

b）其他面源。对于山林、草原、农地面源，应调查有机肥、化肥、农药的施用量，以及流失率、流失规律、不同季节的流失量等。对城市面源污染，应调查雨水径流特点、初期城市暴雨径流的污染物数量。

（3）污染源资料的整理与分析。对搜集到的和实测的污染源资料进行检查，找出相互矛盾和错误之处，并予以更正。资料中的缺漏应尽量填补。将这些资料按污染源排入地表水的顺序及水质因子的种类列成表格，找出评价水体的主要污染源和主要污染物。

4.2.2 具备地表水环境中水质、水生生物类群（大型底栖动物、浮游动物、浮游植物等）、沉积物等多介质及河流、湖库、河口等不同类型生态系统现场勘察、污染物监测与分析识别，以及损害评估方案设计的能力

4.2.2.1 现场勘查

该阶段分为污染识别阶段和污染证实阶段，污染证实阶段又分为初步采样分析和详细采样分析两步，从而得以最终确定场地环境污染的程度和范围。

4.2.2.2 污染物监测与分析识别

（1）河流：高锰酸盐指数、氨氮、总氮、总磷、铜、锌、氟化物、硒、砷、汞、镉、铬（六价）、铅、氰化物、挥发酚、石油类、阴离子表面活性剂、硫化物和粪大肠菌群。

（2）集中式饮用水水源地：悬浮物、高锰酸盐指数、氨氮、总磷、总氮、铜、锌、氟化物、铁、锰、硒、砷、汞、镉、铬（六价）、铅、氰化物、挥发酚、石油类、阴离子表

面活性剂、硫化物、硫酸盐、氯化物、硝酸盐和粪大肠菌群。

（3）湖泊水库：高锰酸盐指数、氨氮、总磷、总氮、铜、锌、氟化物、硒、砷、汞、镉、铬（六价）、铅、氰化物、挥发酚、石油类、阴离子表面活性剂、硫化物和粪大肠菌群。

注：潮汐河流必测项目增加氯化物。

饮用水保护区或饮用水水源的江河除监测常规项目外必须注意剧毒和“三致”有毒化学品的监测。

地表水和沉积物监测项目及常用分析方法参见表 4-4。

表 4-4　地表水和沉积物监测项目及常用分析方法

序号	监测项目	分析方法
1	高锰酸盐指数	1. 高锰酸盐指数 2. 碱性高锰酸钾法 3. 流动注射连续测定法
2	氨氮	1. 纳氏试剂光度法 2. 蒸馏和滴定法 3. 水杨酸分光光度法 4. 电极法
3	挥发酚	1. 4-氨基安替比林萃取光度法 2. 蒸馏后溴化容量法
4	油类	1. 重量法 2. 红外分光光度法
5	总氮	碱性过硫酸钾消解-紫外分光光度法
6	总磷	1. 钼酸铵分光光度法 2. 孔雀绿-磷钼杂多酸分光光度法 3. 氯化亚锡还原分光光度法 4. 离子色谱法
7	亚硝酸盐氮	1. N-（1-萘基-）-乙二胺比色法 2. 分光光度法 3. α-萘胺比色法 4. 离子色谱法 5. 气相分子吸收法
8	硝酸盐氮	酚二磺酸分光光度法
9	凯氏氮	蒸馏-滴定法
10	氯化物	1. 硝酸银滴定法 2. 电位滴定法 3. 离子色谱法 4. 电极流动法
11	活性氯	1. N,N-二乙基-1,4-苯二胺滴定法 2. N,N-二乙基-1,4-苯二胺分光光度法
12	二氧化氯	连续滴定碘量法

序号	监测项目	分析方法
13	氟化物	1. 离子选择电极法 2. 氟试剂分光光度法 3. 茜素磺酸锆目视比色法 4. 离子色谱法
14	氰化物	1. 异烟酸-吡唑啉酮比色法 2. 吡啶-巴比妥酸比色法 3. 硝酸银滴定法
15	硫氰酸盐	异烟酸-吡唑啉酮比色法
16	硫酸盐	1. 重量法 2. 铬酸钡光度法 3. 火焰原子吸收法 4. 离子色谱法
17	硫化物	1. 亚甲基蓝分光光度法 2. 直接显色分光广度法 3. 间接原子吸收法 4. 碘量法
18	银	1. 火焰原子吸收法 2. 镉试剂 2B 分光光度法 3. 3,5-Br_2-PADAP 分光光度法
19	砷	1. 硼氢化钾-硝酸银分光光度法 2. 氢化物发生原子吸收法 3. 等离子发射光谱法 4. 原子荧光法
20	铍	1. 石墨炉原子吸收法 2. 铬菁 R 分光光度法 3. 等离子发射光谱法
21	镉	1. 流动注射-在线富集火焰原子吸收法 2. 火焰原子吸收法
22	阴离子洗涤剂	1. 电位滴定法 2. 亚甲基蓝分光光度法
23	六价铬	1. 二苯碳酰二肼分光光度法 2. APDC-MIBK 萃取原子吸收法 3. DDTC-MIBK 萃取原子吸收法 4. 差示脉冲极普法
24	粪大肠菌群	1. 发酵法 2. 滤膜法

4.2.2.3 损害评估方案设计

1）基本情况

写明环境损害鉴定评估委托方、委托鉴定评估事项和环境损害鉴定评估机构；写明环境损害鉴定评估的背景，包括损害发生的时间、地点、起因和经过；简要说明环境损害发生地的社会经济背景、周边敏感受体、造成潜在环境损害的污染源和污染物等基本情况。

2）鉴定评估方案

（1）鉴定评估目标。依据委托方委托鉴定评估事项，详细写明开展环境损害鉴定评估的目标。

（2）鉴定评估依据。写明开展本次环境损害鉴定评估所依据的法律法规、标准和技术规范等。

（3）鉴定评估原则。写明开展本次环境损害鉴定评估所遵循的基本原则。

（4）鉴定评估范围。写明开展本次鉴定评估工作初步确定的环境损害时间范围和空间范围以及确定初步时空范围的依据。

（5）鉴定评估内容。写明本次鉴定评估工作的主要内容，包括环境损害评估对象（人身损害、财产损害和环境损害）和环境损害鉴定评估内容（环境损害确认、因果关系判定和损害数额量化）。

（6）鉴定评估方法。详细阐明开展本次环境损害鉴定评估工作的技术路线及每一项鉴定评估内容所使用的技术方法。

3）鉴定评估过程与分析

（1）生态环境损害调查确认。详细介绍污染环境或破坏生态行为调查和生态环境损害调查方案，包括资料收集、现场踏勘、座谈走访、采样方案、检测分析、质量控制等过程，写明调查确认结果，包括是否存在污染环境或破坏生态行为以及行为方式，是否存在生态环境损害及损害类型等。

（2）因果关系分析。详细阐明本次生态环境损害鉴定评估中鉴定污染环境或破坏生态行为与生态环境损害间因果关系所依据的标准或条件，以及分析因果关系所采用的技术方法；详细介绍因果关系分析过程中所依据的证明材料，现场踏勘、监测分析、实验模拟、数值模拟等过程和结果；写明因果关系分析的最终结论。

（3）生态环境损害实物量化。详细阐明本次生态环境损害鉴定评估中生态环境损害实物量化所依据的标准和条件，以及量化生态环境损害所采用的技术方法。给出生态环境损害实物量化的结果，即生态环境损害的类型、时空范围及损害程度。

（4）生态环境损害价值量化。详细阐明本次生态环境损害鉴定评估中生态环境损害价值量化所依据的标准、规范，所采用的评估方法，以及相应的证明材料；明确界定生态环境损害价值量化的范围，即包括哪些类型的损害以及每种类型损害量化的构成；对于生态环境损害价值量化，如采用基于恢复目标的生态环境损害评估方法，应详细阐明确定生态环境恢复方案的原则与过程，给出生态环境损害价值量化的结果。

（5）生态环境损害恢复方案筛选。详细阐明各备选生态环境恢复方案的工作量、持续时间和实施成本，介绍各方案的有效性、合法性、技术可行性、公众可接受性、环境安全性和可持续性，提供数据来源与依据。

4）鉴定评估结论

针对生态环境损害鉴定评估委托事项，写明每一项生态环境损害的鉴定评估结论，包括生态环境损害确认结论、因果关系分析结论和生态环境损害量化结论。

5）特别事项说明

阐明报告的真实性、合法性和科学性。明确报告的所有权、使用目的和使用范围；说明报告编制过程及结果中可能存在的不确定性。

6）签字盖章

鉴定人签字，并加盖鉴定评估单位公章。

7）附件

附件包括生态环境损害鉴定评估工作过程中所依据的各种证明材料、鉴定评估实施方案、现场调查监测方案、现场调查监测报告、实验方案与分析报告等。

4.2.3 利用地表水环境背景值、标准值、对照值等数据进行综合分析以确定地表水环境质量与水生态系统服务基线水平，结合现场调查结果，确认环境损害的能力

4.2.3.1 基线的确定方法

（1）利用污染环境或破坏生态行为发生前评估区域近三年内的历史数据确定基线，数据来源包括历史监测、专项调查、学术研究等反映生态环境质量状况的历史数据。

（2）利用未受污染环境或破坏生态行为影响的相似现场数据确定基线，即“对照区域”数据。“对照区域”应与评估区域的生态环境特征、生态系统服务等具有可比性。

（3）利用模型确定基线。可考虑构建环境污染物浓度与种群密度、物种丰度等生态环境损害评价指标间的剂量-反应关系来确定基线。

（4）参考环境基准或国家和地方发布的环境质量标准，如 GB 3095、GB 3096、GB 3097、GB 3838、GB 10070、GB 11607、GB 15618 和 GB/T 14848 等确定基线。

4.2.3.2 生态环境损害确认应满足以下任一条件

（1）评估区域空气、地表水、沉积物、土壤、地下水等环境介质中特征污染物浓度超过基线 20%。

（2）评估区域指示物种种群数量或密度降低，且与基线相比存在统计学显著差异。

（3）评估区域指示物种种群结构（性别比例、年龄组成等）改变，且与基线相比存在统计学显著差异。

（4）评估区域植物群落组成和结构发生变化，且与基线相比存在统计学显著差异。

（5）评估区域植被覆盖度降低，且与基线相比存在统计学显著差异。

（6）评估区域生物物种丰度减少，且与基线相比存在统计学显著差异。

（7）评估区域生物体外部畸形、骨骼变形、内部器官和软组织畸形、组织病理学水平损害等发生率增加，且与基线相比存在统计学显著差异。

（8）造成生态环境损害的其他情形。

4.2.4　具备使用相关水质模型、污染物迁移扩散模型，进行地表水中污染物迁移转化模拟分析、还原污染过程、模拟污染趋势、确定污染范围，运用多受体环境暴露评估模型、毒理学实验、生物评价方法等进行地表水和沉积物、水生生物风险、水生态系统进行服务评估，对损害进行实物量化的能力

4.2.4.1　水质模型

按照时间分为稳态模型与非稳态模型，按照空间分为零维、一维（包括纵向一维及垂向一维，纵向一维包括河网模型）、二维（包括平面二维及立面二维）以及三维模型，按照是否需要采用数值离散方法分为解析解模型与数值解模型。水动力模型及水质模型的选取根据检测项目的污染源特性、受纳水体类型、水力学特征、水环境特点及评价等级等要求，选取适宜的预测模型，其中各地表水体适用的数学模型选择要求如下：

（1）河流数学模型。河流数学模型选择要求见表 4-5。在模拟河流顺直、水流均匀且排污稳定时可以采用解析解模型。

表 4-5　河流数学模型适用条件

	模型空间分类						模型时间分类	
模型分类	零维模型	纵向一维模型	河网模型	平面二维	立面二维	三维模型	稳态	非稳态
适用条件	水域基本均匀混合	沿程横断面均匀混合	多条河道相互连通，使得水流运动和污染物交换相互影响的河网地区	垂向均匀混合	垂向分层特征明显	垂向及平面分布差异明显	水流恒定、排污稳定	水流不恒定、排污不稳定

（2）湖库数学模型。湖库数学模型选择要求见表 4-6，在模拟湖库水域形态规则、水流均匀且排污稳定时可以采用解析模型。

表 4-6 湖库数学模型适用条件

	模型空间分类						模型时间分类	
模型分类	零维模型	纵向一维模型	平面二维	垂向一维	立面二维	三维模型	稳态	非稳态
适用条件	水流交换作用较充分。污染物质分布基本均匀	污染物在断面上均匀混合的河道型水库	浅水湖库，垂向分层不明显	深水湖库，水平分布差异不明显，存在垂向分层	深水湖库，横向分布差异不明显，存在垂向分层	垂向及平面分布差异明显	流场恒定、源强稳定	流场不恒定或源强不稳定

（3）感潮河段、入海河口数学模型。污染物在断面上均匀混合的感潮河段、入海河口，可采用纵向一维非恒定数学模型，感潮河网区宜采用一维河网数学模型。浅水感潮河段和入海河口宜采用平面二维非恒定数学模型。例如，感潮河段、入海河口的下边界难以确定，宜采用一维、二维连接数学模型。

（4）近岸海域数学模型。近岸海域宜采用平面二维非恒定模型。如果评价海域的水流和水质在垂向分布上存在较大的差异（如排放口附近水域），宜采用三维数学模型。

4.2.4.2 污染物迁移扩散模型

1925 年，美国工程师 Streeter 和 Phelps 在研究 Ohio 河污染时建立了第一个氧平衡模型，简称 S-P 模型，由此打开了水环境数学模型之门。之后水环境数学模型经历了初级发展、快速发展和深入发展 3 个阶段，从一维介质的静态模拟到后来的多维多介质的动态模拟。现在人们更是把随机数学、模糊数学、计算机图像学及可视化技术、人工神经网络、地理信息系统（GIS）等引入水环境模型的研究中。河流污染物的迁移转化模型作为水环境模型的核心，在基础研究和实际应用中取得了很大的进展。另外，还有学者对某些特殊污染物如重金属、石油、营养物质等在河流中的迁移转化模型进行了研究。根据不同的分类方法，河流污染物迁移转化模型有多种不同的分类，例如，确定性模型与非确定性模型；稳态模型与动态模型；一维模型、二维模型、三维模型；移流模型、扩散模型及移流扩散模型；纯输移模型、纯反应模型、输移反应模型及生态模型；根据水体研究内容可分为水质模型与水动力学模型。确定性模型主要指水质模型。在河流污染物迁移转化模拟研究中，以确定性水质模型应用最为普遍、发展最为成熟。但由于水环境系统内在的不确定性和水文、水质资料等的不完全性，仅根据确定性水质模型进行的水质预测存在着明显的局限性；因此，近年来不确定性水质模型的研究也取得了一些进展，但尚不成熟。随着研究者对不确定性分析方法的逐渐重视，不确定性水质模型已成为当今水环境模型的发展趋势之一。

某些污染物，如重金属、有机化学品（尤其是疏水性有机化合物）、营养物（如氮、磷的盐类）、油类等，其在地表水环境中的迁移转化和泥沙运动的关系十分密切，而不只与水流有关。传统数值模拟在描述这些污染物的迁移转化时对泥沙运动过于简化，其作用和影响通常仅被简化为“沉降和再悬浮”项，并认为颗粒相污染物浓度和水相污染物浓度之间可建立瞬间平衡关系。而这一假定的有效性和可靠性遭到了许多学者的质疑。因此，运用传统水质模型并不能对其迁移转化进行很好的模拟，为这些特殊污染物建立与其相适应的特定模型将能更加准确地描述其迁移转化规律。

黄岁樑[①]运用环境化学、水力学、泥沙运动力学的基本原理推导了建立重金属污染物在冲积河流中迁移转化的数学模型。该数学模型由水流控制方程、泥沙运动控制方程、重金属迁移转化控制方程和重金属污染物吸附解吸型对流扩散方程组成；该重金属污染物迁移转化方程是一个质量平衡方程。其方程是室内静态实验结果的延伸，综合考虑了物理输移，即对流、扩散和化学反应（吸附解吸作用）等因素。该模型能够很好地模拟计算重金属污染物在恒定、均匀挟沙水流中的迁移转化，并进一步阐明泥沙运动在重金属污染物迁移转化中的作用。

Yan Lin 等[②]利用 WASP 模型耦合地理信息系统水文模型（Hydrologic Engineering Center’s Hydrologic Modeling System，HEC-HMS），开发了 WASP 7 MERC Hg 模型，并成功模拟了河流中 Hg 的迁移转化。WASP 水银模块（MER7）是 WASP 的一个子程序，用于模拟 Hg 的平流和弥散运移及物理化学转化，可以具体计算 Hg 的种类［溶解性 Hg（II）、甲基汞］和动力学转化。

黄廷林等[③]针对多沙河流中石油类污染物的迁移分别建立了一维吸附和解吸模型，并运用拉普拉斯变换得到了模型的解析解。该吸附模型主要考虑了河流悬移质、推移质泥沙和底泥与石油类的相互作用，以及河流的弥散作用对石油类迁移的影响。经验证，该模型能够较好地描述一维多沙河流污染沉积物中石油类污染物的解吸过程。

河流中营养物质的迁移转化一直是河流水质研究的重点。还有些学者以历年来英国约克郡 Swale 河的数据资源和一维河流水质模型为基础（QUESTOR），利用平流弥散方程的解析解，开发了一个模拟短期内非定常流条件下营养物质沿河运移的动力学数学模型，即平流弥散模型［advection dispersion（AD）模型］。该模型能够准确预测污染物浓度的大体趋势以及短期内在水流中所占的比例，且在短期预测方面较 QUESTOR 更有优势。ANI 提到可以通过对转化过程的更详细模拟来提高预测的精确度，如考虑春季流中河床底泥的释放。

---

① 黄岁樑. 冲积河流重金属污染物迁移转化数值模拟控制方程及其物理意义[J]. 中国科学：技术科学，2010，40（5）：515-524.

② YAN L，TLA B，RBV A，et al. Modelling transport and transformation of mercury fractions in heavily contaminated mountain streams by coupling a GIS-based hydrological model with a mercury chemistry model—Science Direct[J]. Science of the Total Environment，2011，409（21）：4596-4605.

③ 黄廷林，任磊. 多沙河流中石油类污染物迁移的一维数学模型 I . 吸附模型[J]. 水利学报，2004，9（9）：105-110.

4.2.4.3 损害实物量化

1）生态环境损害实物量化内容

（1）综合考虑评估对象、目的、适用条件、资料完备程度等情况，选择适当的实物量化指标、方法和参数。对生态环境质量的损害，一般以特征污染物浓度为量化指标；对生态系统服务的损害，一般选择指示物种种群密度、种群数量、种群结构、植被覆盖度等指标作为量化指标。

（2）比较污染环境行为发生前后空气、地表水、沉积物、土壤、地下水等生态环境质量状况，确定生态环境中特征污染物浓度超过基线的时间、体积和程度等变量和因素。

（3）比较污染环境或破坏生态行为发生前后生物种群数量、密度、结构等的变化，确定生物资源或生态系统服务超过基线的时间、面积和程度等变量和因素。

2）生态环境损害实物量化方法

（1）生态环境损害实物量化的常用方法主要包括统计分析、空间分析、模型模拟。

（2）生态环境损害实物量化过程中应综合利用统计分析、空间分析、模型模拟的方法，并对不同方法量化结果的不确定性进行分析。

4.2.5 具备基于污染物环境生物、物理、化学迁移转化过程，采用统计学、同位素等技术进行地表水和沉积物污染物、物种和生态服务损害解析，构建概念模型，进行损害因果关系分析的能力

4.2.5.1 同位素技术

对于损害时间较长，且特征污染物为含有铅、镉、锌、汞、氯、碳、氢、氮等元素的重金属或有机物时，可对地表水与沉积物样品进行同位素分析，根据同位素组成和比例等信息，判断受体端和潜在污染源的同源性，确定污染源。

4.2.5.2 多元统计分析法

采集潜在污染源和受体地表水与沉积物样品，分析污染物类型、浓度等情况，采用相关性分析、主成分分析、聚类分析、因子分析等统计分析方法分析污染物或样品的相关性，判断受体端和潜在污染源的同源性，确定污染源。

4.2.5.3 损害因果关系分析

(1)因果关系分析应以存在明确的污染环境或破坏生态行为和生态环境损害事实为前提。

（2）污染环境行为与生态环境损害间因果关系分析的主要内容包括环境污染物（污染源、环境介质、生物）的同源性分析、污染物迁移路径的合理性分析、生物暴露的可能性分析和生物发生损害的可能性分析。

a）调查分析污染环境或破坏生态行为与生态环境损害发生的时间先后顺序。因为污染环境或破坏生态行为与生态环境损害间理应存在明确的时间先后顺序。

b）环境污染物的同源性分析。采样分析污染源、环境介质和生物中污染物的成分、浓度、同位素丰度等，采用稳定同位素或放射性同位素和指纹图谱等技术，结合统计分析方法，判断污染源、环境介质和生物中污染物是否具有同源性。

c）迁移路径的合理性分析。分析评估区域气候气象、地形地貌、水文地质等自然环境条件，判断是否存在污染物从污染源迁移至环境介质最后到达生物的可能。建立环境污染物从污染源经环境介质到生物的迁移路径假设，识别划分迁移路径的每一个单元，利用空间分析、迁移扩散模型等方法分析污染物迁移方向、浓度变化等情况，分析判断各个单元是否可以组成完整的链条，验证迁移路径的连续性、合理性和完整性。

d）生物暴露的可能性分析。识别生物暴露于环境污染物的暴露介质、暴露途径和暴露方式，结合生物内暴露和外暴露测量，分析判断生物暴露于环境污染物的可能性。

e）生物发生损害的可能性分析。通过文献查阅、专家咨询和毒理实验等方法，分析污染物暴露与生态环境损害间的关联性，明确污染物暴露与生态环境损害间可能的作用机理：建立污染物暴露与生态环境损害间的剂量-反应关系，结合环境介质中污染物浓度、生物内暴露和外暴露量等，分析判断生物暴露水平产生损害的可能性。

f）排除其他可能因素的影响，并阐述因果关系，分析其结论的不确定性。

（3）破坏生态行为与生态环境损害间的因果关系分析，主要通过文献查阅、专家咨询、样方调查和生态实验等方法，阐明破坏生态行为导致生态环境损害可能的作用机制，建立破坏生态行为导致生态环境损害的生态链条，分析破坏生态行为导致生态环境损害的可能性。

4.2.6 具备地表水和沉积物环境介质、生态服务损害价值量化分析以及判断废水及其污染物合理处理工艺及其费用的能力

地表水环境损害价值量化采用基本恢复费用法或者虚拟治理成本法，量化地表水环境损害。

地表水环境损害价值量化首选基本恢复费用法。对于环境损害无法通过恢复工程完全修复、恢复成本远大于其收益或者地表水环境在两周内基本恢复的情形，则通过虚拟治理成本法来计算地表水环境损害的价值量。在恢复期间，如果造成地表水提供水资源服务功能损失的，应计算期间损失费用。

1）基本恢复费用法

基本恢复费用法应包括地表水环境恢复至基线的方案编制费用、恢复工程费用、恢复效果评估报告等。应编制并比选恢复方案，恢复方案和恢复效果评估方案需通过专家评审并公示：恢复工程费用按照国家工程投资估算的规定列出，包括：工程费、设备及所需补充生物物种等材料购置费、替代工程建设所需水域购置费用和工程建设其他费用等。

2）虚拟治理成本法

（1）排污单位废水污染地表水环境。该部分还应提出以虚拟治理成本法计算赔偿费用。通过计算工业企业治理等量的排放到环境中的污染物应该花费的成本确定环境赔偿费用，考虑不同行业工业企业废水的治理费用、综合考虑受纳水体功能区类型和各个水系区城对环保管理的具体要求。

（2）危险废物、危险化学品污染地表水环境。危险废物泄漏或者非法倾倒直接致使水环境污染，按照危险废物的处置费用、综合考虑受纳水体功能区类型和区域控制要求确定。

经过调查，危险废物处置费用建议取 3 000～3 500 元/t，具体可根据危险废物种类和浓度自由裁量，也可采用发生地同类危险废物的处置费用。

（3）地表水环境损害恢复期内水资源服务功能损失费用按照水资源各种服务功能进行加和，其中饮用水水源地服务功能损失赔偿费用按水源服务区人口及水价统计。

4.2.7 具备地表水和沉积物生态环境恢复目标制定、恢复技术筛选、恢复方案设计及恢复费用计算的能力

4.2.7.1 生态环境恢复目标制定

基本恢复的目标是将受损的地表水生态环境恢复至基线水平。如果由于现场条件或技术可达性等限制原因，地表水生态环境不能完全恢复至基线水平，根据水功能规划，结合实际情况，确定基本恢复目标。基本恢复目标低于基线水平的，根据环境资源价值量化方法计算相应的损失。

补偿性恢复的目标是补偿受损地表水生态环境恢复至基线水平期间的损害。

如果由于现场条件或技术可达性等限制原因，地表水生态环境基本恢复方案实施后未达到基本恢复目标或补偿性恢复方案未达到补偿期间损害的目标，则应开展补充性恢复或者采用环境资源价值量化方法计算相应的损失。

对于水生态系统受到影响的事件，如果水生生物数量、结构遭到损害，选用具有代表性的水生生物相关指标表征水生态系统损害；如果没有水生生物受到损害，选择水资源供

给量、航运量、休闲旅游人次等水生态系统服务功能作为恢复目标。

4.2.7.2　恢复技术筛选

地表水与沉积物损害的恢复技术包括地表水治理技术、沉积物修复技术、水生生物恢复技术、水生态系统服务功能修复与恢复技术。在掌握不同恢复技术的原理、适用条件、费用、成熟度、可靠性、恢复时间、二次污染和破坏、技术功能、恢复的可持续性等要素的基础上，参照类似案例经验，结合地表水与沉积物污染特征、水生生物和水生态系统服务功能的损害程度、范围和特征，从主要技术指标、经济指标、环境指标等方面对各项恢复技术进行全面分析比较，确定备选技术；或采用专家评分的方法，通过设置评价指标体系和权重，对不同恢复技术进行评分，确定备选技术。提出一种或多种备选恢复技术，通过实验室小试、现场中试、应用案例分析等方式对备选恢复技术进行可行性评估。基于恢复技术比选和可行性评估结果，选择和确定恢复技术。

4.2.7.3　恢复方案设计

根据确定的恢复技术，可以选择一种或多种恢复技术进行组合，制定备选的综合恢复方案。综合恢复方案可同时设计出基本恢复方案、补偿性恢复方案和补充性恢复方案，可能的情况包括：

（1）仅制定基本恢复方案，不需要制定补偿性恢复方案和补充性恢复方案：损害持续时间短于或等于一年，现有恢复技术可以使受损的地表水生态环境在一年内恢复到基线水平，经济成本可接受，不存在期间损害。

（2）需要分别制定基本恢复方案和补偿补偿性恢复方案：损害持续时间长于一年，有可行的恢复方案使受损的地表水生态环境在一年以上较长时间内恢复到基线水平，实施成本与恢复后取得的收益相比合理，存在期间损害。

补偿性恢复包括恢复具有与评估水域类似水生生物资源或服务功能水平的异位恢复，使受损水域具有更多资源或更高服务功能水平的原位恢复，达到类似资源或服务功能水平的替代性恢复，如受污染沉积物经风险评估无须修复，可以异位修复另外一条工程量相同的被污染河流沉积物，或通过原位修建孵化场培育较基线种群数量更多的水生生物，或通过修建公共污水处理设施替代受污染的地表水水环境、水生生物或水生态。制定补偿性恢复方案时应采用损害程度和范围等实物量指标，如污染物浓度、生物资源数量、河流或湖库的长度或面积、河岸损害程度或体积。

（3）需要分别制定基本恢复方案、补偿性恢复方案和补充性恢复方案：有可行的恢复方案使受损的地表水生态环境在一年以上较长时间内恢复到基线水平，实施成本与恢复后取得的收益相比合理，存在期间损害，需要制定补偿性恢复方案；基本恢复方案和补偿性恢复方案实施后未达到既定恢复目标，需要进一步制定补充性恢复方案，使受损的地表水生态环境实现既定的基本恢复和补偿性恢复目标。

（4）现有恢复技术无法使受损的地表水生态环境恢复到基线水平，或只能恢复部分受损的地表水生态环境，通过环境资源价值评估方法对受损地表水生态环境以及相应的期间损害进行价值量化。

由于基本恢复方案和补偿性恢复方案的实施时间与成本相互影响，应考虑损害的程度与范围、不同恢复技术和方案的难易程度、恢复时间和成本等因素，对综合恢复方案进行比选。

综合恢复方案的筛选应统筹考虑地表水与沉积物环境质量、水生生物资源以及其他水生态系统服务功能的恢复，并结合不同方案的成熟度、可靠性、二次污染、社会效益和经济效益等因素确定。综合分析和比选不同备选恢复方案的优缺点，确定最佳恢复方案。

4.2.7.4 恢复费用计算

需要对恢复费用进行计算时，根据地表水与沉积物生态环境基本恢复、补偿性恢复和补充性恢复方案，按照下列优先级顺序的计算方法，计算恢复方案实施所需要的费用。

（1）实际费用统计法。该法适用于污染清理、控制、修复和恢复措施已经完成或正在进行的情况。收集实际发生的费用信息，并对实际发生费用的合理性进行审核后，将统计得到的实际发生费用作为恢复费用。

（2）费用明细法。该法适用于工程方案比较明确，各项具体工程措施及其规模比较具体，所需要的设施、材料、设备等比较确切，各要素的成本比较清晰的情况。费用明细法应列出具体的工程中各项措施的规模，明确需要建设的设施以及需要用到的材料和设备的数量、规格和能耗等内容，根据各种设施、材料、设备、能耗的单价，列出工程费用明细。具体包括投资费、运行维护费、技术服务费、固定费用。投资费包括场地准备、设施安装、材料购置、设备租用等费用；运行维护费包括检维护、监测、药剂等易耗品购置、系统运行水电消耗和其他能耗、污泥和废物处理处置等费用；技术服务费包括项目管理、调查取样和测试、质量控制、试验模拟、专项研究、方案设计、报告编制等费用；固定费用包括设备更新、设备撤场、健康安全防护等费用。

（3）承包商报价法。该法适用于工程方案比较明确，各项具体工程措施及其规模比较具体，所需要的设施、材料、设备等比较确切，但各要素的成本不确定的情况。承包商报价法应选择 3 家或 3 家以上符合要求的承包商，由承包商根据恢复目标和恢复方案提出报价，然后对报价进行综合比较，以确定合理的恢复费用。

（4）指南或手册参考法。指南或手册参考法适用于已经选定恢复技术，但具体工程方案不明确的情况。基于所选定的恢复技术，参照相关指南或手册，确定技术的单价，根据待治理的地表水生态环境恢复量，计算恢复费用。

（5）案例比对法。该法适用于恢复技术和工程方案不明确的情况。调研与项目规模、污染特征、生态环境条件相类似且时间较为接近的案例，基于类似案例的恢复费用，计算本项目可能的恢复费用。

4.2.8 具备地表水环境资源及不同类型生态系统环境监测、生态恢复效果评估的能力

制定恢复效果评估计划，通过采样分析、现场勘查、对比分析、问卷调查等方式，定期跟踪地表水生态环境恢复情况，全面评估恢复效果是否达到预期目标；如果未达到预期目标，应进一步采取相应措施，直到达到预期目标为止。

通过现场勘查，了解地表水生态环境恢复进展，判断地表水与沉积物是否仍有异常气味或颜色，观察关键水生态系统服功能指标的恢复情况，确定监测、观测与调查时间、周期和频次。

1）对比分析

采用分析比对法，对照地表水与沉积物环境治理与水生态恢复方案，以及相关的标准规范，分析地表水与沉积物环境治理以及水生态系统服务功能恢复过程中各项措施是否与方案一致，是否符合相关标准规范的要求；分析治理和恢复过程中的相关测量数据、观测数据，判断是否产生了二次污染和其他生态影响；综合评价治理恢复过程的合规性。

2）问卷调查

通过设计调查表或调查问卷，调查基本恢复、补偿性恢复、补充性恢复措施所提供的生态系统服务功能类型和服务量，判断是否达到恢复目标；此外，调查公众与其他相关方对于恢复过程和结果的满意度。

4.3 空气污染环境损害鉴定

空气污染环境损害鉴定人员应具备环境空气中特征污染物监测、污染源强计算、污染物扩散转化模拟、暴露反应关系量化分析、损害确定和量化、因果关系分析、健康风险评估等能力（表 4-7）。

表 4-7 空气污染环境损害鉴定人员专业能力要求

鉴定事项	适用范围	人员专业要求	专业能力要求
空气污染环境损害鉴定	因环境污染造成的环境空气损害，以及由于空气污染导致的生物资源和生态系统服务的损害鉴定	环境科学/环境工程/环境科学与工程/地理信息科学（或地图学与地理信息系统/大地测量学与测量工程/摄影测量与遥感/地图制图与地理信息工程）/大气科学/大气物理与大气环境/应用气象学/气象学/生态学/生物科学/植物学/化学/应用化学/无机化学/分析化学/有机化学	具备环境空气中特征污染物监测、污染源强计算、污染物扩散转化模拟、暴露反应关系量化分析、损害确定和量化、因果关系分析、健康风险评估等能力，具体包括： （1）具备开展环境空气污染源强模拟、烟气抬升计算、无组织扩散计算、最大落地浓度模拟计算的能力； （2）具备开展环境空气特征污染物监测和损害评估方案设计的能力； （3）具备根据相关标准对环境空气特征污染物监测数据进行综合分析确定环境空气基线水平，进行损害确认的能力； （4）具备使用相关软件进行大气污染物扩散和沉降模拟分析、污染团轨迹分析、空气质量变化分析以及预测污染趋势和污染范围的能力； （5）具备分析并建立环境空气污染物与农作物等生物受体及其生态服务之间暴露反应关系，开展环境空气损害因果关系分析和损害评估的能力； （6）具备判断排放废气污染物合理处理工艺及其费用以及生物受体损害价值量化的能力

4.3.1 具备开展环境空气污染源强模拟、烟气抬升计算、无组织扩散计算、最大落地浓度模拟计算的能力

4.3.1.1 污染源强模拟模型

1）按预测范围

模型选取需考虑所要模拟的范围。模型按模拟尺度可分为三类，即局地尺度（50 km 以下）模型、城市尺度（几十到几百千米）模型、区域尺度（几百千米以上）模型。

在模拟局地尺度环境空气质量影响时，一般选用普通估算模型、AERMOD 模型、ADMAUSTAL2000 模型。在模拟城市尺度环境空气质量影响时，一般选用 CALPUFF 模型。在模拟区域尺度空气质量影响或需考虑对二次 $PM_{2.5}$ 及 O_3 有显著影响的排放源时，一般选用包含有复杂物理、化学过程的区域光化学网格模型。

2）按污染源的排放形式

模型选取需考虑所模拟污染源的排放形式。排放形式可分为点源、面源、线源、体源、网格源等；从排放时间上可分为连续源、间断源、偶发源等；从污染源排放的形式上可分

为固定源和移动源，其中移动源包括道路移动源和非道路移动源。此外还有一些特殊排放方式，如烟塔合一源和机场源。AERMOD、ADMS 及 ALPUFF 等模型可直接模拟点源、面源、线源、体源，AUSTAL2000 模拟烟塔合一源，EDMS/AEDT 可模拟机场源，光化学网格模型需要使用网格化污染源清单。

3）按污染物性质

模型选取需考虑评价项目和所模拟污染物的性质。污染物从性质上可分为颗粒态污染物和气态污染物，也可分为一次污染物和二次污染物。当模拟 SO_2、NO_2 等一次污染物时，可依据预测范围选用适合尺度的模型。当模拟二次 $PM_{2.5}$ 时，可采用系数法进行估算，或选用包括物理过程和化学反应机理模块的程度模型。对于规划项目需模拟二次 $PM_{2.5}$ 和 O_3 时，也可选用区域光化学网格模型。

4）按适用特殊气象条件

当在近岸内上建设高烟囱时，需要考虑岸边烟体。由于水陆地表的辐射差异，水陆交界地带的大气由地面不稳定层结过渡到稳定层结，当聚集在大气稳定层内污染物遇到不稳定层结时将发生熏烟现象，在某固定区域将形成地面的高浓度烟尘。在缺少边界层气象数据或边界层气象数据的精确度和详细程度不能反映真实情况时，可选用《环境影响评价技术导则　大气环境》（HJ 2.2—2018）推荐的估算模型获得近似的模拟浓度，或者选用 CALPUFF 模型。

长期静、小风的气象条件是指静风和小风持续时间达几个小时到几天，在这种气象条件下，空气污染扩散（尤其是来自低矮排放源），可能会形成相对较高的地面浓度。CALPUFF 模型对静风湍流速度做了处理，当模拟城市尺度以内的长期静、小风时的环境空气质量时，仍然可选用 CALPUFF 模型。

4.3.1.2　烟气抬升计算

（1）有风（U_{10}≥1.5 m/s），中性和不稳定条件，建议按式（4-4）～式（4-8）计算烟气抬升高度 ΔH。

a）当烟气热释放率 Q_h≥2 100 kJ/s，且烟气温度与环境温度的差值 ΔT≥35 K 时，ΔH 采用式（4-4）计算：

$$\Delta H = n_0 Q_h^{n_1} H^{n_2} U^{-1} \tag{4-4}$$

$$Q_h = 0.35 P_a Q_v \frac{\Delta T}{T_S} \tag{4-5}$$

式中，n_0——烟气热状况及地表系数，见表 4-8；

n_1——烟气热释放率指数，见表 4-8；

n_2——排气筒高度指数，见表 4-8；

Q_h——烟气热释放率，kJ/s；

H——排气筒距地面几何高度，m，当超过 240 m 时，取 H=240 m；

P_a——大气压力，kPa，如无实测值，可取邻近气象台（站）季或年平均值；

Q_v——实际排烟率，m^3/s；

ΔT——烟气出口温度与环境大气温度差，$\Delta T = T_S - T_a$，K；

T_S——烟气出口温度，K；

T_a——环境大气温度，K，如无实测值，可取邻近气象台（站）季或年平均值；

U——排气筒出口处平均风速，m/s，如无实测值，可用幂指数法计算。

表 4-8 n_0、n_1、n_2 的选取

Q_h/（kJ/s）	地表状况（平原）	n_0	n_1	n_2
Q_h≥21 000	农村或城市远郊区	1.427	1/3	2/3
	城市及近郊区	1.303	1/3	2/3
21 000≤Q_h<21 000 且 ΔT≥35 K	农村或城市远郊区	0.332	3/5	2/5
	城市及近郊区	0.292	3/5	2/5

b）当 1 700 kJ/s<Q_h<2 100 kJ/s 时，

$$\Delta H = \Delta H_1 + (\Delta H_2 - \Delta H_1)\frac{Q_h - 1\,700}{400} \tag{4-6}$$

$$\Delta H_1 = 2(1.5V_S D + 0.01Q_h)/U - 0.048(Q_h - 1\,700)/U \tag{4-7}$$

式中，V_S——排气筒出口处烟气排出速度，m/s；

D——排气筒出口直径，m；

ΔH_2——按式（4-4）计算；

n_0、n_1、n_2——按表 4-8 中 Q_h 值较小的一类选取；

其余变量同前。

c）当 Q_h≤1 700 kJ/s 或者 ΔT<35 K 时，

$$\Delta H = 2(1.5V_S D + 0.01Q_h)/U \tag{4-8}$$

（2）有风（U_{10}≥1.5m/s），稳定条件，建议按式（4-9）计算烟气抬升高度 ΔH。

$$\Delta H = {Q_h}^{1/3}\left(\frac{\mathrm{d}T_\alpha}{\mathrm{d}Z} + 0.009\,8\right)^{-1/3} U^{-1/3} \tag{4-9}$$

式中，$\frac{\mathrm{d}T_\alpha}{\mathrm{d}Z}$——烟囱几何高度以上的大气温度梯度，K/m。

这里要保证 $\frac{\mathrm{d}T_\alpha}{\mathrm{d}Z} > -0.009\,8$。

（3）静风和小风（U_{10}<1.5 m/s），建议按式（4-10）计算烟气抬升高度 ΔH。

$$\Delta H = 5.50 Q_h^{1/4} \left(\frac{\mathrm{d}T_\alpha}{\mathrm{d}Z} + 0.009\,8 \right)^{-3/8} \tag{4-10}$$

式中符号同前，但 $\frac{\mathrm{d}T_\alpha}{\mathrm{d}Z}$ 取值不宜小于 0.01 K/m。当 $-0.009\,8 < \frac{\mathrm{d}T_\alpha}{\mathrm{d}Z} < 0.01$ K/m 时，取 $\frac{\mathrm{d}T_\alpha}{\mathrm{d}Z} = 0.01$ K/m；当 $\frac{\mathrm{d}T_\alpha}{\mathrm{d}Z} \leqslant -0.009\,8$ K/m 时，ΔH 按式（4-4）计算，但计算风速 U 所用的 U_{10} 一律取 1.5 m/s。

4.3.1.3　无组织扩散计算

所谓无组织扩散计算方法是确定某污染源的“无组织排放监控浓度值”的方法，它用以同排放标准中的“无组织排放监控浓度限值”进行比较，以判断该污染源的无组织排放是否达到（或超过）标准值。

按照 GB 16297—1996 的有关规定，无组织排放监控浓度值的计值分为下面两种情况。

（1）按规定在污染源单位周界外设监控点的监测结果，以最多四个监控点中的测定浓度最高点的测值作为“无组织排放监控浓度值”，注意：浓度最高点的测值应是 1 h 连续采样或由等时间间隔采集的四个样品所得的 1 h 平均值

（2）按规定分别在无组织排放源上、下风向设置参照点和监控点的监测结果，以最多四个监控点中的浓度最高点测值扣除参照点测值所得之差值，作为“无组织排放监控浓度值”。注意：监控点和参照点测值是指 1 h 连续采样或由等时间间隔所得四个样品的 1 h 平均值。

4.3.1.4　最大落地浓度模拟计算

最大落地浓度按式（4-11）计算。

$$C_m(X_m) = \frac{2Q}{\mathrm{e} \cdot \pi \cdot U \cdot H_e^{\,2} \cdot P_1} \tag{4-11}$$

$$P_1 = \frac{2\gamma_1 \gamma_2^{\,-\alpha_1/\alpha_2}}{\left(1 + \frac{\alpha_1}{\alpha_2}\right)^{\frac{1}{2}\left(1+\frac{\alpha_1}{\alpha_2}\right)} H_e^{\,1-\frac{\alpha_1}{\alpha_2}} \mathrm{e}^{\frac{1}{2}\left(1-\frac{\alpha_1}{\alpha_2}\right)}} \tag{4-12}$$

$$X_m = \left(\frac{H_e}{\gamma_2} \right)^{1/\alpha_2} \left(1 + \frac{\alpha_1}{\alpha_2} \right)^{-1/2\alpha_2} \tag{4-13}$$

式中，X_m——最大落地浓度出现距离，m；

C_m——最大落地浓度，mg/m^3；

Q——单位时间排放量，t/h；

U——排气筒出口处平均风速，m/s；

H_e——排气筒有效高度；m；

P_1——等标排放量，m^3/h；

γ_1——横向扩散参数回归系数；

γ_2——铅直扩散参数回归系数；

α_1——横向扩散参数回归系数；

α_2——铅直扩散参数回归系数。

4.3.2 具备开展环境空气特征污染物监测和损害评估方案设计的能力

4.3.2.1 环境空气特征污染物监测

1）操作流程

操作流程共有三点：第一点是大量搜集基础资料，如污染源的分布情况、各个地区的地形图、气象变化资料等；第二点是经过筛选具有特定意义的污染物，建立选择监测布点的模型；第三点是根据模型的显示，确定监测点整体的不足，予以补充。

2）特征污染物的筛选

特征污染物的筛选方法主要有以下 3 种：给多个污染源打分，并按照分数的高低排列，把分数最高的作为特征污染物；分析不同污染源的潜在危险指数，指数最高的，即为特征污染物，对污染物进行综合评分。前两种方法主要衡量的是污染物的毒性及其环境行为，所以，在筛选过程中，必须充分考虑污染物本身具有的化学特点，与它进入大气环境后残留量的多少。后一种方法是根据某个地区的大气污染情况，建立综合评分体系，给每种污染源打分，根据分数的高低排序。其使用的评分标准是：工业排放量的多少、是否发出恶臭、潜在危害系数的高低、是否有有毒气体等，每个指标各自对应一个分值，所有分值相加，即可作为某种污染物的分数。

3）大气环境监测的布点方法

其常见的布点方法有经验法、统计法、模型法等，但目前使用最为常见的方法是物元分析法、密切值法等，这几种方法的运用，可让监测人员找到最佳位置布点。不过这些方法仍有一定的局限，需要进一步优化，而其优化方案的选择是把环境因子作为参考，因此，布点方式的优化应注意以下内容：对于工业园区的布点需预先了解化学物质被检出的频数，分析这些化学物质累积后产生的效应，并考察工业园区是否会受到影响，以及受到影响的多少，根据监测范围与受保护人群，决定布点的位置，由此，要求布点应选择在人口密集的地区，污染峰值较高的区域，污染物经过测量超过设定标准的位置，靠近主要工业污染源的位置。

4.3.2.2　损害评估方案设计

1）基本情况

写明环境损害鉴定评估委托方、委托鉴定评估事项和环境损害鉴定评估机构；写明环境损害鉴定评估的背景，包括损害发生的时间、地点、起因和经过；简要说明环境损害发生地的社会经济背景、周边敏感受体、造成潜在环境损害的污染源、污染物等基本情况。

2）鉴定评估方案

（1）鉴定评估目标。依据委托方委托鉴定评估事项，详细写明开展环境损害鉴定评估的目标。

（2）鉴定评估依据。写明开展本次环境损害鉴定评估所依据的法律法规、标准和技术规范等。

（3）鉴定评估原则。写明开展本次环境损害鉴定评估所遵循的基本原则。

（4）鉴定评估范围。写明开展本次鉴定评估工作初步确定的环境损害的时间范围和空间范围及确定初步时空范围的依据。

（5）鉴定评估内容。写明本次鉴定评估工作的主要内容，包括环境损害评估对象（人身损害、财产损害和环境损害）和环境损害鉴定评估内容（环境损害确认、因果关系判定和损害数额量化）。

（6）鉴定评估方法。详细阐明开展本次环境损害鉴定评估工作的技术路线及每一项鉴定评估内容所使用的技术方法。

3）鉴定评估过程与分析

（1）生态环境损害调查确认。详细介绍污染环境或破坏生态行为调查和生态环境损害调查方案，包括资料收集、现场踏勘、座谈走访、采样分析、检测分析、质量控制等过程，写明调查确认结果，包括是否存在污染环境或破坏生态行为以及行为方式，是否存在生态环境损害及损害类型等。

（2）因果关系分析。详细阐明本次生态环境损害鉴定评估中鉴定污染环境或破坏生态行为与生态环境损害间因果关系所依据的标准或条件，以及分析因果关系所采用的技术方法。详细介绍因果关系分析过程中所依据的证明材料，现场踏勘、监测分析、实验模拟、数值模拟等过程和结果。写明因果关系分析的结果。

（3）生态环境损害实物量化。详细阐明本次生态环境损害鉴定评估中生态环境损害实物量化所依据的标准和条件，以及量化生态环境损害所采用的技术方法。给出生态环境损害实物量化的结果，即生态环境损害的类型、时空范围及损害程度。

（4）生态环境损害价值量化。详细阐明本次生态环境损害鉴定评估中生态环境损害价值量化所依据的标准、规范，所采用的评估方法，以及相应的证明材料。明确界定生态环境损害价值量化的范围，即包括哪些类型的损害以及每种类型损害量化的构成。对于生态环境损害价值量化，如采用基于恢复目标的生态环境损害评估方法，应阐述确定生态环境恢复方案的原则与过程，给出生态环境损害价值量化的结果。

（5）生态环境损害恢复方案筛选。详细阐明各备选生态环境恢复方案的工作量、持续时间、实施成本，介绍各方案的有效性、合法性、技术可行性、公众可接受性、环境安全性和可持续性，提供数据来源与依据。

4）鉴定评估结论

针对生态环境损害鉴定评估委托事项，写明每一项生态环境损害的鉴定评估结论，包括生态环境损害确认结论、因果关系分析结论和生态环境损害量化结论。

5）特别事项说明

阐明报告的真实性、合法性、科学性。明确报告的所有权、使用目的和使用范围。明确报告编制过程及结果中可能存在的不确定性。

6）签字盖章

鉴定人签字，并加盖鉴定评估单位公章。

7）附件

附件包括生态环境损害鉴定评估工作过程中依据的各种证明材料、鉴定评估实施方案、现场调查监测方案、现场调查监测报告、实验方案与分析报告等。

4.3.3 具备根据相关标准对环境空气特征污染物监测数据进行综合分析确定环境空气基线水平，进行损害确认的能力

4.3.3.1 环境空气基线水平

大气污染环境损害鉴定评估基线确定的程序见图 4-1。

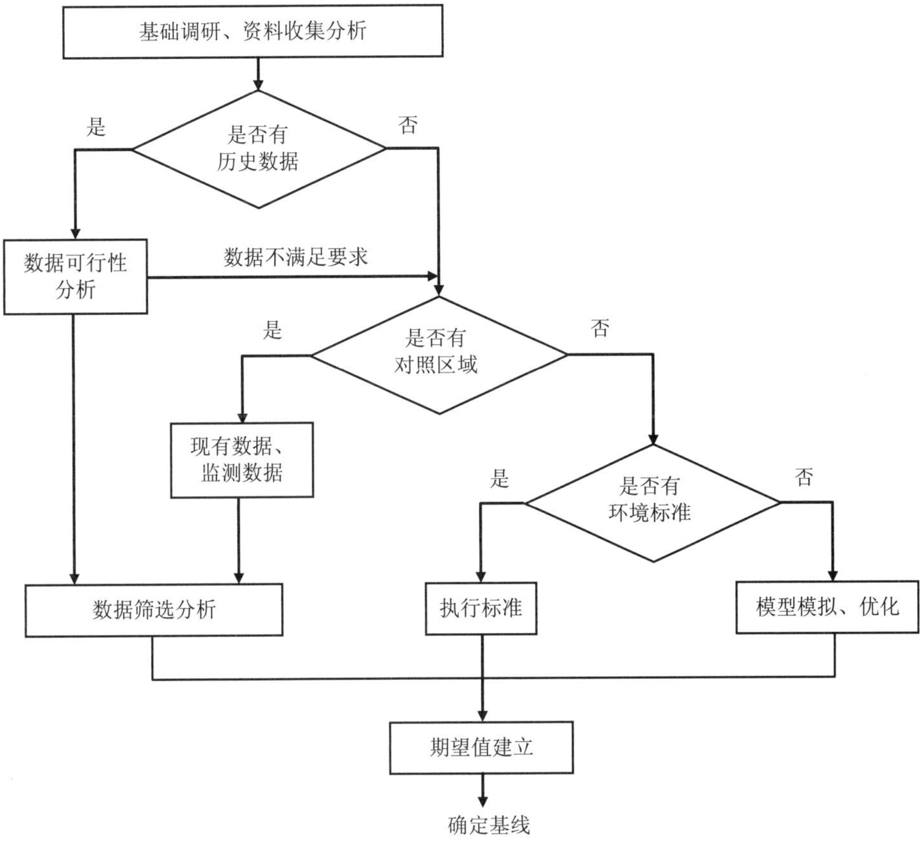

图 4-1　大气污染环境损害鉴定评估基线确定的程序

4.3.3.2　损害确认

生态环境损害确认应满足以下任一条件：

（1）评估区域空气、地表水、沉积物、土壤、地下水等环境介质中特征污染物浓度超过基线 20%。

（2）评估区域指示物种种群数量或密度降低，且与基线相比存在统计学显著差异。

（3）评估区域指示物种种群结构（性别比例、年龄组成等）改变，且与基线相比存在统计学显著差异。

（4）评估区域植物群落组成和结构发生变化，且与基线相比存在统计学显著差异。

（5）评估区域植被覆盖度降低，且与基线相比存在统计学显著差异。

（6）评估区域生物物种丰度减少，且与基线相比存在统计学显著差异。

（7）评估区域生物体外部畸形、骨骼变形、内部器官和软组织畸形、组织病理学水平损害等发生率增加，且与基线相比存在统计学显著差异。

（8）造成生态环境损害的其他情形。

4.3.4 具备使用相关软件进行大气污染物扩散和沉降模拟分析、污染团轨迹分析、空气质量变化分析以及预测污染趋势和污染范围的能力

（1）大气污染物扩散和沉降模拟分析软件：CALPUFF、AERMOD。

（2）污染团轨迹分析软件：HYSPLIT4.9。

（3）空气质量变化分析软件：灰色 GM（1，1）。

（4）预测污染趋势和污染范围软件：NAQPMS。

4.3.5 具备分析并建立环境空气污染物与农作物等生物受体及其生态服务之间暴露反应关系，开展环境空气损害因果关系分析和损害评估的能力

4.3.5.1 开展环境空气损害因果关系分析

（1）环境暴露与环境损害的因果关系判定。环境暴露与环境损害间的因果关系判定应符合以下一般原则：

a）环境暴露与环境损害间存在时间先后顺序。即环境暴露发生在前，环境损害发生在后。

b）环境暴露与环境损害间的关联具有合理性。环境暴露导致环境损害的机理可由医学、生物学、毒理学等理论做出合理解释。

c）环境暴露与环境损害间的关联具有一致性。环境暴露与环境损害间的关联在不同时间、地点和研究对象中得到重复性验证。

d）环境暴露与环境损害间的关联具有特异性。环境损害发生在特定的环境暴露条件下，不因其他原因导致。由于环境暴露与环境损害间可能存在单因多果、多因多果等复杂因果关系，所以，环境暴露与环境损害之间关联的特异性不作强制性要求。

（2）暴露路径的建立和验证。在掌握污染源排放状况、区域环境质量状况等基础资料的基础上，提出污染来源的假设，通过以下条件或标准建立和验证暴露路径。暴露路径建立和验证的方法如下：

a）存在明确的污染来源和污染排放行为。直接或间接证据表明污染源存在明确的污染排放行为，包括物证、书证、证人证言、笔录、视听资料等。

b）空气、地表水、地下水、土壤等环境介质中存在污染源排放的污染物，且与污染源产生或排放的污染物（或污染物的转化产物）具有一致性。

c）污染物传输路径的合理性。当地气候气象、地形地貌、水文条件等自然环境条件存在污染物从污染源迁移至污染区域的可能，且其传输路径与污染源排放途径相一致。

d）受体（人身、财产或生态环境）暴露的可能性。环境污染物可能经呼吸道、膳食或饮水、皮肤接触等暴露途径进入人体，且空气、生活饮用水、食物中污染物的浓度超过国家或地方相关质量标准限值；或财产所处的环境介质中检测出污染物，且含量明显超出国家、行业或地方标准限值；或环境介质（地表水、地下水、空气、土壤）中污染物浓度超过相应环境质量标准或环境基准限值。

e）识别暴露路径的暴露单元，对每一个暴露单元内的污染物浓度、污染物的迁移机制和路线以及该单元的暴露范围进行分析，以此确认各个暴露单元是否可以组成完整的暴露路径；或采用定量或半定量方法，如基于同位素的示踪技术、污染扩散模型等，建立并验证污染物从污染源经环境至受体的暴露路径。

4.3.5.2　损害评估

生态环境损害评估方法包括替代等值分析方法和环境价值评估方法。

1）替代等值分析方法

替代等值分析方法包括资源等值分析方法、服务等值分析方法和价值等值分析方法。

（1）资源等值分析方法是将环境的损益以资源量为单位来表征，通过建立环境污染或生态破坏所致资源损失的折现量和恢复行动所恢复资源的折现量之间的等量关系来确定生态恢复的规模。资源等值分析方法的常用单位包括鱼或鸟的种群数量、水资源量等。

（2）服务等值分析方法是将环境的损益以生态系统服务为单位来表征，通过建立环境污染或生态破所致生态系统服务损失的折现量与恢复行动所恢复生态系统服务的折现量之间的等量关系来确定生态恢复的规模。服务等值分析方法的常用单位包括生境面积、服务恢复的百分比等。

（3）价值等值分析方法分为价值-价值法和价值-成本法。价值-价值法是将恢复行动所产生的环境价值贴现与受损环境的价值贴现建立等量关系，此方法需要将恢复行动所产生的效益与受损环境的价值进行货币化。衡量恢复行动所产生的效益与受损环境的价值需要采用环境价值评估方法。价值-成本法首先估算受损环境的货币价值，进而确定恢复行动的最优规模，恢复行动的总预算为受损环境的货币价值量。

2）环境价值评估方法

环境价值评估方法包括直接市场价值法、揭示偏好法、效益转移法和陈述偏好法。

生态环境损害评估方法的选择原则：优先选择替代等值分析方法中的资源等值分析方法和服务等值分析方法。如果受损的环境以提供资源为主，采用资源等值分析方法；如果受损的环境以提供生态系统服务为主，或兼具资源与生态系统服务，采用服务等值分析方法。

采用资源等值分析方法或服务等值分析方法应满足以下两个基本条件：一是恢复的环

境及其生态系统服务与受损的环境及其生态系统服务具有同等或可比的类型和质量；二是恢复行动符合成本有效性原则。如果不能满足上述两条资源等值分析方法和服务等值分析方法的基本条件，可考虑采用价值等值分析方法。如果恢复行动产生的单位效益可以货币化，考虑采用价值-价值法；如果恢复行动产生的单位效益的货币化不可行（耗时过长或成本过高），则考虑采用价值-成本法。同等条件下，推荐优先采用价值-价值法。

如果替代等值分析方法不可行，则考虑采用环境价值评估方法。以方法的不确定性为序，从小到大依次建议采用直接市场价值法、揭示偏好法和陈述偏好法，条件允许时可以采用效益转移法。以下情况推荐采用环境价值评估方法：①当评估生物资源时，如果选择生物体内污染物浓度或对照区的发病率作为基线水平评价指标，由于在生态恢复过程中难以对其进行衡量，推荐采用环境价值评估方法；②由于某些限制原因，环境不能通过修复或恢复工程完全恢复，采用环境价值评估方法评估环境的永久性损害；③如果修复或恢复工程的成本大于预期收益，推荐用环境价值评估方法。

4.3.6 具备判断排放废气污染物合理处理工艺及其费用以及生物受体损害价值量化的能力

1）一般要求

采用虚拟治理成本法计算大气环境损害价值，费用包括虚拟治理成本、其他相关费用等。

2）大气污染物治理成本的确定

包括实际调查法、参考治理费用法。单位治理成本确定优先采用实际调查法，其次采用参考治理费用法。

3）大气污染物排放量的计算

排放到大气环境中的大气污染物虚拟治理成本：

$$E_d = \Sigma(Q_i \times C_i) \tag{4-14}$$

式中，E_d ——大气污染物虚拟治理成本，万元，如果排放到大气环境中的大气染物种类超过 3 种，按虚拟治理成本数额从大到小排序，取前 3 种污染物进行加和；

Q_i——第 i 类大气污染物的排放量，t；

C_i——大气污染物的单位治理成本，万元/t。

4）其他必要合理费用

污染大气环境行为发生后，采取必要、合理的阻断、去除、转移、处理和处置环境中污染物的措施来减少或消除污染对大气环境的危害，所产生的污染控制、污染清理、应急监测、人员转移等费用以实际发生费用为准。污染控制、污染清理、应急监测、人员转移安置费用计算参考《突发环境事件应急处置阶段环境损害评估推荐方法》中 9.1.1～9.1.4 相关规定。

5）大气环境损害价值的计算

采用虚拟治理成本法量化大气环境损害价值，应考虑评估区域大气环境功能区别、环境质量水平、大气污染物的特性以及对环境损害程度。大气环境损害价值：

$$E_v = E_d \times S \times R + E_0 \qquad (4\text{-}15)$$

式中，E_v——污染行为造成的大气环境损害价值，万元；

E_d——大气污染物拟治理成本，万元；

S——环境功能区敏感系数，根据评估区域的大气环境敏感程度选取 S 值，见表 4-9；

E_0——其他必要的合理费用，万元；

R——环境损害调节系数。

$$R = R_1 \times R_2 \times R_3 \qquad (4\text{-}16)$$

式中，R_1——大气污染影响最远距离调节系数；

R_2——主要大气污染物的毒性类别调节系数；

R_3——因环境污染疏散、转移人员调节系数。

R_1、R_2、R_3 的取值见表 4-10。

表 4-9　环境功能区敏感系数（S）

特殊保护区	居住区	文化区、农村地区、商业交通军民混合区等区域	工业区
5～7	4～5	3～5	1.5～3

注：1. 特殊保护区包括省级以上（含省级）自然保护区、风景名胜区、森林公园、地质公园、湿地公园、重要湿地等需要特殊保护的区域。

2. S 值可根据大气环境中大气污染物浓度水平超过基线的比例进行取值：超 20%～50%，取下限值；超 50%～75%（含 50%），取中限值；超 75%（含 75%），取上限值。

3. 生态环境部对 S 值有明确的新规定的，则按新规定执行。

表 4-10　环境损害调节系数（R）

环境损害调节系数	环境损害范围和程度		取值
R_1	大气污染影响最远距离	超过 5 km	1.1
		小于 5 km（含 5 km）	1.0
R_2	主要大气污染物的毒性类别	类别 1、类别 2 的气体	1.2
		类别 3、类别 4 的气体	1.1
		类别 5 及其他气体	1.0
R_3	因环境污染疏散、转移人员	5 万人以上	1.3
		1 万人以上 5 万人以下	1.2
		5 000 人以上 1 万人以下	1.1
		5 000 人以下	1.0

注：大气污染物的毒性类别按照 GB 30000.18 进行分类。

4.4 土壤与地下水环境损害鉴定

土壤与地下水环境损害鉴定人员应具备土壤和地下水中特征污染物识别、污染物迁移转化模拟、损害确定和量化、因果关系分析、生态服务评估、恢复方案设计及费用计算、恢复效果评估等能力（表 4-11）。

表 4-11 土壤与地下水环境损害鉴定人员专业能力要求

鉴定事项	适用范围	人员专业要求	专业能力要求
土壤与地下水环境损害鉴定	因环境污染或生态破坏造成农田、矿区、居住和工矿企业用地等土壤与地下水环境资源及生态系统服务损害的鉴定	环境科学/环境工程/环境科学与工程/地理信息科学（或地图学与地理信息系统/大地测量学与测量工程/摄影测量与遥感/地图制图与地理信息工程）/土壤学/地质学/地球化学/地质工程/地下水科学与工程/生态学（或植物学/动物学/生物科学）/农业资源与环境/化学/应用化学/无机化学/分析化学/有机化学	具备土壤和地下水中特征污染物识别、污染物迁移转化模拟、损害确定和量化、因果关系分析、生态服务评估、恢复方案设计及费用计算、恢复效果评估等能力，具体包括： (1) 具备开展行业特征分析、现场勘察、快速检测以分析识别土壤和地下水中特征污染物的能力； (2) 具备开展土壤和地下水污染物监测以及生态服务调查和损害评估方案设计的能力； (3) 具备根据土壤和地下水背景值、标准值、对照值对特征污染物监测数据、生物资源与生态服务观测数据进行综合分析以确定土壤和地下水环境基线与生态服务基线水平，进行损害确认的能力； (4) 具备地质和水文地质条件综合分析能力； (5) 具备使用相关软件进行土壤和地下水中污染物空间分布和迁移转化模拟分析以还原污染过程、预测污染趋势，确定污染和生态服务损害程度和范围，对损害进行实物量化的能力； (6) 具备识别土壤和地下水污染来源、迁移途径、受体，构建土壤和地下水污染概念模型，开展土壤和地下水环境损害因果关系分析的能力； (7) 具备运用相关软件进行土壤和地下水中污染物健康与生态风险评估的能力； (8) 具备土壤和地下水环境与生态服务修复或恢复技术筛选、恢复方案设计及损害价值量化，以及分析倾倒和堆放废物合理的处置利用方式及其处置利用费用的能力； (9) 具备土壤和地下水环境与生态服务恢复效果评估的能力

随着土壤地下水环境损害案件的增加，我国日益增加的土壤、地下水环境损害事件和诉讼需求也越来越多，因此，开展土壤与地下水环境损害因果关系判定技术方法研究十分必要。因果关系判定是环境损害对案件进行鉴定评估的关键环节。技术专家主要是通过构

建土壤地下水污染源到受体的途径，来确定污染源与损害之间的关联性的。因果关系分析需要说明污染环境、破坏生态行为导致的损害分别应当如何开展因果关系分析。需要重点阐述各种污染源解析方法的适用情形，如何分析土壤与地下水中污染物的迁移路径，基于什么原则判定污染环境行为或破坏生态行为与受体损害的因果关系。2015年，司法部、环境保护部联合印发《关于规范环境损害司法鉴定管理工作的通知》，明确规定土壤与地下水环境损害司法鉴定是生态环境损害鉴定评估的重要内容。土壤和地下水环境损害是目前废弃物、废水倾倒场地、历史遗留工业场地、矿区常见的环境损害类型，也是目前环境损害鉴定评估方法和标准体系研究的重点。因果关系判定是环境损害鉴定评估的一个重要环节，也是难点问题。

4.4.1　土壤和地下水损害调查确认

4.4.1.1　地质和水文地质调查

1）调查目的

地质和水文地质调查的目的在于了解评估区域土壤性质、地层岩性分布、构造发育、地下水类型、含水层分布、地下水补径排条件等情况，获取地质信息及关键水文地质参数，判断污染物在土壤和含水层中的迁移扩散条件，为土壤和地下水污染状况调查奠定基础，并为土壤和地下水环境及其生态服务功能受损情况的量化和因果关系判定提供依据。

2）调查原则

（1）充分利用现有资料。根据现有资料对评估区域地质及水文地质信息进行初步了解，重点关注已有水井资料，初步识别评估区域含水层分布、地下水流场、地下水补径排信息，现有资料不足时，开展进一步调查。

（2）兼顾区域和评估区域水文地质条件开展调查。获取区域地质及水文地质资料，结合场地调查的精度，对获取资料进行筛选应用，初步判断评估区域地质和水文地质信息，兼顾局部变化带来的影响，区域资料不能满足调查需要时，使用钻探、物探和相关试验等手段有针对性地开展必要的评估区域地质和水文地质调查工作。

3）调查方法

（1）资料收集。进一步收集评估区域地质图、钻孔柱状图、地质剖面图、地质构造图、水文地质图等相关资料，识别评估区域地层岩性及其分布情况、基岩裂隙发育情况，掌握评估区域地下水赋存条件、含水层分布（埋深、厚度、岩性）、水文地质单元划分、地下水补径排条件及关键水文地质参数。

（2）现状调查。收集已建水井的建井资料，了解井深、井结构、建井材料性质、滤水管分布等信息，根据含水层结构特征，对已建水井开展水位统测，掌握不同含水岩组地下水埋深、地下水流向，当已建井结构、数量和位置满足条件，还可利用其开展水文地质试验，获取关键水文地质参数。利用已建水井开展水位统测、水质监测时，应注意排除存在建井记录不完整、封井不严等问题的水井。

（3）钻探、物探和试验。对于损害范围较大、需要初步查明近地表地层介质及特殊构造分布、不便于大范围开展钻探工作的情况，优先选择物探手段对区域进行识别，确定重点区域，指导后续的钻探或水文地质试验工作，通过钻探验证或进一步确定重点区域关注问题，如查明裂隙分布以确定污染物迁移的优先通道，通过水文地质试验查明渗透性异常区，以获取局部污染物迁移速率、分布情况突变原因等信息。

对于损害范围较小、需详细查明污染物分布特征、有条件开展详细钻探调查工作的情况，应充分利用评估区域已有水文地质调查数据、物探结果等资料，并根据需要在重点关注点位开展钻探或水文地质试验工作，获取评估区域地下水赋存条件、含水层分布、地下水补径排条件及重要水文地质参数。

当单一技术手段不足以满足损害评估调查工作需求时，需综合应用多种技术手段，如无法判断基岩裂隙分布时，可采用物探和钻探相结合的方法查明基岩裂隙分布情况，可利用土壤钻探和地下水监测井钻探过程中的钻孔记录确定地层岩性及其分布状况，利用地下水监测井开展水文地质试验。

4.4.1.2 土壤和地下水环境质量现状调查

1）特征指标识别与选取

对于污染源明确的情况，优先采集能够代表污染源特征的样品，通过分析检测，根据污染源中检出的污染物确定特征污染物；也可通过现场踏勘、资料收集和人员访谈，根据污染源的生产工艺、行业特征、评估区域环境条件、污染物性质和转化规律等，综合分析，识别并选取特征污染物。

对于污染源不明的情况，通过采集可能受损的土壤和地下水样品，进行污染物的定性和定量分析，筛选特征污染物。从检出的污染物中筛选特征污染物应结合评估区域特征，优先选择我国相关环境质量标准中的物质。对于检测到的环境质量相关标准中没有的物质，应通过查询国外相关标准、研究成果，必要时结合相关实验测试，评估其危害，确定是否作为特征污染物。

当污染源为酸性和碱性物质时，应将 pH 列为评估指标。当没有识别出特征污染物，但评估区域土壤或地下水呈现出明显的颜色或气味异常时，应将颜色或气味列为辅助评估的指标。对于其他有明显污染环境行为，但特征污染物不明确，也不存在酸碱、异常颜色或气味的情形时，根据实际情况筛选土壤和地下水相关理化指标作为特征指标或辅助评估的指标。

特征指标选取时还应考虑污染物转化过程中可能产生的二次污染物、前期应急处置和修复过程中引入的物质以及前期应急处置和修复过程中可能产生的二次污染物。

2）点位和深度布设

对于损害来源单一、损害时间较短、污染物排放量较小、疑似损害范围有限或污染物迁移扩散范围相对较小的情况，可根据污染发生的位置、污染物的排放量、土壤和地下水环境及其生态服务功能受损情况以及区域的地质和水文地质条件等，判断污染物可能的迁移扩散范围（包括水平和垂直范围）或土壤和地下水环境及其生态服务功能受损区域，在该范围或区域合理布设土壤和地下水调查点位，确定采样深度，进行采样分析。水平方向采样点位数量应满足 HJ 25.5 表 1 坑底采样点数量要求。对于爆炸事件，以放射性同心圆方式布点。原则上接近污染源的位置点位密集，采样深度深，远离污染源的位置点位相对稀疏，采样深度浅。

对于损害时间较长、污染物排放量较大、疑似损害范围较大或污染物迁移扩散范围相对较大的情况，采用初步调查和详细调查相结合的方式进行布点采样。初步调查阶段具体布点方法参照 HJ 25.1 表 1；垂向上，原则上采集 0～0.5 m 表层土壤样品，0.5 m 以下按 0.5～2 m 等间距设置采样位置，不同性质土层至少采集一个土壤样品，同一性质土层厚度较大或出现明显污染痕迹时，根据实际情况在该层位增加采样点，最大深度应至未受污染的深度为止。详细调查阶段在初步调查识别的损害区域内采用系统布点法进行加密布点。采样单元面积不大于 1 600 m^2（40 m×40 m 网格）。

对于地下水，应综合考虑污染源分布，地下水流向、水力坡降、含水层渗透性、埋深和厚度等水文地质条件及污染物迁移转化规律等因素，在地下水可能受损较严重区域、地下水流向下游分别布设调查点位。其他具体布点要求参照《地下水环境状况调查评价工作指南》。深度一般在监测井水面 0.5 m 以下；对于低密度非水溶性有机物污染，监测点位设置在含水层顶部；对于高密度非水溶性有机物污染，监测点位设置在含水层底部和不透水层顶部。如果涉及多层地下水污染，应分层建井采集地下水进行分析检测。

如涉及大气和地表水污染造成土壤和地下水污染的，布点时应同时考虑风向和地表水流方向。

如检测结果显示边界点位污染物浓度或其他理化指标仍超过相应的基线水平，应根据检测结果扩大采样范围，直至找到损害边界为止。

4.4.1.3　土壤和地下水生态服务功能调查

1）土壤生态服务功能调查

通过查找土地利用类型图、国土规划、高分辨率卫星遥感影像资料等方式获取土地使用历史、当前土地利用状况、未来土地利用规划等信息，确定土壤损害发生前、损害期间、恢复期间评估区域的土地利用类型，如耕地、园地、林地、草地、商服用地、住宅用地、工矿仓储用地、特殊用地（如旅游景点、自然保护区）等类型。如用地类型为耕地、园地、林地、草地，重点查明或计算种植或养殖物类型和产量等信息；如用地类型为旅游景点，重点查明旅游休闲服务价值计算所需的信息；如用地类型为自然保护区，需查明或计算指示性物种的结构与数量等信息。对于未利用地，可参考周边土地利用类型进行生态服务功能损失调查和评估。如需要采集生物样品，参照 HJ 710.1、HJ 710.2、HJ 710.3、HJ 710.5、HJ 710.6、HJ 710.10、HJ 710.11 进行。土壤有机质测定参照 NY/T 85；土壤盐分测定参照 NY/T 1121.16；土壤持水率测定参照 NY/T 1121.22。如需要检测生物样品中污染物浓度以及土壤生物群落、土壤孔隙度等指标，参照相关权威文献中认可的方法进行。

2）地下水生态服务功能调查

获取评估区域水资源使用历史、现状和规划信息，查明地下水损害发生前、损害期间、恢复期间评估区域地下水的主要生态服务功能类型，如生活饮用水水源、农业灌溉用水、工业生产用水、居民生活用水、生态用水等供水服务或景观用水等文化服务，并查明或计算开采量、用水量、水资源价值等信息。

4.4.1.4 基线水平调查

1）基于历史数据

查阅相关历史档案或文献资料，包括针对评估区域开展的常规监测、专项调查、学术研究等过程获得的报告、监测数据、照片、遥感影像、航拍图片等结果，获取能够表征评估区域土壤和地下水环境及其生态服务功能历史状况的数据。历史数据应对评估区域具有较好的时间和空间代表性，且历史数据的采样、检测等数据收集方法与现状调查数据具有可比性。应对历史数据的变异性进行统计描述，识别数据中的极值或异常值并分析其原因，确定是否剔除极值或异常值。根据专业知识和评价指标的意义确定基线，对于服从正态分布的数据，当污染或破坏导致评价指标升高时，采用历史数据的 90%参考值上限（算术平均数+1.65 标准差）作为基线；当污染或破坏导致评价指标降低时，采用历史数据的 90%参考值下限（算术平均数−1.65 标准差）作为基线。对于不服从正态分布的数据，当污染或破坏导致评价指标升高时，采用历史数据的第 90 百分位数作为基线；当污染或破坏导致评价指标降低时，采用历史数据的第 10 百分位数作为基线。

2）基于对照区调查数据

当缺乏评估区域的历史数据或历史数据不满足要求时，可以利用未受污染环境或破坏生态行为影响的“对照区域”的历史或现状数据确定基线。在对照区进行土壤钻探、地下水监测井建设、采样分析和调查工作，获取对照区土壤和地下水生态服务功能状况。应选择一个或多个与评估区域可比且未受污染环境或破坏生态行为影响的对照区域。对照区域数据应具有较好的时间和空间代表性，对照区所在区域在地理位置、气候条件、地形地貌、生态环境特征、土地利用类型、水文地质条件、社会经济条件、生态服务功能等方面应与受影响区域类似，其土壤和地下水的物理、化学、生物学性质应与受影响区域类似。一般情况下，土壤对照点应均匀布设于受影响区域外部，对照点数量≥5 个。如评估区域面积较大，污染物分布情况较复杂，应适当增加对照点数量。如因地形地貌、土地利用方式、污染物扩散迁移特征等因素致使土壤特征有明显差别或采样条件受到限制时，可根据实际情况进行调整，采样深度应尽可能与受影响区域内采样深度相同。地下水的对照点位应位于污染源的地下水流向上游一定距离内，并综合考虑水力坡降、含水层渗透性、埋深和厚度等水文地质条件及污染源和污染物迁移转化等因素，对照区所取地下水应与损害调查地下水位于同一层位。对照区数据收集方法应与评估区域具有可比性，并遵守评估方案的质量保证规定。

若对照区污染物浓度检测结果低于检出限，以检出限作为其浓度值参与基线水平计算。

应对“对照区域”数据的变异性进行统计描述，识别数据中的极值或异常值并分析其原因，确定是否剔除极值或异常值，根据专业知识和评价指标的意义确定基线，确定原则同“1）基于历史数据”。

3）参考环境质量标准或基准

当历史数据或对照数据不可行时，则根据评估区域土地利用方式和地下水使用功能，参考适用的国家或地方土壤和地下水环境质量标准或基准确定基线，如 GB 15618、GB 36600、GB/T 14848、GB 5749、GB 5084、GB 11607、DZ/T 0290、CJ/T 206；当标准和基准同时存在时，优先适用环境质量标准；当缺乏适用的标准或基准时，可参考国外政府部门或国际组织发布的相关标准或基准。

4）开展专项研究

当无法获取历史数据和对照区数据，且无可用的土壤和地下水环境质量标准或基准时，开展专项研究，如土壤和地下水中污染物的健康风险评估、土壤和地下水中污染物的迁移转化规律研究和模拟、污染物浓度与种群密度和物种丰度等指标之间剂量-效应关系研究、生态服务功能专项调查等工作，以确定土壤和地下水环境及其生态服务功能的基线水平。

4.4.1.5　损害确定

当事件导致以下一种或几种后果时，可以确认造成了土壤和地下水环境或生态服务功能损害：

（1）调查点位土壤和地下水中特征污染物的浓度或相关理化指标（包含 pH、电导率等）超过基线水平；

（2）评估区域土壤和地下水呈现明显颜色或气味异常，经实验或测试表明对土壤无脊椎动物或植物产生毒性；

（3）因土壤和地下水污染造成评估区域生物死亡、疾病、行为异常、肿瘤、遗传突变、生理功能失常、畸形等；

（4）评估区域指示性生物种群特征（密度、性别比例、年龄组成等）、群落特征（如多度、密度、盖度、丰度等）或生态系统特征（如生物多样性）发生不利改变，指示性指标超过基线水平；

（5）土壤和地下水的其他性质发生改变，导致土壤和地下水不再具备基线状态下的生态服务功能，如土壤的农产品生产功能、地下水的饮用功能等；

（6）造成土壤和地下水损害的其他情形。

4.4.2 土壤和地下水损害因果关系分析

4.4.2.1 污染环境行为与损害之间的因果关系分析

1）同源性分析

通过人员访谈、现场踏勘、空间影像识别等手段和方法，调查潜在污染源，必要时开展地质和水文地质调查，进一步掌握水文地质条件，开展土壤和地下水采样分析，了解污染物的空间分布特征，或利用同位素技术，进行同位素组成和比例分析，并根据实际情况选择合适的统计分析方法，识别污染源。

同源性分析常用的方法包括：

（1）污染特征比对法：采集潜在污染源和受体端土壤和地下水样品，分析污染物类型、浓度、比例等情况，通过多元统计分析进行特征比对，判断受体端和潜在污染源的同源性，确定污染源。

（2）同位素技术：对于损害持续时间较长，且特征污染物为铅、镉、锌、汞等重金属或含有氯、碳、氢等元素的有机物时，可采用同位素技术，对潜在污染源和受体端土壤和地下水样品进行同位素分析，根据同位素组成和比例等信息，结合多元统计分析等方法，判断受体端和潜在污染源的同源性，确定污染源；

（3）多元统计分析法：采集潜在污染源和受体端土壤和地下水样品，分析污染物类型、浓度以及同位素组成、比例等情况，采用相关分析、主成分分析、聚类分析、因子分析等统计分析方法分析污染物与土壤、地下水理化指标及其时空分布相关性，判断受体端和潜在污染源的同源性，确定污染源。

2）迁移转化过程调查与分析

基于前期调查获取的信息，初步构建污染物迁移转化模型，通过地形条件分析、地质和水文地质条件调查和分析、包气带和含水层中污染物分布特征调查和分析等手段，识别传输污染物的载体和介质，提出污染源到受体之间可能的迁移转化过程的假设。

通过对载体运动方向、污染物空间分布和随时间变化特征的模拟和分析，判断迁移转化过程的合理性；并分析迁移转化过程的连续性，当存在不连续的情况，应对可能的优先通道和变化过程进行分析。

必要时，利用示踪技术，对迁移转化过程进行验证。

3）因果关系分析

同时满足以下条件，可以确定污染环境行为与损害之间存在因果关系：

（1）存在明确的污染环境行为；

（2）土壤和地下水环境或生态服务功能受到损害；

（3）污染环境行为先于损害的发生；

（4）受体端和污染源的污染物存在同源性；

（5）污染源到受损土壤和地下水之间存在合理的迁移转化过程。

根据需要，分析其他原因对土壤和地下水环境或生态服务功能损害的贡献。

4.4.2.2 破坏生态行为与损害之间因果关系分析

通过文献查阅、专家咨询、遥感影像分析、现场调查等方法，分析破坏生态行为导致土壤和地下水环境及其生态服务功能受到损害的作用机理，建立破坏生态行为导致土壤和地下水环境及其生态服务功能受到损害的因果关系链条。同时满足以下条件，可以确定破坏生态行为与损害之间存在因果关系：

存在明确的破坏生态行为；

（1）土壤和地下水环境或生态服务功能受到损害；

（2）破坏生态行为先于损害的发生；

（3）根据生态学、水文地质学等理论，破坏生态行为与土壤和地下水环境或生态服务功能损害具有关联性。

根据需要，分析其他原因对土壤和地下水环境或生态服务功能损害的贡献。

4.4.3 土壤和地下水损害实物量化

1）涉及污染的土壤、地下水损害实物量化

（1）损害程度量化。基于土壤、地下水中特征污染物浓度或相关理化指标与基线水平，计算每个点位土壤、地下水中污染物浓度或相关理化指标的超基线倍数，见式（4-17）。

$$K_i = \left| \frac{T_i - B_i}{B_i} \right| \tag{4-17}$$

式中，K_i——某点位土壤和地下水中特征污染物或相关理化指标的超基线倍数；

T_i——某点位土壤和地下水中特征污染物的浓度或相关理化指标数值；

B_i——土壤、地下水中特征污染物浓度或相关理化指标的基线水平。

（2）损害范围量化。根据各采样点位土壤和地下水损害确定和损害程度量化的结果，分析受损土壤和地下水点位的位置和深度。在充分获取土壤和水文地质相关参数的情况下，构建评估区域土壤和地下水污染概念模型，采用空间插值方法，模拟未采样点位土壤和地下水的损害情况，获得受损土壤和地下水的二维、三维空间分布，并根据需要模拟土壤和地下水中污染物的迁移扩散情况，明确土壤和地下水当前的损害范围及在评估时间范围内可能的损害范围，计算目前和在评估时间范围内可能受损的土壤、地下水面积与体积。地下水中污染物的迁移扩散模拟可参照《地下水污染模拟预测评估工作指南》。对于不满足插值条件、调查点位分布规律的情形，也可通过分析调查点位所能代表的区域，确定损害范围。对于无法找到损害边界的情况，根据对污染物迁移模拟扩散能力和条件的分析，判定可能的损害范围，合理确定损害边界。

结合恢复方案，判断恢复所需的时间，确定损害的时间范围。

2）涉及生态服务功能损害的实物量化

（1）损害程度量化。当土壤和地下水生态系统中的生态服务功能受到损害时，可基于指示性生物的种群特征、群落特征、生态系统特征、地下水资源量、旅游人次等指标与基线水平的比对，确定评估区域生态服务功能的受损害程度和范围，见式（4-18）。

$$K_j = \left| \frac{S_j - B_j}{B_j} \right| \tag{4-18}$$

式中，K_j——生态服务功能的指示性指标的受损害程度；

S_j——指示性指标的现状水平；

B_j——指示性指标的基线水平。

（2）损害范围量化。基于不同调查点位生态服务功能损害确定和损害程度量化结果，通过插值方法，或对不同点位所能代表的区域的分析研究，量化损害范围；或根据现场调查结果或遥感、无人机航拍等影像分析结果，量化损害范围。

结合恢复方案，判断恢复所需的时间，确定损害的时间范围。

4.5 近海海洋与海岸带环境损害鉴定

近海海洋与海岸带环境损害鉴定人员应具备近海海洋与海岸带水环境质量及生态系统人类活动识别、污染物识别、污染物迁移转化模拟、因果关系分析、生态风险评估、损害确定和量化、恢复方案设计及费用计算、恢复效果评估等能力（表 4-12）。同时，为了使近海海洋与海岸带环境损害鉴定人员在鉴定过程有相关法律可依、有行业标准可遵循，重点要加强以下几个方面的建设和管理工作。

表 4-12　近海海洋与海岸带环境损害鉴定人员专业能力要求

鉴定事项	适用范围	人员专业要求	专业能力要求
近海海洋与海岸带环境损害鉴定	因环境污染或生态破坏造成的海洋水质、海洋生物、沉积物等环境资源，海岸带与海洋生物资源以及海岸带与海洋生态系统服务损害的鉴定	环境科学/环境工程/环境科学与工程/地理信息科学（或地图学与地理信息系统/大地测量学与测量工程/摄影测量与遥感/地图制图与地理信息工程）/海洋科学/海洋技术/海洋化学/海洋生物学/海洋地质/海洋资源与环境/化学/应用化学/无机化学/分析化学/有机化学	具备近海海洋与海岸带水环境质量及生态系统人类活动识别、污染物识别、污染物迁移转化模拟、因果关系分析、生态风险评估、损害确定和量化、恢复方案设计及费用计算、恢复效果评估等能力，具体包括： （1）具备开展污染区域行业特征、点源面源排放摸查、快速检测识别特征污染物，或判断入侵物种、非法捕捞、围填海、非法排污等活动的分析能力； （2）具备近海海洋与海岸带环境中水质、水生生物类群（大型底栖动物、浮游动物、浮游植物等）、沉积物等环境介质，红树林、珊瑚、盐沼草和海草等生物资源，以及入海河口、海湾、滩涂湿地等不同类型栖息地现场勘察，污染物快速监测与分析识别，生态系统服务调查，以及损害评估方案设计的能力； （3）具备根据海水与地表水环境背景值、标准值、对照值对特征污染物监测数据、生物资源与生态服务观测数据进行综合分析确定近海海洋与海岸带环境质量与生态服务基线水平，确认环境损害的能力； （4）具备使用相关水质模型、污染物迁移扩散模型进行近海海洋与海岸带中污染物迁移转化模拟分析、还原污染过程、模拟污染趋势、确定污染范围，运用多受体环境暴露评估模型、毒理学实验、生物评价等进行近海海洋与海岸带生物和生态风险评估，对损害进行实物量化的能力； （5）具备基于污染物环境生物、物理、化学迁移转化过程，采用统计学、同位素等技术进行污染物、物种和生态系统破坏解析，构建概念模型，进行损害因果关系分析的能力； （6）具备近海海洋与海岸带环境恢复目标制定、技术筛选、恢复方案设计及损害价值量化分析的能力； （7）具备近海海洋与海岸带环境质量、生物资源及不同类型栖息地生态环境恢复监测、恢复效果评估的能力

4.5.1 海洋环境与资源的保护措施

4.5.1.1 建立健全区域领导负责下的资源与环境一体化协调机构

迅速建立海岸带和海洋资源开发规划与环境保护一体化协调机构，改变目前由国土、环境、海洋、渔业、交通和林业等多方参与管理海岸带和海洋的状况。协调各方面的关系，处理好资源与环境开发和污染控制、资源开发与自然保护的关系，解决好发展海洋产业与环境保护的矛盾。

一体化协调机构必须从区域环境和整体利益出发，把海岸带和海洋与内陆及流域联系起来，全盘考虑，组织编制资源与环境可持续发展一体化管理总规划，并负责和监督资源与环境一体化总规划的实施。

4.5.1.2 加强海洋环境保护法执法力度

对海岸带和海洋的管理，必须尽快制订和完善法律、法规，并尽可能与有关国际法接轨，维护海洋权益，划定海洋自然保护区，加大执法力度，鼓励社会公众参与监督和管理。严厉打击破坏和污染海岸带和海洋生态环境的违法行为，规范滨海采矿和养殖活动，禁止乱采乱挖滨海矿产资源，禁止毁林养殖，严禁破坏红树林和珊瑚礁。

4.5.1.3 加强科学和法制教育，保护海洋资源与环境

通过广泛的、各种形式的宣传教育，普及环境法、海洋法和国际法的知识，提高人民群众的环境意识，尤其是海洋国土意识，提高人们对海岸防护林、珊瑚礁以及自然保护区的保护意识，激励人们自觉参与、保护和建设海岸带和海洋环境。

4.5.2 因果关系分析

4.5.2.1 环境损害的原因与结果联系

环境损害的原因与结果之间的联系重点在于证明通过环境暴露、损害等不同方式对环境造成的影响，此外，二者间存在相关联系、规律发展、独特性以及统一性等关系。具体内容包含：

（1）环境损害原因和环境损害结果之间具有规律性，即有了环境损害的原因才会有环境损害的结果，并且是损害原因在前，损害结果在后的顺序，二者之间是有一定的规律可循的。

（2）环境暴露与环境损害之间的关联具有同一性，环境暴露导致环境损害的原理在我

国诸多领域都可以得到推理证实。

（3）环境损害问题的发生将不受时间、地点限制，并且多为人为因素导致。

（4）环境暴露与环境损害之间有密切联系，只有当环境发生暴露时，才会发生环境的损害，不受个别因素影响。

4.5.2.2 环境损害原因与结果关系判断的适用方法

环境损害原因与结果关系判断的适用方法有许多。同源性分析可以采用数理统计方式、指纹图谱技术、同位素分析方式等。暴露及毒性分析可运用的方法包括模拟环境损害的现场、有毒物质的检验、生态环境研究等，模拟环境损害现场是在了解暴露情况和暴露过程的基础上进行的，有毒物质的检验、生态环境研究等方法主要被用于检验污染物是否具有毒性的研究之中。

4.5.3 损害确定和量化

4.5.3.1 利用环境和生态系统被破坏之间的状态为评估标准

此种评估标准的数据来源主要分为统计数据、常规监测、学术研究、专项调查等几种不同方式，将所得到的数据合理分析、处理，以此通过数据资料观察人们的财产状况以及人体自身的身体健康情况，与此同时，利用数据评估生态系统现状。

4.5.3.2 利用没有受到环境损害的区域作为评估标准

将遭受环境损害的区域和没有遭受环境损害的区域做对比，要求以未被破坏区域内人们的身体情况、财产水平和环境质量的现状为主要参考标准。

4.5.3.3 利用模型

当以上方法未能充分发挥作用时，可以通过构建模型的方式对此进行反应，所建模型关系具体体现在：污染物浓度和生物量、身体健康指标、生境丰度、财产损失情况等指标之间的反应，并利用已构模型实施基线确定工作。

4.5.4 恢复方案设计及费用计算

4.5.4.1 基本恢复方案的选择

根据环境被破坏情况以及破坏时间，选择合适的恢复方式，常见的恢复方式主要有两种，一种是自然恢复，另一种是人工恢复。这两种方式各有优劣，可以互相补充。自然恢复的优势主要是投入少、回报较大，其主要利用自然的力量对遭到破坏的海岸带和海洋生态系统进行恢复，可以让海岸植物和植被、海中生物等恢复过来，但是整个恢复过程很漫长，需要的时间较长。而人工恢复的优势则是可以人为地控制海洋生态系统的恢复，恢复周期较短，而且效果也很好，只是成本稍高一点。这两种恢复方法也适用于不同的破坏程度。人工恢复适用于海洋环境破坏程度较严重的情况；若是海洋生态系统没有遭到毁灭性的破坏，而且区域范围不是很大，可以选择自然恢复的方法。总的来说，对于大自然和海洋生态系统来说，自然恢复肯定是最好的方法，但是加入人工恢复，可以使整个恢复进程加快，而且还会在某些方面比自然恢复做得更好一点。其中，后者恢复方式的适用条件为：在合理掌控成本效益的基础上，利用现有技术水平治理受损环境，提供完善的生态系统服务。如果在当前我国环境恢复方面的技术水平达不到标准或者进行二次恢复后依旧对环境有所损害的前提下，受强行进行环境恢复的成本过高，因此，第一种恢复方式较为常见。

4.5.4.2 补偿性恢复方案的确定

生态环境损害评估方法包括替代等值分析方法和环境价值评估方法。所谓补偿性恢复，即优选合理的分析方法——替代等值法，针对评估阶段出现的环境问题而实施的恢复方案，与此同时，该方案还能对产生的费用进行有效的评估。无论是环境价值评估法，还是替代等值分析法，这两种方法均属于生态环境损害所应用的常规评估方法。其中，替代等值法的基本目标主要是促使受损环境得以有效恢复，并在这一目标的引导下，对恢复方案明确制定，对恢复费用合理预测，以此确保环境资源得以恢复、生态服务水平得以提高，恢复手段实施后，原有的环境污染情况能够得以改善。该方法适用于自然环境遭受破坏后，资源损失严重、资源数量短时间内迅速减少、服务类型变更等情况，并在发挥方法优势的基础上，弥补上述损失。在确定生态环境损害评估时应优先考虑替代等值法，但由于环境资源的复杂性，某些污染物无法得到清除或某些资源无法得到恢复，或者恢复方案的实施可能带来更大的不利影响或者成本高于效益，恢复方案不宜采用，只能采取被动的方式等待污染物质的自行清除或环境资源的自行恢复，在此情况下，则可采用环境价值评估方法对受损的环境或未得以恢复的环境进行价值评估。环境价值评估包括市场价值法、揭示偏好法（包括虚拟治理成本法）、效益转移法和陈述偏好法。

4.5.4.3 期间损害的量化

生态环境损害的量化近年来得到广泛认可，其中的资源等值分析法因原理清晰、参数较少，且在应用中相对简便，与其他方法相比具有明显的优势，同时适用范围较为广泛，通过各项指标数据对水资源进行价值量化结果较为准确。此外，其评估思路将损害价值量化的侧重点从对损害的赔偿和货币量化转向了恢复受损生态环境的成本，改变了原有损害评估中相关环节和方法的顺序。可见，该方法的突出优点在于通过将赔偿放在恢复措施成本而非服务损害的货币价值上，从而弱化了货币索赔的投机和惩罚性，生态环境恢复的资金筹集和索赔时间都得到了明显的改善。要想实现海洋环境资源在短时间内有效恢复，这时要注重所选恢复方案类型以及所选方案的应用时间。当选择人工恢复方式后，期间损害量不会继续增加，并且恢复速度会相应提升，恢复效果能够明显改善；当选择自然恢复方式后不仅恢复时间会延长，而且期间损害量也会相应增大。从中能够看出，要想降低期间的损害量，缩短恢复时间，应选择合理的恢复方式，即人工恢复方式。

我国《生态环境损害鉴定评估技术指南　总纲》的出台，表明生态环境损害鉴定评估已逐步成为我国环境保护和生态文明建设的重要内容。环境损害价值量化作为开展上述工作的核心内容，成为生态环境损害赔偿中的重要技术支撑。由于环境介质和生态系统类型多样，且损害价值量化还需考虑科技、经济和社会发展水平，加之上述因素在不同区域的差异对损害价值量化的影响，故明确不同方法的适用条件，对进一步提高方法的可操作性具有重要的意义。

4.5.5 具备开展污染区域行业特征、点源面源排放摸查、快速检测识别特征污染物，或判断入侵物种、非法捕捞、围填海、非法排污等活动的分析能力

4.5.5.1 浮游生物生态调查

1）调查内容

生物调查：调查浮游植物的种类组成和数量分布；浮游动物的生物量、种类组成和数量分布。

环境调查：根据污染调查的目的、类型及污染源的性质，确定调查和监测项目。对于赤潮的环境调查和监测，特别应考虑营养盐、溶解氧、化学耗氧量、pH、水色、微量重金属、铁、锰、叶绿素 a 等的测定。

2）调查类型

（1）现状调查。掌握调查海域浮游生物的种类组成、数量分布、季节变化等生态学现状，为调查海域的污染生态监测和评价，提供背景资料。

调查站位的布设应与环境监测设站相一致。若站位较密，工作量太大，浮游生物可考虑间隔站取样。调查时间每月一次，根据需要于大潮期和小潮期间进行。

（2）监测性调查。掌握污染海域，尤其是赤潮频发区的浮游生物（特别是赤潮生物种）的动态及其与环境的关系。通过长期资料积累，为环境和赤潮的预测、预报做好必要的准备工作。

此类调查，站位布设不宜过多，可在现状调查的基础上，选择若干“热点”设站定期取样分析。一旦发现异常，应密切注意其动向，适当增加调查次数，并按现状调查的站位，进行一次较全面的调查。每月大潮期间进行一次，在赤潮常发期（4—10 月），5 天调查监测一次，并设置对照测站。

（3）应急跟踪调查。应急跟踪调查是在发生突发性污染事故（如溢油）或发生赤潮时所采取的应急性行动。调查、监测应尽快赶赴现场取样，并持续到直观迹象消失。每天或隔天采样一次。站位布设应根据污染或赤潮发生范围，按梯度变化酌情而定。同时应在事故范围之外，选取 1～2 个站作为对照。

3）调查方法

（1）采样。浮游植物调查，一般只需采水样。水深在 15 m 以内的浅海采表、底两层；水深大于 15 m 的采表、中、底三层。若需要详细了解其垂直分布，可按 0 m、3 m、5 m、10 m、15 m 和底层等层次采样。当有必要进行昼夜连续观测时，可每间隔 2 h 或 3 h 按上述层次采样一次。

（2）拖网。通常用于浮游动物采样。浮游动物拖网采样，可考虑在需要详细分析种类组成时采用。一般使用规定的网具自海底至水面作垂直拖网采样。若需了解其垂直分布，可按 5～0 m、10～5 m、底至 10 m 等层次作垂直分层拖网。若需进行昼夜连续观测，应与浮游植物采水样的时间间隔一致。

4）海上调查

（1）浮游植物水样采集。浮游植物水样采集应按以下要求进行：

a）用颠倒采水器或卡盖式采水器，其使用方法及操作步骤与水质项目采样相同；

b）采样层次视调查需要、计划规定和海区各站实际水深而定；

c）水样采集务必与叶绿素 a 和水质项目的采水同步进行；

d）所需水样量一般为 500 mL；

e）采样后，应及时按每升水样加 6～8 mL 碘液固定。

（2）垂直拖网采样。分别用浅水Ⅰ、Ⅱ型浮游生物网自底至表垂直拖曳采集浮游动物。若需网采浮游植物，则用浅水Ⅲ型网。其操作步骤如下：

a）每次下网前应检查网具是否破损，发现破损应及时修补或更换网衣；检查网底管和流量计是否处于正常状态，并把流量计指针拨至指零；放网入水，当网口贴近水面时，需调整计数器指针于零的位置；网口入水后，下网速度一般不能超过 1m/s，以钢丝绳保持紧直为准；当网具接近海底时，绞车应减速，当沉锤着底，钢丝绳出现松弛时，应立即停车，记下绳长。

b）网具到达海底后可立即起网，速度保持在 0.5 m/s 左右；网口未露出水面前不可停车；网口离开水面时应减速并及时停车，谨防网具碰刮船底或卡环碰撞滑轮，使钢丝绳绞断，网具失落。

c）把网升至适当高度，用冲水设备自上而下反复冲洗网衣外表面（切勿使冲洗的海水进入网口），使黏附于网上的标本集中于网底管内；将网收入甲板，开启网底管活门，把标本装入标本瓶，再关闭网底管活门，用洗耳球吸水冲洗筛绢套，如此反复多次，直至残留标本全部收入标本瓶中。

d）按样品体积的 5%，加入甲醛溶液进行固定。

（3）分层拖网采样。分层采集，应在网具上装置闭锁器，按规定层次逐一采样。操作步骤为：

a）下网前应使网具、闭锁器、钢丝绳、拦腰绳等处于正常采样状态，下网时按垂直拖网方法。

b）网具降至预定采样水层下界时应立即起网，速度如垂直拖网；当网将要达到采样水层上界时，应减慢速度（避免停车，以防样品的外溢），提前打下使锤（提前量每 10 m 水深约 1 m）；当钢丝绳出现瞬间松弛或振动时，说明网已关闭（记录此时的绳长），可适当加快起网速度直至网具露出水面；之后，将闭锁状态的网具恢复成采样状态，并按垂直拖网法冲网和收集，固定标本。

c）各项样品采样完毕，应及时将采样记录详细。

（4）注意事项。采样时应注意以下事项：

a）遇倾角超过 45°时，应加重沉锤重新采样；

b）遇网口刮船底或海底，应重新采样。

5）浮游植物样品的处理与分析

浮游植物水样的种类鉴定与计数，一般需按采样层次逐一分析。若时间不允许，在不影响计划要求前提下，可采用混合样计数，即各层取等量（50 mL 或 100 mL）混合，再按下述方法处理和分析。

（1）沉降计数法。每个水样取 3 个分样计数，取平均值。计数操作过程如下：

a）取 3 个等容量的沉降器，分别注满经摇匀的水样，盖上盖玻片使不留气泡，静置 24 h 以上。分样体积大小需视水样浑浊度和浮游植物的丰度而定；可一次性准备几个待计数的样品。

b）轻移上述沉降器于倒置显微镜下鉴定、计数。浮游植物数量较少时，应计全数。

c）若数量较大或计数微型藻类时，可于高倍镜下计算一定面积上的细胞数，再依所计面积，换算为整个底面积上的总细胞数。

d）鉴定、计数结果记录。

（2）直接计数法。每份水样计数 3 个分样，取平均值。按以下步骤操作：

a）将待计数水样摇匀，准确吸取 0.25 mL 置于计数框内，盖上盖玻片使不留气泡。

b）移计数框于显微镜下鉴定计数。通常应按序计全数，若数量大，可考虑间行计数（若水样为未加固定剂的新鲜海水，计数前应向框内喷射少许醋酸蒸汽）。

c）本法适于赤潮发生期间或浮游植物细胞数量达每升 10^6 个以上时的计数。

d）将计数结果记录。

（3）浓缩计数法。

a）将静置 24 h 以上的水样，用包扎有 JF_{62} 或 JP_{56} 号筛绢的吸管，轻轻吸去上清液，使水样浓缩至 10 mL。浓缩时切勿搅动沉淀样品，否则需重新静置 24 h 后再浓缩。通常一次不可能浓缩成 10 mL，需把浓缩到一定体积的水样移至 50 mL 左右的指形管中，经 24 h 以上静置后再浓缩。

b）将浓缩后的样品全部移入已经标记 10 mL 容积的指形管中，静置 24 h 后，用吸管轻吸多余的清液，使液面凹处恰在标记上。

c）计数取样时，水样务必充分摇匀，用取样管迅速吸取 0.25 mL 于计数框内，加盖盖玻片使不留气泡。之后的计数方法与直接计数法相同。计数结果记录。

d）网采样品，可适当浓缩（或稀释），按本法计数。

6）资料整理

本书主要介绍浮游植物细胞数的统计。

a）沉降计数法和直接计数法的统计按式（4-19）计算：

$$N=\frac{n}{V}\times 1\,000 \tag{4-19}$$

式中，N——每升水样的藻类细胞数，个/L；

n——三个分样的总细胞数或其平均值，个；

V——三个分样的总体积或其平均值，mL。

b）浓缩计数法的统计按式（4-20）计算：

$$N=\frac{nV'}{VV''} \tag{4-20}$$

式中，N——每升水样的藻类细胞数，个/L；

n——取样计数所得的细胞数，个；

V'——水样浓缩的体积，mL；

V——采水量，L；

V''——取样计数的体积，mL。

4.5.5.2　大型底栖生物生态调查

1）调查内容

（1）生物调查。

a）鉴定生物种类，测定栖息密度和生物量，分析其相对丰度和群落多样性；

b）确定群落中的主要种，并尽可能测量其个体大小、年龄结构、性别比例等。有条件的可做干湿比和灰重、生长率、生殖率；

c）主要种类体内污染物质测定。

（2）环境调查。

a）环境特点调查：包括海区的地理环境、形态和沉积物、状况、污染源的位置等；

b）水文气象调查天气状况、水温、水深、水色、透明度等；

c）沉积物粒度、有机质、氧化还原电位、氧化物、底温等；

d）污染物的测定项目应根据污染源的性质选定，分析方法按《海洋监测规范　第 4 部分：海水分析》（GB 17378.4）和《海洋监测规范　第 5 部分：沉积物分析》（GB 17378.5）的规定执行。

2）调查方法

调查之前，应对调查水域的基本状况有所了解，包括陆上和海上污染源的位置分布、海区的沉积物类型、海流、泥沙运动和底栖生物的基本特点等。并应进行必要的社会调查，特别应注意沿海工业和海上工程建设对海区环境的影响，为制定调查方案提供依据。

（1）调查类型和次数。基线（背景）调查：按生物季节（春季 3—5 月、夏季 6—8 月、秋季 9—11 月、冬季 12 月—次年 2 月）一年调查 4 次或根据需要适当增减调查次数。

监测性调查：根据各地实情和需要，选择若干固定月份和若干站点定期取样分析。所选时间和站位应与基线调查时的时间和站位相应。

应急调查：若遇突发污染事故、倾废、赤潮等，应跟踪监测，并于事故后进行若干次危害评价调查。

（2）取样面积、次数和手段。沉积物采样：一般使用 0.1 m^2 采泥器，每次取 3 次；在港湾中或无动力设备的小船上，可用 0.05 m^2 采泥器，每站取 3 次。特殊情况下，不少于 2 次。

拖网取样：应在调查船低速（2 kn[①]左右）时进行。如船只无 1～3 kn 的低速挡，可采用低速间歇开车进行拖网。每站拖网时间一般为 15 min；半定量取样，拖网时间 10 min（以网具着底始算起至起网止）。深水拖网，可适当延长时间。

---

① 1 kn（节）=1 nmile/h=1.852 km/h。

3）样品采集和处理

（1）沉积物样品采集。采样工具包括：抓斗式采泥器、弹簧采泥器、“大洋 50”采泥器。将采到的沉积物样品移入漩涡分选器筒体中，打开分流器的阀门进水，利用水流通过漩涡发生器搅动样品，浮选出比重轻的生物，比重大的生物连同余渣沉底。分流器的进水不宜太大，以免较大颗粒的沉积物搅起溢出筒体上方出水口。从出水口溢出的水体和生物流到套筛，将截留在筛网内的动物按体形大小及软硬程度分别拣入盛有海水的器皿中，然后按类别或软硬分别装瓶，并注意勿使小动物遗漏。应仔细拣出余渣中比重较大的动物。难挑拣的生物连同余渣带回实验室，在解剖镜下挑拣。采泥标本一律用 5%甲醛溶液固定保存。

（2）拖网取样。根据调查海区各站深度与沉积物状况选择适宜网具。较硬的沉积物用阿拖网或三角形拖网；岩石或砾石较多以及海藻丛生的区域，使用双刃拖网。深海作业，一般使用大型阿拖网，在港湾中可使用小型拖网（网口宽 0.7～1 m）。

拖网应在每一测站各调查项目完成后进行。调查船以低速离站开航，航向稳定后投网。开动绞车将网具吊于舷外，理顺网衣和网架，然后慢速下降。放出绳长一般为水深的 3 倍左右，近岸浅海可更长些。在 100 m 水深工作时，因钢丝绳重量大，绳长不宜超过水深的 2 倍。

（3）标本的处理和保存。自网中取出标本后，按类群或大小、软硬分别装瓶，避免损坏。标本量大时，可取其中部分称重，并计算各类群或各种类个体，换算成标本总数量。保留一定数量个体数（大、中、小个体），作为生物学等测定，余者经称重后处理掉。

发现具典型生态意义的标本，应及时拍照并进行有关生物学的观察及测量。需培养和麻醉的生物，用海水冲洗干净，并尽量减少刺激、损伤。标本按类群分离完毕，按个体大小分装于不同规格的标本瓶或铁皮箱。放入铁皮箱中的标本，用纱布包好附上竹签。装入容器的标本量不得超过体积的 2/3。

（4）污染物测定的生物样品。按照《海洋监测规范　第 6 部分：生物体分析》（GB 17378.6）的规定尽快送检。

4）数据计算

（1）数据计算方法。

a）生物密度和生物量的换算：将所有站位的实测生物个体数和生物量数据按其采样面积换算成个/m^2 和 g/m^2，分别表示生物密度和生物量。

b）生物密度和生物量统计：将各站位各类群生物密度记入记录表中，并对各栏数据进行累加，求得整个海区的平均值。将各站位各类群生物量记入记录表中，并对各栏数据进行累加，求得整个海区的平均值。

c）各生物类群的组成百分比：根据汇总的数据，计算各类群的生物密度和生物量在各站位和整个海区的组成百分比。

（2）数据表示法。

a）生物密度分布图根据数据，按不同的量级（小于 5 个/m^2，10 个/m^2、25 个/m^2、50 个/m^2、100 个/m^2、250 个/m^2、大于 500 个/m^2）分别填入海图上的相应站位，然后以内插法绘出等值线图，或用不同大小的圆圈表示不同量级的密度分布。

b）生物量分布图将记录表中的数据（按总生物量或各类群）分别填在海图上相应的站位，用内插法绘制等值线。一般按小于 1 g、5 g、10 g、25 g、50 g、100 g、250 g、500 g、1 000 g 等量级取线。

c）各类群生物密度和生物量组成百分比图：按各类群生物所占密度或生物量百分数比例绘制成圆形图，不同类群可以用不同线条或图案装饰，使之更直观。也可用直方图或其他表示法。

d）种类分布图：取主要种的有关数据绘制分布图。这些种类可分别以不同符号表示，每张图可画一至数个种。

4.5.5.3　潮间带生物生态调查

1）调查内容

（1）生物调查。

a）不同生境动、植物的种类、数量（栖息密度、生物量或现存量）及其水平和垂直分布的调查。

b）污染生态效应调查，例如，污染指示生物的出现或消失；主要种类的增减、异常、死亡；种群动态；丰度、多样性、生长率、生殖力的改变；各生物类群比例关系的变化以及群落结构的演替等。

c）主要种类体内污染物质的测定。

（2）环境调查。

a）环境基本特征：包括港湾形态、潮汐类型、滩涂阔狭，沉积物类型、污染源分布及位置等。

b）水文气象要素：天气（晴、阴、雨）、气温、水温、水色、底温、风向、风速等。

c）化学要素：盐度、溶解氧（DO）、化学需氧量（COD）、pH 等，并依调查区污染源性质和调查目的，选测其他有关项目。

d）沉积物要素：粒度，有机质，硫化物、氧化还原电位等，并依调查区污染性质和调查目的，选测其他有关项目。

2）调查方法

（1）调查地点的选择。调查地点的选择应遵循以下原则：

a）了解有关地点的历史、现状和未来若干时期的可能变化（如建厂、围垦和其他海岸工程建设）；

b）根据调查目的，结合污染源分布状况，考虑污染可能影响的范围；

c）调查区内可能有岩岸、沙滩、泥沙滩、泥滩等多种海岸类型，选点应包括有不同类型，若有困难，为保证资料的可比性，所选点的沉积物类型应力求一致；

d）应在远离污染源的地方，选一生态特征大体相似的清洁区（非污染区）作为对照点。

（2）潮间带的划分。调查地点选定后，应依据当地的潮汐水位参数或岸滩生物的垂直分布，将潮间带划分为若干区（带）、层（亚带），划分方法如下：

a）半日潮类型按以下方法划分：

高潮区（带）：最高高潮线至小潮高潮线之间的地带；

中潮区（带）：小潮高潮线至小潮低潮线之间的地带；

低潮区（带）：小潮低潮线至最低低潮线之间的地带。

b）日潮类型按以下方法划分：

高潮区（带）：回归潮高潮线至分点潮高潮线之间的地带；

中潮区（带）：分点潮高潮线至分点潮低潮线之间的地带；

低潮区（带）：分点潮低潮线至回归潮低潮线之间的地带。

c）混合潮类型按以下方法划分：

高潮区（带）：高高潮线至低高潮线之间的地带；

中潮区（带）：低高潮线至高低潮线之间的地带；

低潮区（带）：高低潮线至低低潮线之间的地带。

根据生物群落在潮间带的垂直分布来划分，由于生物群落可随纬度高低、沉积物类型、外海内湾、盐度梯度、向浪背浪，背阴向阳等复杂环境因素的不同而改变，所以，要提供一个统一模式是困难的。一般而言，岩石岸大体分为滨螺带、藤壶—牡蛎带、藻类带，泥沙滩可有绿螂—沙蚕—招潮蟹滩（或南方的盐碱植物带）、蟹类—螺类滩、蛤类滩。各地在调查时可根据各区、层的群落优势种给出更确切的命名。

（3）调查时间。调查时间的确定应遵循以下原则：

a）潮间带采样受潮汐限制，为获得低潮区（带）样品，须在大潮期间进行。若断面或站数较多而工作量较大时，可安排大潮期间调查各断面的低潮区（带），小潮期间再进行高、中潮区（带）的调查；

b）基础（背景）调查，应按生物季节（春季3—5月、夏季6—8月、秋季9—11月、冬季12月—次年2月），一年最少调查4次；

c）监测性调查，可根据各地实情选择若干月份定期进行（如枯水期、丰水期等）。但为了资料比较，所选月份应与基础调查月份一致，并应注意避开当地主要生物种类的繁殖期；

d）应急调查（偶发污染事故、赤潮等），应进行跟踪观测，并对事故后所造成的影响作若干次必要的调查。

3）生物样品采集

（1）定量取样。

a）滩涂取样用定量采样品，样方数每站通常取 8 个（合计 0.5 m^3）。若滩面沉积物、类型较一致、生物分布较均匀，可考虑取 4 个样方。样方位置的确定切忌人为，可用标志绳索（每隔 5 m 或 10 m 有一标志）于站位两侧水平拉直，各样方位置要求严格取在标志绳索所标位置，无论该位置上生物多寡，均不要移位。取样时，先将取样器挡板插入框架凹槽，用臂力或脚力将其插入滩涂内；继而观察记录框内表面可见的生物及数量；然后，用铁锹清除挡板外侧的泥沙再拔去挡板，以便铲取框内样品。铲取样品时，若发现底层仍有生物存在，应将取样器再往下压，直至采不到生物为止。若需分层取样，可视沉积物分层情况确定。

b）岩石岸取样一般用 25 cm×25 cm 的定量框，每站取 2 个样方。若生物栖息密度很高，且分布较均匀，可采用 10 cm×10 cm 的定量框。确定样方位置应在宏观观察基础上选取能代表该水平高度上生物分布特点的位置。取样时，应先将框内的易碎生物（如牡蛎、藤壶等）加以计数，并观察记录优势种的覆盖面积。然后再用小铁铲、凿子或刮刀将框内所有生物刮取干净。

c）对某些栖息密度很低的底栖生物（如海星、海胆、海仙人掌等）或营穴居、跑动快的种类（沙蟹、招潮蟹、弹涂鱼等），可采用 25 m^2、30 m^2 或 100 m^2 的大面积计数（个数或洞穴数），并采集其中的部分个体，求平均个体重，再换算成单位面积（m^2）的数和量。

（2）定性采集。每站定量取样的同时，应尽可能将该站附近出现的动植物种类收集齐全，以做分析时参考，但定性样品务必与定量样品分装，切勿混淆。

（3）供分析体内污染物质的生物样品的采集。采集供分析生物体内污染物质累积情况的生物种类，应按以下基本原则选择：

a）固定生活在一定区域、个体大小和数量适于分析测定的经济种和优势种；

b）力求在各断面、全年均能采到的种类；

c）对污染物质有较强忍受能力和较高富集能力的种类；

d）为保护水产养殖业和人体健康，对附近养殖品种也采样分析。

（4）水质和沉积物样品采集。

a）水样采集：应在各断面调查的同时，于高平潮和低停潮时各采一次水样，河口区可考虑在两次采水期间内增加一次。岩沼和滩涂水洼内积水应另行采样。必要时，酌情对生物定量取样站内积水或沉积物间隙水采样分析。

b）沉积物采集：应与生物定量采取同步进行，取样站数依滩涂沉积物变化酌情而定。遇表、底层沉积类型有明显差异时，最好应分层取样，并记录其层、色、嗅味。其样品编号必须与该站生物定量样品编号一致。

4.5.6 具备近海海洋与海岸带环境中水质、水生生物类群（大型底栖动物、浮游动物、浮游植物等）、沉积物等环境介质，红树林、珊瑚、盐沼草和海草等生物资源，以及入海河口、海湾、滩涂湿地等不同类型栖息地现场勘察、污染物快速监测与分析识别、生态系统服务调查，以及损害评估方案设计的能力

4.5.6.1 指标生物

在海洋污染的生物学评价中所谓指标生物，通常是指在污染环境中，能正常生活与繁殖，并随污染程度的发展，其比率趋向增加的生物种。广义而言，应该包括对污染敏感的种类，即环境污染，其数量急剧减少并最终消失的种类。

4.5.6.2 编组比率

编组比率是指标生物概念的发展，考虑的不是某些生物种，而是生物类群。由于不同生物分类群的抗污能力不同，可根据其在群落组成中比例关系的改变，反映环境污染状况。一般认为：污染环境，多毛类种类比率趋于增加，而棘皮动物、甲壳动物的比率趋向减少。

4.5.6.3 丰度

丰度是表示群落（或样品）中种类丰富程度的指数，其计算公式有多种，本书采用马卡列夫（Mar-galef，1958）的计算式，如式（4-21）所示：

$$d=(S-1)/\log_i N \tag{4-21}$$

式中，d——丰度；

S——样品中的种类总数；

N——样品中的生物总个体数。

一般而言，健康的环境，种类丰度高，污染环境，种类丰度低。

4.5.6.4 多样性指数

反映群落种类多样性的数学模式也有许多，本书采用种类和数量信息函数表示的香农-韦弗（Shannon-Weaver，1963）多样性指数。

$$H' = -\sum_{i=1}^{S} P_i \ln_i P_i \quad (4\text{-}22)$$

式中，H'——种类多样性指数；

S——样品中的种类总数；

P_i ——第 i 种的个体数（n_i）或生物量（w_i）与总个体数（N）或总生物量（W）的比值（$\frac{n_i}{N}$或$\frac{w_i}{W}$），一般认为，正常环境，该指数值高；污染环境，该指数值低。

4.5.6.5　均匀度

该指数是皮诺（Pielou，1966）提出，公式为：

$$J = H' / H_{max} \quad (4\text{-}23)$$

式中，J——均匀度；

H'——为式（4-22）计算的种类多样性指数值；

H_{max}——为 $\log_i S$，表示多样性指数的最大值，S 为样品中总种类数。

J 值范围为 0～1，J 值大时，体现种间个体数分布较均匀；反之，J 值小反映种间个体数分布欠均。由于污染环境的种间个体数分布差别大，亦则 J 值是低的。

4.5.6.6　优势度

优势度与均匀度是相对应的指数，指数值范围也是 0～1，在污染环境中，个体数的分布可能集中在少数耐污种类上，使其指数值增高，其公式是：

$$D_2 = (N_1 + N_2) / \mathrm{NT} \quad (4\text{-}24)$$

式中，D_2——优势度；

N_1——样品中第一优势种的个体数；

N_2——样品中第二优势种的个体数；

NT——样品中的总个体数。

4.5.6.7　种类相似性指数

本书采用杰卡德（Jaccard）指数（J_c）和克齐卡诺基（Czekanowki）指数（C_c），其表示式分别为：

$$J_c(\%) = \frac{c}{a + b - c} \times 100 \quad (4\text{-}25)$$

$$C_c(\%) = \frac{2c}{a+b} \times 100 \tag{4-26}$$

式中，a——样品 A 的生物种类数（或属数）；

b——样品 B 的生物种类数（或属数）；

c——样品 A 和 B 的共有种数（或属数）。

当 A、B 两份样品（或两调查地点、或两断面）的种类完全相同时，相似性为 100%；反之，若不存在共有种，则相似性为零。

4.5.6.8 群落相似性分析

$$\text{PSC} = 100 - 0.5\sum\left|a' - b'\right| \tag{4-27}$$

式中，PSC——群落相似性系数；

a'——样品 A 各生物种的栖息密度与总栖息密度的比值；

b'——样品 B 各生物种的栖息密度与总栖息密度的比值。

本式可用生物量或覆盖度的比值进行计算。

样品 A 和 B 除可代表不同地点、不同断面的比较外，为反映时间尺度变化，也可以是表示同一地点（或断面）不同调查时间的比较。

4.5.7 具备使用相关水质模型、污染物迁移扩散模型进行近海海洋与海岸带中污染物迁移转化模拟分析、还原污染过程、模拟污染趋势、确定污染范围，运用多受体环境暴露评估模型、毒理学实验、生物评价等进行近海海洋与海岸带生物和生态风险评估，对损害进行实物量化的能力

（1）加强区域生态风险的评价和研究工作，推动由区域生态保护目标到风险源控制的评价框架的构建和完善，加强生态风险指标的研究。

（2）由于生态风险与生态过程的密切关联及生态风险的尺度效应，应特别加强生态风险传递路径及路径关联、路径控制的研究。

（3）在化学物质生态风险评价的基础上，积极拓展自然灾害、人类干扰活动带来的生态风险评价和研究。

（4）以个体生态毒理学试验为基础的生态风险评价向种群、群落、生态系统、景观水平甚至全球水平的生态风险评价拓展。

（5）发展各种外推模型（包括尺度、类别、层级、不确定性等）、生物效应模型、生态风险路径模型、生态风险决策支撑模型等，拓展 GIS、RS、GPS、计算机技术等各种技术和系统学、数学、运筹学、管理学、经济学等各种学科方法在生态风险评价中的应用，逐步实现定性与定量相结合的评价和生态风险定量评价。

（6）加强突发性生态风险评价研究，避免重大生态风险事故发生。

（7）生态风险评价是为生态风险管理服务的，要加强生态风险决策和管理研究，逐步建立生态风险评价的标准方法和技术指南以及科学的生态风险决策管理法律和法规。

4.5.8 具备近海海洋与海岸带环境恢复目标制定、技术筛选、恢复方案设计及损害价值量化分析的能力

（1）编写海域海岛海岸带整治修复保护规划。

（2）制定海域海岛海岸带整治修复保护计划。

（3）海域海岛海岸带整治修复保护项目的管理。

（4）编制海域海岛海岸带整治修复保护项目实施方案。

4.6 生态系统环境损害鉴定

生态系统环境损害鉴定人员应具备开展野生生物资源调查、物种分类和鉴定、生态破坏因果关系判定、生态系统服务损害量化、生态恢复工程设计等工作的专业技能（表4-13）。

表4-13 生态系统环境损害鉴定人员专业能力要求

鉴定事项	适用范围	人员专业要求	专业能力要求
生态系统环境损害鉴定	因环境污染或生态破坏造成的植物、动物等生物资源与森林、草原、湿地、耕地等生态系统服务损害的鉴定	环境科学/环境工程/环境科学与工程/地理信息科学（或地图学与地理信息系统/大地测量学与测量工程/摄影测量与遥感/地图制图与地理信息工程）/生物科学/生态学/植物学/动物学/水生生物学/生物化学与分子生物学/林学/野生动物植物保护与利用/水土保持与荒漠化防治/森林工程/森林保护	具备开展野生生物资源调查、物种分类和鉴定、生态破坏因果关系判定、生态系统服务损害量化、生态恢复工程设计等工作的专业技能，具体包括： （1）对野生动植物、珍稀物种等进行物种以及保护物种等级的鉴别；对动物种群分布、数量和结构的动态变化的分析能力；对植物群落的组成、结构和分布等动态变化的分析能力；对野生水生动植物、水生珍稀物种栖息地动态变化的分析能力。 （2）具备对生态系统物种、结构和服务调查采样的能力。 （3）具备对生态系统物种、结构和功能或服务损害的识别、损害量化和损失计算的专业技能。 （4）掌握生态恢复的原理和原则，能够针对不同生态系统设计生态恢复工程和措施的能力。 （5）掌握生态系统服务或功能实物量化以及价值评估的原则和方法。 （6）具备不同尺度生态空间分析技术应用能力，包括各种移动终端的操作能力与对空间数据分析软件的操作应用能力。 （7）具备生态系统与服务恢复效果监测与评估的能力

4.6.1 对野生动植物、珍稀物种等进行物种以及保护物种等级的鉴别

科研人员对保护区保护价值的评价内容和等级划分等进行了很多探讨和实践，但多停留在定性描述阶段。主要从生态系统和物种的多样性、濒危性、特有性和独特性等方面评估自然保护区的保护价值，确定其保护优先性。近些年，人们提出了多种评价指标体系及其评分标准、数量化评估方法等，并对其进行了应用验证。但不同的评估方法和模型对各个指标的量化赋值方式略有差异，且多依赖于定性描述和专家打分等。因此评价动机和专业背景等的差异可能影响生物多样性评价指标的选择及其赋值。

4.6.2 对动物种群分布、数量和结构的动态变化的分析能力

4.6.2.1 种群数量统计

主要是密度测定，如可测定单位面积和空间上的个体数目。以人口统计为例，可记录每个人的姓名、住址、出生年月、婚姻和子女状况、职业、死亡日期和原因等。从这些资料中不仅能获得有关密度和分布的信息，还能得到出生率、死亡率、年龄组成、期望寿命、自然增长率、迁徙等许多重要信息。不过，对野生动物的数量，一般难以进行这么精细的统计。至今只对不太多的动物物种进行过长期、深入的实际调查。另外，影响自然种群动态的是综合因素，包括生物的和非生物的以及种群本身内部的因素。它们共同影响着种群的数量变动，由此造成了对自然种群动态因果分析的复杂性。

4.6.2.2 实验种群研究

即在实验室条件下，控制恒定环境而变动其中一个或几个因素以观察种群生态学特征的变化。例如，研究温度、湿度、光照、食物的质和量以及密度对种群繁殖、存活、行为等的影响。用实验研究方法同样能有效地研究两个种群间的相互作用，如种间竞争、捕食、寄生等。动物实验种群生态学研究，已积累了丰富资料，并在单种种群的增长型及两种混合种群的相互数量关系方面提出了许多很有价值的原理。

4.6.3 对野生水生动植物、水生珍稀物种栖息地动态变化的分析能力

4.6.3.1 北方区

包括东北的黑龙江、图们江、鸭绿江，西北的额尔齐斯河与乌伦古河等水系。茴鱼科、鲑科、狗鱼科、江鳕及杜父鱼等耐寒性很强的鱼类分布于此区。

4.6.3.2　华西区

包括新疆西北的塔尔巴哈台山往东到北塔山，向南沿甘肃河西走廊、四川青川、雅安再到云南保山等中国西部广大地区。裂腹鱼亚科、鳅科及条鳅类等分布于此区。

4.6.3.3　宁蒙区

属高原地区，包括贺兰山与阴山以北的内蒙古内陆水系与河套地区的黄河水系。鱼类贫乏，只有鲤科、鳅科、鲇科及刺鱼科等少数种类。

4.6.3.4　华东区

江河平原地区，因此鱼类的种类最多。本区包括辽河平原地区、海河平原地区及江淮平原地区。其中以包括钱塘江、长江和淮河等水系的江淮平原地区的种类最多，有250余种。

4.6.3.5　华南区

华南区处于热带、亚热带或接近亚热带的地区，受海洋暖流的影响很大，鱼类组成上鲫亚科的种类最多，鲇、鲍、胡子鲇、鲱、攀鲈、乌鳢等鱼类也较常见。华南区归属于分布区划的东洋区。

4.6.4　具备对生态系统物种、结构和服务调查采样的能力

（1）调查地点：在生物气象水文和土壤要素长期观测的主要观测场内或其附近相似群落内进行。

（2）调查原则：符合调查目的所需要；所获信息价值应超过所支付成本；抽样正确程度必须能够测量，否则抽样无意义。

（3）调查内容与方法：简单随机抽样，从总体中不加任何分组、划类、排队等，完全随机地抽取调查单位；等距抽样，按相等距离或间隔抽取样品单位；类型抽样，将总体单位按其属性特征分为若干类型或层，然后在类型或层中随机抽取样品单位。

（4）管理及研究状况调查以及影响资源变动的主要因子等。

（5）结果分析：综合评价野生动物资源，提供准确的资源材料和调查报告，建立资源数据库。

4.6.5　具备对生态系统物种、结构和功能或服务损害的识别、损害量化和损失计算的专业技能

从中小尺度的生态系统服务分类研究来看，由于受区域生态系统和研究方式的影响，

这类研究提出的分类体系全面性不强，但分类体系比较详尽。例如，在芬兰北部地区生态系统服务功能研究中，充分考虑研究区的产业、自然环境等状况，打破以往按照土地利用类型进行生态系统服务价值核算的思路，将土地利用类型按照对生态系统服务的影响进行了重新分类（自然保育地/矿产开发/驯鹿养殖场/林地/雪橇狩猎地/远足滑雪道等9种类型），在此基础上对区域生态系统服务价值进行了评估。受生态系统空间异质性的影响，不同区域生态系统所提供的生态系统功能的种类和重点也有所差别。例如，文化娱乐和教育等服务在城市生态系统中远重要于食物生产、淡水供应等功能，在此思路下有些学者对单个生态系统的服务功能进行了细致化的分类研究。在此基础之上，基于大量的、细微化的实地调研、勘查指标对上述各项生态服务进行了量化。

4.6.6 掌握生态恢复的原理和原则，能够针对不同生态系统设计生态恢复工程和措施的能力

必须因地制宜，根据不同地区的实践情况来确定本地区的生态工程模式。扩大系统的物质、能量、信息的输入。由于生态系统是一个开放、非平衡的系统，在生态工程的建设中必须扩大系统的物质、能量、信息的输入，加强与外部环境的物质交换，提高生态工程的有序化、增加系统的产出与效率。在生态工程的建设发展中，必须实行劳动、资金、能源、技术密集相交叉的集约经营模式，达到既有高的产出，又能促进系统内各组成成分的互补、互利协调发展。

4.6.7 掌握生态系统服务或功能实物量化以及价值评估的原则和方法

直接使用价值主要是指生态系统直接提供的产品所产生的价值，包括食品、医药、原材料及其他工农业生产原料、景观娱乐等带来的直接价值，可以用市场价值法、推断市场法、资产价值法来计算。

间接使用价值主要是指间接为人类提供服务，而无法商品化的生态系统服务功能，如营养循环、水体保护、小气候调节等都属于间接使用价值。其评估常常需要根据生态系统功能的类型来确定，通常有碳税法和造林成本法、替代费用法、机会成本法、影子工程法、费用支出法、生态价值法等。

选择价值就是同人们愿意为保护某一生态系统以备未来之用的支付愿望的数值有关，包括未来的直接和间接使用价值（生物多样性、被保护的栖息地、生物基因等）。选择价值是人类为了避免将来失去某种资源而带来的风险，为其所愿意支付的保险金，是一种支付意愿。

非使用价值是人类为确保生态系统服务功能继续存在的支付意愿。

存在价值是指人类主观对生态环境资本的道德评价。

遗传价值是指保留生态系统服务功能价值的一种表现价值，人类只是获得道德上的主观满足而没有获得经济利益。

4.6.8　具备不同尺度生态空间分析技术应用能力

空间信息分析包括数据获取和预处理（模块 M1）；当进行多源异构数据综合分析时，需要进行属性数据空间化和尺度转换处理（模块 M2）；然后进行空间数据探索分析（模块 M3）；之后根据属性数据的空间存在格式（空间连续分布或离散分布、规则或不规则多边形分布、多源复杂异构信息），分别引导建立地统计模型（模块 M4）、栅格数据分析模型（模块 M5）、复杂信息分解和预报模型（模块 M6）以及其他。M1 至 M3 属数据预处理范畴，M4 至 M6 属问题建模范畴，对建立的模型 M4 至 M6 需要求解、机理解释及预报。

4.6.9　具备生态系统与服务恢复效果监测与评估的能力

目前，在植被生态系统恢复生态工程效应监测、森林资源监测、国土水土流失监测、石漠化监测等已有一些监测与评估，但生态监测评估工作依然得不到应有重视，这使得生态系统自身健康状况关注较多，而为人类提供生态服务的价值长期以来一直被忽视。

4.7　其他环境损害鉴定

鉴定人员应具备噪声、振动、光、热、电磁辐射、电离辐射等监测能力、损害调查确认、因果关系分析、损害量化等能力（表 4-14）。

表 4-14　其他环境损害鉴定人员专业能力要求

<table>
<tr><th>鉴定事项</th><th>适用范围</th><th>人员专业要求</th><th>专业能力要求</th></tr>
<tr><td rowspan="3">其他环境损害鉴定</td><td rowspan="3">由于噪声、振动、光、热、电磁辐射、电离辐射等污染造成的环境损害鉴定</td><td>噪声、振动：环境科学/环境工程/物理学/应用物理学/声学/安全工程/安全技术及工程</td><td rowspan="3">具备噪声、振动、光、热、电磁辐射、电离辐射等监测能力、损害调查确认、因果关系分析、损害量化等能力，具体包括：
（1）具备噪声、振动、光、热、电磁辐射或电离辐射的监测分析与损害评估方案设计的能力；
（2）具备利用文献或实验鉴别分析噪声、振动、光、热、电磁辐射或电离辐射致生物损害的能力；
（3）具备噪声、振动、光、热、电磁辐射或电离辐射与生物损害的因果关系分析判断能力；
（4）具备噪声、振动、光、热、电磁辐射或电离辐射致生物损害的实物或价值量化能力</td></tr>
<tr><td>光、热：环境科学/环境工程/物理学/应用物理学/光学/安全工程/安全技术及工程</td></tr>
<tr><td>电磁与电离辐射：环境工程/无线电物理/核物理/辐射防护与核安全/工程物理/核工程与核技术/电磁场与微波技术/辐射防护及环境保护</td></tr>
</table>

4.7.1 具备噪声、振动、光、热、电磁辐射或电离辐射的监测能力

运用化学、物理、生物、医学、遥测、遥感、计算机等现代科技手段监视、测定、监控反映环境质量及其变化趋势的各种标志数据，从而对环境质量作出综合评价。既包括对化学污染物的检测和对物理（能量）因子如噪声、振动、热能、电磁辐射和放射性等污染的监测；又包括对生物因环境质量变化所发出的各种反映和信息测试的生物监测，以及对区域群落、种群迁移变化进行观测的生态监测等。

4.7.2 具备利用文献或实验鉴别分析噪声、振动、光、热、电磁辐射或电离辐射致生物损害的能力

根据生态环境损害鉴定评估工作方案，组织开展污染环境和破坏生态行为以及生态环境 损害状况调查或相关资料收集。生态环境损害调查应编制调查方案，明确生态环境损害调查 的目标、内容、方法、质量控制和质量保证措施，并进行专家论证。

4.7.3 具备噪声、振动、光、热、电磁辐射或电离辐射与生物损害的因果关系分析判断能力

基于污染环境、破坏生态行为和生态环境损害事实的调查结果，分析污染环境或破坏生态行为与生态环境损害之间是否存在因果关系。因果关系分析应以存在明确的污染环境或破坏生态行为和生态环境损害事实为前提。污染环境行为与生态环境损害间因果关系分析的主要内容包括环境污染物（污染源、环境介质、生物）的同源性分析、污染物迁移路径的合理性分析、生物暴露的可能性分析和生物发生损害的可能性分析。

4.7.4 具备噪声、振动、光、热、电磁辐射或电离辐射致生物损害的实物或价值量化能力

通过对比受损生态环境状况与基线的差异，确定生态环境损害的范围和程度，计算生态环境损害实物量。选择替代等值分析方法，编制并比选生态环境恢复方案，估算恢复工程量和工程费用，或采用环境价值评估方法，计算生态环境损害数额。

第 5 章　环境损害司法鉴定典型案例

近年来，司法部认真贯彻落实习近平生态文明思想，按照党中央、国务院关于打赢污染防治攻坚战的部署要求，全面加强环境损害司法鉴定机构和鉴定人管理，为打击环境违法犯罪提供了有力支持。2019 年 1 月，司法部与最高人民检察院、生态环境部、国家发展和改革委员会等十部门联合下发《关于在检察公益诉讼中加强协作配合依法打好污染防治攻坚战的意见》（高检会〔2019〕1 号）；2 月，司法部与最高人民法院、最高人民检察院、公安部、生态环境部等五部门联合下发《关于办理环境污染刑事案件有关问题的座谈会纪要》（高检会〔2019〕3 号）。为总结提炼行之有效、可供借鉴推广的经验做法，本章总结了环境损害司法鉴定及生态赔偿的典型案例，这些案例多数为本行政区域内较早开展的生态环境损害赔偿磋商案件，涉及非法倾倒、超标排放、交通事故与安全事故次生环境事件等多种情形，覆盖了大气、地表水、土壤与地下水等环境要素，为探索环境损害司法鉴定与生态环境损害赔偿提供实践借鉴。

5.1　山东省济南市章丘区 6 家企业非法倾倒危险废物生态环境损害赔偿案

5.1.1　案情简介

2015 年 10 月 21 日凌晨 2 时，山东省济南市章丘区普集镇上皋村废弃 3 号煤井发生重大非法倾倒危险废物事件，废酸液和废碱液被先后倾倒入废弃煤井内，混合后产生有毒气体，造成 4 人当场死亡。该事件为重大突发环境事件，造成了土壤及地下水污染。经调查与鉴定评估，该案件涉及 6 家企业非法处置危险废物，对济南市章丘区 3 个街道造成生态环境污染，生态环境损害数额约 2.4 亿元。

5.1.2　磋商结果

赔偿权利人指定的部门原山东省环境保护厅与赔偿义务人涉案的 6 家企业开展了 4 轮磋商。磋商过程中，原山东省环境保护厅与涉案的 4 家企业达成一致，签订了 4 份共计 1 357.5 万余元的生态环境损害赔偿协议。其中，3 家企业已实际履行，1 家企业在按照赔偿协议履行了一期 100 万元后反悔，原山东省环境保护厅将其诉至法院，法院判决该企业继续履约。

其他 2 家企业对排放污染物的时间、种类、数量不能达成共识，原山东省环境保护厅提起生态环境损害赔偿诉讼。法院判决其中 1 家企业承担 20%的赔偿责任，另 1 家企业承担 80%的赔偿责任。

本案受污染的土壤处于煤矿巷道内，巷道埋深约为 77 m，修复难度较大。目前，修复工作已经基本完成，正在进行自主验收。

5.1.3 典型意义

该案件为重大突发环境事件，生态环境损害数额达到 2.4 亿元，在全国范围有较大的影响，具有积极的宣传、教育和警示意义。

一是本案涉及环境危害较大、修复难度和费用高、责任界定困难、磋商难度大，其处理过程和方式对其他类似案件具有较好的借鉴意义。

二是索赔部门运用了磋商和诉讼两种途径索赔，及时对生态环境进行了有效修复，实现了社会效益和环境效益的双赢。

5.1.4 专家[①]点评

该案件是生态环境损害赔偿制度改革在全国试行以来损害数额较高的案件。原山东省环境保护厅作为赔偿权利人指定的部门在事件发生后立即启动生态环境损害调查、鉴定评估与修复方案编制工作，根据案件涉及多个赔偿义务人的实际，先易后难、分类处理，主动与赔偿义务人就损害事实、赔偿数额、缴纳方式进行磋商，及时开展了受损生态环境的修复工作，积累了赔偿磋商工作经验。由于该案件部分赔偿义务人对赔偿责任未能达成一致、1 家企业对已磋商一致的协议未予执行，赔偿权利人分别提起诉讼。

本案对生态环境损害赔偿案件磋商与司法审判的衔接进行了有益的探索，对后续相关制度的形成提供了较好借鉴。

5.2 贵州省息烽大鹰田 2 家企业非法倾倒废渣生态环境损害赔偿案

5.2.1 案情简介

2012 年 6 月，贵阳某化肥有限公司（以下简称化肥公司）委托息烽某劳务有限公司（以

---

① 生态环境部环境规划院於方。

下简称劳务公司）承担废石膏渣的清运工作，劳务公司未按要求将废石膏渣运送至渣场集中处置，而是运往大鹰田地块内非法倾倒，倾倒区域长约 360 m，宽约 100 m，堆填厚度最高约 50 m，占地约 100 亩，堆存量约 8 万 m^3。经鉴定评估，此次非法倾倒造成生态环境损害数额共计 891.6 万元，其中应急处置费用 134.2 万元，修复费用 757.4 万元。

5.2.2　磋商结果

2017 年 1 月，在贵州省律师协会的参与下，赔偿权利人指定的部门原贵州省环境保护厅与赔偿义务人化肥公司、劳务公司进行磋商，由化肥公司、劳务公司将废渣全部开挖转运至合法渣场填埋处置，对库区进行覆土回填和植被绿化。达成协议后，赔偿权利人和义务人共同向清镇市人民法院递交了司法确认申请书，经法院依法审查后裁定确认赔偿协议有效。此后，赔偿义务人按照协议对大鹰田地块开展了生态环境修复，并于 2017 年 12 月前自行修复完毕。

5.2.3　典型意义

本案是全国首例经磋商达成生态环境损害赔偿协议的案件，也是全国首例经人民法院司法确认的生态环境损害赔偿案件。其典型意义主要有：一是探索了磋商的机制，细化了磋商的工作程序，探索引入了第三方参与磋商，提升了磋商的可操作性；二是探索了司法确认制度，通过司法确认赋予了赔偿协议强制执行效力；三是探索了企业自行修复的做法，引导企业自行组织修复受损生态环境，积极履行环境修复责任。

5.2.4　专家①点评

本案是全国首例生态环境损害赔偿司法确认案。根据 2015 年中办、国办印发的《生态环境损害赔偿制度改革试点方案》，赔偿权利人和义务人通过磋商达成赔偿协议，是生态环境损害救济的重要途径之一，但是试点方案并没有直接规定赔偿协议的法律效力。本案尝试通过司法确认程序，赋予赔偿协议以强制执行的法律效力，有力保障和促进了磋商制度的实施。通过该案探索形成的生态环境损害赔偿协议司法确认制度已被 2017 年中办、国办印发的《生态环境损害赔偿制度改革方案》认可和采纳。同时，本案赔偿到位，污染地块的废石膏渣得到了清理，荒地复绿，增强了周边群众的良好环境获得感，并被央视栏目《焦点访谈》专题报道，推动“环境有价、损害担责”的改革理念深入人心，起到了积极的示范作用。

---

① 复旦大学张梓太。

5.3 浙江省诸暨某企业大气污染生态环境损害赔偿案

5.3.1 案情简介

2017 年 4 月 11 日，原诸暨市环境保护局会同当地公安局联合突击检查浙江某建材公司，发现该企业在在线监测设备的取样管上套装管子，并喷吹中和后的气体，将氮氧化物浓度由实际的 400 mg/m^3 左右降至在线监测设备显示的 250 mg/m^3 左右，通过干扰在线监测设备，达到“达标”排放的目的。该案为 2017 年《最高人民法院最高人民检察院关于办理环境污染刑事案件适用法律若干问题的解释》实施后，浙江省查处的第一起大气污染物在线监测数据造假案件。经鉴定评估，该案造成的生态环境损害数额为 110.4 万元。

5.3.2 磋商结果

2018 年 8 月 6 日，赔偿权利人指定的部门原绍兴市环境保护局会同相关单位与赔偿义务人涉案企业开展磋商，达成以替代修复方式承担生态环境损害赔偿责任的协议，由赔偿义务人在其所在地开展替代修复，建设一个占地面积 6 372 m^2 的生态环境警示公园。该项目总投资 286 万元，其中赔偿义务人自愿追加 175.6 万元赔偿金用于公园建设。修复项目由属地政府进行组织、监督管理、资金决算审计。2018 年 12 月 18 日，绍兴市中级人民法院出具《民事裁定书》对赔偿协议进行司法确认。2019 年 1 月 16 日，替代修复项目通过评估验收。

5.3.3 典型意义

该案是生态环境损害赔偿制度改革启动以来，浙江省第一起大气污染损害赔偿案件，积极探索了大气环境损害替代修复的实践路径。其典型意义主要有：一是部门联合，协作推进。原绍兴市环境保护局联合绍兴市财政局、绍兴市人民检察院等部门与赔偿义务人进行磋商，多部门协作推进，确保损害赔偿落实。二是严守底线，创新方式。磋商双方围绕赔偿方式、工程监管等焦点进行磋商，最终结合企业诉求，在属地政府监管和第三方资金审计模式下，由赔偿义务人自行委托第三方在当地以替代修复方式建设生态环境警示公园，赔偿权利人委托第三方对修复工程进行评估。三是长期警示，服务群众。这种替代修复模式，既弥补了违法企业对大气环境造成的损害，同时改善了企业所在地居民的生活环境，又起到长期警示作用，产生了较好的社会效应，为生态环境损害赔偿工作取得实效进行了有益的探索。

5.3.4　专家[①]点评

该案件是浙江省首个经司法确认的生态环境损害赔偿案件。由于大气环境损害难以修复，由赔偿义务人以在当地修建生态公园的替代修复方式承担生态环境损害赔偿责任，当地村民成为生态公园建设的直接受益人，彰显了生态环境损害赔偿制度改革改善民生的良好社会效应。该案件体现了生态环境损害赔偿制度对环境污染的“零容忍”，人民群众对美好生活环境的期盼，企业自愿追加 1 倍赔偿金用于开展生态环境治理的行动，也体现了损害赔偿制度改革在推动企业主动承担社会责任方面的积极作用。

5.4　天津经济技术开发区某企业非法倾倒废切削液和废矿物油生态环境损害赔偿案

5.4.1　案情简介

2017 年 9 月 20 日，原天津经济技术开发区环境保护局（以下简称原经开区环保局）对区内某企业进行现场检查，发现其厂区内西北侧草地上有一形状不规则的油渍地面。随后，原经开区环保局会同公安机关共同调查取证，确认了该企业向厂区内草地倾倒废切削液和废矿物油的事实，依法对该企业进行查处，并同时将案件移送至公安处理。经鉴定评估，超过用地风险筛选值需开展修复的土壤面积约 240 m^2，体积约 360 m^3，涉及生态环境损害赔偿数额共计 114.7 万元。

5.4.2　磋商结果

2019 年 7 月 11 日，赔偿权利人指定的部门原经开区环保局与赔偿义务人涉案企业进行磋商，并达成赔偿协议。双方约定采用氧化技术进行原地异位修复，生态环境损害赔偿责任由赔偿义务人承担，包括鉴定评估报告明确的生态环境损害数额、本案相应支出的鉴定评估费、恢复效果评估费等费用。为确保协议顺利履行，赔偿权利人和义务人共同向天津市第三中级人民法院申请了司法确认。依据赔偿协议，涉案企业委托第三方机构对需要开展修复的土壤进行修复，并将受污染影响但未超过用地风险筛选值的土壤和地下水生态环境损失 47.5 万元缴纳至滨海新区财政非税收入专用账户。目前，土壤修复工作已基本完成，正在开展修复效果评估。

---

① 生态环境部环境规划院於方。

5.4.3 典型意义

本案的典型意义主要有：一是生态环境、公安协同合作，密切联动、健全机制，推进生态环境损害赔偿的顺利开展；二是证据固定及时，为后续鉴定评估和磋商工作奠定了良好基础；三是案件办理过程中，注重加强对企业的宣传教育，使其提高认识，促成磋商成功；四是赔偿协议申请司法确认，为促使企业尽快履行协议、完成环境修复提供保障。

5.4.4 专家①点评

本案对生态环境损害赔偿案件的具体办理操作流程，进行了实践，并探索了需要修复和不需要修复两种损害的责任承担方式。一方面，修复费用、评估费用由赔偿义务人自愿与第三方机构签订合同支付。按照《生态环境损害赔偿制度改革方案》的规定，生态环境损害可以修复的，由赔偿义务人自行修复或者委托第三方机构修复。另一方面，将不需要开展修复的土壤和地下水生态环境损害造成的损失直接给付赔偿权利人。本案既修复了受损的生态环境，又赔偿了不需要开展修复但造成损害的土壤和地下水生态环境损失，是落实《生态环境损害赔偿制度改革方案》“应赔尽赔”要求的典型案例。

5.5 江苏省苏州市高新区某企业渗排电镀废水生态环境损害赔偿案

5.5.1 案情简介

2018 年 5 月 23 日，原苏州市高新区环境保护局（以下简称原高新区环保局）接到对江苏某电子有限公司涉嫌偷排废水的投诉后，联合公安机关成立专案组，查实该企业电镀废水渗漏经土壤流入河道造成生态环境损害情况，采样监测渗漏废水 pH 为 1.98～3.41、化学需氧量（COD）为 322～379 mg/L、总铜为 119～183 mg/L，超出排放标准。原高新区环保局对该企业进行立案处罚，并将案件移送公安机关处理。经鉴定评估，此次事件违规排放废水 118 t，受到污染的土壤总面积约为 3 400 m^2，造成的生态环境损害数额为 622.7 万元。

5.5.2 磋商结果

苏州国家高新技术产业开发区管理委员会与赔偿义务人江苏某电子有限公司开展了多轮磋商，于 2019 年 7 月 18 日签订了生态环境损害赔偿协议，并向法院申请司法确认。

---

① 天津大学孙佑海。

根据赔偿协议，赔偿义务人应支付应急检测、污染清除、鉴定评估等费用 195.9 万元，地表水环境损害恢复费用 103.8 万元，并对受损的土壤进行修复。赔偿义务人缴纳了赔偿金，委托第三方机构将受污染土壤清挖外运，进行水泥窑协同处置，并客土回填，将受污染的地下水抽取进入污水处理设施进行处理。目前，土壤、地下水修复工作已基本完成，地表水环境损害赔偿金由区财政统一调配用于苏州市高新区生态补偿专项资金。

5.5.3 典型意义

本案的典型意义主要有：一是生态环境部门与公安机关联合调查，鉴定评估依规开展，为后期赔偿磋商奠定坚实基础；二是赔偿协议经法院司法确认，保证了生态环境损害赔偿的执行力；三是按赔偿协议要求，组织涉案企业开展土壤、地下水修复，并通过报纸、电视、网络等媒体广泛宣传报道，起到了“处置一个、警示一批、教育一片”的宣传教育作用。

5.5.4 专家①点评

本案的最大特点是苏州市高新区建立了对生态环境损害赔偿案件处置的会商制度。本案初期，在生态环境部门发现违法犯罪的线索之后，及时将案件移交给公安机关。公安机关在接到生态环境部门移送的材料之后，组成联合调查组，开始侦查取证，全程参与现场笔录、问询笔录的制作，为案件办理和证据的有效收集提供了合法保证。之后，生态环境部门会同公安、检察、安监等有关部门进行反复沟通协调，建立并规范了生态环境损害违法案件的联合查办机制和生态环境违法犯罪处置的会商制度，确保了生态环境损害赔偿案件的依法精准办理。实践证明，为了更加精准地办好生态环境损害赔偿案件，仅仅依靠生态环境部门一家的力量是不够的。生态环境部门只有与有关部门精诚合作，善于沟通协调，建立健全联合办案的会商制度，才能把生态环境损害赔偿案件切实办理好，并在资金保障、生态环境修复、司法确认等方面将责任具体落实。

5.6 湖南省郴州屋场坪锡矿“11·16”尾矿库水毁灾害事件生态环境损害赔偿案

5.6.1 案情简介

2015 年 11 月 16 日 23 时许，因受连日强降雨影响，位于郴州市北湖区芙蓉乡屋场坪村的某矿冶有限公司屋场坪锡矿尾矿库排水竖井上部坍塌，尾矿库内积水及部分尾矿经排

① 天津大学孙佑海。

水涵洞下泄，事件造成杨家河部分河堤被洪水冲塌，沿岸 1 377 亩农田、菜地、林地和荒地被洪水尾矿淹没，部分居民饮水安全受到影响，下游部分重金属治理工程被冲毁，杨家河和武水河砷浓度超标。郴州市人民政府迅速成立处置工作组，并委托第三方机构开展鉴定评估。

5.6.2 磋商结果

处置工作组多次与赔偿义务人涉案企业磋商，就赔偿金分配和修复工作达成一致，赔偿金总额为 1 568.7 万元。截至 2019 年 6 月，生态环境修复工程已完成，共修复农用地 1 377 亩，清理河道、修复河道护壁与河堤护坡 15 660 m^3，固化河道淤泥及废渣 6 000 m^3，开展河道两岸绿化工程 23 847 m^3，对 3 口超出地下水质量标准的水井进行清洗和抽出处理，并对水井水质进行跟踪监测。

5.6.3 典型意义

本案的典型意义主要有：一是在应急处置结束后，及时启动生态环境损害调查与鉴定评估工作，确保了生态环境损害鉴定评估数据的可靠性和时效性；二是委托第三方编制修复方案，并确定生态环境修复工程分为河道生态修复工程、土壤修复工程和饮用水水源保障 3 个部分，力求达到最佳修复效果；三是明确修复过程采取市生态环境部门统一监督，相关区县具体负责的方式，资金由企业按修复方案直接拨付到相关区县专用账户，确保专款专用。

5.6.4 专家①点评

本案是湖南省境内影响较大的跨区域生态环境损害事件，涉及郴州市两县一区。郴州市人民政府在本案应急处置阶段即成立由生态环境、安监等相关部门参加的协调处置工作组，与鉴定评估机构联动，启动生态环境损害调查与鉴定评估工作，确保了生态环境损害鉴定评估数据的可靠性和时效性。应急处置与损害评估联动有助于保证突发环境事件生态环境损害鉴定评估的有效性和准确性。此外，本案件积极探索了市政府牵头，两县一区政府负责落实修复责任，市生态环境主管部门监督考核的模式，确保了生态环境修复工作按时保质完成。

---

① 复旦大学张梓太。

5.7 深圳市某企业电镀液渗漏生态环境损害赔偿案

5.7.1 案情简介

2018 年 4 月，原深圳市人居环境委员会执法人员在对深圳某企业进行检查时，发现该企业厂区外市政管网观察井下层有水泥管流出含重金属的废水。执法人员对该区域进行挖掘，发现此处雨水管道周边土壤有淡黄色废水渗出，经监测，渗出废水总铬浓度为 2 060 mg/L，六价铬浓度为 2 010 mg/L。深圳市环境监测中心站利用水质溯源技术，排查废水污染来源，判断出废水来源于该企业生产车间。经鉴定评估，此次事件受到污染的土壤总面积为 2 189 m^2，土壤总方量为 8 754 m^3，受到污染的地下水总方量为 122 m^3。该案件造成的生态环境损害数额约 1 400 万元。2018 年 8 月，深圳市生态环境部门依法对该企业处以罚款 100 万元，吊销其排污许可证。2018 年 10 月，宝安区人民法院以污染环境罪判处该企业 2 名相关责任人有期徒刑各 10 个月，处罚金各 5 万元。

5.7.2 磋商结果

赔偿权利人指定的部门深圳市生态环境局与赔偿义务人涉案企业进行磋商，于 2019 年 6 月 10 日签订生态环境损害赔偿协议。赔偿义务人承诺按照相关规定对污染地块开展自行修复，并承担本案生态环境损害调查和鉴定评估等相关费用；同时加强排查和整改，确保废水得到有效收集和达标排放。目前，土壤污染风险评估报告已经广东省生态环境厅评审通过。赔偿义务人根据评估报告确定的期限和目标，已启动生态环境损害修复工作。

5.7.3 典型意义

本案是一起通过溯源执法发现的涉重金属污染的生态环境损害赔偿案件，其典型意义主要有：一是运用溯源技术开展环境监管执法，通过分析比对积存废水与企业原水水质，排查废水来源，快速锁定排污主体；二是实施严格的责任追究制度，本案通过综合运用行政、刑事、民事以及失信联合惩戒、上市公司环境信息披露等手段，给违法企业戴上“紧箍咒”；三是推动在监管执法环节建立生态环境损害赔偿案件筛查工作机制，确定了筛查标准、筛查流程和筛查责任分工，将筛查工作前置。

5.7.4 专家[①]点评

本案的最大亮点在于，在案件办理过程中推进了深圳市生态环境损害赔偿工作机制的完善。根据深圳市委、市政府印发的工作方案，生态环境主管部门和检察机关、公安机关、司法行政机关强化部门协作机制，建立联合会商制度，促进了损害赔偿工作的顺利展开；同时生态环境部门创新案件筛查工作机制，制定了筛查制度，确保了集中力量办理重大案件；强化了环境污染的民事责任追究，为构建“三位一体”的责任追究体系提供了借鉴经验。通过本案的办理，可以看到，对涉案企业违法行为的行政罚款和刑事罚金总计 110 万元，而其承担的赔偿金额高达 1 400 万元，违法成本提高十多倍，不仅有助于实现对受损生态环境的及时有效修复，而且将对潜在违法者产生极大震摄，切实践行了“用最严格制度、最严密法治保护生态环境”要求。

5.8 安徽省池州月亮湖某企业水污染生态环境损害赔偿案

5.8.1 案情简介

2019 年 3 月 28 日，池州市生态环境局对该市某项目地块东侧月亮湖污染问题进行现场调查，发现该项目通过两个非法排污口直接将大量生活污水排入月亮湖，致使湖体水质超标。池州市生态环境局启动生态环境损害赔偿程序，在调查勘验、综合分析的基础上，经专家测算，修复费用在 50 万元以下，采用简易评估认定程序进行生态环境损害鉴定评估。专家建议采取异位处理、清淤、清水替换和生态系统重建的方式进行修复，生态环境修复费用 49 万元。

5.8.2 磋商结果

2019 年 10 月 9 日，赔偿权利人指定的部门池州市生态环境局向赔偿义务人涉案企业发出《生态环境损害赔偿意见书》，征询对方意见。2019 年 10 月 11 日，赔偿义务人书面回复同意按赔偿意见书要求进行赔偿。根据意见书要求，赔偿义务人要将湖体水生生态系统重建，水质达到景观用水要求的地表水Ⅳ类水质标准。

5.8.3 典型意义

本案是安徽省首例达成协议的生态环境损害赔偿磋商案，其典型意义主要有：一是省

---

① 中国政法大学于文轩。

生态环境厅积极介入、全程指导、协调专业机构，及时开展鉴定评估；二是针对本案生态环境损害事实清楚、数额小、无争议的实际情况，探索创新了简易评估认定程序，达到及时有效修复的目的，实现了磋商效率和修复效益的双赢。

5.8.4 专家①点评

生态环境损害赔偿制度改革鼓励各地积极探索、勇于创新。在本案中，池州市生态环境局积极作为，及时开展调查，根据本省改革实施方案的规定，采用简易评估认定程序，根据专家提出的环境修复意见，与赔偿义务人在较短的时间内达成共识。由于生态环境的复杂性、生态环境损害的潜在性和广泛性等原因，生态环境损害鉴定评估时间周期长、成本费用高是改革过程中存在的难题。本案简易评估认定程序的探索有助于破解鉴定评估"费用高"的问题，并提高工作效率。另外，本案赔偿义务人以异位处理、清淤、清水替换和生态系统重建的方式开展修复，为同类型受损生态环境的修复提供了借鉴。

5.9 上海市奉贤区张某等 5 人非法倾倒垃圾生态环境损害赔偿案

5.9.1 案情简介

2018 年 6 月，上海市奉贤区四团镇沪芦高速西侧断头沟和河浜发现大量偷倒的工业和建筑垃圾，且垃圾倾倒未采取任何防渗措施。奉贤区四团镇绿化和市容管理所对现场垃圾进行了初步现场评估，倾倒区域 A 地块长约 39.5 m，宽约 21 m，高约 1.5 m；B 地块长约 44 m，宽约 31 m，高约 1.5 m；A、B 两个区域垃圾倾倒总量共计约 1 800 t，其中 70%为一般工业垃圾，30%为建筑垃圾。经调查和专业机构评估，共倾倒垃圾 100 余车，占地面积近 2 000 m^2，污染清除和生态环境修复费用约 400 万元。

5.9.2 磋商结果

2018 年 12 月，赔偿权利人指定的部门原奉贤区环境保护局开展索赔具体工作。在磋商组织方式上，为进一步保证公平，提高沟通效率，原奉贤区环境保护局与赔偿义务人共同委托奉贤区四团镇人民调解委员会组织召开磋商会议。在修复方式上，为切实落实修复责任，强化修复监督，约定由赔偿义务人自行开展修复，并实行履约保证金制度，如赔偿义务人未按要求完成修复，保证金将由属地政府用于代为组织开展修复工作。经过充分沟通，2019 年 1 月，原奉贤区环境保护局与 5 名赔偿义务人签订了赔偿协议。协议确定了损

① 中国政法大学于文轩。

害事实、责任范围及履约方式，规定由赔偿义务人在2019年8月30日前完成修复，并先行支付履约保证金。协议签订以后，赔偿义务人根据协议要求委托第三方机构组织开展垃圾处置和生态环境修复等工作，原奉贤区环境保护局会同绿化市容等部门进行监督。目前，受损地块的清挖和垃圾分类处置等相关修复工作已全部完成，并通过评估论证。

5.9.3 典型意义

本案在全面、及时落实生态环境修复责任方面进行了积极探索，其典型意义主要有：一是试行履约保证金制度。本案中，赔偿义务人自行修复生态环境，并根据生态环境损害评估情况缴纳履约保证金。二是探索生态环境损害修复责任与刑事责任的衔接。本案在刑事责任追究中将赔偿义务人落实生态环境修复责任的情况作为考量要素。三是强化修复监督。本案在调查、磋商、修复过程中，始终坚持修复为本的理念，并依托相关部门共同开展索赔和修复监督。修复过程中，生态环境、绿化市容等部门对赔偿义务人的修复行为进行全过程监督，属地政府负责履约保证金的管理，有效地保障了修复责任的落实。

5.9.4 专家①点评

本案的亮点有三：一是将生态环境损害赔偿责任的履行作为环境刑事审判的量刑情节，实现了生态环境损害赔偿责任与环境刑事责任的统筹。生态环境损害赔偿磋商、协议履行在先，刑事诉讼判决在后，法院根据各被告人的犯罪事实、性质、情节和对社会的危害程度，并结合其积极修复生态环境等认罪悔罪表现，依法予以从宽处理，有利于促进赔偿义务人及时采取相应的修复措施并积极履行赔偿义务。二是本案在磋商过程中试行了履约保证金制度，赔偿义务人支付保证金，如未按时完成修复工作，保证金将用于修复，以保障赔偿协议的履行。三是本案首探“从业禁止令”，禁止相关赔偿义务人在缓刑考验期内从事与排污或处置危险废物有关的经营活动，对强化犯罪分子的有效监管，防止生态环境损害的再次发生具有重要意义。

5.10 重庆市两江新区某企业非法倾倒混凝土泥浆生态环境损害赔偿案

5.10.1 案情简介

2019年3月，重庆市生态环境局两江新区分局（以下简称两江分局）现场检查时发现，某企业先后于2007年、2008年擅自在重庆市两江新区翠云街道云竹路厂区外修建2个沉

① 北京大学汪劲。

淀池，未采取防渗措施，泥浆水长期渗漏造成厂区外北侧山坡下 12 000 m^2 农田受到污染。2018 年以来，该企业违法倾倒罐车清洗水和泥浆导致厂区外北侧山坡 400 m^2 土壤硬化板结。2019 年 4 月 4 日，该企业擅自将山坡下泥浆水形成的水塘掘开，泥浆水外泄导致坡下 2 000 m^2 农田受到污染。经鉴定评估，14 400 m^2 农田表土流失和板结，土地裸土化，生态系统结构和功能发生变化。经评估，生态环境损害数额为 948.2 万元。

5.10.2　磋商结果

2019 年 7 月，赔偿权利人指定的部门两江分局与赔偿义务人涉案企业召开磋商会议。会上双方就对受损土地进行修复、赔偿生态环境修复期间服务功能的损失及鉴定评估等相关费用，达成一致意见并签署赔偿协议。2019 年 10 月，赔偿义务人积极履行生态环境修复责任，清理污染物 4.05 万 m^3，复绿土地 1.32 万 m^2；向财政专户缴纳生态环境损害期间损失 13.1 万元，鉴定评估费用 19.5 万元，修复效果评估费用 10 万元。经第三方机构评估，修复效果达到预期目标。

5.10.3　典型意义

本案的典型意义主要有：一是财政预算保障有力，鉴定评估及时开展。两江分局依据《重庆市生态环境损害赔偿资金管理办法》，将生态环境损害调查、鉴定评估、修复效果评估等费用预先纳入同级财政预算安排，鉴定评估费用得到保证。二是加强宣传教育，推动磋商顺利进行。本案中赔偿义务人曾以已受到行政处罚又面临刑事追责、担心作为上市企业影响企业形象等各种理由拒绝履行赔偿义务。磋商前，两江分局多次与企业沟通，宣传有关政策法规，依据《重庆市生态环境损害赔偿磋商办法》，告知企业其积极参与生态环境损害赔偿磋商、及时履行赔偿协议的情况将提交人民法院、有关行政主管部门参考。检察机关依据《重庆市人民检察院重庆市环境保护局关于在公益诉讼中加强协作的意见》发送检察建议书，有力推动生态环境损害赔偿工作。三是强化公众参与，促进修复取得实效。生态环境损害修复过程中，组织人民监督员和专家到修复现场查看，主动接受公众监督，让人民群众亲身体验生态环境修复取得的实效，增强人民群众对优美生态环境的获得感。

5.10.4　专家①点评

生态环境损害赔偿制度改革工作的有效推进，需要多部门协同合作，比如在案例线索移交和索赔工作的具体分工等方面“团结各种力量”，建立良性协作机制将极大促进工作顺利开展。本案的亮点主要体现在生态环境等行政主管部门之间以及与司法部门的良好互

① 北京大学汪劲。

动，保障了案件的快速推动。一是完善了生态环境损害赔偿与环境公益诉讼案件线索的衔接。本案中，重庆市人民检察院发现企业违法行为造成生态环境损害后，向两江新区管理委员会发送了检察建议书。检察机关通过发送检察建议的方式，将赔偿案件的线索告知生态环境部门，实现了生态环境损害赔偿与环境公益诉讼案件线索的有效衔接。二是充分体现了部门联动的作用，实现行政、刑事、民事责任同步追究，构建严密责任追究法网。两江分局与自然资源、城管、公安、检察等部门召开联席会议，依据各自职责依法对企业进行了全面检查，对发现的违法行为均进行了立案查处，及时督促整改；公安机关对涉嫌环境污染犯罪行为，依法立案调查追究刑事责任；生态环境部门提起生态环境损害赔偿，督促开展生态环境损害修复。

5.11 “散乱污”严重污染环境刑事案件

5.11.1 基本案情

2017 年年初，被告人刘云贵、王大福、王晓阳等人共谋后，合伙出资在重庆市南川区南平镇景秀村筹建了一个“无名称、无营业执照、无排污许可证、无污水处理设备”的造纸厂（以下称南平纸厂）。南平纸厂产生的污水未经处理，直接排放到附近的废弃矿井内。

2017 年 8 月，被告人汪林经刘晓介绍，与被告人刘云贵、王大福、刘晓等人共谋另行选址筹建造纸厂。随后，在被告人汪林的帮助下，被告人刘云贵、王大福等人租赁南川区水江镇石茂村 1 组原铁路搅拌厂作为新厂址，并将南平纸厂设备转移至该新厂区（以下称水江纸厂）。该纸厂同样没有名称、营业执照、排污许可证、污水处理设备。2017 年 11 月 10 日，水江纸厂正式投产，造纸产生的污水通过一根塑料管直接排到厂区外的土地上，顺地势流入乌杨溪武隆区河流段内。2017 年 11 月 27 日，水江纸厂因非法排放废水，被南川区环境保护局查处。经重庆市南川区环境监测站监测：水江纸厂污水池、污水池排污口、污水流经地、乌杨溪排污口等处水样样本化学需氧量、氨氮、总磷超过地表水环境质量标准（Ⅳ类）限值。2018 年 9 月 10 日，经西南大学司法鉴定所鉴定：本案中该纸厂排放的含有超标化学需氧量、氨氮和总磷的废水属于有害物质。自 2017 年 11 月 10—27 日，水江纸厂共生产、销售草纸 76.732 t，被告人刘云贵、王大福、王晓阳、刘晓、李金旺、汪林违法所得 496 844.5 元。

5.11.2 裁判结果

重庆市涪陵区人民法院一审认为，被告人刘云贵、王大福、王晓阳、李金旺、刘晓、汪林、金中富违反国家规定，排放含有超标的化学需氧量、氨氮和总磷废水的有害物质，严重污染环境，其行为均已构成污染环境罪。遂判决刘云贵等人有期徒刑一年以下不等，并处罚金；公安机关依法查扣的财物，由公安机关依法处理。

5.11.3　典型意义

本案系“散乱污”严重污染环境刑事案件。被告人刘云贵、王大福、王晓阳共谋筹建的造纸厂排放的废水中化学需氧量、氨氮、总磷超过排放标准，使地表水丧失原有的水环境功能，危害人体健康，被依法认定为《关于办理环境污染刑事案件适用法律若干问题的解释》第十五条第（四）项“其他具有毒性，可能染环境的物质”。《关于办理环境污染刑事案件适用法律若干问题的解释》第一条规定违法所得 30 万元以上的应当认定为“严重污染环境”，本案明确对于“违法所得”应当理解为实施污染环境罪的行为所得和可得的全部违法收入，不应扣除违法生产成本，体现了人民法院对污染环境刑事犯罪行为从严惩处的态度和决心。

5.12　江西省九江市人民政府诉江西正鹏环保科技有限公司、杭州连新建材有限公司、李德等 7 人生态环境损害赔偿责任案

5.12.1　基本案情

2017—2018 年，江西正鹏环保科技有限公司（以下简称正鹏公司）与杭州塘栖热电有限公司等签署合同，运输、处置多家公司生产过程中产生的污泥，收取相应的污泥处理费用。正鹏公司实际负责人李德将从多处收购来的污泥直接倾倒、与丰城市志合新材料有限公司（以下简称志合公司）合作倾倒或者交由不具有处置资质的张永良、舒正峰等人倾倒至九江市区多处地块，杭州连新建材有限公司（以下简称连新公司）明知张永良从事非法转运污泥，仍放任其持有加盖公司公章的空白合同处置污泥。经鉴定，上述被倾倒的污泥共计 1.48 万 t，造成土壤、水及空气污染，所需修复费用 1 446.29 万元。案发后，江西省九江市浔阳区人民检察院依法对被告人舒正峰等 6 人提起刑事诉讼，江西省九江市中级人民法院二审判处被告人舒正峰等 6 人犯污染环境罪，有期徒刑 2 年 2 个月至有期徒刑 10 个月不等，并处罚金 10 万元至 5 万元不等。江西省九江市人民政府依据相关规定开展磋商，并与杭州塘栖热电有限公司达成赔偿协议。因未与正鹏公司、连新公司、李德等 7 人达成赔偿协议，江西省九江市人民政府提起本案诉讼，要求各被告履行修复生态环境义务，支付生态环境修复费用、公开赔礼道歉并承担律师费和诉讼费用。

5.12.2 裁判结果

江西省九江市中级人民法院一审认为，正鹏公司及其实际负责人李德直接倾倒污泥或者将污泥交付张永良、舒正峰等人转运或者倾倒，造成环境严重污染，应承担相应生态环境损害赔偿责任。张永良持有连新公司交付的加盖公司公章的空白合同处理案涉污泥，连新公司未履行监管义务，放任张永良非法倾倒污泥，应当承担连带责任。夏吉萍作为志合公司实际负责人，因该公司与正鹏公司合作从事污泥倾倒，且其个人取得利润分成，应当承担连带责任。案涉污染地块中污泥已混同，无法分开进行修复，判决各被告共同承担倾倒污泥地块的修复责任以及不履行修复义务时应当支付的修复费用，在省级或以上媒体向社会公开赔礼道歉，共同支付环评报告编制费、风险评估费以及律师代理费。

5.12.3 典型意义

本案系在长江经济带区域内跨省倾倒工业污泥导致生态环境严重污染引发的生态环境损害赔偿案件。在依法追究被告公司及各被告人刑事责任的基础上，江西省九江市人民政府充分发挥磋商作用，促使部分赔偿义务人达成协议并积极履行修复和赔偿义务；对于磋商不成的，则依法提起生态环境损害赔偿诉讼，实现了诉前磋商与提起诉讼的有效衔接。本案判决不仅明确了经营者虽没有直接实施倾倒行为，但放任他人非法处置的，应由经营者与非法处置人共同承担责任的规则；还明确了数人以分工合作的方式非法转运、倾倒污泥，在无法区分各侵权人倾倒污泥数量的情况下，应当共同承担责任的规则，有效落实最严格的生态环境保护法律制度。

5.13 重庆市南川区林业局诉李成冬生态环境损害赔偿纠纷案

5.13.1 基本案情

2016 年 12 月 5—13 日，被告李成冬为翻修老家房屋及种植蔬菜方便，在未办理林地征占用许可证的情况下，擅自雇人驾驶挖机从重庆市南川区水江镇山水村 4 组小地名高上丹到干石溪之间毁坏林地、耕地以修建道路。经鉴定，其占用农用地面积共 8.39 亩，其中耕地 0.97 亩、林地 7.42 亩。占用林地森林分类为一般公益林，林地保护等级为三级。所占用林地的林木和植被全部毁坏、林业种植条件已被严重毁坏。2017 年 6 月 8 日，重庆市涪陵区人民法院以非法占用农用地罪判处李成冬有期徒刑一年，缓刑一年六个月，并处罚金 2 000 元。2018 年 12 月 5 日，重庆市南川林业司法鉴定所受南川区森林公安局的委托，对“李成冬非法占用农用地”一案展开了生态环境损害鉴定评估，并出具了《关于南川区水江镇山水村 4 组李成冬占用林地生态环境损害鉴定评估报告》。重庆市南川区林业局作为南区人民政府的林业主管部门，依法提起本案生态环境损害赔偿诉讼。

5.13.2　裁判结果

重庆市第三中级人民法院一审认为，被告李成冬非法占用农用地等侵权事实已经由生效刑事判决予以认定，重庆市南川林业司法鉴定所对涉案非法占用农用地作出的森林生态系统服务功能费用总计 100 570.71 元。被告李成冬对破坏的林地补种了树苗，重庆市南川区林业局根据鉴定意见，认可李成冬支出恢复费用 5 594.62 元。另李成冬案发后，自愿向重庆市涪陵区人民检察交纳生态修复基金 5 000 元，也属于生态修复的费用，遂判决被告李成东支付生态环境损害赔偿费 89 976.09 元，支付鉴定费 36 000 元。

5.13.3　典型意义

本案系森林业行政主管部门提起的生态环境损害诉讼案件。生态环境损害赔偿制度是生态文明制度体系的重要组成部分。李成冬为老家翻修房屋及种植蔬菜方便，在未办理林地征用许可证的情况下，擅自雇人驾驶挖机毁坏林地、耕地以修建道路，导致林业资源遭受严重破坏，林业生态服务功能遭受严重损害。尽管李成冬已经被追究刑事责任，但承担了刑事责任并不意味着免除民事责任。在李成冬补种树苗恢复林地的基础上，人民法院还判决其承担生态修复期间生态服务功能的损失，是对生态环境损害赔偿制度改革工作坚持的“环境有价，损害担责”原则的具体落实。

5.14　山东省生态环境厅诉山东道一新能源科技有限公司合同纠纷案

5.14.1　基本案情

2016 年 3 月，山东道一新能源科技有限公司（以下简称道一公司）非法倾倒危险废物，对生态环境造成了严重损害。山东省人民政府指定山东省生态环境厅为具体工作部门，开展生态环境损害赔偿索赔工作。2017 年 7 月，山东省生态环境厅与道一公司签订《山东道一新能源科技有限公司非法倾倒危险废物事件生态环境损害赔偿合同书》（以下简称《赔偿合同书》），约定道一公司赔偿 229.03 万元。2017 年 8 月，道一公司支付赔偿款 70 万元后，剩余两期赔偿款均未按约支付。山东省生态环境厅诉至法院，要求道一公司继续履行《赔偿合同书》，承担逾期付款违约金和其他费用。

5.14.2 裁判结果

山东省济南市历下区人民法院一审认为，《赔偿合同书》合法有效。道一公司应按约支付赔偿款及后评估费用等。一审判决，道一公司支付山东省生态环境厅赔偿款本金159.03万元及相应违约金和评估费用。

5.14.3 典型意义

本案系赔偿义务人不履行生态环境损害赔偿协议引发的合同纠纷案件。根据《最高人民法院关于审理生态环境损害赔偿案件的若干规定（试行）》的规定，省级、市地级人民政府及其指定的相关部门，可与造成生态环境损害的自然人、法人或者其他组织经磋商达成生态环境损害赔偿协议。一方当事人拒绝履行或者未全部履行生态环境损害赔偿协议的，既可经由司法确认程序赋予强制执行效力，也可由另一方当事人提起违约之诉予以解决。本案判决道一公司未支付全部生态环境损害赔偿款，构成违约，应向山东省生态环境厅承担违约责任，有力保障了生态环境损害赔偿协议的有效履行和生态环境修复工作的切实开展，是人民法院在司法确认程序之外，依法追究损害生态环境行为人赔偿责任的又一路径。

5.15 江苏省人民政府诉安徽海德化工科技有限公司生态环境损害赔偿案

5.15.1 基本案情

2014 年 4—5 月，安徽海德化工科技有限公司（以下简称海德公司）营销部经理杨峰分三次将海德公司生产过程中产生的 102.44 t 废碱液，以 1 300 元/t 的价格交给没有危险废物处置资质的李宏生等人处置，李宏生等人又以 500 元/t、600 元/t 不等的价格转交给无资质的孙志才、丁卫东等人。上述废碱液未经处置，排入长江水系，严重污染环境。其中，排入长江的 20 t 废碱液，导致江苏省靖江市城区集中式饮用水源中断取水 40 多个小时；排入新通扬运河的 53.34 t 废碱液，导致江苏省兴化市城区集中式饮水源中断取水超过 14 个小时。靖江市、兴化市有关部门分别采取了应急处置措施。杨峰、李宏生等人均构成污染环境罪，被依法追究刑事责任。经评估，三次水污染事件共造成环境损害 1 731.26 万元。

5.15.2 裁判结果

江苏省泰州市中级人民法院一审认为，海德公司作为化工企业，对其生产经营中产生的危险废物负有法定防治责任，其营销部负责人杨峰违法处置危险废物的行为系职务行为，应由海德公司对此造成的损害承担赔偿责任。案涉长江靖江段生态环境损害修复费用，系经江苏省环境科学学会依法评估得出；新通扬运河生态环境损害修复费用，系经类比得出，也经出庭专家辅助人认可。海德公司污染行为必然对两地及下游生态环境服务功能造成巨大损失，江苏省人民政府主张以生态环境损害修复费用的 50%计算，具有合理性。江苏省人民政府原诉讼请求所主张数额明显偏低，经释明后予以增加，应予支持。水体自净作用只是水体中污染物向下游的流动中浓度自然降低，不能因此否认污染物对水体已经造成的损害，不足以构成无须再行修复的抗辩。一审法院判决海德公司赔偿环境修复费用 3 637.90 万元、生态环境服务功能损失 1 818.95 万元、评估鉴定费 26 万元，上述费用合计 5 482.85 万元，支付至泰州市环境公益诉讼资金账户。江苏省高级人民法院二审在维持一审判决的基础上，判决海德公司可在提供有效担保后分期履行赔偿款支付义务。

5.15.3　典型意义

本案是《生态环境损害赔偿制度改革试点方案》探索确立生态环境损害赔偿制度后，人民法院最早受理的省级人民政府诉企业生态环境损害赔偿案件之一。长江是中华民族的母亲河。目前，沿江化工企业分布密集，违规排放问题突出，已经成为威胁流域生态系统安全的重大隐患。加强长江经济带生态环境司法保障，要着重做好水污染防治案件的审理，充分运用司法手段修复受损生态环境，推动长江流域生态环境质量不断改善，助力长江经济带高质量发展。本案判决明确宣示，不能仅以水体具备自净能力为由主张污染物尚未对水体造成损害以及无须再行修复，水的环境容量是有限的，污染物的排放必然会损害水体、水生物、河床甚至河岸土壤等生态环境，根据损害担责原则，污染者应当赔偿环境修复费用和生态环境服务功能损失。本案还是《中华人民共和国人民陪审员法》施行后，由 7 人制合议庭审理的案件，4 位人民陪审员在案件审理中依法对事实认定和法律适用问题充分发表了意见，强化了长江流域生态环境保护的公众参与和社会监督，进一步提升了生态环境损害赔偿诉讼裁判结果的公信力。

5.16　山东省生态环境厅诉山东金诚重油化工有限公司、山东弘聚新能源有限公司生态环境损害赔偿诉讼案

5.16.1　基本案情

2015 年 8 月，弘聚公司委托无危险废物处理资质的人员将其生产的 640 t 废酸液倾倒至济南市章丘区普集街道办上皋村的一个废弃煤井内。2015 年 10 月 20 日，金诚公司采取

相同手段将其生产的 23.7 t 废碱液倾倒至同一煤井内，因废酸、废碱发生剧烈化学反应，4 名涉嫌非法排放危险废物人员当场中毒身亡。经监测，废液对井壁、井底土壤及地下水造成污染。事件发生后，原章丘市人民政府进行了应急处置，并开展生态环境修复工作。山东省人民政府指定山东省生态环境厅为具体工作部门，开展生态环境损害赔偿索赔工作。山东省生态环境厅与金诚公司、弘聚公司磋商未能达成一致，遂根据山东省环境保护科学研究设计院出具的《环境损害评估报告》向济南市中级人民法院提起诉讼，请求判令被告承担应急处置费用、生态环境服务功能损失、生态环境损害赔偿费用等共计 2.3 亿余元，两被告对上述各项费用承担连带责任，并请求判令两被告在省级以上媒体公开赔礼道歉。

5.16.2 裁判结果

济南市中级人民法院经审理认为，弘聚公司生产过程中产生的废酸液和金诚公司生产过程中产生的废碱液导致案涉场地生态环境损害，应依法承担生态环境损害赔偿责任。就山东省生态环境厅请求的赔偿金额，山东省生态环境厅提交了《环境损害评估报告》，参与制作的相关评估及审核人员出庭接受了当事人的质询，环境保护部环境规划院的专家也出庭对此给出说明，金诚公司、弘聚公司未提供充分证据推翻该《环境损害评估报告》，故对鉴定评估意见依法予以采信。山东省生态环境厅主张的生态环境服务功能损失和帷幕注浆范围内受污染的土壤、地下水修复费及鉴定费和律师代理费，均是因弘聚公司的废酸液和金诚公司的废碱液造成生态环境损害引起的，故应由该 2 家公司承担。因废酸液和废碱液属不同种类危险废液，二者在案涉场地的排放量不同，对两种危险废液的污染范围、污染程度、损害后果及其与损害后果之间的因果关系、污染修复成本等，山东省生态环境厅、弘聚公司、金诚公司、专家辅助人、咨询专家之间意见不一，《环境损害评估报告》对此也未明确区分。综合专家辅助人和咨询专家的意见，酌定弘聚公司承担 80%的赔偿责任，金诚公司承担 20%的赔偿责任，并据此确定二被告应予赔偿的各项费用。弘聚公司、金诚公司生产过程中产生的危险废液造成环境污染，严重损害了国家利益和社会公共利益，为警示和教育环境污染者，增强公众环境保护意识，依法支持山东省生态环境厅要求弘聚公司、金诚公司在省级以上媒体公开赔礼道歉的诉讼请求。

5.16.3 典型意义

本案系因重大突发环境事件导致的生态环境损害赔偿案件。污染事件发生后，受到社会广泛关注。因二被告排放污染物的时间、种类、数量不同，认定二被告各自行为所造成的污染范围、损害后果及相应的治理费用存在较大困难。人民法院充分借助专家专业技术优势，在查明专业技术相关事实，确定生态环境损害赔偿数额，划分污染者责任等方面进行了积极探索。一是由原、被告分别申请专家辅助人出庭从专业技术角度对案件事实涉及的专业问题充分发表意见；二是由参与《环境损害评估报告》的专业人员出庭说明并接受质询；三是由人民法院另行聘请三位咨询专家参加庭审，并在庭审后出具《损害赔偿责任分担的专家咨询意见》；四是在评估报告的基础上，综合专家辅助人和咨询专家的意见，根据主观过错、经营状况等因素，合理分配二被告各自应承担的赔偿责任。人民法院还针对金诚公司应支付的赔偿款项，确定金诚公司可申请分期赔付，教育引导企业依法开展生产经营，在保障生态环境得到及时修复的同时，维护了企业的正常经营，妥善处理了经济社会发展和生态环境保护的辩证关系。同时，人民法院在受理就同一污染环境行为提起的生态环境损害赔偿诉讼和环境民事公益诉讼后，先行中止环境公益诉讼案件审理，待生态环境损害赔偿案件审理完毕后，就环境公益诉讼中未被前案涵盖的诉讼请求依法做出裁判，对妥善协调两类案件的审理进行了有益探索。

5.17　黑龙江省双鸭山市某林场矿石非法开采案

5.17.1　案情简介

本案非法采矿人于 2009 年在黑龙江省双鸭山市某林场进行非法开采，于 2017 年停止开采；非法采矿区内岩石裸露，砂石遍地，造成严重的生态环境损害。2019 年进行立案，该案已定为刑事案件，开采人已被拘捕。2020 年移交至当地公安分局，成立专案组开展侦查。根据环境损害调查，开采受损生态系统的空间面积共计 167 743.21 m^2，生态恢复方案涉及生态恢复的空间面积为 166 998.45 m^2；山体破坏对生态环境造成的直接损失中受损植被共计 28 113 棵；土壤损失量共计 73 997 m^3，其中 A 层 24 480.89 m^3、B 层 49 516.11 m^3。并且造成 3 个采坑区域森林生态服务功能间接损失 167 743.21 m^2，主要包括对森林生态系统服务量中水源涵养量损失、净化水质价值、固土价值、固碳价值、释氧价值、防护价值、生物多样性价值以及景观价值损害。

5.17.2　裁判结果

经过生态环境损害鉴定评估，被告人在未取得采矿许可证的情况下，对黑龙江省双鸭山市某林场进行非法开采等侵权事实已经由生效刑事判决予以认定，对涉案非法采矿作出的境损害价值及生态恢复工程费用合计为 5 444.28 万元，其中直接损失 4 193.31 万元，间接损失 1 250.97 万元。同时被告人对破坏生态环境进行修复，非法开采的土石方按 1/2 回填至各采坑，覆 0.4 m 客土后进行植树造林，额外补偿性生态恢复 1.6 hm^2 的林地。

5.17.3 典型意义

本次非法采矿案属于破坏生态环境、损害情节比较严重的案件。污染事件发生后，受到社会广泛关注。因被告人对双鸭山市某林场开采所造成的开采空间面积与体积、植被损失、土壤损失、水土流失量以及污染物超标情况确定过程复杂，所造成的污染范围、损害后果及相应的治理费用鉴定存在较大困难，当地生态环境局充分借助专家专业技术优势，在查明专业技术相关事实，确定生态环境损害赔偿数额。不仅对被告人追究刑事责任，还要求其执行民事责任，对破坏的林场区域进行生态修复，承担生态修复期间生态服务功能的损失。同时强化公众参与，促进修复取得实效，生态环境损害修复过程中，组织人民监督员和专家到修复现场查看，主动接受公众监督，让人民群众亲身体验生态环境修复取得的实效，增强人民群众对优美生态环境的获得感，这样才能更好地进行生态环境保护和生态文明的建设。

5.17.4 专家①点评

本案是黑龙江省内影响较大的生态环境损害事件，由双鸭山市当地公安分局和生态环境局协同处理，同时由黑龙江省公安厅食药环侦总队督办，与鉴定评估机构联动，启动生态环境损害调查与鉴定评估工作，确保了生态环境损害鉴定评估数据的可靠性。该案件的主要特色在于实现了生态环境损害的间接价值量核算，针对核算结果显示受损生态系统的面积共计 16.8 万 m^2，其中间接损失价值为 1 250.97 万元，主要包括被破坏生态系统的涵养水分、净化水质、固土、固碳释氧、防护、生物多样性、景观价值等，切实践行了“用最严格制度、最严密法治保护生态环境”要求。

5.18 辽宁省大连市某企业废水非法倾倒污染生态环境损害赔偿案

5.18.1 案情简介

2015—2019 年 5 月，某包装公司一直将清洗印刷机的含油墨废水排至厂房外院内废水坑内，废水直接渗入地下，造成环境污染。2019 年 5 月，当地环境生态局对该单位进行调查，认定该厂所排油墨废水为危险废物，同时发现危险废物贮存场所不设置危险废物标识标志，不按照国家规定申报登记危险废物。针对该厂排放危险废物，污染环境，公诉机关认定其行为已构成污染环境罪，为此，当地人民法院于 2020 年 6 月对当事人下达了刑事

① 辽宁省环境科学学会朱京海。

判决书。经过鉴定评估，此次案件的含油墨废水排放量约为 3.85 t，受损土壤面积为 141.84 m^2。

5.18.2 磋商结果

评估区域土壤环境介质中重金属和 VOCs 污染物浓度超基线水平，确定土壤环境受到损害，受损土壤面积为 141.84 m^2。2021 年 5 月，赔偿权利人指定的部门与赔偿义务人涉案企业进行磋商，两者签订生态环境损害赔偿协议。赔偿义务人承诺按照相关规定对污染地块开展自然衰减修复，并承担本案生态环境损害调查和鉴定评估等相关费用；同时加强企业的排查和整改，确保废水得到有效收集和达标排放。赔偿义务人根据评估报告确定的期限和目标，已启动生态环境损害修复工作，将废水坑填平并种植树木，废水墨渣及污染土壤已被废弃物处理有限公司进行转运处置。

5.18.3 典型意义

本案系在企业厂区内倾倒废水导致环境污染引发的生态环境损害赔偿案件。在依法追究被告公司及各被告人刑事责任的基础上，旅顺口区环境生态局充分发挥磋商作用，促使部分赔偿义务人达成协议并积极履行修复和赔偿义务，经营者存在直接实施倾倒行为，所以应当承担相应的责任，体现了执法部门对污染环境刑事犯罪行为从严惩处的态度和决心。

5.19 辽宁省旅顺某包装制品公司污染环境赔偿案

5.19.1 基本案情

2019 年 5 月，当地环境保护大队和公安分局内保大队在检查过程中发现，某公司将纸箱印刷机印刷过程中产生的含油墨废水未经处理直接通过公司内清洗池下水管排放到公司下方的河沟内，最终流入河道。2019 年 7 月，当地公安分局下达了《关于××公司非法排放污染物危险废物属性的认定意见》。查实该企业油墨废水排入河流造成生态环境损害，采用检测油墨废水重金属铜、铬、镉、铅、汞和挥发性有机物超出排放标准。经鉴定评估，此次事件违规排放废水 3.9 t，受到污染的河道面积约为 2 400 m^2，造成的生态环境损害数额为 2.73 万元。

5.19.2 磋商结果

赔偿权利人指定部门与赔偿义务人涉案企业进行磋商，签订生态环境损害赔偿协议。

赔偿义务人承诺按照相关规定对污染河流开展自行修复，并承担本案生态环境损害调查和鉴定评估等相关费用；同时企业加强排查和整改，确保产生的油墨废水得到合理有效收集和达标排放。

5.19.3 典型意义

目前，工程企业分布密集，废水违规排放问题突出，已经成为威胁流域生态系统安全的重大隐患。加强对流域生态环境司法保障，要着重做好水污染防治案件的审理，充分运用司法手段修复受损生态环境，有利于推动地表水生态环境质量不断改善。同时生态环境部门与公安机关联合调查，鉴定评估依规开展，为后期赔偿磋商奠定坚实基础；赔偿协议经司法确认，保证了生态环境损害赔偿的执行力。对违法排放污染生态环境的企业，起到了很好的教育与警示作用。

附　录

附录 1

全国人民代表大会常务委员会关于司法鉴定管理问题的决定

（2005 年 2 月 28 日第十届全国人民代表大会常务委员会第十四次会议通过　根据 2015 年 4 月 24 日第十二届全国人民代表大会常务委员会第十四次会议《关于修改〈中华人民共和国义务教育法〉等五部法律的决定》修正）

为了加强对鉴定人和鉴定机构的管理，适应司法机关和公民、组织进行诉讼的需要，保障诉讼活动的顺利进行，特作如下决定：

一、司法鉴定是指在诉讼活动中鉴定人运用科学技术或者专门知识对诉讼涉及的专门性问题进行鉴别和判断并提供鉴定意见的活动。

二、国家对从事下列司法鉴定业务的鉴定人和鉴定机构实行登记管理制度：

（一）法医类鉴定；

（二）物证类鉴定；

（三）声像资料鉴定；

（四）根据诉讼需要由国务院司法行政部门商最高人民法院、最高人民检察院确定的其他应当对鉴定人和鉴定机构实行登记管理的鉴定事项。

法律对前款规定事项的鉴定人和鉴定机构的管理另有规定的，从其规定。

三、国务院司法行政部门主管全国鉴定人和鉴定机构的登记管理工作。省级人民政府司法行政部门依照本决定的规定，负责对鉴定人和鉴定机构的登记、名册编制和公告。

四、具备下列条件之一的人员，可以申请登记从事司法鉴定业务：

（一）具有与所申请从事的司法鉴定业务相关的高级专业技术职称；

（二）具有与所申请从事的司法鉴定业务相关的专业执业资格或者高等院校相关专业本科以上学历，从事相关工作五年以上；

（三）具有与所申请从事的司法鉴定业务相关工作十年以上经历，具有较强的专业技能。

因故意犯罪或者职务过失犯罪受过刑事处罚的，受过开除公职处分的，以及被撤销鉴定人登记的人员，不得从事司法鉴定业务。

五、法人或者其他组织申请从事司法鉴定业务的，应当具备下列条件：

（一）有明确的业务范围；

（二）有在业务范围内进行司法鉴定所必需的仪器、设备；

（三）有在业务范围内进行司法鉴定所必需的依法通过计量认证或者实验室认可的检测实验室；

（四）每项司法鉴定业务有三名以上鉴定人。

六、申请从事司法鉴定业务的个人、法人或者其他组织，由省级人民政府司法行政部门审核，对符合条件的予以登记，编入鉴定人和鉴定机构名册并公告。

省级人民政府司法行政部门应当根据鉴定人或者鉴定机构的增加和撤销登记情况，定期更新所编制的鉴定人和鉴定机构名册并公告。

七、侦查机关根据侦查工作的需要设立的鉴定机构，不得面向社会接受委托从事司法鉴定业务。

人民法院和司法行政部门不得设立鉴定机构。

八、各鉴定机构之间没有隶属关系；鉴定机构接受委托从事司法鉴定业务，不受地域范围的限制。

鉴定人应当在一个鉴定机构中从事司法鉴定业务。

九、在诉讼中，对本决定第二条所规定的鉴定事项发生争议，需要鉴定的，应当委托列入鉴定人名册的鉴定人进行鉴定。鉴定人从事司法鉴定业务，由所在的鉴定机构统一接受委托。

鉴定人和鉴定机构应当在鉴定人和鉴定机构名册注明的业务范围内从事司法鉴定业务。

鉴定人应当依照诉讼法律规定实行回避。

十、司法鉴定实行鉴定人负责制度。鉴定人应当独立进行鉴定，对鉴定意见负责并在鉴定书上签名或者盖章。多人参加的鉴定，对鉴定意见有不同意见的，应当注明。

十一、在诉讼中，当事人对鉴定意见有异议的，经人民法院依法通知，鉴定人应当出庭作证。

十二、鉴定人和鉴定机构从事司法鉴定业务，应当遵守法律、法规，遵守职业道德和职业纪律，尊重科学，遵守技术操作规范。

十三、鉴定人或者鉴定机构有违反本决定规定行为的，由省级人民政府司法行政部门予以警告，责令改正。

鉴定人或者鉴定机构有下列情形之一的，由省级人民政府司法行政部门给予停止从事司法鉴定业务三个月以上一年以下的处罚；情节严重的，撤销登记：

（一）因严重不负责任给当事人合法权益造成重大损失的；

（二）提供虚假证明文件或者采取其他欺诈手段，骗取登记的；

（三）经人民法院依法通知，拒绝出庭作证的；

（四）法律、行政法规规定的其他情形。

鉴定人故意作虚假鉴定，构成犯罪的，依法追究刑事责任；尚不构成犯罪的，依照前款规定处罚。

十四、司法行政部门在鉴定人和鉴定机构的登记管理工作中，应当严格依法办事，积极推进司法鉴定的规范化、法制化。对于滥用职权、玩忽职守，造成严重后果的直接责任人员，应当追究相应的法律责任。

十五、司法鉴定的收费项目和收费标准由国务院司法行政部门商国务院价格主管部门确定。

十六、对鉴定人和鉴定机构进行登记、名册编制和公告的具体办法，由国务院司法行政部门制定，报国务院批准。

十七、本决定下列用语的含义是：

（一）法医类鉴定，包括法医病理鉴定、法医临床鉴定、法医精神病鉴定、法医物证鉴定和法医毒物鉴定；

（二）物证类鉴定，包括文书鉴定、痕迹鉴定和微量鉴定；

（三）声像资料鉴定，包括对录音带、录像带、磁盘、光盘、图片等载体上记录的声音、图像信息的真实性、完整性及其所反映的情况过程进行的鉴定和对记录的声音、图像中的语言、人体、物体作出种类或者同一认定。

十八、本决定自 2005 年 10 月 1 日起施行。

附录 2

司法鉴定人登记管理办法（修订征求意见稿）

第一章 总 则

第一条 为了加强对司法鉴定人的管理，规范司法鉴定活动，健全统一司法鉴定管理体制，适应办案机关和公民、组织的诉讼需要，保障当事人的诉讼权利，促进司法公正和效率，根据《全国人民代表大会常务委员会关于司法鉴定管理问题的决定》和其他相关法律、法规，制定本办法。

第二条 司法鉴定人从事《全国人民代表大会常务委员会关于司法鉴定管理问题的决定》规定的司法鉴定业务，适用本办法。

第三条 本办法所称的司法鉴定人是指运用科学技术或者专门知识对诉讼涉及的专门性问题进行鉴别和判断并提出鉴定意见的人员。

司法鉴定人应当具备本办法规定的条件，经省级司法行政机关审核登记，取得司法鉴定人执业证，按照登记的司法鉴定执业类别，从事司法鉴定业务。

司法鉴定人应当在一个司法鉴定机构中执业。

第四条 司法鉴定管理实行行政管理与行业管理相结合的管理制度。

司法行政机关对司法鉴定人及其执业活动进行指导、管理和监督、检查，司法鉴定行业协会依照法律和章程进行自律管理。

第五条 全国实行统一的司法鉴定人审核登记、名册编制和公告制度。

第六条 司法鉴定人应当科学、客观、独立、公正地从事司法鉴定活动，遵守法律、法规和规章的规定，遵守职业道德和执业纪律，遵守司法鉴定管理规范，遵守统一的司法鉴定程序，正确适用技术标准、技术规范和技术方法。

第七条 司法鉴定人执业实行回避、保密、时限和错误鉴定、虚假鉴定责任追究制度。

第二章 主管机关

第八条 司法部负责全国司法鉴定人的登记管理工作，依法履行下列职责：

（一）指导和监督省级司法行政机关对司法鉴定人的审核登记、名册编制和公告工作；

（二）制定司法鉴定人执业规则和执业道德、执业纪律规范；

（三）制定司法鉴定人诚信评价制度并指导实施；

（四）会同国务院有关部门制定司法鉴定人专业技术职称评定标准和办法；

（五）制定和发布司法鉴定人教育培训规划并指导实施；

（六）法律、法规规定的其他职责。

第九条 省级司法行政机关负责本行政区域内司法鉴定人的登记管理工作，依法履行下列职责：

（一）负责司法鉴定人的审核登记、名册编制和公告；

（二）负责组织司法鉴定人诚信评价工作；

（三）负责对司法鉴定人进行监督、检查，指导和监督设区的市级，或直辖市的区（县）司法行政机关对司法鉴定人进行监督管理；

（四）负责对司法鉴定人违法违规执业行为进行调查处理；

（五）组织开展司法鉴定人专业技术职称评定工作；

（六）制定司法鉴定人教育培训计划并组织、指导实施；

（七）法律、法规和规章规定的其他职责。

第十条 省级司法行政机关可以将本办法第九条规定的有关工作交由下一级司法行政机关办理，设区的市级，或直辖市的区（县）司法行政机关应当承担对司法鉴定人的监督管理工作。

第三章 执业登记

第十一条 司法鉴定人的登记事项包括：姓名、性别、身份证号码、学历、专业技术职称或者专业执业资格、执业类别、执业机构等。

第十二条 个人申请从事司法鉴定业务，应当具备下列条件：

（一）拥护中华人民共和国宪法，遵守法律、法规和规章和社会公德，品行良好的中华人民共和国公民；

（二）具有与所申请从事的司法鉴定业务相关的高级专业技术职称；或者具有相关的专业执业资格或者高等院校相关专业本科以上学历，从事相关工作五年以上；或者申请从事经验鉴定型或者技能鉴定型司法鉴定业务的，应当具备相关专业工作十年以上经历和较强的专业技能；

（三）所申请从事的司法鉴定业务，行业有特殊规定的，应当符合行业规定；

（四）拟执业机构已经取得或者正在申请司法鉴定许可证；

（五）身体健康，能够适应司法鉴定工作需要。

第十三条 有下列情形之一的，不得申请从事司法鉴定业务：

（一）因故意犯罪或者职务过失犯罪受过刑事处罚的；

（二）受过开除公职处分的；

（三）被司法行政机关撤销司法鉴定人登记的；

（四）所在的司法鉴定机构受到停业处罚，处罚期未满的；

（五）无民事行为能力或者限制行为能力的；

（六）法律、法规和规章规定的其他情形。

第十四条 个人申请从事司法鉴定业务，应当由拟执业的司法鉴定机构向司法行政机关提交下列材料：

（一）申请表；

（二）身份证、专业技术职称、专业执业资格、学历、符合特殊行业要求的相关资格、从事相关专业工作经历、专业技术水平评价及业务成果等证明材料；

（三）应当提交的其他材料。

个人兼职从事司法鉴定业务的，应当符合法律、法规的规定，并提供所在单位同意其兼职从事司法鉴定业务的书面意见。

第十五条 司法鉴定人审核登记程序、期限参照《司法鉴定机构登记管理办法》中司法鉴定机构审核登记的相关规定办理。

第十六条 经审核符合条件的，省级司法行政机关应当作出准予执业的决定，颁发司法鉴定人执业证。每名司法鉴定人的执业类别一般不超过二项。

经审核不符合条件的，省级司法行政机关应当作出不予登记的决定，书面通知其所在司法鉴定机构并说明理由。

司法行政机关应当对申请人的执业能力进行考核，考核时间不计入审核时限。

第十七条 司法鉴定人执业证是司法鉴定人的执业凭证。司法鉴定人必须持有司法鉴定人执业证，方可依法从事司法鉴定业务。

司法鉴定人执业证由司法部统一监制。

司法鉴定人执业证有效期限为五年，自颁发之日起计算。

第十八条 司法鉴定人要求变更有关登记事项的，应当及时通过所在司法鉴定机构向司法行政机关提交变更登记申请书和相关材料，经审核符合本办法规定的，司法行政机关应当依法办理变更登记手续。

司法鉴定人受到停止执业处罚期间或者受到投诉正在调查处理的，不得申请变更执业机构。

第十九条 司法鉴定人执业证有效期限届满后，需要继续执业的，司法鉴定人应当在有效期限届满三十日前通过所在司法鉴定机构，向司法行政机关提交延续执业申请书和相关申请材料，司法行政机关依法审核办理。延续申请的条件按照本办法第十二条、第十三条、第十四条、第十五条的规定执行。

未申请延续的司法鉴定人，司法鉴定人执业证有效期限届满后，司法行政机关应当依法办理注销登记手续。

第二十条 司法鉴定人有下列情形之一的，司法行政机关应当依法办理注销登记手续：

（一）依法申请终止从事司法鉴定业务的；

（二）所在司法鉴定机构注销或者被撤销的；

（三）司法鉴定人执业证有效期限届满未申请延续或未通过延续审核的；

（四）未经司法行政机关许可擅自停止司法鉴定执业一年以上的；

（五）法律、法规规定的其他情形。

第四章　权利和义务

第二十一条　司法鉴定人享有下列权利：

（一）了解、查阅与鉴定事项有关的情况和资料，询问与鉴定事项有关的当事人、证人等；

（二）要求鉴定委托人无偿提供鉴定所需要的鉴定材料；

（三）进行鉴定所必需的勘查、检验、检查、检测和模拟实验等；

（四）拒绝接受不合法、不具备鉴定条件或者超出登记的执业类别的鉴定委托；

（五）拒绝解决、回答与鉴定无关的问题；

（六）鉴定意见不一致时，保留不同意见；

（七）接受教育培训；

（八）获得合法报酬和出庭保障费用等；

（九）鉴定人认为因在诉讼中作证，本人或者其近亲属的人身安全面临危险的，可以向人民法院、人民检察院、公安机关请求予以保护；

（十）法律、法规规定的其他权利。

第二十二条　司法鉴定人应当履行下列义务：

（一）受所在执业司法鉴定机构指派按照规定时限独立完成鉴定工作，并出具鉴定意见；

（二）对鉴定意见负责；

（三）依法回避；

（四）妥善保管鉴定材料；

（五）保守在执业活动中知悉的国家秘密、商业秘密、个人隐私和鉴定信息；

（六）依法出庭作证，回答与鉴定有关的询问；

（七）自觉接受司法行政机关的管理和监督、检查；

（八）以有专门知识的人身份参与诉讼活动时，遵守法律、法规、规章和相关管理制度，恪守职业道德，坚持科学性、公益性、公正性原则。

（九）参加司法鉴定教育培训；

（十）接受指派承办司法鉴定法律援助案件；

（十一）遵守司法鉴定程序进行鉴定；

（十二）法律、法规规定的其他义务。

第五章　监督管理

第二十三条　司法鉴定人应当在所在司法鉴定机构接受司法行政机关的监督、检查。

第二十四条 司法行政机关应当就下列事项，对司法鉴定人进行监督、检查：

（一）遵守有关法律、法规和规章以及相关管理制度的情况；

（二）遵守司法鉴定程序，适用技术标准、技术操作规范和技术方法的情况；

（三）遵守执业规则、职业道德和执业纪律的情况；

（四）法律、法规和规章规定的其他事项。

第二十五条 公民、法人和非法人组织对司法鉴定人违反本办法规定的行为进行举报、投诉的，司法行政机关应当及时进行调查处理。

第二十六条 司法行政机关对司法鉴定人进行监督、检查或者根据举报、投诉进行调查时，可以要求鉴定人说明情况，提交有关材料，依法调阅有关业务案卷和档案材料，或者组织专家咨询论证等，司法鉴定人应当如实提供有关情况和材料。

司法行政机关也可以委托司法鉴定行业协会协助开展调查工作。

第二十七条 司法行政机关依法建立司法鉴定人诚信档案，对司法鉴定人进行诚信评价。评价结果向社会公开。

第六章 法律责任

第二十八条 未经登记的人员，从事已纳入本办法调整范围司法鉴定业务的，由其所在地的县级以上司法行政机关责令其停止司法鉴定活动；有违法所得的，没收违法所得，并处以违法所得一倍以上至三倍以下的罚款，罚款总额最高不得超过 3 万元。

第二十九条 司法鉴定人有下列情形之一的，由省级司法行政机关或者设区的市级、直辖市的区（县）司法行政机关依法给予警告，并责令其改正，有违法所得的，没收违法所得：

（一）同时在两个以上司法鉴定机构执业的；

（二）超出登记的执业类别执业的；

（三）私自接受司法鉴定委托的；

（四）违反保密和回避规定的；

（五）拒绝接受司法行政机关监督、检查或者向其提供虚假材料的；

（六）违反规定会见当事人及其委托的人的；

（七）违反司法鉴定程序从事司法鉴定活动的；

（八）违反规定以有专门知识的人身份参与诉讼活动的；

（九）涂改、倒卖、出租、出借、转让司法鉴定人执业证的；

（十）无正当理由不参加司法鉴定人教育培训的；

（十一）法律、法规和规章规定的其他情形。

第三十条 司法鉴定人有下列情形之一的，由省级司法行政机关给予停止执业三个月以上一年以下的处罚；情节严重的，撤销登记；构成犯罪的，依法追究刑事责任：

（一）因严重不负责任给当事人合法权益造成重大损失的；

（二）具有本办法第二十九条规定的情形之一并造成严重后果的；

（三）提供虚假证明文件或者采取其他欺诈手段，骗取登记的；

（四）经人民法院依法通知，非法定事由拒绝出庭作证的；

（五）故意做虚假鉴定的；

（六）因严重不负责任造成鉴定材料损毁、遗失的；

（七）收受当事人及其委托人财物的；

（八）法律、法规规定的其他情形。

第三十一条 司法鉴定人因违反本办法规定，在受到警告处罚后一年内又发生应当给予警告处罚情形的，由省级司法行政机关给予停止执业三个月以上一年以下的处罚；在停止执业处罚期间及处罚期满后两年内又发生应当给予停止执业处罚情形的，由省级司法行政机关撤销登记。

第三十二条 司法鉴定人在执业活动中，因故意或者重大过失给当事人合法权益造成损失的，其所在的司法鉴定机构依法承担赔偿责任后，可以向有过错行为的司法鉴定人追偿。

第三十三条 司法行政机关工作人员在管理工作中滥用职权、玩忽职守造成严重后果的，依法追究相应的法律责任。

第三十四条 司法鉴定人对司法行政机关的行政许可和行政处罚有异议的，可以依法申请行政复议或者提起行政诉讼。

第七章 附 则

第三十五条 侦查机关根据侦查工作需要从事鉴定的鉴定人，由侦查机关根据《全国人民代表大会常务委员会关于司法鉴定管理问题的决定》规定的条件进行资格审核，审核合格的送交司法行政部门统一编入鉴定人名册并公告。

第三十六条 本办法所称办案机关，是指办理诉讼案件的监察机关和侦查机关、审查起诉机关和审判机关。

第三十七条 本办法自公布之日起施行。2005 年 9 月 29 日公布的《司法鉴定人管理办法》（司法部令 第 96 号）同时废止。

附录 3

环境损害司法鉴定机构登记评审细则

本细则适用于专家对申请从事环境损害司法鉴定业务的法人或者其他组织（以下简称申请人）的技术条件和技术能力进行评审的活动。

一、省级司法行政机关应当按照《行政许可法》《司法鉴定机构登记管理办法》（司法部令　第95号）、《司法鉴定人登记管理办法》（司法部令　第96号）等规定，对申请人的申请材料进行认真审查，根据审查情况，按照法定时限出具受理决定书或者不予受理决定书。决定受理的，省级司法行政机关应当于5个工作日内组织专家开展评审工作。

二、省级司法行政机关会同省级生态环境主管部门，按照《司法部　环境保护部关于印发〈环境损害司法鉴定机构登记评审办法〉〈环境损害司法鉴定机构登记评审专家库管理办法〉的通知》（司发通〔2016〕101号）的规定，在环境损害司法鉴定机构登记评审专家库中随机抽取并确定评审专家，按鉴定事项组织建立专家评审组，每个鉴定事项的评审专家组人数不少于3人，其中国家库专家不少于1人。

三、专家评审组应当按照以下流程开展评审工作：

（一）推选组长。采取专家自荐、组内推荐等方式，确定1名组长（若以上方式未能推选出组长，则由省级司法行政机关指定组长），负责召集专家、主持评审工作等。

（二）制定工作方案。根据申请人拟从事鉴定事项的特点和要求制定有针对性的工作方案，明确评审的时限、组织方式、实施程序、主要内容、专家分工等，作为开展评审工作的指南和参考。

（三）开展评审工作。专家评审组按照工作方案确定的时间开展评审工作。评审的主要内容为查阅有关申请材料，听取汇报、答辩，对专业人员的专业技术能力进行考核，实地查看工作场所和环境，核查申请人的管理制度和运行情况，实验室的仪器设备配置和质量管理水平，现场进行勘验和评估，也可以根据需要增加其他评审内容。

评审专家应当遵守法律、法规和有关保密、回避等要求，严格按照本细则所列的各个考核评审项目，独立、客观、公正地进行评审，不受任何单位和个人干涉，并对评审意见负责。

（四）按项目进行评分。评审组的每名专家分别按照本细则确定的评分标准逐项进行打分，平均得出各项目最终评分结果，经求和后计算出专家评审总得分。

评审总得分为100分，其中人员条件、技术能力和设施设备情况占比为2∶5∶3。

（五）形成专家评审意见书。评审工作完成后，根据评审得分情况及评审专家意见认真填写《环境损害司法鉴定机构登记专家评审意见书》（以下简称《评审意见书》）。专家评审得分为70分（含）以上，且人员条件、技术能力和设施设备分别不低于12分、30分和18分的申请人，应当给予“具备设立环境损害司法鉴定机构的技术条件和技术能力”的评审结论；专家评审得分为 70 分以下或人员条件、技术能力和设施设备得分中有一项未达到该项满分 60%的申请人，应当给予“不具备设立环境损害司法鉴定机构的技术条件和技术能力”的评审结论。各省份可以根据本地环境损害司法鉴定行业发展实际对该分数适当进行调整，但上下幅度不得超过 10 分，即最低 60 分（含），最高 80 分（含）。

要根据申请人综合情况，特别是拟申请从事环境损害司法鉴定业务的人员适合从事的执业类别［评审专家根据附件 1（二）《申请从事环境损害司法鉴定人评分表》的评分结果及专业特长对拟申请从事环境损害司法鉴定业务的人员适合从事的执业类别提出建议，原则上每个人员的执业类别不超过两项，特殊专业人才执业类别不超过三项］，在评审意见中明确适合从事的具体环境损害司法鉴定执业类别。

《评审意见书》填写完成后，由每位评审专家签名，并送交省级司法行政机关。评审专家对评审结论有不同意见的，应当记录在《评审意见书》中。

四、省级司法行政机关应当指定专人负责专家评审组组织及联络沟通工作，并做好相应的工作记录，与专家评审工作形成的其他材料一起作为工作档案留存。

五、省级司法行政机关应当加强与省级生态环境主管部门的联络沟通，共同研究解决专家评审工作中遇到的困难和问题，确保专家评审工作正常进行。省级生态环境主管部门发现专家评审以及《评审意见书》等材料存在问题的，应当及时反馈省级司法行政机关。

六、本细则发布前已经登记的环境损害司法鉴定机构，应当在省级司法行政机关确定的期限内按照本细则规定的标准和条件进行整改。整改完成后，省级司法行政机关会同省级生态环境主管部门组织专家对该机构进行能力评估，仍不能满足基本能力要求，符合注销登记条件的，依法予以注销。

七、本细则自发布之日起施行。

附件 1 《环境损害司法鉴定机构登记评审评分标准》

附件 2 《环境损害司法鉴定机构和人员专业能力要求》

附件 3 《环境损害司法鉴定机构实验室和仪器设备配置要求》

附件 4 《环境损害司法鉴定机构登记专家评审意见书》

附件 5 《环境损害司法鉴定机构登记评审工作方案（参考模板）》

附件 1

环境损害司法鉴定机构登记评审评分标准

（一）申请从事环境损害司法鉴定业务法人或其他组织评分表

<table>
<tr><th colspan="2">评审要素</th><th colspan="3">评审标准</th><th>得分</th></tr>
<tr><td rowspan="5">一、环境损害司法鉴定人构成（20分）</td><td>1. 鉴定人数量（10分）</td><td colspan="3">每一个所申请的环境损害司法鉴定类别中，鉴定人数量少于3人的，不得分；3人，得3分；4人，得5分；5人，得8分；6人以上（含6人），得10分</td><td></td></tr>
<tr><td rowspan="4">2. 专业配置（10分）</td><td rowspan="2">地表水和沉积物、环境空气、土壤与地下水、近海海洋与海岸带、生态系统、其他</td><td>基本要求（5分）</td><td>需配备具有以下专业的环境损害司法鉴定人：环境科学与工程（或环境科学、环境工程）、生态学、资源与环境经济学（或人口、资源与环境经济学）。3个专业配备完整得5分，缺少一个专业扣2分</td><td rowspan="2"></td></tr>
<tr><td>专业要求（5分）</td><td>参照附件2“人员专业要求”一栏进行打分。配备一个专业方向得 1 分；同一专业具有 2 名及以上鉴定人的，得 2 分。本项累计得分不超过5分</td></tr>
<tr><td>污染物性质鉴定</td><td colspan="2">参照附件 2“人员专业要求”一栏进行打分。配备一个专业方向得1分；同一专业具有2名及以上鉴定人的，得2分。本项累计得分不超过10分</td><td></td></tr>
<tr><td>生态系统类别中的物种鉴定</td><td colspan="2">植物分类学/动物分类学/昆虫分类学/植物学、动物学/水生生物学；具有1名上述专业鉴定人得2分，同一专业具有多名鉴定人可累计得分，最高不超过10分</td><td></td></tr>
<tr><td rowspan="2">二、技术水平（50分）</td><td>1.鉴定评估项目数量(10分)</td><td colspan="3">以申请机构为主体，负责或参与省部级及以上机构委托的环境损害鉴定评估项目及相关工作，每负责一项得5分，每参加一项得3分；
以申请机构为主体，负责或参与地市级机构委托的环境损害鉴定评估项目及相关工作，并依鉴定程序出具鉴定意见或报告的，每负责一项得4分，每参加一项得2分；
以申请机构为主体，负责或参与县处级机构委托的环境损害鉴定评估项目及相关工作，每负责一项得3分，每参加一项得1分；
以申请机构为主体，负责或参与其他法人委托的环境损害鉴定评估项目，每负责一项得2分，每参加一项得1分。
以上项目以任务合同书、项目合同书等材料为准。
本项累计得分不超过10分</td><td></td></tr>
<tr><td>2.鉴定评估项目与相关工作成果完成质量（10分）</td><td colspan="3">根据申请机构提交的已完成的鉴定意见（或报告）、相关研究报告、工作成果等材料内容，对照附件2中的“专业能力”一栏，评估申请机构是否具有对应鉴定类别的各项能力。达到全部专业能力要求的，得 10 分。达到部分专业能力要求的，根据申请机构的专业能力水平得1～9分</td><td></td></tr>
</table>

评审要素			评审标准	得分
二、技术水平（50分）	3. 鉴定人能力（30分）		按照附件1（二）《申请从事环境损害司法鉴定人评分表》，对申请机构的每个环境损害司法鉴定人进行打分后，计算鉴定人平均得分（按四舍五入取整）。 鉴定人平均得分为55分及以下的，不得分； 鉴定人平均得分为56～64分的，得10分； 鉴定人平均得分为65～69分的，得13分； 鉴定人平均得分为70～74分的，得16分； 鉴定人平均得分为75～79分的，得19分； 鉴定人平均得分为80～84分的，得22分； 鉴定人平均得分为85～89分的，得25分； 鉴定人平均得分为90～94分的，得28分； 鉴定人平均得分为95及以上的，得30分	
三、实验室条件（30分）	1. 实验室资质（6分）		申请机构所属检测实验室必须通过中国计量认证（CMA）或中国合格评定国家认可委员会（CNAS）认可或良好实验室规范（GLP）认证，且批准能力表与申请业务鉴定项目相关。通过上述认证中其中任意一项的，得4分，通过两项以上（含两项）认证的，得6分。未通过上述任何一项认证的，不得分	
	2. 仪器配置及使用情况（24分）	仪器配置数量（18）	1. 必配仪器满足附件3中相应鉴定类别所列全部项目的，得12分，否则不得分，一种仪器配置多台（套）的，不加分； 2. 选配仪器根据配置数量，得0～6分，最高不超过6分	
		仪器维护使用情况（6）	根据实际情况打分： 1. 抽查部分仪器使用情况，状态良好，可正常使用，并有专人定期维护：5～6分； 2. 抽查部分仪器使用情况，状态较好：3～4分； 3. 抽查部分仪器使用情况，存在不能正常使用的情况：0～2分	
总分				

（二）申请从事环境损害司法鉴定人评分表

核定要素	分值	要素	主要内容	单项分值	评审标准	得分
一、职业道德	5	职业道德	拥护中华人民共和国宪法、遵守法律、法规和社会公德，品行良好的公民	5	满足《司法鉴定人登记管理办法》（司法部令 第96号）中第十二条的，申报表填写规范，所附材料能与之对应且真实有效的，得5分； 有《司法鉴定人登记管理办法》（司法部令 第96号）中第十三条规定情形的，直接取消评审资格	
二、基本情况	10	现有学位或职称	具有相应学位或职称	0～5	学士以下，不得分；具有学士学位，得1分；具有硕士学位或初级职称，得2分；具有博士学位或中级职称，得3分；具有副高级职称，得4分；具有正高级职称，得5分	
		从业年限	从事环境损害鉴定评估相关工作的年限（博士研究生及博士后阶段计入）	0～5	5年以下，不得分；5年，得1分；5年以上，每增加一年加1分，最高得5分	

核定要素	分值	要素	主要内容	单项分值	评审标准	得分
三、工作能力	40	专业技术能力	在本执业类别开展鉴定工作及相关工作情况	0～35	0～19 一般　20～29 良好　30～35 优秀 根据申报材料，查阅鉴定人完成的环境损害鉴定评估项目相关资料，根据开展的工作情况以及现场答辩、考试等方式，评估鉴定人是否具有附件2 相应鉴定类别中所列的专业能力（符合某一或某几个环节要求均可），参照附件 2 的要求打分	
		组织协调能力	能够独立或带领团队开展相关技术工作能力	0～5	依据团队规模和取得的实绩酌情给分，不超过 5 分	
四、工作成果	45	技术文件	主持或主要参与完成的环境损害鉴定评估相关技术报告、标准、制度等，被批准发布或采用，以书面文件或批准机构官方网站内容为准	0～15	被国家或部委批准发布或采用的，根据成果和排名，每个成果得 1～5 分，排名 5 名以后不得分； 被省级政府机构批准发布或采用的，根据成果和排名，每个成果 1～4 分，排名 4 名以后不得分； 被地市级政府机构批准发布或采用的，根据成果和排名，每个成果 1～3 分，排名 3 名以后不得分。 本项累计得分不超过 15 分	
		论文著作	在公开发行的期刊上发表的环境损害鉴定评估相关学术论文，公开出版的学术著作	0～10	发表 SCI 期刊论文，根据作者排名，每篇 1～5 分，第五作者以后不得分（通讯作者视同于第一作者，下同）； 发表 EI 论文，根据作者排名，每篇 1～4 分，第四作者以后不得分； 在国内核心期刊发表论文，根据作者排名，每篇 1～3 分，第三作者以后不得分； 在国内非核心期刊发表论文，第一作者和通讯作者得 1 分，其他作者不得分； 著作根据封面作者排名，得 1～5 分，第五作者以后不得分；群体作者不计分； 翻译著作根据封面作者排名，得 1～3 分，第三作者以后不得分。 本项累计得分不超过 10 分	
		培训交流影响	参加司法鉴定专业培训交流情况	0～20	(1) 参加省级及以上生态环境主管部门组织的环境损害鉴定评估专业培训，以及省级及以上司法行政机关组织的司法鉴定人执业培训，均通过结业考试的，得 15 分； (2) 在国际或全国性环境损害司法鉴定学术会议提交论文并主讲 1 次，得 2 分。本项累计得分不超过 5 分	
总分						
建议申请人从事______执业类别						

附件 2

环境损害司法鉴定机构和人员专业能力要求

序号	鉴定事项	适用范围	人员专业要求	专业能力要求
1	污染物性质鉴定	危险废物鉴定，有毒物质鉴定，污染物其他物理、化学性质的鉴定	化学/应用化学/无机化学/分析化学/有机化学/化学工程/化学工程与工艺/环境科学/环境科学与工程/环境工程/卫生毒理学/生物化学与分子生物学/生物科学/化学生物学/农药学	具备根据相关标准进行危险废物鉴定和环境污染物类别、性质和毒性毒理鉴定的能力，具备定性和定量分析污染物浓度、预测污染物理化性质、环境行为和毒性特征的能力。具体包括： （1）熟悉常见化学污染物的性质和检测分析方法，能够根据需求制定污染物性质鉴别工作方案； （2）能够根据现场勘察、行业特征、快速检测等手段和信息综合分析判断特征污染物； （3）能够综合利用多种分析方法识别未知污染物； （4）能够根据废物鉴别相关技术标准和文件进行危险废物鉴定； （5）能够根据文献资料和模型方法预测毒性，或根据国内外标准化的毒性测试规范方法鉴定主要污染物毒性特征、计算毒性当量； （6）具备确定鉴定废物合理的处置利用方式及其处置利用费用的能力
2	地表水和沉积物环境损害鉴定	因环境污染或生态破坏造成的地表水、沉积物水生生物等水环境资源以及水生态系统服务的损害鉴定	环境科学/环境工程/环境科学与工程/地理信息科学（或地图学与地理信息系统/大地测量学与测量工程/摄影测量与遥感/地图制图与地理信息工程）/水文学及水资源/水文与水资源工程/水力学及河流动力学/水质科学与技术/水生生物学/生态学/化学/应用化学/无机化学/分析化学/有机化学	具备地表水环境质量及水生态系统人类活动识别、污染物识别、污染物迁移转化模拟、因果关系分析、健康风险评估、损害确定和量化、恢复方案设计及费用计算、恢复效果评估等能力，具体包括： （1）具备开展污染区域行业特征、点源面源排放摸查、快速检测识别特征污染物，以及判断入侵物种、非法捕捞等破坏活动的能力； （2）具备地表水环境中水质、水生生物类群（大型底栖动物、浮游动物、浮游植物等）、沉积物等多介质及河流、湖库、河口等不同类型生态系统现场勘察、污染物监测与分析识别，以及损害评估方案设计的能力； （3）利用地表水环境背景值、标准值、对照值等数据进行综合分析以确定地表水环境质量与水生态系统服务基线水平，结合现场调查结果，确认环境损害的能力； （4）具备使用相关水质模型、污染物迁移扩散模型，进行地表水中污染物迁移转化模拟分析、还原污染过程、模拟污染趋势、确定污染范围，运用多受体环境暴露评估模型、毒理学实验、生物评价方法等进行地表水和沉积物、水生生物风险、水生态系统服务评估，对损害进行实物量化的能力； （5）具备基于污染物环境生物、物理、化学迁移转化过程，采用统计学、同位素等技术进行地表水和沉积物污染物、物种和生态服务损害解析，构建概念模型，进行损害因果关系分析的能力； （6）具备地表水和沉积物环境介质、生态服务损害价值量化分析以及判断废水及其污染物合理处理工艺及其费用的能力； （7）具备地表水和沉积物生态环境恢复目标制定、技术筛选、恢复方案设计及恢复费用计算的能力； （8）具备地表水环境资源及不同类型生态系统环境监测、生态恢复效果评估的能力

序号	鉴定事项	适用范围	人员专业要求	专业能力要求
3	空气污染环境损害鉴定	因环境污染造成的环境空气损害，以及由于空气污染导致的生物资源和生态系统服务的损害鉴定	环境科学/环境工程/环境科学与工程/地理信息科学（或地图学与地理信息系统/大地测量学与测量工程/摄影测量与遥感/地图制图与地理信息工程）/大气科学/大气物理与大气环境/应用气象学/气象学/生态学/生物科学/植物学/化学/应用化学/无机化学/分析化学/有机化学	具备环境空气中特征污染物监测、污染源强计算、污染物扩散转化模拟、暴露反应关系量化分析、损害确定和量化、因果关系分析、健康风险评估等能力，具体包括： （1）具备开展环境空气污染源强模拟、烟气抬升计算、无组织扩散计算、最大落地浓度模拟计算的能力； （2）具备开展环境空气特征污染物监测和损害评估方案设计的能力； （3）具备根据相关标准对环境空气特征污染物监测数据进行综合分析确定环境空气基线水平，进行损害确认的能力； （4）具备使用相关软件进行大气污染物扩散和沉降模拟分析、污染团轨迹分析、空气质量变化分析以及预测污染趋势和污染范围的能力； （5）具备分析并建立环境空气污染物与农作物等生物受体及其生态服务之间暴露反应关系，开展环境空气损害因果关系分析和损害评估的能力； （6）具备判断排放废气污染物合理处理工艺及其费用以及生物受体损害价值量化的能力
4	土壤与地下水环境损害鉴定	因环境污染或生态破坏造成农田、矿区、居住和工矿企业用地等土壤与地下水环境资源及生态系统服务损害的鉴定	环境科学/环境工程/环境科学与工程/地理信息科学（或地图学与地理信息系统/大地测量学与测量工程/摄影测量与遥感/地图制图与地理信息工程）/土壤学/地质学/地球化学/地质工程/地下水科学与工程/生态学（或植物学/动物学/生物科学）/农业资源与环境/化学/应用化学/无机化学/分析化学/有机化学	具备土壤和地下水中特征污染物识别、污染物迁移转化模拟、损害确定和量化、因果关系分析、生态服务评估、恢复方案设计及费用计算、恢复效果评估等能力，具体包括： （1）具备开展行业特征分析、现场勘察、快速检测以分析识别土壤和地下水中特征污染物的能力； （2）具备开展土壤和地下水污染物监测，以及生态服务调查和损害评估方案设计的能力； （3）具备根据土壤和地下水背景值、标准值、对照值对特征污染物监测数据、生物资源与生态服务观测数据进行综合分析以确定土壤和地下水环境基线与生态服务基线水平，进行损害确认的能力； （4）具备地质和水文地质条件综合分析能力； （5）具备使用相关软件进行土壤和地下水中污染物空间分布和迁移转化模拟分析以还原污染过程、预测污染趋势，确定污染和生态服务损害程度和范围，对损害进行实物量化的能力； （6）具备识别土壤和地下水污染来源、迁移途径、受体，构建土壤和地下水污染概念模型，开展土壤和地下水环境损害因果关系分析的能力； （7）具备运用相关软件进行土壤和地下水中污染物健康与生态风险评估的能力； （8）具备土壤和地下水环境与生态服务修复或恢复技术筛选、恢复方案设计及损害价值量化，以及分析倾倒和堆放废物合理的处置利用方式及其处置利用费用的能力； （9）具备土壤和地下水环境与生态服务恢复效果评估的能力

序号	鉴定事项	适用范围	人员专业要求	专业能力要求
5	近海海洋与海岸带环境损害鉴定	因环境污染或生态破坏造成的海洋水质、海洋生物、沉积物等环境资源，海岸带与海洋生物资源以及海岸带与海洋生态系统服务损害的鉴定	环境科学/环境工程/环境科学与工程/地理信息科学（或地图学与地理信息系统/大地测量学与测量工程/摄影测量与遥感/地图制图与地理信息工程）/海洋科学/海洋技术/海洋化学/海洋生物学/海洋地质/海洋资源与环境/化学/应用化学/无机化学/分析化学/有机化学	具备近海海洋与海岸带水环境质量及生态系统人类活动识别、污染物识别、污染物迁移转化模拟、因果关系分析、生态风险评估、损害确定和量化、恢复方案设计及费用计算、恢复效果评估等能力，具体包括： （1）具备开展污染区域行业特征、点源面源排放摸查、快速检测识别特征污染物，或判断入侵物种、非法捕捞、围填海、非法排污等活动的分析能力； （2）具备近海海洋与海岸带环境中水质、水生生物类群（大型底栖动物、浮游动物、浮游植物等）、沉积物等环境介质，红树林、珊瑚、盐沼草和海草等生物资源，以及入海河口、海湾、滩涂湿地等不同类型栖息地现场勘察、污染物快速监测与分析识别、生态系统服务调查，以及损害评估方案设计的能力； （3）具备根据海水与地表水环境背景值、标准值、对照值对特征污染物监测数据、生物资源与生态服务观测数据进行综合分析确定近海海洋与海岸带环境质量与生态服务基线水平，确认环境损害的能力； （4）具备使用相关水质模型、污染物迁移扩散模型进行近海海洋与海岸带中污染物迁移转化模拟分析、还原污染过程、模拟污染趋势、确定污染范围，运用多受体环境暴露评估模型、毒理学实验、生物评价等进行近海海洋与海岸带生物和生态风险评估，对损害进行实物量化的能力； （5）具备基于污染物环境生物、物理、化学迁移转化过程，采用统计学、同位素等技术进行污染物、物种和生态系统破坏解析，构建概念模型，进行损害因果关系分析的能力； （6）具备近海海洋与海岸带环境恢复目标制定、技术筛选、恢复方案设计及损害价值量化分析的能力； （7）具备近海海洋与海岸带环境质量、生物资源及不同类型栖息地生态环境恢复监测、恢复效果评估的能力
6	生态系统环境损害鉴定	因环境污染或生态破坏造成的植物、动物等生物资源与森林、草原、湿地、耕地等生态系统服务损害的鉴定	环境科学/环境工程/环境科学与工程/地理信息科学（或地图学与地理信息系统/大地测量学与测量工程/摄影测量与遥感/地图制图与地理信息工程）/生物科学/生态学/植物学/动物学/水生生物学/生物化学与分子生物学/林学/野生动物植物保护与利用/水土保持与荒漠化防治/森林工程/森林保护	具备开展野生生物资源调查、物种分类和鉴定、生态破坏因果关系判定、生态系统服务损害量化、生态恢复工程设计等工作的专业技能，具体包括： （1）对野生动植物、珍稀物种等进行物种以及保护物种等级的鉴别；对动物种群分布、数量和结构的动态变化的分析能力；对植物群落的组成、结构和分布等动态变化的分析能力；对野生水生动植物、水生珍稀物种栖息地动态变化的分析能力； （2）具备对生态系统物种、结构和服务调查采样的能力； （3）具备对生态系统物种、结构和功能或服务损害的识别、损害量化和损失计算的专业技能； （4）掌握生态恢复的原理和原则，能够针对不同生态系统设计生态恢复工程和措施的能力； （5）掌握生态系统服务或功能实物量化以及价值评估的原则和方法； （6）具备不同尺度生态空间分析技术应用能力，包括各种移动终端的操作能力与对空间数据分析软件的操作应用能力； （7）具备生态系统与服务恢复效果监测与评估的能力

序号	鉴定事项	适用范围	人员专业要求	专业能力要求
7	其他环境损害鉴定	由于噪声、振动、光、热、电磁辐射、电离辐射等污染造成的环境损害鉴定	噪声、振动：环境科学/环境工程/物理学/应用物理学/声学/安全工程/安全技术及工程 光、热：环境科学/环境工程/物理学/应用物理学/光学/安全工程/安全技术及工程 电磁与电离辐射：环境工程/无线电物理/核物理/辐射防护与核安全/工程物理/核工程与核技术/电磁场与微波技术/辐射防护及环境保护	具备噪声、振动、光、热、电磁辐射、电离辐射等监测能力、损害调查确认、因果关系分析、损害量化等能力，具体包括： （1）具备噪声、振动、光、热、电磁辐射或电离辐射的监测分析与损害评估方案设计的能力； （2）具备利用文献或实验鉴别分析噪声、振动、光、热、电磁辐射或电离辐射致生物损害的能力； （3）具备噪声、振动、光、热、电磁辐射或电离辐射与生物损害的因果关系分析判断能力； （4）具备噪声、振动、光、热、电磁辐射或电离辐射致生物损害的实物或价值量化能力

注：鉴定过程中，如有必要，可咨询医药、冶炼、电镀、印染等行业，以及农业、林业、畜牧业、水利等领域其他专家意见，上述行业或领域专业人员非鉴定机构必配司法鉴定人。

附件 3

环境损害司法鉴定机构实验室和仪器设备配置要求

一、污染物性质鉴定

序号	事项	场所	配置	单位	配置要求	备注
01	功能实验室		样品储存室（柜）		必配	
			样品预处理室		必配	
			天平仪器室		选配	
			理化分析室		必配	
			大型仪器室		必配	
			生物毒性实验室		必配	
02	试剂和样品保存	样品储存室、样品预处理室	便携式冷藏箱	个	必配	
			样品保存和试剂保存冰箱	台	必配	
			药品柜	个	必配	
			超低温冰箱	台	选配	
03	样品预处理	样品预处理室、天平仪器室	快速溶剂萃取仪	台	必配	
			恒温水浴锅	台	必配	
			恒温振荡培养箱（摇床）	台	必配	
			微波消解仪	台	必配	
			蒸馏装置	套	必配	
			抽滤装置	套	必配	
			固相萃取仪	台	选配	
			烘箱	台	必配	
			离心机	台	必配	
			分析天平	台	必配	
			通风橱	个	必配	
			磁力搅拌器	台	必配	
			移液管、微量移液器	套	必配	
			涡旋混合仪	台	必配	
			超纯水仪	台	选配	
			旋转蒸发仪	台	必配	
			氮吹仪	台	必配	
			冷冻干燥机	台	选配	
			超声波清洗器	台	选配	

序号	事项	场所	配置	单位	配置要求	备注
04	基本理化性质及组成检测	理化分析室、大型仪器室	pH 计	台	必配	
			温度计	支	必配	
			氧化还原电位仪	台	必配	
			电导率仪	台	必配	
			浊度计	台	必配	
			红外光谱仪	台	选配	
			紫外/可见分光光度计	台	必配	
			X 射线荧光光谱仪	台	选配	
			X 射线衍射（XRD）	台	选配	
			总有机碳分析仪	台	选配	
			离子色谱仪	台	选配	
			元素分析仪	台	选配	
			流动注射分析仪	台	选配	
			差热式分析仪器	台	选配	
			马弗炉	台	选配	
05	金属与无机非金属检测	大型仪器室	电感耦合等离子体光谱仪	台	必配	
			电感耦合等离子体质谱仪	台	选配	
			火焰/石墨炉原子吸收分光光度计+原子荧光分光光度计	台	选配	
			冷原子荧光分光光度计	台	选配	
			离子色谱仪	台	选配	
			毛细管电泳仪	台	选配	
06	有机物质检测	大型仪器室	气相色谱仪	台	必配（二选一）	
			气相色谱-质谱联用仪	台		
			液相色谱仪	台	选配	
			液相色谱-质谱联用仪	台	选配	
07	环境危害性和毒性	生物毒性实验室	独立的试验生物饲养区		必配	
			水生生物测试系统及实验生物维持系统		选配	
			陆生生物测试系统及实验生物维持系统		选配	
			生物降解及模拟生物降解测试系统		选配	
			生物蓄积测试系统		选配	

二、地表水和沉积物、近海海洋与海岸带环境损害鉴定

序号	事项	场所	配置	单位	配置要求	备注
01	功能实验室		采样工具和快速检测仪器存放室		必配	
			样品储存室（柜）		必配	
			样品预处理室		必配	
			天平仪器室		选配	
			理化分析室		必配	
			大型仪器室		必配	
			生物毒性实验室		必配	
02	现场踏勘	现场	GPS（或 DGPS）定位仪	台	必配	
			北斗卫星导航系统	套	选配	
			激光测距仪	台	必配	
			水位测量仪	台	必配	
			溶解氧仪	台	必配	
			盐度计	台	必配	
			流量计	台	必配	
			多普勒剖面仪	台	选配	
			便携式水质重金属检测仪	台	必配	
			便携式多参数水质测定仪	台	必配	
			航拍无人机	台	选配	
			便携式综合毒性检测仪	套	选配	
03	样品采集	现场	石油类采样器	套	必配	水和底泥样品采集
			水体采样器（一般指标）	套	必配	
			底泥采样器	套	必配	
			抽滤装置	套	必配	
			采样船	艘	选配	
			鱼探仪	台	选配	
			人工基质采样器	套	必配	
			횡网/圆锥网/底层网	套	选配	
			浮游生物网	套	必配	
			踢网/索伯网/D 型抄网/带网夹泥器	套	必配	
			机械绞盘	套	必配	
			潜水设备	套	选配	
			便携式地物光谱仪	台	必配	
			鱼眼镜头	个	必配	
			罗盘仪	台	选配	
			水下照相机	台	必配	
			探深仪	台	选配	
			生长锥（基径）	个	选配	
			激光测高仪	台	选配	
04	试剂和样品保存	样品储存室、样品预处理室	便携式冷藏箱	个	必配	
			样品和试剂保存冰箱	台	必配	
			药品柜	个	必配	
			超低温冰箱	台	必配	
			生物样品分拣鉴定工具	套	必配	

序号	事项	场所	配置	单位	配置要求	备注
05	样品预处理	样品预处理室、天平仪器室	快速溶剂萃取仪	台	必配	
			恒温水浴锅	台	必配	
			恒温振荡培养箱（摇床）	台	必配	
			微波消解仪	台	必配	
			蒸馏装置	套	必配	
			抽滤装置	套	必配	
			固相萃取仪	台	选配	
			烘箱	台	必配	
			离心机	台	必配	
			分析天平	台	必配	
			通风橱	个	必配	
			磁力搅拌器	台	必配	
			移液管、微量移液器	套	必配	
			涡旋混合仪	台	必配	
			超纯水仪	台	选配	
			旋转蒸发仪	台	必配	
			氮吹仪	台	必配	
			冷冻干燥机	台	选配	
			超声波清洗器	台	选配	
			生物样品分拣鉴定工具	套	必配	
			显微镜	台	必配	
06	样品检测	理化分析室、大型仪器室	pH 计	台	必配	基本理化性质及组成检测
			温度计	支	必配	
			氧化还原电位仪	台	必配	
			电导率仪	台	必配	
			浊度计	台	必配	
			红外光谱仪	台	选配	
			紫外/可见分光光度计	台	必配	
			X 射线荧光光谱仪	台	选配	
			X 射线衍射（XRD）	台	选配	
			总有机碳分析仪	台	选配	
			离子色谱仪	台	选配	
			元素分析仪	台	选配	
			流动分析仪	台	选配	
			差热式分析仪器	台	选配	
			马弗炉	台	选配	
		大型仪器室	电感耦合等离子体光谱仪	台	必配	金属与无机非金属检测
			电感耦合等离子体质谱仪	台	选配	
			火焰/石墨炉原子吸收分光光度计+原子荧光分光光度计	台	选配	
			冷原子荧光分光光度计	台	选配	
			离子色谱仪	台	选配	
			毛细管电泳仪	台	选配	
			气相色谱仪	台	必配（二选一）	有机物物质检测
			气相色谱-质谱联用仪	台		
			液相色谱仪	台	选配	
			液相色谱-质谱联用仪	台	选配	

三、空气污染环境损害鉴定

序号	事项	场所	配置	单位	配置要求	备注
01	功能实验室		采样工具和快速检测仪器存放室		必配	
			样品储存室（柜）		必配	
			样品预处理室		必配	
			天平仪器室		选配	
			仪器分析室		必配	
02	现场踏勘	现场	GPS 定位仪	台	必配	
			北斗卫星导航系统	套	选配	
			激光测距仪	台	必配	
			照相机	台	必配	
			气象参数监测仪	台	必配	
			便携式气体检测仪	台	必配	
			便携式气体检测箱	台	选配	
			便携式气相色谱/质谱仪	台	选配	
			航拍无人机	台	选配	
03	样品采集	现场	空气样品采样器	套	必配	空气样品采集
			烟尘采样器	套	必配	
			采集刀/铁铲/镊子/指南针/抄网/望远镜	套/台	选配	陆生生物样品采集
			捕虫网/人工巢管/风力计/彩色诱集盘/放大镜/观察盒	套	选配	
			海拔仪	台	选配	
			传导率测定仪	台	选配	
			测角器	台	选配	
			胸径尺/生长锥/激光测高仪/冠层分析仪	个/台	选配	
04	试剂和样品保存	样品储存室、样品预处理室	便携式冷藏箱	个	必配	
			样品和试剂保存冰箱	台	必配	
			药品柜	个	必配	
			超低温冰箱	台	必配	
05	样品预处理	样品预处理室、天平仪器室	旋转蒸发仪	台	必配	
			恒温水浴锅	台	必配	
			氮吹仪	台	必配	
			热脱附仪	台	必配	
			恒温恒湿箱	套	必配	
			烘箱	台	必配	
			离心机	台	必配	
			分析天平	台	必配	
			通风橱	个	必配	
			移液管、微量移液器	套	必配	
			超纯水仪	台	选配	
			超声波清洗器	台	选配	

序号	事项	场所	配置	单位	配置要求	备注
06	样品检测	仪器分析室	红外光谱仪	台	选配	基本理化性质及组成检测
			紫外/可见分光光度计	台	必配	
			电感耦合等离子体光谱仪	台	必配	金属与无机非金属检测
			电感耦合等离子体质谱仪	台	选配	
			火焰/石墨炉原子吸收分光光度计+原子荧光分光光度计	台	选配	
			冷原子荧光分光光度计	台	选配	
			气相色谱仪	台	必配（二选一）	有机物质检测
			气相色谱-质谱联用仪	台		
			液相色谱仪	台	选配	
			液相色谱-质谱联用仪	台	选配	

四、土壤和地下水环境损害鉴定

序号	事项	场所	配置	单位	配置要求	备注
01	功能实验室		采样工具和快速检测仪器存放室		必配	
			样品储存室（柜）		必配	
			样品预处理室		必配	
			天平仪器室		选配	
			理化分析室		必配	
			大型仪器室		必配	
02	现场踏勘	现场	GPS 定位仪	台	必配	
			北斗卫星导航系统	套	选配	
			照相机	台	必配	
			激光测距仪	台	必配	
			水位测量仪	台	必配	
			地下水流向流速仪	台	必配	
			地下水位自动监测仪	台	必配	
			手持式挥发性有机化合物气体检测仪	台	必配	
			便携式水质重金属检测仪	台	必配	
			便携式多参数水质测定仪	台	必配	
			便携式 X 射线荧光分析仪	台	必配	
			航拍无人机	台	选配	
03	样品采集	现场	土壤采样设备	套	必配	土壤和地下水样品采集
			地下水采样设备	套	必配	
			土壤气采样设备	套	必配	
			采集刀/铁铲/镊子/指南针/抄网/望远镜	套/台	必配	陆生生物样品采集
			海拔仪		选配	
			传导率测定仪		选配	
			罗盘仪		选配	
			测角器		选配	
			胸径尺/生长锥/激光测高仪/冠层分析仪		选配	

序号	事项	场所	配置	单位	配置要求	备注
04	试剂和样品保存	样品储存室、样品预处理室	便携式冷藏箱	个	必配	
			样品和试剂保存冰箱	台	必配	
			药品柜	个	必配	
			超低温冰箱	台	必配	
05	样品预处理	样品预处理室、天平仪器室	快速溶剂萃取仪	台	必配	
			恒温水浴锅	台	必配	
			恒温振荡培养箱（摇床）	台	必配	
			微波消解仪	台	必配	
			蒸馏装置	套	必配	
			抽滤装置	套	必配	
			固相萃取仪	台	选配	
			烘箱	台	必配	
			离心机	台	必配	
			分析天平	台	必配	
			通风橱	个	必配	
			磁力搅拌器	台	必配	
			移液管、微量移液器	套	必配	
			涡旋混合仪	台	必配	
			超纯水仪	台	选配	
			旋转蒸发仪	台	必配	
			氮吹仪	台	必配	
			冷冻干燥机	台	选配	
			超声波清洗器	台	选配	
06	样品检测	理化分析室、大型仪器室	pH 计	台	必配	基本理化性质及组成检测
			温度计	支	必配	
			氧化还原电位仪	台	必配	
			电导率仪	台	必配	
			浊度计	台	必配	
			红外光谱仪	台	选配	
			紫外/可见分光光度计	台	必配	
			X 射线荧光光谱仪	台	选配	
			X 射线衍射（XRD）	台	选配	
			总有机碳分析仪	台	选配	
			离子色谱仪	台	选配	
			元素分析仪	台	选配	
			流动分析仪	台	选配	
			差热式分析仪器	台	选配	
			马弗炉	台	选配	
		大型仪器室	电感耦合等离子体光谱仪	台	必配	金属与无机非金属检测
			电感耦合等离子体质谱仪	台	选配	
			火焰/石墨炉原子吸收分光光度计+原子荧光分光光度计	台	选配	
			冷原子荧光分光光度计	台	选配	
			离子色谱仪	台	选配	
			毛细管电泳仪	台	选配	

序号	事项	场所	配置	单位	配置要求	备注
06	样品检测	大型仪器室	气相色谱仪	台	必配（二选一）	有机物物质检测
			气相色谱-质谱联用仪	台		
			液相色谱仪	台	选配	
			液相色谱-质谱联用仪	台	选配	

五、生态系统损害鉴定

序号	事项	场所	配置	单位	配置要求	备注
01	陆域生态系统现场踏勘和样品采集	现场	GPS 定位仪/指南针/抄网/麻醉瓶/望远镜/采样器/照相机	套/台	必配	蜜蜂、蝴蝶、大型真菌、地衣和苔藓、大中型土壤动物、两栖动物、爬行动物、鸟类、陆生哺乳动物、陆生维管植物等生物资源
			捕虫网/人工巢管/风力计/彩色诱集盘/放大镜/观察盒		选配	
			海拔仪		选配	
			传导率测定仪		选配	
			罗盘仪		选配	
			测角器		选配	
			便携式激光测距仪		选配	
			胸径尺/生长锥/激光测高仪		必配	
			冠层分析仪		选配	
			GPS 定位仪/铁铲/圆状取土钻/螺旋取土钻/罗盘仪/照相机/冷藏箱		必配	森林、草原、农田生态系统
			航拍无人机/越野车		选配	
			钻具/钻头/抽筒/钢丝绳/扩孔器		选配	
			胸径尺/生长锥/激光测高仪		必配	
			冠层分析仪		选配	
02	水域生态系统现场踏勘和样品采集	现场	望远镜/GPS（或 DGPS）定位仪/罗盘仪/pH 计/温度计/透明度盘/电子天平/采泥器/照相机/冷藏箱/流速仪/风速风向仪/水下照度计/空盒气压表	套/台	必配	水生维管植物、藻类、浮游生物（浮游植物和浮游动物）、鱼类、大型底栖动物、微生物、水鸟、水生哺乳动物、爬行动物和两栖动物等生物资源
			回声测探仪		选配	
			鱼探仪		选配	
			采样船		选配	
			点频度框架		选配	
			弶网/圆锥网/底层网		选配	
			浮游生物网		必配	
			踢网/索伯网/D 型抄网/带网夹泥器		选配	
			多普勒剖面仪		选配	
			电鱼器		选配	

序号	事项	场所	配置	单位	配置要求	备注
02	水域生态系统现场踏勘和样品采集	现场	GPS（或 DGPS）定位仪/望远镜/罗盘仪/指南针/水下照相机/潜水设备/盐度折射计	套/台	必配	湿地淡水生态系统，入海河口、海岸带和海洋生态系统
			便携式地物光谱仪		选配	
			钻具/钻头/PVC 管		选配	
			台站系统或自容式验潮仪		选配	
			水文气象浮标或遥测波浪浮标		选配	
			悬浮物沉降设备		选配	
			柱状采样器		选配	
			胸径尺/生长锥/激光测高仪		必配	
			自动图像设备		选配	
			光量子仪		选配	
			回声测探仪		选配	
03	样品观察和检测	理化分析室、大型仪器室	PCR 仪	套/台	必配	
			高速冷冻离心机		必配	
			显微镜		必配	
			检尺计数器		必配	
			分光光度计		必配	
			马弗炉及烘箱		必配	
			激光粒度仪		必配	

六、其他类

序号	事项	场所	配置	单位	配置要求	备注
01	噪声类鉴定	现场	积分声级计	台	必配	
02	振动类鉴定	现场	环境振动仪	台	必配	
03	光污染鉴定	现场	照度计	台	必配	
			亮度计	台	必配	
04	电磁辐射鉴定	现场	非选频式宽带辐射测量仪	台	必配	
			工频电场、工频磁场测量仪	台	必配	
			选频式辐射测量仪	台	必配	
05	电离辐射鉴定	样品采集	GPS 定位仪	台	必配	
			照相机	台	必配	
			土壤采样设备	套	必配	
			气碘采样器	台	必配	气碘采集
			气氚采样装置	台	必配	气氚采集
			碳-14 采样装置	台	必配	空气中碳-14 采集
			超大流量气溶胶采样仪	台	必配（三选一）	气体样品采集
			大流量气溶胶采样仪	台		
			中流量气溶胶采样仪	台		

序号	事项	场所	配置	单位	配置要求	备注
05	电离辐射鉴定	样品预处理、天平仪器室	分析天平	台	必配	
			烘箱	台	必配	
			电热板	台	必配	
			通风橱	个	必配	
			马弗炉	台	必配	
			移液管、微量移液器	套	必配	
			抽滤装置	套	必配	
			球磨仪	台	必配	
			粉碎机	台	必配	
			离心机	台	必配	
			电沉积装置	台	必配	钚-239 放射性核素测量
			电动搅拌装置	台	必配	
			氚电解浓集装置	台	选配	
		仪器分析室	γ 谱仪	台	必配	γ 放射性核素测量
			α 谱仪	台	必配	钚-239、钋-210 等α 放射性核素测量
			α、β 计数器	台	必配	锶-90 等β 放射性核素、总α 、总β 放射性测量
			液闪谱仪	台	必配	氚、碳-14 等放射性核素测量
			氡钍分析仪	台	必配	镭-226 等放射性核素测量
			微量铀分析仪	台	必配	铀、钍测量
			紫外分光光度计	台	必配	
			热释光读出装置	台	必配	累积剂量测量
			退火炉	台	必配	
			X、γ 剂量率仪	台	必配	
			表面污染测量仪	台	必配	
			中子测量仪	台	必配	
			氡钍及其子体测量仪	台	必配	氡、钍及其子体测量
			便携式γ 谱仪	台	选配	

附件 4

环境损害司法鉴定机构登记

专家评审意见书

申请机构名称：______________________________

评审日期：__________________________________

一、申请机构基本信息

1. 名　称：________________

2. 统一社会信用代码：________________

3. 地　址：________________________________

4. 法定代表人：______________职务：______

5. 联系电话：______________________________

6. 申请执业类别：__________________________

二、评审简况

1. 评审日期：____年_____月_____日

2. 评审地点：______________

3. 评审范围：

□污染物性质

□地表水和沉积物

□空气污染

□土壤与地下水

□近海海洋与海岸带

□生态系统

□噪声、振动、光、热、电磁辐射、核辐射等其他环境损害鉴定

4. 评审依据：

《全国人大常委会关于司法鉴定管理问题的决定》《司法鉴定机构登记管理办法》《司法鉴定人登记管理办法》及司法部、生态环境部关于环境损害司法鉴定管理工作的相关文件。

三、评审情况

1. 整体情况：

2. 实验室及仪器设备等技术条件：

3. 鉴定人技术能力：

4. 其他需要说明的情况：

四、评审结论

评审组组长签字：

评审组成员签字：

日期：

（如有不同意见请在下面空白处注明）

附件 5

环境损害司法鉴定机构登记评审工作方案
（参考模板）

一、申请机构名称及执业类别

二、评审组织单位

三、评审工作组人员

评审专家组组长：

评审专家组成员：

工作人员：

四、评审时间

×年×月×日至×年×月×日

五、评审程序和内容

（一）评阅申请机构申报资料

查看申请机构提交的已完成的工作成果、合同等，统计申请机构已完成的环境损害鉴定评估项目数量，按照附件 1 表（一）第二项“技术水平”中“鉴定评估项目数量”一栏的评分标准进行打分。查阅申请机构已完成的鉴定评估项目报告和相关工作成果，评估成果质量，按照附件 1 表（一）第二项“技术水平”中“鉴定评估项目与相关工作成果完成质量”一栏的评分标准进行打分。

（二）评阅鉴定人资料

对服务于鉴定机构、有聘用关系的鉴定人进行打分。环境损害司法鉴定人应当在一个环境损害司法鉴定机构中执业。

1. 依据申请机构申请的鉴定类别和鉴定人数量、专业，按照附件 1 表（一）第一项“环境损害司法鉴定人构成”的评分标准进行打分。对鉴定人的专业要求包括学历和职称所涉及的专业。

2. 逐一查阅申请机构中每个鉴定人的申请资料

查阅申请人提交的证书、证明、环境损害鉴定评估相关项目与其他工作成果等申请资料。按照附件 1 表（二）的评分标准进行打分。其中表（二）第三项“工作能力”中的“专业技术能力”一栏，通过查阅鉴定人完成的环境损害鉴定评估项目相关资料打分。专家组应按照申请人的申请执业类别和附件 2“环境损害司法鉴定机构和人员专业能力要求”，以申请人提供的相关鉴定评估项目报告与研究成果章节为依据，对鉴定人在申请领域某环节的专业程度进行评分，每个申请领域所涉及的主要技术环节包括污染物来源分析、污染物性质或物种类别判定、鉴定方案编制、因果关系分析、损害实物量化、恢复方案设计与价值量化等方面，要求鉴定人至少具备上述一方面的能力，对于具有上述多方面鉴定能力的鉴定人，可适当加分。

3. 计算申请机构鉴定人得分的算数平均分，按照附件 1（一）第二项“技术水平”中“鉴定人能力”一栏的评分标准进行打分。

（三）考查申请机构实验室条件

环境损害司法鉴定机构必须配备实验室作为开展环境损害鉴定工作的必要场所，实验室须通过中国计量认证（CMA）或中国合格评定国家认可委员会（CNAS）认可或良好实验室规范（GLP）认证。申请机构实验室不具备以上条件的，取消评审资格。

1. 查阅申请机构的实验室资质证书、文件等，按照附件 1（一）第三项“实验室条件”中“实验室资质”一栏的评分标准进行打分。

2. 根据申请机构所申请的环境损害司法鉴定类别，对照附件 3“环境损害司法鉴定机构实验室和仪器设备配置要求”中的相应类别，查看实验室的基础设施条件和维护情况，核对必配仪器是否配置，选配仪器的配置数量等，按照附表 1（一）第三项“实验室条件”中“仪器配置及使用情况”的评分标准进行打分。

（四）现场考核

评审专家组认为申请材料不足以证明其专业技术能力的，可采用现场交流、口试、答辩考核等形式，对申请机构及其鉴定人的专业能力进行现场考核，综合评定其专业技术能力。

评审组织单位应根据专家组的要求，组织相关人员参加现场考核并做好记录。

（五）汇总得分

每位评审专家分别对附件 1 表（一）、表（二）各项目进行打分并得出总分。根据各个专家的打分结果，计算附件 1 表（一）总分的算术平均分，得出申请机构的最终得分。

（六）撰写评审意见书

按照附件 4“环境损害司法鉴定机构登记专家评审意见书”要求撰写评审意见书。

评审意见中应明确适合从事的具体环境损害司法鉴定执业类别，如某机构适合从事物种鉴定的，可以给出“适合从事生态系统环境损害鉴定（动物/植物/昆虫物种鉴定）业务”的评审意见。

六、人员分工

专家组组长应当根据评审专家组各位成员的工作特点与专业特长进行合理分工，保障评审工作顺利开展。

附录 4

司法部　生态环境部
关于印发《环境损害司法鉴定执业分类规定》的通知

司发通〔2019〕56 号

各省、自治区、直辖市司法厅（局）、生态环境厅（局），新疆生产建设兵团司法局、生态环境局：

为落实中央关于生态文明建设的部署要求，进一步规范环境损害司法鉴定管理工作，根据《全国人民代表大会常务委员会关于司法鉴定管理问题的决定》、《生态环境损害赔偿制度改革方案》、《司法鉴定机构登记管理办法》（司法部令　第 95 号）、《司法鉴定人登记管理办法》（司法部令　第 96 号）、《司法部　环境保护部关于规范环境损害司法鉴定管理工作的通知》（司发通〔2015〕118 号）等法律、规章及文件有关规定，司法部和生态环境部联合组织制定了《环境损害司法鉴定执业分类规定》（以下简称《规定》）。

《规定》细化了环境损害司法鉴定七大类鉴定事项，对于更加清晰准确地界定环境损害司法鉴定机构和鉴定人执业类别和范围，方便环境损害司法鉴定委托，切实提高环境损害司法鉴定管理工作的针对性、规范性和科学性具有重要意义。

请各地严格按照《规定》核定环境损害司法鉴定机构和鉴定人执业类别，切实加强执业监管，不断提高环境损害司法鉴定管理工作水平，努力为新时代美丽中国建设作出新贡献。

司法部
生态环境部
2019 年 5 月 6 日

环境损害司法鉴定执业分类规定

第一章　总　则

第一条　为规范环境损害司法鉴定执业活动，明确界定环境损害司法鉴定机构的业务范围和鉴定人的执业类别，根据《全国人民代表大会常务委员会关于司法鉴定管理问题的决定》《生态环境损害赔偿制度改革方案》《司法部　环境保护部关于规范环境损害司法鉴定管理工作的通知》等法律和规范性文件，以及我国司法鉴定管理和环境损害司法鉴定的需求，制定本规定。

第二条 环境损害司法鉴定是指在诉讼活动中鉴定人运用环境科学的技术或者专门知识，采用监测、检测、现场勘察、实验模拟或者综合分析等技术方法，对环境污染或者生态破坏诉讼涉及的专门性问题进行鉴别和判断并提供鉴定意见的活动。

第三条 环境损害司法鉴定解决的专门性问题包括：确定污染物的性质；确定生态环境遭受损害的性质、范围和程度；评定因果关系；评定污染治理与运行成本以及防止损害扩大、修复生态环境的措施或方案等。

第二章 污染物性质鉴定

第四条 固体废物鉴定。包括通过溯源及固体废物鉴别标准判断待鉴定物质是否属于固体废物。

第五条 危险废物鉴定。包括依据《危险废物鉴别标准 通则》中规定的程序，判断固体废物是否属于列入《国家危险废物名录》的危险废物，以及鉴别固体废物是否具有危险特性；确定危险废物的合法、科学、合理的处置方式，制定处置方案建议，按照处理成本、收费标准等评估处置费用等。

第六条 有毒物质（不包括危险废物）鉴定。包括根据物质来源认定待鉴定物质是否属于法律法规和标准规范规定的有毒物质，或根据文献资料、实验数据等判断待鉴定物质是否具有环境毒性；确定有毒物质的合法、科学、合理的处置方式，制定处置方案建议，按照处理成本、收费标准等评估处置费用等。

第七条 放射性废物鉴定。包括认定待鉴定物质是否含有放射性核素或被放射性核素污染，其放射性水平是否符合国家规定的控制水平，是否属于预期不再使用的放射性物质等；确定放射性废物的合法、科学、合理的处置方式，制定处置方案建议，按照处理成本、收费标准等评估处置费用等。

第八条 含传染病病原体的废物（不包括医疗废物）鉴定。包括认定待鉴定物质是否含有细菌、衣原体、支原体、立克次氏体、螺旋体、放线菌、真菌、病毒、寄生虫等传染病病原体；确定含传染病病原体废物的合法、科学、合理的处置方式，制定处置方案建议，按照处理成本、收费标准等评估处置费用等。

第九条 污染物筛查及理化性质鉴定。包括通过现场勘察、生产工艺分析、实验室检测等方法综合分析确定废水、废气、固体废物中的污染物，鉴定污染物的理化性质参数等。

第十条 有毒物质、放射性废物致植物损害鉴定。包括确定植物（包括农作物、林草作物、景观或种用等种植物和野生植物）损害的时间、类型、程度和范围等，判定危险废物、有毒物质、放射性废物接触与植物损害之间的因果关系，制定植物恢复方案建议，评估植物损害数额，评估恢复效果等。

第十一条 有毒物质、放射性废物致动物损害鉴定。包括确定动物（包括家禽、家畜、水产、特种、娱乐或种用等养殖动物和野生动物）损害的时间、类型、程度和范围等，判定危险废物、有毒物质、放射性废物接触和动物损害之间的因果关系，制定动物恢复方案建议，评估动物损害数额，评估恢复效果等。

第三章　地表水与沉积物环境损害鉴定

第十二条　污染环境行为致地表水与沉积物环境损害鉴定。包括确定水功能，识别特征污染物，确定地表水和沉积物环境基线，确认地表水和沉积物环境质量是否受到损害，确定地表水和沉积物环境损害的时空范围和程度，判定污染环境行为与地表水和沉积物环境损害之间的因果关系，制定地表水和沉积物环境修复方案建议，评估地表水和沉积物环境损害数额，评估修复效果等。

第十三条　污染环境行为致水生态系统损害鉴定。包括确定水生态系统功能，识别濒危物种、优势物种、特有物种、指示物种等，确定水生态系统损害评价指标与基线水平，确认水生态系统功能是否受到损害，确定水生态系统损害的时空范围和程度，判定污染环境行为与水生态系统损害之间的因果关系，制定水生态系统恢复方案建议，评估水生态系统损害数额，评估恢复效果等。

第十四条　地表水和沉积物污染致植物损害鉴定。包括确定植物（包括农作物、林草作物、景观或种用等种植物和野生植物）损害的时间、类型、范围和程度，判定地表水和沉积物污染与植物损害之间的因果关系，制定植物恢复方案建议，评估植物损害数额，评估恢复效果等。

第十五条　地表水和沉积物污染致动物损害鉴定。包括确定动物（包括家禽、家畜、水产、特种、娱乐或种用等养殖动物和野生动物）损害的时间、类型、范围和程度，判定地表水和沉积物污染与动物损害之间的因果关系，制定动物恢复方案建议，评估动物损害数额，评估恢复效果等。

第四章　空气污染环境损害鉴定

第十六条　污染环境行为致环境空气损害鉴定。包括识别特征污染物，确定环境空气基线，确认环境空气质量与基线相比是否受到损害，确定环境空气损害的时空范围和程度，判定污染环境行为与环境空气损害之间的因果关系，制定废气治理方案建议，评估环境空气损害数额，评估治理效果等。

第十七条　环境空气污染致植物损害鉴定。包括确定植物（包括农作物、林草作物、景观或种用等种植物和野生植物）损害的时间、类型、范围和程度，判定环境空气污染与植物损害之间的因果关系，制定植物恢复方案建议，评估植物损害数额，评估恢复效果等。

第十八条　环境空气污染致动物损害鉴定。包括确定动物（包括家禽、家畜、特种、娱乐或种用等养殖动物和野生动物）损害的时间、类型、范围和程度，判定环境空气污染与动物损害之间的因果关系，制定动物恢复方案建议，评估动物损害数额，评估恢复效果等。

第十九条　室内空气污染损害鉴定。包括确认住宅、办公场所、公共场所等全封闭或半封闭室内环境空气质量与基线相比是否受到损害，确定室内空气污染损害的时空范围和程度，判定室内空气污染的原因，制定室内空气污染治理方案建议，评估室内空气污染损害数额，评估治理效果等。

第二十条 室内空气污染致人体健康损害鉴定。包括确定人体健康损害（如死亡、疾病、症状或体征等）的时间、类型、范围和程度，判定室内空气污染与人体健康损害之间的因果关系，评估人体健康损害数额等。

第五章 土壤与地下水环境损害鉴定

第二十一条 污染环境行为致土壤环境损害鉴定。包括确定土地利用类型，识别特征污染物，确定土壤（包括农用地、建设用地、矿区等土壤）环境基线，确认土壤环境质量（包括土壤肥力）是否受到损害，确定土壤环境损害的时空范围和程度，判定污染环境行为与土壤环境损害之间的因果关系，制定土壤风险管控和治理修复方案建议，评估土壤环境损害数额，评估修复效果等。

第二十二条 污染环境行为致地下水环境损害鉴定。包括确定地下水功能区，识别特征污染物，确定地下水环境基线，确认地下水环境质量是否受到损害，确定地下水环境损害的时空范围和程度，判定污染环境行为与地下水环境损害之间的因果关系，制定地下水风险管控和治理修复方案建议，评估地下水环境损害数额，评估修复效果等。

第二十三条 污染环境行为致土壤生态系统损害鉴定。包括识别土壤生态系统（含地上和地下部分）功能，确定土壤生态系统损害评价指标与基线水平，确认土壤生态系统功能是否受到损害，确定土壤生态系统损害的时空范围和程度，判定污染环境行为与土壤生态系统损害之间的因果关系，制定土壤生态系统恢复方案建议，评估土壤生态系统损害数额，评估恢复效果等。

第二十四条 土壤污染致植物损害鉴定。包括确定植物（包括农作物、林草作物、景观或种用等种植物和野生植物）损害的时间、类型、范围和程度，判定土壤污染与植物损害之间的因果关系，制定植物恢复方案建议，评估植物损害数额，评估恢复效果等。

第二十五条 地下水污染致植物损害鉴定。包括确定植物（包括农作物、林草作物、景观或种用等种植物和野生植物）损害的时间、类型、范围和程度，判定地下水污染与植物损害之间的因果关系，制定植物恢复方案建议，评估植物损害数额，评估恢复效果等。

第二十六条 土壤污染致动物损害鉴定。包括确定动物（包括家禽、家畜、特种、娱乐或种用等养殖动物和野生动物）损害的时间、类型、范围和程度，判定土壤污染与动物损害之间的因果关系，制定动物恢复方案建议，评估动物损害数额，评估恢复效果等。

第二十七条 地下水污染致动物损害鉴定。包括确定动物（包括家禽、家畜、特种、娱乐或种用等养殖动物和野生动物）损害的时间、类型、范围和程度，判定地下水污染与动物损害之间的因果关系，制定动物恢复方案建议，评估动物损害数额，评估恢复效果等。

第六章 近岸海洋与海岸带环境损害鉴定

第二十八条 污染环境行为致近岸海洋与海岸带环境损害鉴定。包括确定近岸海洋、海岸带和海岛功能，识别特征污染物，确定近岸海洋、海岸带和海岛环境基线，确认近岸海洋、海岸带和海岛环境质量是否受到损害，确定近岸海洋、海岸带和海岛环境损害的时空范围和程度，判定污染环境行为与近岸海洋、海岸带和海岛环境损害之间的因果关系，制定近岸海洋、海岸带和海岛环境修复方案建议，评估近岸海洋、海岸带和海岛环境损害数额，评估修复效果等。

第二十九条 污染环境行为致近岸海洋与海岸带生态系统损害鉴定。包括确定近岸海洋、海岸带和海岛生态系统功能（如珊瑚礁、海草床、滨海滩涂、盐沼地、红树林等），识别濒危物种、优势物种、特有物种、指示物种等，确定近岸海洋、海岸带和海岛生态系统损害评价指标与基线水平，确认近岸海洋、海岸带和海岛生态系统与基线相比是否受到损害，确定近岸海洋、海岸带和海岛生态系统损害的时空范围和程度，判定污染环境行为与近岸海洋、海岸带和海岛生态系统损害之间的因果关系，制定近岸海洋、海岸带和海岛生态系统恢复方案建议，评估近岸海洋、海岸带和海岛生态系统损害数额，评估恢复效果等。

第三十条 近岸海洋与海岸带环境污染致海洋植物损害鉴定。包括确定海洋养殖植物（包括食用、观赏、种用等海洋植物）、滨海湿地野生植物、海洋野生植物（包括藻类及种子植物等）损害的时间、类型、范围和程度，判定近岸海洋、海岸带和海岛环境污染与海洋植物损害之间的因果关系，制定海洋植物恢复方案建议，评估海洋植物损害数额，评估恢复效果等。

第三十一条 近岸海洋与海岸带环境污染致海洋动物损害鉴定。包括确定海洋养殖动物（包括食用、观赏、种用等海洋养殖动物）、滨海湿地野生动物（包括水禽、鸟类、两栖、爬行动物等）、海洋野生动物（包括浮游动物、底栖动物、鱼类、哺乳动物等）损害的时间、类型、范围和程度，判定近岸海洋、海岸带和海岛环境污染与海洋动物损害之间的因果关系，制定海洋动物恢复方案建议，评估海洋动物损害数额，评估恢复效果等。

第七章 生态系统环境损害鉴定

第三十二条 生态破坏行为致植物损害鉴定。包括鉴定藻类、地衣类、苔藓类、蕨类、裸子、被子等植物及植物制品物种及其濒危与保护等级、年龄、原生地；鉴定外来植物物种及入侵种；确定植物损害的时间、类型、范围和程度，判定乱砍滥伐、毁林、开垦林地、草原等生态破坏行为与植物物种损害之间的因果关系，制定植物损害生态恢复方案建议，评估植物损害数额，评估恢复效果等。

第三十三条 生态破坏行为致动物损害鉴定。包括鉴定哺乳纲、鸟纲、两栖纲、爬行纲、鱼类（圆口纲、盾皮鱼纲、软骨鱼纲、辐鳍鱼纲、棘鱼纲、肉鳍鱼纲等）、棘皮动物、昆虫纲、多足纲、软体动物、珊瑚纲等动物及动物制品、物种及其濒危与保护等级、种类、年龄、原生地；鉴定外来动物物种及入侵种，确定动物损害的时间、类型、范围和程度，判定乱捕滥杀、栖息地破坏、外来种入侵等生态破坏行为与动物损害之间的因果关系，制定动物损害生态恢复方案建议，评估动物损害数额，评估恢复效果等。

第三十四条 生态破坏行为致微生物损害鉴定。包括确定食用菌、药用菌及其他真菌类等大型真菌物种及其濒危与保护等级；鉴定微生物损害的时间、类型、范围和程度，判定毁林、滥采等生态破坏行为与微生物损害之间的因果关系，制定微生物损害生态恢复方案建议，评估微生物损害数额，评估恢复效果等。

第三十五条 生态破坏行为致森林生态系统损害鉴定。包括确定森林类型与保护级别，确定森林生态系统损害评价指标与基线水平，确定森林生态系统损害的时间、类型（如指示性生物、栖息地、土壤、地下水等损害）、范围和程度，判定森林盗伐、乱砍滥伐珍稀保护物种、破坏种质资源、森林火灾、非法占用、工程建设、外来种引入、地下水超采等生态破坏行为与森林生态系统损害之间的因果关系，制定森林生态系统恢复方案建议，评估森林生态系统损害数额，评估恢复效果等。

第三十六条 生态破坏行为致草原生态系统损害鉴定。包括确定草原类型与保护级别；确定草原生态系统损害评价指标与基线水平，确定草原生态系统损害（如指示性生物、栖息地、土壤、地下水等损害）的时间、类型、范围和程度，判定超载放牧、滥采药材、毁草开荒、非法占用、工程建设、乱捕滥杀野生动物、外来种引入、地下水超采等生态破坏行为与草原生态系统损害之间的因果关系，制定草原生态系统恢复方案建议，评估草原生态系统损害数额，评估恢复效果等。

第三十七条 生态破坏行为致湿地生态系统损害鉴定。包括确定湿地类型与保护级别，确定湿地生态系统（河流、湖泊除外）损害评价指标和基线水平，确定湿地生态系统损害的时间、类型（如地表水、指示性生物、栖息地、土壤、地下水等损害）、范围和程度，判定农业围垦、城市开发、外来种引入、地下水超采等生态破坏行为与湿地生态系统损害之间的因果关系，制定湿地生态系统恢复方案建议，评估湿地生态系统损害数额，评估恢复效果等。

第三十八条 生态破坏行为致荒漠生态系统损害鉴定。包括确定荒漠性质及类别，确定荒漠生态系统损害评价指标和基线水平，确定荒漠生态系统损害的时间、类型（如土壤、地下水、指示性生物、栖息地等损害）、范围和程度，判定矿产开发、农业开垦、超载放牧、工程建设、珍稀濒危动植物种盗猎、盗采、外来种引入、地下水超采等生态破坏行为与荒漠生态系统损害之间的因果关系，制定荒漠生态系统恢复方案建议，评估荒漠生态系统损害数额，评估恢复效果等。

第三十九条 生态破坏行为致海洋生态系统损害鉴定。包括确定海洋类型与保护级别，确定海洋生态系统损害评价指标和基线水平，确定海洋生态系统损害的时间、类型（如海洋生物、渔业资源、珍稀物种、珊瑚礁及成礁生物、矿产资源、栖息地等损害）、范围和程度，判定过度捕捞、围填海、工程建设、外来种引入等生态破坏行为与海洋生态系统损害之间的因果关系，制定海洋生态系统恢复方案建议，评估海洋生态系统损害数额，评估恢复效果等。

第四十条 生态破坏行为致河流、湖泊生态系统损害鉴定。包括确定河流、湖泊类型及保护级别，确定河流、湖泊生态系统损害评价指标和基线水平，确定河流、湖泊、入海河口生态系统损害的时间、类型（如径流水量、水域岸线、水生生物、渔业资源、珍稀物种、栖息地等损害）、范围和程度，判定非法采砂、渔业滥捕超捕、侵占水域岸线、围湖造田、围垦河道、水域拦截、工程建设、外来种引入等生态破坏行为与河流、湖泊生态系统损害之间的因果关系，制定河流、湖泊生态系统恢复方案建议，评估河流、湖泊生态系统损害数额，评估恢复效果等。

第四十一条 生态破坏行为致冻原生态系统损害鉴定。包括确定冻原性质及类别，确定冻原生态系统损害评价指标和基线水平，确定冻原生态系统损害的时间、类型（如土壤、永冻层、冰川、地表水、地下水、指示性生物、栖息地等损害）、范围和程度，判定水资源开发、超载放牧、工程建设、珍稀濒危动植物盗猎盗采、外来种引入、地下水超采等生态破坏行为与冻原生态系统损害之间的因果关系，制定冻原生态系统恢复方案建议，评估冻原生态系统损害数额，评估恢复效果等。

第四十二条 生态破坏行为致农田生态系统损害鉴定。包括确定农田性质及类别，确定农田生态系统损害评价指标和基线水平，确定农田生态系统损害的时间、类型（如农田种植物、土壤、地下水等损害）、范围和程度，判定非法占用耕地、农区土地破坏、外来种引入、地下水超采等生态破坏行为与农田生态系统损害之间的因果关系，制定农田生态系统恢复方案建议，评估农田生态系统损害数额，评估恢复效果等。

第四十三条 生态破坏行为致城市生态系统损害鉴定。包括确定城市生态系统损害评价指标和基线水平，确定城市生态系统损害的时间、类型（如生物、城市景观、土壤、地下水等损害）、范围和程度，判定城市绿化用地侵占、植被破坏、外来种引入、地下水超采等生态破坏行为与城市生态系统损害之间的因果关系，制定城市生态系统恢复方案建议，评估城市生态系统损害数额，评估恢复效果等。

第四十四条 矿产资源开采行为致矿山地质环境破坏、土地损毁及生态功能损害鉴定。包括采矿引发的地貌塌陷、地裂缝、崩塌、滑坡、泥石流及隐患的规模、类型、危害，制定矿山地质灾害治理方案，评估损害数额，评估治理效果等；确定损毁土地的时间、类型、范围和程度，判定采矿活动与土地损毁之间的关系，制定土地功能恢复方案，评估损害数额，评估恢复效果等；确定采矿造成含水层水位下降的时间、程度、范围，井、泉水量减少（疏干）的程度，判定采矿活动与含水层水位下降、井（泉）水量减少的因果关系，制定含水层保护恢复方案，评估损害数额，评估恢复效果等；确定采矿改变地形条件造成山体破损、岩石裸露的时间、范围和程度，判定采矿活动与山体破损、岩石裸露的因果关系，制定地形地貌重塑方案建议，评估损害数额，评估治理效果等；确定矿产资源损失的时间、类型、范围和程度，判定采矿活动与矿产资源损失的因果关系，制定生态恢复方案建议，评估损害数额，评估恢复效果等。

第八章 其他环境损害鉴定

第四十五条 噪声损害鉴定。包括识别噪声源，评估噪声强度和影响范围；确定噪声致野生或养殖动物（包括家禽、家畜、水产、特种、娱乐或种用等养殖动物）及人体健康等损害（如死亡、减产、疾病等）数量和程度；判定噪声污染与野生或养殖动物及人体健康等损害之间的因果关系；制定噪声污染治理方案建议，评估损害数额，评估治理效果等。

第四十六条 振动损害鉴定。包括识别振动源，评估振动强度和影响范围；确定振动致野生或养殖动物及人体健康等损害的数量和程度；判定振动污染与野生或养殖动物及人体健康等损害之间的因果关系；制定振动污染治理方案建议，评估损害数额，评估治理效果等。

第四十七条 光损害鉴定。包括识别光污染源，评估光污染强度和影响范围；确定光污染致野生或养殖动物及人体健康等损害的数量和程度；判定光污染与野生或养殖动物及人体健康等损害之间的因果关系；制定光污染治理方案建议，评估损害数额，评估治理效果等。

第四十八条 热损害鉴定。包括识别热污染源，评估热污染强度和影响范围；确定热污染致野生或养殖动物及人体健康等损害的数量和程度；判定热污染与野生或养殖动物及人体健康等损害之间的因果关系；制定热污染治理方案建议，评估损害数额，评估治理效果等。

第四十九条 电磁辐射损害鉴定。包括识别电磁辐射源，评估电磁辐射强度和对环境的影响范围；确定电磁辐射致野生或养殖动物及人体健康等损害的数量和程度；判定电磁辐射与野生或养殖动物及人体健康等损害之间的因果关系；制定电磁辐射污染治理方案建议，评估损害数额，评估治理效果等。

第五十条 电离辐射损害鉴定。包括识别电离辐射源，评估电离辐射强度和对环境的影响范围；确定电离辐射致野生或养殖动物及人体健康等损害的数量和程度；判定电离辐射与野生或养殖动物及人体健康等损害之间的因果关系；制定电离辐射污染治理方案建议，评估损害数额，评估治理效果等。

第九章 附 则

第五十一条 本规定自发布之日起实施。

附表 环境损害司法鉴定执业分类目录

序号	领域	分领域及项目
01	污染物性质鉴定	0101 固体废物鉴定
		0102 危险废物鉴定
		0103 有毒物质（不包括危险废物）鉴定
		0104 放射性废物鉴定
		0105 含传染病病原体的废物（不包括医疗废物）鉴定
		0106 污染物筛查及理化性质鉴定
		0107 有毒物质、放射性废物致植物损害鉴定
		0108 有毒物质、放射性废物致动物损害鉴定
02	地表水与沉积物环境损害鉴定	0201 污染环境行为致地表水与沉积物环境损害鉴定
		0202 污染环境行为致水生态系统损害鉴定
		0203 地表水和沉积物污染致植物损害鉴定
		0204 地表水和沉积物污染致动物损害鉴定

序号	领域	分领域及项目
03	空气污染环境损害鉴定	0301　污染环境行为致环境空气损害鉴定
		0302　环境空气污染致植物损害鉴定
		0303　环境空气污染致动物损害鉴定
		0304　室内空气污染损害鉴定
		0305　室内空气污染致人体健康损害鉴定
04	土壤与地下水环境损害鉴定	0401　污染环境行为致土壤环境损害鉴定
		0402　污染环境行为致地下水环境损害鉴定
		0403　污染环境行为致土壤生态系统损害鉴定
		0404　土壤污染致植物损害鉴定
		0405　地下水污染致植物损害鉴定
		0406　土壤污染致动物损害鉴定
		0407　地下水污染致动物损害鉴定
05	近岸海洋与海岸带环境损害鉴定	0501　污染环境行为致近岸海洋与海岸带环境损害鉴定
		0502　污染环境行为致近岸海洋与海岸带生态系统损害鉴定
		0503　近岸海洋与海岸带环境污染致海洋植物损害鉴定
		0504　近岸海洋与海岸带环境污染致海洋动物损害鉴定
06	生态系统环境损害鉴定	0601　生态破坏行为致植物损害鉴定
		0602　生态破坏行为致动物损害鉴定
		0603　生态破坏行为致微生物损害鉴定
		0604　生态破坏行为致森林生态系统损害鉴定
		0605　生态破坏行为致草原生态系统损害鉴定
		0606　生态破坏行为致湿地生态系统损害鉴定
		0607　生态破坏行为致荒漠生态系统损害鉴定
		0608　生态破坏行为致海洋生态系统损害鉴定
		0609　生态破坏行为致河流、湖泊生态系统损害鉴定
		0610　生态破坏行为致冻原生态系统损害鉴定
		0611　生态破坏行为致农田生态系统损害鉴定
		0612　生态破坏行为致城市生态系统损害鉴定
		0613　矿产资源开采行为致矿山地质环境破坏、土地损毁及生态功能损害鉴定
07	其他环境损害鉴定	0701　噪声损害鉴定
		0702　振动损害鉴定
		0703　光损害鉴定
		0704　热损害鉴定
		0705　电磁辐射损害鉴定
		0706　电离辐射损害鉴定

附录 5

环境损害司法鉴定机构名册（78 家）

序号	机构名称	业务范围	鉴定人数量	机构负责人	机构地址	联系电话
1．北京市 1 所						
1	奥来国信（北京）检测技术有限责任公司司法鉴定所	环境污染司法鉴定、建设工程质量司法鉴定	8	周孙基	北京市顺义区高丽营镇顺于路高丽营段 138 号院	010-81700898
2．天津市 3 所						
2	中国医学科学院放射医学研究所	环境损害鉴定（其他类：核辐射，范围以检验检测机构资质认定证书及附表为限）	6	张剑虹	天津市南开区白堤路 238 号	022-85680260
3	天津市环境保护技术开发中心	污染物性质鉴别、地表水和沉积物环境损害鉴定、空气污染环境损害鉴定、土壤与地下水环境损害鉴定、近海海洋与海岸带环境损害鉴定	21	孙贻超	天津市南开区复康路 17 号	022-87671353
4	农业生态环境及农产品质量安全司法鉴定中心	微量鉴定（农业环境、农产品鉴定）（范围以提交的认证认可证书及证书附表为限）	10	张国良	天津市南开区复康路 31 号	022-23610097
3．河北省 3 所						
5	河北省环境污染损害司法鉴定中心	水污染、大气污染、噪声污染、固体废物污染、土壤污染、生物污染环境损害司法鉴定（国家计量认证范围）	18	赵乐	河北省石家庄市裕华区雅清街 30 号	0311-89253396
6	河北科技事务司法鉴定中心	环境司法鉴定，机械、电子设备司法鉴定，化工司法鉴定	30	温建强	河北省石家庄市西大街 73 号	0311-86056484
7	沧州科技事务司法鉴定中心	环境、林果、地质矿产、机电、化工、建筑工程、测量、文书鉴定、痕迹鉴定、法医临床鉴定、血液酒精浓度鉴定	46	郎建	河北省沧州市运河区御河西路金鼎大厦 B 座 12 层	0317-2018805
4．山西省 2 所						
8	山西河东司法鉴定所	空气污染损害鉴定，地表水和沉积物环境损害鉴定	10	郭全珍	空港新区钢材市场钢材中路 15 号	13353599697
9	山西省环境污染损害司法鉴定中心	环境风险评估，水环境污染损害，大气环境污染损害，固体废物及有毒有害化学品污染损害，放射性及电磁辐射污染损害，生态环境破坏如土壤环境、声环境	32	成钢	山西省太原市桃园北路 12 号	0351-5610495

序号	机构名称	业务范围	鉴定人数量	机构负责人	机构地址	联系电话
5．辽宁省 1所						
10	辽宁省环境科学研究院环境损害司法鉴定中心	污染物性质鉴别，地表水和沉积物，环境大气，土壤与地下水，生态系统，其他类（限噪声、振动）	38	张丽华	沈阳市浑南区双园路30号甲-2	024-62780057
6．吉林省 2所						
11	吉林中实司法鉴定中心	污染物性质：危险废物，有毒物质，污染物其他物理、化学等性质；地表水和沉积物环境损害：河流、湖泊、水库等地表水资源损害，沉积物生态环境损害；空气污染损害：环境空气损害，室内空气损害；土壤与地下水环境损害：农田、矿区、居住和工矿企业用地等土壤损害，地下水资源及生态环境损害；其他环境损害：噪声污染环境损害，振动污染环境损害	13	王红	吉林省长春市二道区自由大路4755号鸿石国际大厦 701室	0431-89900100
12	吉林森证司法鉴定所	物证鉴定（动植物及其制品的种属与特性的鉴定）	7	王海龙	吉林省白山市江源区便民路38号	0439-3722901
7．江苏省 9所						
14	江苏省环境科学研究院司法鉴定所	环境污染物性质鉴定（危险废物鉴定，有毒物质鉴定，污染物物理化学等性质鉴定，以认证认可项目为限）和环境损害评估鉴定（地表水和沉积物环境损害鉴定，空气环境损害鉴定，土壤和地下水环境损害鉴定，生态系统环境损害鉴定，噪声污染损害鉴定，环境损害控制、治理和修复方案鉴定）	13	任晓鸣	建邺区应天大街 832 号综合楼2楼	13851493767
15	江苏省理化测试中心司法鉴定所	微量鉴定（含产品质量分析），环境损害司法鉴定（污染物性质鉴定，以通过认证认可项目为准，不含损害评估）	17	秦克	江苏省南京市龙蟠路189号	025-85485938
16	江苏中宜金大分析检测有限公司司法鉴定所	环境损害鉴定（环境污染物性质鉴定，以通过认证认可项目为准，不含环境损害评估鉴定）	7	许柯	江苏省宜兴市环科园绿园路501 号环保科技大厦A座1-3层	0510-87836221

序号	机构名称	业务范围	鉴定人数量	机构负责人	机构地址	联系电话
17	江苏新锐环境监测有限公司司法鉴定所	环境损害司法鉴定（污染物性质鉴定，以通过认证认可项目为准，不含损害评估）、污染物性质鉴定	5	戴玄吏	江苏省苏州市张家港经济开发区杨舍镇新泾西路2号	0512-35022259
18	南通市环境监测中心站司法鉴定所	环境损害司法鉴定（污染物性质鉴定，以通过认证认可项目为准，不含损害评估）	18	张再峰	南通市青年中路18号	0513-85158677
19	淮安市环境监测中心站司法鉴定所	环境损害司法鉴定、微量物证理化检验鉴定	14	周卫华	江苏省淮安市健康西路77号	0517-83676805
20	扬州市环境监测中心站司法鉴定所	其他类鉴定	9	谢继征	江苏省扬州市扬子江北路446号	0514-80988048
21	泰州市环境监测中心站司法鉴定所	环境损害司法鉴定（污染物性质鉴定，以通过认证认可项目为准，不含损害评估）	10	陈军	江苏省泰州市永晖路18号	0523-86195635
		8．山东省4所				
22	山东海事司法鉴定中心	海洋环境污染鉴定，海洋生物质量鉴定，海洋资源损害鉴定，海洋生态环境损害鉴定，水产养殖损害鉴定，海岸与海洋工程鉴定，海上事故鉴定，海域使用和征用补偿鉴定，海洋数值模拟鉴定，近海海洋与海岸带环境损害鉴定，污染物性质鉴定	16	马启敏	山东省青岛市南区鱼山路5号	0532-82032833
23	山东产品质量司法鉴定中心	环境损害司法鉴定：污染物性质鉴定；产品质量司法鉴定：机械、化工、电子（限功能试验）、轻工、石油产品质量鉴定，建筑材料、构配件、设备、食品、特种设备（限金属材料性能）、消防器材质量鉴定；微量鉴定（限火灾现场残留物）	32	孙玉泉	山东省济南市历城区山大北路81号	0531-88118755
24	山东省环境保护科学研究设计院有限公司司法鉴定中心	环境损害司法鉴定：污染物性质鉴定；环境损害司法鉴定：地表水和沉积物环境损害鉴定；环境损害司法鉴定：空气污染环境损害鉴定	39	沈浩松	济南市历下区历山路50号	0531-66573301
25	山东蓝城分析测试有限公司司法鉴定所	环境损害司法鉴定（污染物性质鉴定、土壤与地下水环境损害鉴定）	12	徐清忠	济南市高新区港兴一路齐鲁外包城（四期厂房）第三、四层	0531-66772988

序号	机构名称	业务范围	鉴定人数量	机构负责人	机构地址	联系电话
9. 湖北省 1 所						
26	湖北省环境科学研究院生态环境损害司法鉴定中心	污染物性质鉴定、地表水和沉积物环境损害鉴定、空气污染环境损害鉴定、土壤与地下水环境损害鉴定、生态系统环境损害鉴定、其他环境损害鉴定（噪声、振动、光、热）	27	蔡俊雄	湖北省武汉市洪山区珞南街八一路 338 号 4 楼	027-87882526
10. 广东省 4 所						
27	深圳市大鹏环境损害司法	鉴环境损害司法鉴定（限地表水和沉积物鉴定、近岸海洋与海岸带鉴定、生态系统鉴定）	12	谢芳	深圳市大鹏新区中山路 5 号	0755-28333070
28	深圳市环境科学研究院环	境环境损害司法鉴定（限地表水和沉积物鉴定、空气污染鉴定、土壤与地下水鉴定）	12	车秀珍	深圳市罗湖区红桂一街 95 号 3 栋	0755-25989079
29	广东省环境科学研究院环	境环境损害鉴定（环境污染物性质鉴定，空气污染环境损害鉴定）	12	叶脉	广州市东风中路 335 号	020-83548669
30	广东华测司法鉴定中心	法医毒物司法鉴定（有毒植物类检测除外）、微量物证司法鉴定（纸张分析、墨水分析、油墨分析、黏合剂分析除外）、环境损害司法鉴定（限污染物性质鉴定、地表水和沉积物鉴定、近海洋与海岸带鉴定、生态系统鉴定、其他类环境损害鉴定）	26	王在彬	深圳市宝安区新安街道留仙三路 4 号华测检测大楼	0755-33683666
11. 海南省 19 所						
31	海南地质综合勘察设计院	土壤与地下水环境损害鉴定（耕地资源损害鉴定）	11	杨志勇	海南省海口市龙华区南沙路 88 号	0898-66823136
32	海南省地质调查院	土壤与地下水环境损害鉴定（矿产资源损害鉴定）	23	岑锐	海南省海口市龙华区南沙路 88 号	0898-66823136
33	海南国源土地矿产勘测规划设计院	土壤与地下水环境损害鉴定（耕地资源损害鉴定）	9	李世友	海南省海口市海府路 73 号农建友谊大厦 10 层	0898-65318216
34	海南省地质综合勘察院	土壤与地下水环境损害鉴定（矿产资源损害鉴定）	15	陈晓清	海南省海口市龙华区南沙路 88 号	0898-66823136
35	海南省海洋地质调查研究院	土壤与地下水环境损害鉴定（矿产资源损害鉴定）、近海海洋与海岸带环境损害鉴定	11	冯亚生	海南省海口市龙华区南沙路 49 号	0898-66567278

序号	机构名称	业务范围	鉴定人数量	机构负责人	机构地址	联系电话
36	海南省动物疫病预防控制中心	生态系统环境损害鉴定（动物资源损害鉴定）	12	梁萍	海南省海口市兴丹路16号	0898-65344996
37	海南省辐射环境监测站	电磁辐射核辐射环境损害鉴定	10	邹伟	海南省海口市美兰区白驹大道106号	0898-65236133
38	海南省现代农业检验检测预警防控中心	污染物性质鉴定，土壤与地下水环境损害鉴定	6	李波	海南省海口市琼山区兴丹路16号	0898-65313265
39	海南省海洋与渔业科学院	近海海洋与海岸带环境损害鉴定，生态系统环境损害鉴定	5	王道儒	海南省海口市美兰区白驹大道12号	0898-66728238
40	海南省水环境监测中心	地表水和沉积物环境损害鉴定（地表水资源损害鉴定）	4	陈成豪	海南省海口市海府路98号	0898-65305536
41	海南省天然橡胶质量检验站	土壤与地下水环境损害鉴定	12	刘志崴	海南省海口市海秀东路13号	0898-66774179
42	海南省森林资源司法鉴定中心	生态系统环境损害鉴定（林木、林地、森林火灾损害鉴定，包括林种、树种、面积、蓄积量、出材量、地类、保护等级、损害程度；木材、野生动植物及其制品鉴定；森林面积、株数、树种、蓄积量鉴定；林业有害生物鉴定，包括有害生物名称、危害面积、危害株数、危害程度、经济损失）	36	杨艺 卢家川	海南省海口市海府路80号	0898-65347950
43	中国热带农业科学院环境与植物保护研究所	污染物性质鉴定，地表水和沉积物环境损害鉴定，土壤与地下水环境损害鉴定，生态系统环境损害鉴定	14	武春媛	海南省海口市龙华区学院路4号	0898-66969232
44	海口市土地测绘院	土壤与地下水环境损害鉴定（耕地资源损害鉴定）	7	余素明	海南省海口市龙华区国贸二横路11号国土大厦	0898-68500683
45	海南省环境监测中心站	污染物性质鉴定，地表水和沉积物环境损害鉴定，空气污染环境损害鉴定，土壤与地下水环境损害鉴定，生态系统环境损害鉴定，噪声、振动环境损害鉴定	36	李清贵	海南省海口市美兰区白驹大道98号	0898-66711297
46	海南省林业科学研究所	生态系统环境损害鉴定（林木、林地、森林灾害损害鉴定，木材、林木种苗、林产品、野生动植物及其制品鉴定，森林、湿地生态系统损害鉴定）	39	杨众养	海南省海口市琼山区桂林下路141号	0898-36396750

序号	机构名称	业务范围	鉴定人数量	机构负责人	机构地址	联系电话
47	海南省资源环境调查院	土壤与地下水环境损害鉴定（矿产资源损害鉴定）	10	陈沐龙	海南省海口市金地路9号	0898-66503191
48	三亚水文地质工程地质勘察院	土壤与地下水环境损害鉴定（矿产资源损害鉴定）	7	刘公然	海南省三亚市河东区河东路138号	0898-88272133
49	中国热带农业科学院热带生物技术研究所	生态系统环境损害鉴定（植物及其制品鉴定）	6	戴好富	海南省海口市龙华区学院路4号	0898-66961869
12．重庆市 4所						
50	西南大学司法鉴定所	种植、养殖、农业生物技术、生态环境	28	肖亚成	重庆市北碚区天生路216号	023-68251411
51	重庆市林业司法鉴定中心	林地林木资源，森林火灾，野生动植物，林产品、森林食品，林木种子苗木，林业有害生物，林业工程（质量）司法鉴定	29	石胜璋	重庆市沙坪坝区高店子106号	023-65505251
52	重庆市国能矿产资源评估司法鉴定所	矿产资源价值评估司法鉴定（石油、天然气除外）	18	邓海	重庆市北部新区金渝大道89号10幢1-8-2	023-63723867
53	重庆市南川林业司法鉴定所	林地林木资源、森林火灾、林木种子苗木	6	刘正权	重庆市南川区道金佛大道239号	023-71646602
13．贵州省 1所						
54	贵州省环境科学研究设计院环境损害司法鉴定中心	污染物性质鉴定、地表水和沉积物环境损害鉴定、空气污染环境损害鉴定、土壤与地下水环境损害鉴定、其他环境损害鉴定（噪声）	16	高庚申	贵州省贵阳市观山 湖区黔灵山路217号	0851-85500958
14．云南省 20所						
55	云南省煤矿司法鉴定中心	煤炭矿产资源司法鉴定，煤矿工程司法鉴定，煤矿事故、灾害司法鉴定（含其他矿山），煤炭、煤化工司法鉴定，煤矿产权、矿界纠纷司法鉴定（含其他矿山），煤矿机电设备、设施司法鉴定（含其他矿山），资产评估司法鉴定（涉煤），环境污染损害司法鉴定（近海海洋与海岸带环境损害鉴定除外），环境污染损害评估鉴定（近海海洋与海岸带环境损害鉴定除外）	44	潘夏	云南省曲靖市麒麟区寥廓北路北苑小区11幢1号	0871-3519155

序号	机构名称	业务范围	鉴定人数量	机构负责人	机构地址	联系电话
56	云南农业科学院司法鉴定中心	资产评估司法鉴定（农业类），工程造价纠纷鉴定（农业类），产品质量司法鉴定（农业生产资料、农产品、水产品、畜禽产品），生态环境污染、生态环境破坏鉴定及损失评估（农业类），林地、林木司法鉴定（包括林地面积、权属、地界勘定，林地和非林地上现有或原有林木、四旁树的起源、权属、林种、树种、蓄积量调查和经济价值评估，古树名木科属、种类、年龄、保护级别及经济价值评估等司法鉴定）	28	王云美	云南省昆明市北京路2238号	0871-65896571
57	云南濒科委司法鉴定中心	野生动物司法鉴定	10	王文智	云南省昆明市青松路21号	0871-65199413
58	昆明环境污染损害司法鉴定中心	环境污染损害司法鉴定，环境污染损害评估鉴定，环境保护或治理工程项目评估鉴定	35	李宗逊	昆明市新闻南路23 号	0871-64145671
59	云南云林司法鉴定中心	野生动物司法鉴定，野生植物司法鉴定，木材司法鉴定，林地、林木司法鉴定，资产评估司法鉴定（林业类），产品质量司法鉴定（林业类），生态环境损害及评估司法鉴定（林业类），林业工程司法鉴定（工程质量、工程造价）	36	赵建勋	云南省昆明市北京路1178号	0871-65736232
60	云南德胜司法鉴定中心	环境污染损害司法鉴定，环境污染损害评估鉴定，环境保护或治理工程项目评估鉴定，司法会计鉴定，建筑工程司法鉴定（建筑工程质量鉴定、工程质量事故鉴定、工程造价纠纷鉴定），资产评估司法鉴定，房地产评估司法鉴定，税务司法鉴定，保险标的价值评估，保险标的损失评估（含残值评估），保险赔偿范围鉴定，保险责任鉴定（人身保险除外），土地评估司法鉴定，矿山工程司法鉴定，矿产资源司法鉴定	72	陈立新	昆明市关上金汁路779号云路花园主栋703室	0871-67198908

序号	机构名称	业务范围	鉴定人数量	机构负责人	机构地址	联系电话
61	西南林业司法鉴定中心	木材司法鉴定（包括木材树种鉴定、实际材积、未造材前立木蓄积量的计算及经济价值等司法鉴定），林地、林木司法鉴定（包括林地面积、权属、地界勘定，林地和非林地上现有或原有林木、四旁树的起源、权属、林种、树种、蓄积量调查和经济价值评估，古树名木科属、种类、年龄、保护级别及经济价值评估等司法鉴定），野生动物司法鉴定（包括野生动物及其制品的科属、种类、保护级别、年龄、原生地、调查范围内生物总量、经济价值等司法鉴定），野生植物司法鉴定（包括野生植物及其制品科属、种类、保护级别、原生地、调查范围内生物总量、经济价值等司法鉴定），资产评估司法鉴定（林业类），产品质量司法鉴定（林产品、林木种子种苗），林业工程司法鉴定（工程质量、工程造价），生态环境污染、生态环境破坏及损失评估（林业类）	28	朱丽艳	昆明市盘龙区昙华路399号	0871-65637027
62	云南昆明忆尘森林司法鉴定中心	野生动物司法鉴定，野生植物司法鉴定，木材司法鉴定，林地、林木司法鉴定，资产评估司法鉴定（林业类）	22	王咏民	云南省昆明市盘龙区青龙山附9号	0871-65658226
63	玉溪市玉林司法鉴定中心	木材司法鉴定，林地、林木司法鉴定，野生动物司法鉴定，野生植物司法鉴定，环境污染损害司法鉴定，环境污染损害评估鉴定，环境保护或治理工程项目评估鉴定	27	柴柏羽	云南省玉溪市红塔区凤凰路156号	0877-2043770
64	红河红林司法鉴定中心	木材司法鉴定，林地、林木司法鉴定	41	王刚	云南省红河州蒙自市明德路	0873-3197139
65	云南文山文林司法鉴定中心	木材司法鉴定，林地、林木司法鉴定	46	李红斌	文山市开化北路12 号	0876-2190031
66	普洱市绿海司法鉴定中心	木材司法鉴定，林地、林木司法鉴定	14	舒世云	云南省普洱市思茅区团山路001号	0879-2310828

序号	机构名称	业务范围	鉴定人数量	机构负责人	机构地址	联系电话
67	西双版纳州林业司法鉴定中心	野生动物司法鉴定，野生植物司法鉴定，木材司法鉴定，林地、林木司法鉴定	39	沈莎莎	云南省西双版纳傣族自治州景洪市曼弄枫大佛寺旁壮尖道傍山2号	0691-2566768
68	大理州林业司法鉴定中心	木材司法鉴定，林地、林木司法鉴定	12	杨宗金	大理州森林公安局院内	13987224160
69	云南丽江丽林司法鉴定中心	野生动物司法鉴定，野生植物司法鉴定，木材司法鉴定，林地、林木司法鉴定，资产评估司法鉴定（林业类）	31	陈永昌	丽江市古城区祥和街道太和路西段丽江市林业局林业科学研究所	0888-5189717
70	云南怒江绿峰林业司法鉴定中心	野生动物司法鉴定，野生植物司法鉴定，木材司法鉴定，林地、林木司法鉴定	51	和玉德	云南省怒江州泸水市六库镇赖茂新区怒江州林业办公室三楼	0886-3629019
71	云南迪庆香格里拉林业司法鉴定中心	野生动物司法鉴定，野生植物司法鉴定，木材司法鉴定，林地、林木司法鉴定，资产评估司法鉴定（林业类）	32	丹增尼玛	云南省迪庆州香格里拉市建塘镇江克路迪庆州林业科学研究所	0887-8266710
72	临沧市林业司法鉴定中心	野生动物司法鉴定，野生植物司法鉴定，木材司法鉴定，林地、林木司法鉴定	17	刘黑生	云南省临沧市临翔区南翔路385号	0883-3119116
73	云南乾盛司法鉴定中心	环境污染损害司法鉴定（近海海洋与海岸带环境损害鉴定除外），环境污染损害评估鉴定（近海海洋与海岸带环境损害鉴定除外），环境保护或治理工程项目评估鉴定（近海海洋与海岸带环境损害鉴定除外），法医临床鉴定，法医病理鉴定，法医毒物鉴定，法医物证鉴定，建筑工程司法鉴定（建筑工程质量鉴定、工程质量事故鉴定、工程造价纠纷鉴定），司法会计鉴定，税务司法鉴定，资产评估司法鉴定，矿山工程司法鉴定，矿产资源司法鉴定，地质灾害危险性评估司法鉴定，土地评估司法鉴定，房地产评估司法鉴定	71	翟平生	昆明市新闻路331号报业尚都33层	0871-64141881

序号	机构名称	业务范围	鉴定人数量	机构负责人	机构地址	联系电话
74	云南曲靖麟森司法鉴定中心	木材司法鉴定，林地、林木司法鉴定	37	刘延勇	云南省曲靖市麒麟区寥廓北路329号	18987449059
15．陕西省 1所						
75	陕西省环境科学研究院环境损害司法鉴定中心	污染物性质鉴别、地表水和沉积物、环境大气、土壤与地下水、生态系统、环境经济、其他类（主要包括噪声、振动、光、热、电磁辐射、核辐射、环境法等）	17	张振文	西安市碑林区长安北路49号	029-85365535
16．甘肃省 2所						
76	甘肃省科学院传感技术研究所司法鉴定所	室内空气检测	3	韩根亮	甘肃省兰州市定西南路229号	0931-8769595
77	甘肃电器科学研究院司法鉴定中心	机电设备产品质量与安全，电磁环境影响、电力人身伤害，电力可靠性、生产事故，电力工程质量、电能质量，交易电量及其计量	7	李平	甘肃省天水市秦州区长开路6-6号	0938-8381058
17．新疆维吾尔自治区1所						
78	新疆光明证据科学研究司法鉴定所	建设工程司法鉴定、修复方案及费用评估，环境资源损害鉴定及评估，矿产资源破坏价值鉴定及评估，文书鉴定 痕迹（手印）鉴定，法医临床鉴定（损伤程度鉴定、伤残程度评定、视觉功能鉴定、听觉功能鉴定）	47	远丽辉	新疆乌鲁木齐市天山区建国路195号	0991-8866469

附录 6

生态环境损害鉴定评估推荐机构名录

第一批

序号	机构名称	协作单位
1	中国环境监测总站	无
2	生态环境部华南环境科学研究所	无
3	生态环境部环境规划院环境风险与损害鉴定评估研究中心	国家环境分析测试中心
4	中国环境科学学会环境损害鉴定评估中心	清华大学环境质量检测中心
5	天津市环境污染损害鉴定评估中心	天津市环科检测技术有限公司
6	浙江省环境保护科学设计研究院	无
7	安徽省环境科学研究院	安徽省环境监测中心站
8	山东省环境科学研究院	无
9	湖南省环境保护科学研究院	无
10	广东省环境科学研究院	广东省环境监测中心
11	重庆市环境科学研究院（重庆市环境监测中心）	重庆市环境工程评估中心
12	昆明环境污染损害司法鉴定中心	昆明市环境监测中心

第二批

序号	机构名称	协作单位
1	中国环境科学研究所	无
2	生态环境部南京环境科学研究所	无
3	北京市环境保护科学研究院	无
4	山西省环境污染损害司法鉴定中心	无
5	辽宁省环境科学研究院	无
6	黑龙江省环境科学研究院	无
7	上海市环境科学研究院	无
8	江苏省环境科学研究院	无
9	福建省环境科学研究院	福建历思司法鉴定所
10	河南省环境保护科学研究院	无
11	湖北省环境科学研究院	无
12	广西环境监测中心站	无
13	四川省环境保护科学研究院	无
14	贵州省环境科学研究设计院	无
15	甘肃省环境科学设计研究院	无
16	新疆环境保护科学研究院	无
17	绍兴市环境监测中心站	绍兴市环保科技服务中心

第三批

序号	机构名称	鉴定评估类别
1	辽宁大学	污染物性质、地表水与沉积物环境损害、空气污染环境损害、生态系统环境损害、其他环境损害
2	江西省环境保护科学研究院	污染物性质、地表水与沉积物环境损害、空气污染环境损害、土壤与地下水环境损害、生态系统环境损害、其他环境损
3	山东省生态环境规划研究院	污染物性质、地表水与沉积物环境损害、空气污染环境损害、土壤与地下水环境损害、其他环境损害
4	河南省地质矿产勘查开发局第二地质环境调查院	土壤与地下水环境损害
5	中国地质大学（武汉）	污染物性质、地表水与沉积物环境损害、土壤与地下水环境损害
6	武汉大学	污染物性质、土壤与地下水环境损害
7	陕西省地质调查实验中心	土壤与地下水环境损害
8	宁夏环境科学研究院（有限责任公司）	污染物性质、地表水与沉积物环境损害、空气污染环境损害、其他环境损害
9	河北中旭生态环境损害司法鉴定中心	污染物性质、地表水与沉积物环境损害、空气污染环境损害、土壤与地下水环境损害、近海海洋与海岸带环境损害、其他环境损害（噪声、振动）
10	内蒙古环投环境损害司法鉴定中心	污染物性质、地表水与沉积物环境损害、空气污染环境损害、土壤与地下水环境损害、其他环境损害（噪声）
11	大连理工大学司法鉴定中心	空气污染环境损害、土壤与地下水环境损害、其他环境损害
12	吉林省中实环境技术开发集团有限公司	污染物性质、地表水与沉积物环境损害、空气污染环境损害、土壤与地下水环境损害、其他环境损害（噪声、振动）
13	青海省环境科学研究设计院司法鉴定中心	污染物性质、地表水与沉积物环境损害、空气污染环境损害、土壤与地下水环境损害、生态系统环境损害、其他环境损害（噪声）

附录 7

全国环境损害司法鉴定机构登记评审专家库（国家库）专家名单

序号	姓名	单位	专业领域
1	沈敏	司法部司法鉴定科学技术研究所	污染物性质鉴别
2	王子健	中国科学院生态环境研究中心	污染物性质鉴别 地表水和沉积物
3	王琪	中国环境科学研究院	污染物性质鉴别
4	石利利	生态环境部南京环境科学研究所	污染物性质鉴别
5	吕怡兵	中国环境监测总站	污染物性质鉴别
6	林玉锁	生态环境部南京环境科学研究所污染物性质鉴别	土壤与地下水
7	周连碧	北京矿冶研究总院污染	污染物性质鉴别
8	许纲熙	江苏省科技咨询中心	污染物性质鉴别
9	李森林	北京军区疾病预防控制中心	污染物性质鉴别
10	商照聪	上海化工研究院	污染物性质鉴别 土壤与地下水
11	邹莲花	江西省环境保护科学研究院	污染物性质鉴别 地表水和沉积物
12	马安德	南方医科大学公共卫生学院	污染物性质鉴别
13	张后虎	生态环境部南京环境科学研究所	污染物性质鉴别
14	孔德洋	生态环境部南京环境科学研究所	污染物性质鉴别
15	赵慧敏	大连理工大学化工与环境生命学部环境学院	污染物性质鉴别
16	宋永会	中国环境科学研究院	污染物性质鉴别 地表水和沉积物
17	姚珏君	北京市环境保护科学研究院	污染物性质鉴别 土壤与地下水
18	李涌涛	吉林中正司法鉴定所	污染物性质鉴别 地表水和沉积物
19	王红	吉林省中实环保工程开发有限公司	污染物性质鉴别 地表水和沉积物
20	周兵	吉林省中实检测有限公司	污染物性质鉴别 地表水和沉积物
21	黄启飞	中国环境科学研究院	污染物性质鉴别
22	李丽	中国环境科学研究院	污染物性质鉴别
23	黄泽春	中国环境科学研究院	污染物性质鉴别
24	杨玉飞	中国环境科学研究院	污染物性质鉴别
25	张志强	辽宁北方环境检测技术有限公司	污染物性质鉴别
26	许振成	生态环境部华南环境科学研究所	污染物性质鉴别 地表水和沉积物
27	檀笑	生态环境部华南环境科学研究所	污染物性质鉴别

序号	姓名	单位	专业领域
28	彭晓武	生态环境部华南环境科学研究所	污染物性质鉴别 环境大气
29	海景	生态环境部华南环境科学研究所	污染物性质鉴别
30	吕梦华	昆明市环境污染损害司法鉴定中心	污染物性质鉴别
31	李宗逊	昆明市环境污染损害司法鉴定中心	污染物性质鉴别 土壤与地下水
32	马佚	浙江省环境保护科学设计研究院	污染物性质鉴别
33	李平	安徽省马鞍山市环境监测中心站	污染物性质鉴别 地表水和沉积物
34	梁榕源	厦门市环境监测中心站	污染物性质鉴别
35	袁懋	中国环境监测总站	污染物性质鉴别 地表水和沉积物
36	杨明珍	沈阳蓝碧环境科技有限公司	污染物性质鉴别 地表水和沉积物
37	沈浩松	山东省环境保护科学研究设计院	污染物性质鉴别 地表水和沉积物
38	杨淑英	山东省环境保护科学研究设计院	污染物性质鉴别 环境大气
39	孙培艳	国家海洋局北海环境监测中心	污染物性质鉴别 近岸海洋和海岸带
40	张保华	中国海洋石油总公司节能减排监测中心	污染物性质鉴别
41	曹大勇	山东省环境保护科学研究设计院	污染物性质鉴别
42	马栋	司法部司法鉴定科学技术研究所法医毒物分析研究室	污染物性质鉴别
43	牟德海	中国广州分析测试中心	污染物性质鉴别 其他类（核辐射）
44	苏流坤	中国广州分析测试中心	污染物性质鉴别
45	马名扬	中国广州分析测试中心	污染物性质鉴别
46	沈根祥	上海市环境科学研究院	污染物性质鉴别 生态系统
47	徐期勇	北京大学深圳研究生院	污染物性质鉴别
48	吴伟	江苏环保产业技术研究院股份公司	污染物性质鉴别
49	葛峰	生态环境部南京环境科学研究所	污染物性质鉴别
50	刘岚昕	辽宁省环境科学研究院	污染物性质鉴别
51	张丽华	辽宁省环境科学研究院	污染物性质鉴别
52	汪德生	辽宁省环境科学研究院	污染物性质鉴别
53	杨晓松	北京矿冶研究总院环境工程研究设计所	污染物性质鉴别
54	侯立安	火箭军后勤科学技术研究所	地表水和沉积物 环境大气
55	陈玖斌	中国科学院地球化学研究所	地表水和沉积物 环境大气
56	韩静磊	生态环境部华南环境科学研究所	地表水和沉积物 环境大气
57	吴丰昌	中国环境科学研究院	地表水和沉积物

序号	姓名	单位	专业领域
58	刘新会	北京师范大学环境学院	地表水和沉积物
59	杜强	中国水利水电科学研究院	地表水和沉积物
60	李喜青	北京大学城市与环境学院	地表水和沉积物 土壤与地下水
61	杨柳燕	南京大学环境学院	地表水和沉积物 生态系统
62	张晓健	清华大学环境学院	地表水和沉积物 土壤与地下水
63	单保庆	中国科学院生态环境研究中心	地表水和沉积物 生态系统
64	喻元秀	重庆市环境工程评估中心	地表水和沉积物
65	陈宏文	江西省环境保护科学研究院	地表水和沉积物
66	刘志刚	江西省环境保护科学研究院	地表水和沉积物
67	金若菲	大连理工大学	地表水和沉积物
68	章一丹	浙江省环境保护科学设计研究院	地表水和沉积物
69	罗隽	生态环境部华南环境科学研究所	地表水和沉积物
70	曾凡棠	生态环境部华南环境科学研究所	地表水和沉积物
71	魏东洋	生态环境部华南环境科学研究所	地表水和沉积物
72	杨大勇	生态环境部华南环境科学研究所	地表水和沉积物 生态系统
73	林奎	生态环境部华南环境科学研究所	地表水和沉积物
74	虢清伟	生态环境部华南环境科学研究所	地表水和沉积物
75	郑一新	昆明市环境污染损害司法鉴定中心	地表水和沉积物
76	黄岁樑	南开大学环境科学与工程学院	地表水和沉积物
77	田智勇	城市水环境科技创新基地污水再生与循环研究室	地表水和沉积物
78	袁鹏	中国环境科学研究院	地表水和沉积物
79	张卫东	北京化工大学	地表水和沉积物
80	简新立	湖南英怀特环保科技有限公司	地表水和沉积物
81	陈玉成	西南大学资源环境学院环境科学与工程系	地表水和沉积物
82	刘廷良	中国环境监测总站	地表水和沉积物
83	付强	中国环境监测总站	地表水和沉积物 环境大气
84	白志辉	中国科学院生态环境研究中心	地表水和沉积物 土壤与地下水
85	张洪勋	中国科学院大学	地表水和沉积物
86	白俊跃	浙江省环境保护科学设计研究院	地表水和沉积物
87	徐灏龙	浙江省环境保护科学设计研究院	地表水和沉积物
88	胡成	沈阳蓝碧环境科技有限公司	地表水和沉积物
89	刘录三	中国环境科学研究院	地表水和沉积物
90	孙娟	山东省环境保护科学研究设计院	地表水和沉积物
91	赵淑霞	北京市环境保护科学研究院	地表水和沉积物
92	柯景诗	高科环保工程集团有限公司	地表水和沉积物
93	刘伟京	江苏省生态环境评估中心	地表水和沉积物 环境经济

序号	姓名	单位	专业领域
94	刘操	北京市水科学技术研究院水环境研究所	地表水和沉积物
95	李安定	中日友好环境保护中心	地表水和沉积物
96	宋正光	山西省环境污染损害司法鉴定中心	地表水和沉积物
97	黄波涛	上海市环境科学研究院	地表水和沉积物 土壤与地下水
98	卢士强	上海市环境科学研究院	地表水和沉积物
99	曾四和	四川省核工业地质调查院地环中心	地表水和沉积物
100	翁建中	江苏康达检测技术股份有限公司	地表水和沉积物
101	吴海锁	江苏环保产业技术研究院股份公司	地表水和沉积物
102	李冰	江苏环保产业技术研究院股份公司	地表水和沉积物
103	田爱军	江苏环保产业技术研究院股份公司	地表水和沉积物
104	张毅敏	生态环境部南京环境科学研究所	地表水和沉积物
105	唐晓燕	生态环境部南京环境科学研究所	地表水和沉积物 生态系统
106	王卓	辽宁北方环境保护有限公司	地表水和沉积物
107	王阳	辽宁北方环境保护有限公司	地表水和沉积物
108	宋有涛	辽宁大学环境学院	地表水和沉积物 生态系统
109	林星杰	北京矿冶研究总院环境工程研究设计所	地表水和沉积物
110	王惠中	江苏省环境应急与事故调查中心	地表水和沉积物 生态系统
111	贺克斌	清华大学环境学院	环境大气
112	王书肖	清华大学环境学院	环境大气
113	王自发	中国科学院大气物理研究所	环境大气
114	毛洪钧	南开大学环境科学与工程学院	环境大气
115	杨志敏	西南大学资源环境学院	环境大气
116	阚海东	复旦大学公共卫生学院	环境大气
117	徐建京	中海油天津化工研究设计院	环境大气污染物性质鉴别
118	袭著革	中国人民解放军军事医学科学院	环境大气
119	彭应登	北京市环境保护科学研究院	环境大气
120	陈冠益	天津大学环境科学与工程学院	环境大气
121	王淑兰	中国环境科学研究院	环境大气
122	张颖	中国环境监测总站	环境大气
123	汪太明	中国环境监测总站	环境大气
124	张元勋	中国科学院大学	环境大气
125	陈义珍	中国环境科学研究院	环境大气
126	李正强	中国科学院遥感与数字地球研究所	环境大气
127	钱生亿	山东省公安厅食品药品与环境犯罪侦查总队一支队	环境大气
128	李振华	山西省环境污染损害司法鉴定中心	环境大气
129	张怀德	山西省环境污染损害司法鉴定中心	环境大气
130	栾胜基	北京大学深圳研究生院	环境大气
131	吴爱华	北京大学深圳研究生院	环境大气
132	萨如拉	深圳市环境监测中心站	环境大气

序号	姓名	单位	专业领域
133	于广河	深港产学研基地深圳市环境模拟与污染控制重点实验室	环境大气地表水和沉积物
134	汪国刚	辽宁北方环境保护有限公司	环境大气
135	李发生	中国环境科学研究院	土壤与地下水
136	李广贺	清华大学环境学院	土壤与地下水
137	孙继朝	中国地质科学院	土壤与地下水
138	陈同斌	中国科学院地理科学与资源研究所	土壤与地下水
139	郑春苗	南方科技大学环境科学与工程学院	土壤与地下水
140	胡清	南方科技大学工程技术创新中心（北京）	土壤与地下水 环境经济
141	姜林	北京市环境保护科学研究院	土壤与地下水
142	骆永明	中国科学院烟台海岸带研究所	土壤与地下水 近岸海洋和海岸带
143	谢辉	生态环境部环境规划院	土壤与地下水
144	王金生	北京师范大学水科学研究院	土壤与地下水
145	单艳红	生态环境部南京环境科学研究所	土壤与地下水
146	张胜田	生态环境部南京环境科学研究所	土壤与地下水
147	王渭明	山东大学土建与水利学院	土壤与地下水
148	甄胜利	北京高能时代环境技术股份有限公司	土壤与地下水
149	魏丽	北京高能时代环境技术股份有限公司	土壤与地下水
150	吕正勇	北京高能时代环境技术股份有限公司	土壤与地下水
151	齐剑英	生态环境部华南环境科学研究所	土壤与地下水
152	刘涉江	天津大学环境科学与工程学院	土壤与地下水
153	邹胜章	中国地质科学院岩溶研究所环境室	土壤与地下水
154	朱远峰	北京中地泓科环境科技有限公司	土壤与地下水
155	陈鸿汉	中国地质大学（北京）水资源与环境学院	土壤与地下水
156	张焕祯	中国地质大学（北京）水资源与环境学院	土壤与地下水
157	廖晓勇	中国科学院地理科学与资源研究所	土壤与地下水
158	阎秀兰	中国科学院地理科学与资源研究所	土壤与地下水
159	赵晓军	中国环境监测总站	土壤与地下水
160	杜晓明	中国环境科学研究院	土壤与地下水
161	申建梅	中国地质科学院水文地质环境地质研究所	土壤与地下水
162	刘景涛	中国地质科学院水文地质环境地质研究所	土壤与地下水
163	黄冠星	中国地质科学院水文地质环境地质研究所	土壤与地下水
164	宋建民	山西省环境污染损害司法鉴定中心	土壤与地下水
165	付融冰	上海市环境科学研究院	土壤与地下水地表水和沉积物
166	朱江	上海市环境科学研究院	土壤与地下水
167	李小平	上田环境修复股份有限公司	土壤与地下水
168	龙涛	生态环境部南京环境科学研究所	土壤与地下水
169	吴运金	生态环境部南京环境科学研究所	土壤与地下水
170	张军方	贵州省环境科学研究设计院	土壤与地下水
171	徐磊	贵州省环境科学研究设计院	土壤与地下水

序号	姓名	单位	专业领域
172	陆军	生态环境部环境规划院	土壤与地下水
173	孙宁	生态环境部环境规划院环境工程部	土壤与地下水
174	王夏晖	生态环境部环境规划院生态部（土壤环境保护中心）	土壤与地下水 生态系统
175	许强	成都理工大学地质灾害防治与地质环境保护国家重点实验室	生态系统土壤与地下水
176	王保栋	国家海洋局第一海洋研究所	生态系统近岸海洋和海岸带
177	张远	中国环境科学研究院	生态系统 地表水和沉积物
178	李俊生	中国环境科学研究院	生态系统 环境经济
179	任景明	生态环境部环境工程评估中心	生态系统 环境经济
180	宋延龄	中国科学院动物研究所	生态系统
181	郑元润	中国科学院植物研究所	生态系统
182	唐小平	国家林业局调查规划设计院	生态系统
183	黄艺	北京大学环境科学与工程学院	生态系统
184	雷光春	北京林业大学自然保护区学院	生态系统
185	谢高地	中国科学院地理科学与资源研究所	生态系统 环境经济
186	朱京海	中国医科大学	生态系统 环境经济
187	张玉环	生态环境部华南环境科学研究所	生态系统
188	董家华	生态环境部华南环境科学研究所	生态系统
189	李英文	重庆师范大学	生态系统
190	于宁楼	国家林业和草原局林产工业规划设计院	生态系统
191	王艳芬	中国科学院大学	生态系统
192	孟晓杰	中国环境科学研究院	生态系统 环境大气
193	傅尧	中国环境科学研究院	生态系统
194	张林波	中国环境科学研究院生态环境研究所	生态系统
195	吴婧	南开大学环境科学与工程学院	生态系统
196	车秀珍	深圳市环境科学研究院	生态系统 环境经济
197	邹长新	生态环境部南京环境科学研究所	生态系统
198	付保荣	辽宁大学环境学院	生态系统
199	王金南	生态环境部环境规划院	环境经济
200	张世秋	北京大学环境科学与工程学院	环境经济
201	於方	生态环境部环境规划院	环境经济
202	李京梅	中国海洋大学经济学院	环境经济
203	李巍	北京师范大学环境学院	环境经济
204	徐国华	浙江省环境保护科学设计研究院	环境经济
205	王宏伟	国家林业和草原局调查规划院	环境经济
206	成钢	山西省环境污染损害司法鉴定中心	环境经济
207	吴云波	江苏环保产业技术研究院股份公司	环境经济

序号	姓名	单位	专业领域
208	马国霞	生态环境部环境规划院环境风险与损害鉴定评估中心	环境经济
209	蒋洪强	生态环境部环境规划院国家环境规划与政策模拟重点实验室	环境经济
210	葛察忠	生态环境部环境规划院环境政策部	环境经济
211	刘桂环	生态环境部环境规划院生态与农村环境规划部	环境经济
212	高树婷	生态环境部环境规划院环境经济部	环境经济
213	沈新强	中国水产科学研究院东海水产研究所	近岸海洋和海岸带生态系统
214	丁平兴	华东师范大学河口海岸学国家重点实验室	近岸海洋和海岸带
215	刘东艳	中国科学院烟台海岸带研究所	近岸海洋和海岸带
216	陈全振	国家海洋局第二海洋研究所	近岸海洋和海岸带
217	周青	国家海洋局北海环境监测中心	近岸海洋和海岸带
218	张洪亮	国家海洋局北海环境监测中心	近岸海洋和海岸带
219	张继民	国家海洋局北海环境监测中心	近岸海洋和海岸带
220	宋文鹏	国家海洋局北海环境监测中心	近岸海洋和海岸带
221	蓝方勇	生态环境部华南环境科学研究所	近岸海洋和海岸带
222	高振会	国家海洋局第一海洋研究所	近岸海洋和海岸带
223	王志霞	交通运输部水运科学研究院	近岸海洋和海岸带
224	乔冰	交通运输部水运科学研究院	近岸海洋和海岸带生态系统
225	曲克明	中国水产科学研究院黄海水产研究所	近岸海洋和海岸带
226	马绍赛	中国水产科学研究院黄海水产研究所	近岸海洋和海岸带生态系统
227	陈碧鹃	中国水产科学研究院黄海水产研究所	近岸海洋和海岸带
228	马启敏	中国海洋大学山东海事司法鉴定中心	近岸海洋和海岸带
229	汝少国	中国海洋大学海洋生命学院	近岸海洋和海岸带生态系统
230	徐子钧	国家海洋局北海环境监测中心	近岸海洋和海岸带
231	安伟	中海油能源发展股份有限公司安全环保分公司研究院	近岸海洋和海岸带
232	魏文普	中海油能源发展股份有限公司安全环保分公司研院	近岸海洋和海岸带
233	贺心然	连云港市环境监测中心站	近岸海洋和海岸带
234	刘芳	中国环境监测总站	近岸海洋和海岸带
235	陈尚	国家海洋局第一海洋研究所	近岸海洋和海岸带
236	陈聚法	中国水产科学研究院黄海水产研究所	近岸海洋和海岸带
237	赵俊	中国水产科学研究院黄海水产研究所	近岸海洋和海岸带
238	王振义	大连海事法院	近岸海洋和海岸带
239	丛斌	中国工程院	其他类（环境健康）
240	王灿发	中国政法大学	其他类（环境法）
241	孙佑海	天津大学法学院	其他类（环境法）
242	周宜开	华中科技大学同济公共卫生学院	其他类（环境健康）
243	李孝宽	北京市劳动保护科学研究所	其他类（噪声、振动）
244	汪劲	北京大学法学院	其他类（环境法）
245	王明远	清华大学法学院	其他类（环境法）
246	李艳芳	中国人民大学法学院	其他类（环境法）

序号	姓名	单位	专业领域
247	张梓太	复旦大学法学院	其他类（环境法）
248	杨朝飞	中国工业环保促进会	其他类（环境法） 环境经济
249	郭华	中央财经大学法学院	其他类（环境法）
250	秦天宝	武汉大学法学院	其他类（环境法）
251	竺效	中国人民大学法学院	其他类（环境法）
252	王小钢	吉林大学法学院	其他类（环境法）
253	韩德强	最高人民法院环境资源司法研究中心	其他类（环境法）
254	张建伟	天津大学中国绿色发展研究院	其他类（环境法）
255	李传轩	复旦大学法学院	其他类（环境法）
256	陶蕾	复旦大学法学院	其他类（环境法）
257	胡向阳	中南财经政法大学	其他类（环境法）
258	钭晓东	宁波大学人文社科处	其他类（环境法）
259	侯安山	北京民生物证科学司法鉴定所	其他类（环境健康）
260	张继宗	中国法医学会法医临床学专业委员会	其他类（环境健康）
261	张璟	济宁医学院司法鉴定中心	其他类（环境健康）
262	王文军	济宁医学院公共卫生学院	其他类（环境健康）
263	张春芝	济宁医学院公共卫生学院	其他类（噪声、振动）
264	聂继池	济宁医学院公共卫生学院	其他类 （噪声、振动、电磁辐射）
265	左芷津	广东华生司法鉴定中心	其他类（环境健康）
266	丁岩林	西北政法大学经济法学院	其他类（环境法）
267	王慧君	南方医科大学法医学院	其他类（环境健康）
268	朱岩	农业农村部环境保护科研监测所	其他类（环境健康）
269	米同清	河北省衡水市环境监测站	其他类（噪声）
270	郭杏林	大连理工大学工程力学系	其他类（噪声、振动）
271	武权	中国医学科学院放射医学研究所辐射检测与评价 中心	其他类（核辐射）
272	冯宇	河南省环境保护厅辐射环境安全技术中心	其他类（电磁辐射、核辐射）
273	张音波	生态环境部华南环境科学研究所	其他类（噪声）
274	于云江	生态环境部华南环境科学研究所	其他类（环境健康）
275	刘宏伟	辽宁省公安厅大伙房水源地保护区公安局	其他类（环境法）
276	李永华	中国科学院地理科学与资源研究所	其他类（环境健康）
277	刘庆芬	中国医学科学院放射医学研究所质管办/产业处	其他类（核辐射）
278	鲍矛	北京市射线应用研究中心	其他类（核辐射）
279	杨林生	中国科学院地理科学与资源研究所	其他类（环境健康）
280	徐国杰	沧州科技事务司法鉴定中心	其他类（环境法）
281	温香彩	中国环境监测总站	其他类（振动、光）
282	赵淑莉	中国环境监测总站	其他类（环境健康）
283	张志敏	生态环境部环境应急与事故调查中心（退休）	其他类（环境法）
284	李绪金	山东省淄博市公安局	其他类（环境法）
285	韦国华	山东省淄博市公安局	其他类（环境法）
286	胡德胜	西安交通大学法学院	其他类（环境法）
287	王华堂	山西省环境污染损害司法鉴定中心	其他类（环境法）

序号	姓名	单位	专业领域
288	谢满廷	山西省环境污染损害司法鉴定中心	其他类（电磁辐射、核、辐射）
289	何泽勇	山西省环境污染损害司法鉴定中心	其他类（噪声、振动）
290	远丽辉	新疆司法鉴定科学技术研究所司法鉴定中心	其他类（噪声、振动）
291	朱四养	四川省核工业地质调查院成都分院	其他类（核辐射）
292	许群	中国医学科学院基础医学研究所	其他类（环境健康）
293	张希舟	厦门海事法院	其他类（环境法）
294	张金智	山东省环境保护厅政策法规处	其他类（环境法）
295	李旭东	青岛海事法院	其他类（环境法）
296	杨占山	辽宁省公安厅环境安全保卫总队环境安全保卫支队	其他类（环境法）

注：根据《环境损害司法鉴定机构登记评审专家库管理办法》，本书对不再符合条件的专家进行了剔除，共剔除 2 位专家。

附录 8

司法部办公厅关于进一步做好环境损害司法鉴定管理有关工作的通知

各省、自治区、直辖市司法厅（局），新疆生产建设兵团司法局：

近年来，司法部认真贯彻落实习近平总书记生态文明建设思想，按照党中央、国务院关于打赢污染防治攻坚战的部署要求，全面加强环境损害司法鉴定机构和鉴定人管理，为打击环境违法犯罪提供了有力支持。2019 年 1 月，司法部与最高人民检察院、生态环境部、国家发展和改革委员会等十部门联合下发《关于在检察公益诉讼中加强协作配合依法打好污染防治攻坚战的意见》（高检会〔2019〕1 号）；2 月，司法部与最高人民法院、最高人民检察院、公安部、生态环境部等五部门联合下发《关于办理环境污染刑事案件有关问题的座谈会纪要》（高检会〔2019〕3 号），对开展环境公益诉讼和办理环境污染刑事案件中司法鉴定有关工作提出明确要求。为进一步做好环境损害司法鉴定管理工作，充分发挥司法鉴定在环境公益诉讼和环境污染刑事案件办理中的功能作用，现就有关事项通知如下：

一、切实加强业务指导和服务。要加强与生态环境部门沟通协作，认真研究解决环境损害司法鉴定流程、标准适用等方面的突出问题，增强业务指导的针对性和有效性。要依托环境损害司法鉴定机构登记评审专家库资源，尽快组建本省（区、市）环境损害司法鉴定专家顾问团队，为机构正常开展业务提供“手把手”“点对点”式的专业指导和服务，帮助机构不断提升鉴定能力和质量。要搭建沟通交流平台，鼓励机构“走出去”，向大型综合性高资质、高水平环境损害司法鉴定机构和优秀鉴定人学习经验。要加大教育培训力度，按要求对每一名环境损害司法鉴定人每年进行专业培训，不断提高鉴定人能力素质。要加强典型宣传报道，大力宣传依法规范执业、有突出贡献的优秀鉴定机构和鉴定人，树立行业良好形象。

二、切实加强环境损害司法鉴定案例库建设。要加大案例报送力度，鼓励参与环境损害司法鉴定工作的鉴定人积极参与案例编写，将案例报送和“12348 中国法网”司法行政（法律服务）案例库收录数量作为评价鉴定机构能力水平的重要指标。每个鉴定机构原则上每个月至少向本省（区、市）司法厅（局）报送一篇鉴定案例，司法部将不定期发布环境损害司法鉴定指导性案例。要丰富环境损害司法鉴定案例类型，重点加强涉及污染物性质、土壤和地下水、地表水和沉积物、海洋、生态环境等的综合性鉴定案例，充分体现案例的多样性和多领域特点。要强化案例使用，指导鉴定机构和鉴定人加强对司法行政（法律服务）案例库中相关案例特别是优秀指导性案例的学习，不断提高环境损害司法鉴定业务水平。

三、及时推出一批检察公益诉讼中不预收鉴定费的鉴定机构。要全面梳理本省份已登记环境损害鉴定机构情况，主动与鉴定机构对接沟通，鼓励引导综合实力强、高资质高水平环境损害司法鉴定机构在不预先收取鉴定费的情况下，能够及时受理检察机关委托的环境公益诉讼案件，依法依规开展鉴定活动，出具鉴定意见，未预先收取的鉴定费待人民法院判决后由败诉方承担。对于积极主动承担环境公益诉讼业务且不预收鉴定费的鉴定机构，各地要在政策、资金等方面给予扶持。每个省份原则上至少报送1家在检察公益诉讼中不预先收取鉴定费的环境损害司法鉴定机构。

四、进一步规范环境损害司法鉴定案件委托受理工作。要指导环境损害司法鉴定机构规范案件委托受理工作，凡是涉及环境污染刑事案件定罪量刑的核心或关键专门性问题，比如公私财产损失的数额、超过排放标准的倍数、污染物性质判断等，只要办案机关委托进行鉴定，且鉴定事项在机构执业范围内的，应当接受委托进行鉴定，出具鉴定意见；对于办案机关的委托事项进行鉴定确有技术难度，一个鉴定机构执业范围内难以一次性解决的，可以联合其他有相关鉴定能力的鉴定机构和专家联合参与鉴定。要认真调查涉及环境损害司法鉴定机构不接受委托的投诉和举报事项，必要时组织专家进行核查，对于鉴定机构确实存在以非正当理由拒绝接受委托情形的，要按照相关规定严肃查处，查处结果及时通报相关部门并向社会公开；对于鉴定机构因正当理由无法接受委托的，应当引导委托人向有能力的鉴定机构委托鉴定。鼓励有关单位和个人及时向司法行政机关举报鉴定机构委托受理工作中的违法违规问题。

五、全面建立环境损害司法鉴定黑名单制度。按照国家关于加强社会信用体系建设的要求，对环境损害司法鉴定机构和鉴定人失信情况进行记录、公示和预警，对于存在违规收取高额费用、无故拖延鉴定期限、无正当理由拒绝接受鉴定委托、与有关人员串通违规开展鉴定等不良执业行为，或其他违反司法鉴定管理规定行为的鉴定机构和鉴定人，纳入环境损害司法鉴定黑名单，及时向社会公开，并推送给委托人，在委托前进行警示。各级司法行政机关要对纳入黑名单的鉴定机构和鉴定人进行重点监管，及时督促其进行整改，整改合格且在半年内依法诚信执业、无违法违规行为的鉴定机构和鉴定人可以移出黑名单。

六、加强环境损害司法鉴定机构和鉴定人执业分类管理。要组织司法鉴定管理干部和司法鉴定人认真学习《司法部　生态环境部关于印发〈环境损害司法鉴定执业分类规定〉的通知》（司发通〔2019〕65号），全面准确理解七大鉴定事项细化后的47个执业类别的内涵和外延，为正确适用执业分类规定奠定良好基础。要督促各环境损害司法鉴定机构和鉴定人对照执业类别，主动评估执业能力，确保执业范围与能力水平相适应、相匹配。要加快完成执业类别重新核定工作，组织专家尽快对鉴定机构和鉴定人核报的执业类别进行评估，符合法定要求的，及时换发《司法鉴定许可证》和《司法鉴定人执业证》。

七、完善退出机制。加强事中事后监管，全面推行环境损害司法鉴定机构“双随机”抽查和鉴定意见书评查制度，每年至少进行一次第三方评价，全面核查执业范围，动态了解、掌握环境损害司法鉴定业务开展情况，及时注销不符合法定要求的鉴定机构和鉴定人。切实加强环境损害司法鉴定质量监管，督促鉴定机构建立完善内部质量控制体系，努力实现鉴定质量“零瑕疵”，对于存在弄虚作假导致鉴定意见严重失实、适用技术标准和规范明显错误等问题的鉴定机构和鉴定人，按照相关规定严肃查处。

落实本通知中的有关问题请及时报司法部公共法律服务管理局。

司法部办公厅

2019 年 5 月 24 日

附录 9

最高人民法院　最高人民检察院
公安部　司法部　生态环境部
关于办理环境污染刑事案件有关问题
座谈会纪要

2018 年 6 月 16 日，中共中央、国务院发布《关于全面加强生态环境保护坚决打好污染防治攻坚战的意见》。7 月 10 日，全国人民代表大会常务委员会通过了《关于全面加强生态环境保护依法推动打好污染防治攻坚战的决议》。为深入学习贯彻习近平生态文明思想，认真落实党中央重大决策部署和全国人大常委会决议要求，全力参与和服务保障打好污染防治攻坚战，推进生态文明建设，形成各部门依法惩治环境污染犯罪的合力，2018 年 12 月，最高人民法院、最高人民检察院、公安部、司法部、生态环境部在北京联合召开座谈会。会议交流了当前办理环境污染刑事案件的工作情况，分析了遇到的突出困难和问题，研究了解决措施。会议对办理环境污染刑事案件中的有关问题形成了统一认识。纪要如下：

一

会议指出，2018 年 5 月 18 日至 19 日，全国生态环境保护大会在北京胜利召开，习近平总书记出席会议并发表重要讲话，着眼人民福祉和民族未来，从党和国家事业发展全局出发，全面总结党的十八大以来我国生态文明建设和生态环境保护工作取得的历史性成就、发生的历史性变革，深刻阐述加强生态文明建设的重大意义，明确提出加强生态文明建设必须坚持的重要原则，对加强生态环境保护、打好污染防治攻坚战作出了全面部署。这次大会最大的亮点，就是确立了习近平生态文明思想。习近平生态文明思想站在坚持和发展中国特色社会主义、实现中华民族伟大复兴中国梦的战略高度，把生态文明建设摆在治国理政的突出位置，作为统筹推进“五位一体”总体布局和协调推进“四个全面”战略布局的重要内容，深刻回答了为什么建设生态文明、建设什么样的生态文明、怎样建设生态文明的重大理论和实践问题，是习近平新时代中国特色社会主义思想的重要组成部分。各部门要认真学习、深刻领会、全面贯彻习近平生态文明思想，将其作为生态环境行政执法和司法办案的行动指南和根本遵循，为守护绿水青山蓝天、建设美丽中国提供有力保障。

会议强调，打好防范化解重大风险、精准脱贫、污染防治的攻坚战，是以习近平同志为核心的党中央深刻分析国际国内形势，着眼党和国家事业发展全局作出的重大战略部署，对于夺取全面建成小康社会伟大胜利、开启全面建设社会主义现代化强国新征程具有重大的现实意义和深远的历史意义。服从服务党和国家工作大局，充分发挥职能作用，努力为打好打赢三大攻坚战提供优质法治环境和司法保障，是当前和今后一个时期人民法院、人民检察院、公安机关、司法行政机关、生态环境部门的重点任务。

会议指出，2018 年 12 月 19 日至 21 日召开的中央经济工作会议要求，打好污染防治攻坚战，要坚守阵地、巩固成果，聚焦做好打赢蓝天保卫战等工作，加大工作和投入力度，同时要统筹兼顾，避免处置措施简单粗暴。各部门要认真领会会议精神，紧密结合实际，强化政治意识、大局意识和责任担当，以加大办理环境污染刑事案件工作力度作为切入点和着力点，主动调整工作思路，积极谋划工作举措，既要全面履职、积极作为，又要综合施策、精准发力，保障污染防治攻坚战顺利推进。

二

会议要求，各部门要正确理解和准确适用刑法和《最高人民法院、最高人民检察院关于办理环境污染刑事案件适用法律若干问题的解释》（法释〔2016〕29 号，以下称《环境解释》）的规定，坚持最严格的环保司法制度、最严密的环保法治理念，统一执法司法尺度，加大对环境污染犯罪的惩治力度。

1. 关于单位犯罪的认定

会议针对一些地方存在追究自然人犯罪多，追究单位犯罪少，单位犯罪认定难的情况和问题进行了讨论。会议认为，办理环境污染犯罪案件，认定单位犯罪时，应当依法合理把握追究刑事责任的范围，贯彻宽严相济刑事政策，重点打击出资者、经营者和主要获利者，既要防止不当缩小追究刑事责任的人员范围，又要防止打击面过大。

为了单位利益，实施环境污染行为，并具有下列情形之一的，应当认定为单位犯罪：（1）经单位决策机构按照决策程序决定的；（2）经单位实际控制人、主要负责人或者授权的分管负责人决定、同意的；（3）单位实际控制人、主要负责人或者授权的分管负责人得知单位成员个人实施环境污染犯罪行为，并未加以制止或者及时采取措施，而是予以追认、纵容或者默许的；（4）使用单位营业执照、合同书、公章、印鉴等对外开展活动，并调用单位车辆、船舶、生产设备、原辅材料等实施环境污染犯罪行为的。

单位犯罪中的“直接负责的主管人员”，一般是指对单位犯罪起决定、批准、组织、策划、指挥、授意、纵容等作用的主管人员，包括单位实际控制人、主要负责人或者授权的分管负责人、高级管理人员等；“其他直接责任人员”，一般是指在直接负责的主管人员的指挥、授意下积极参与实施单位犯罪或者对具体实施单位犯罪起较大作用的人员。

对于应当认定为单位犯罪的环境污染犯罪案件，公安机关未作为单位犯罪移送审查起诉的，人民检察院应当退回公安机关补充侦查。对于应当认定为单位犯罪的环境污染犯罪案件，人民检察院只作为自然人犯罪起诉的，人民法院应当建议人民检察院对犯罪单位补充起诉。

2. 关于犯罪未遂的认定

会议针对当前办理环境污染犯罪案件中，能否认定污染环境罪（未遂）的问题进行了讨论。会议认为，当前环境执法工作形势比较严峻，一些行为人拒不配合执法检查、接受检查时弄虚作假、故意逃避法律追究的情形时有发生，因此对于行为人已经着手实施非法排放、倾倒、处置有毒有害污染物的行为，由于有关部门查处或者其他意志以外的原因未得逞的情形，可以污染环境罪（未遂）追究刑事责任。

3. 关于主观过错的认定

会议针对当前办理环境污染犯罪案件中，如何准确认定犯罪嫌疑人、被告人主观过错的问题进行了讨论。会议认为，判断犯罪嫌疑人、被告人是否具有环境污染犯罪的故意，应当依据犯罪嫌疑人、被告人的任职情况、职业经历、专业背景、培训经历、本人因同类行为受到行政处罚或者刑事追究情况以及污染物种类、污染方式、资金流向等证据，结合其供述，进行综合分析判断。

实践中，具有下列情形之一，犯罪嫌疑人、被告人不能作出合理解释的，可以认定其故意实施环境污染犯罪，但有证据证明确系不知情的除外：（1）企业没有依法通过环境影响评价，或者未依法取得排污许可证，排放污染物，或者已经通过环境影响评价并且防治污染设施验收合格后，擅自更改工艺流程、原辅材料，导致产生新的污染物质的；（2）不使用验收合格的防治污染设施或者不按规范要求使用的；（3）防治污染设施发生故障，发现后不及时排除，继续生产放任污染物排放的；（4）生态环境部门责令限制生产、停产整治或者予以行政处罚后，继续生产放任污染物排放的；（5）将危险废物委托第三方处置，没有尽到查验经营许可的义务，或者委托处置费用明显低于市场价格或者处置成本的；（6）通过暗管、渗井、渗坑、裂隙、溶洞、灌注等逃避监管的方式排放污染物的；（7）通过篡改、伪造监测数据的方式排放污染物的；（8）其他足以认定的情形。

4. 关于生态环境损害标准的认定

会议针对如何适用《环境解释》第一条、第三条规定的“造成生态环境严重损害的”“造成生态环境特别严重损害的”定罪量刑标准进行了讨论。会议指出，生态环境损害赔偿制度是生态文明制度体系的重要组成部分。党中央、国务院高度重视生态环境损害赔偿工作，党的十八届三中全会明确提出对造成生态环境损害的责任者严格实行赔偿制度。2015 年，中央办公厅、国务院办公厅印发《生态环境损害赔偿制度改革试点方案》（中办发〔2015〕57 号），在吉林等 7 个省市部署开展改革试点，取得明显成效。2017 年，中央办公厅、国务院办公厅印发《生态环境损害赔偿制度改革方案》（中办发〔2017〕68 号），在全国范围内试行生态环境损害赔偿制度。

会议指出，《环境解释》将造成生态环境损害规定为污染环境罪的定罪量刑标准之一，是为了与生态环境损害赔偿制度实现衔接配套，考虑到该制度尚在试行过程中，《环境解释》作了较原则的规定。司法实践中，一些省市结合本地区工作实际制定了具体标准。会议认为，在生态环境损害赔偿制度试行阶段，全国各省（自治区、直辖市）可以结合本地实际情况，因地制宜，因时制宜，根据案件具体情况准确认定“造成生态环境严重损害”和“造成生态环境特别严重损害”。

5. 关于非法经营罪的适用

会议针对如何把握非法经营罪与污染环境罪的关系以及如何具体适用非法经营罪的问题进行了讨论。会议强调，要高度重视非法经营危险废物案件的办理，坚持全链条、全环节、全流程对非法排放、倾倒、处置、经营危险废物的产业链进行刑事打击，查清犯罪网络，深挖犯罪源头，斩断利益链条，不断挤压和铲除此类犯罪滋生蔓延的空间。

会议认为，准确理解和适用《环境解释》第六条的规定应当注意把握两个原则：一要坚持实质判断原则，对行为人非法经营危险废物行为的社会危害性作实质性判断。例如，一些单位或者个人虽未依法取得危险废物经营许可证，但其收集、贮存、利用、处置危险废物经营活动，没有超标排放污染物、非法倾倒污染物或者其他违法造成环境污染情形的，则不宜以非法经营罪论处。二要坚持综合判断原则，对行为人非法经营危险废物行为根据其在犯罪链条中的地位、作用综合判断其社会危害性。例如，有证据证明单位或者个人的无证经营危险废物行为属于危险废物非法经营产业链的一部分，并且已经形成了分工负责、利益均沾、相对固定的犯罪链条，如果行为人或者与其联系紧密的上游或者下游环节具有排放、倾倒、处置危险废物违法造成环境污染的情形，且交易价格明显异常的，对行为人可以根据案件具体情况在污染环境罪和非法经营罪中，择一重罪处断。

6. 关于投放危险物质罪的适用

会议强调，目前我国一些地方环境违法犯罪活动高发多发，刑事处罚威慑力不强的问题仍然突出，现阶段在办理环境污染犯罪案件时必须坚决贯彻落实中央领导同志关于重典治理污染的指示精神，把刑法和《环境解释》的规定用足用好，形成对环境污染违法犯罪的强大震慑。

会议认为，司法实践中对环境污染行为适用投放危险物质罪追究刑事责任时，应当重点审查判断行为人的主观恶性、污染行为恶劣程度、污染物的毒害性危险性、污染持续时间、污染结果是否可逆、是否对公共安全造成现实、具体、明确的危险或者危害等各方面因素。对于行为人明知其排放、倾倒、处置的污染物含有毒害性、放射性、传染病病原体等危险物质，仍实施环境污染行为放任其危害公共安全，造成重大人员伤亡、重大公私财产损失等严重后果，以污染环境罪论处明显不足以罚当其罪的，可以按投放危险物质罪定罪量刑。实践中，此类情形主要是向饮用水水源保护区，饮用水供水单位取水口和出水口，南水北调水库、干渠、涵洞等配套工程，重要渔业水体以及自然保护区核心区等特殊保护区域，排放、倾倒、处置毒害性极强的污染物，危害公共安全并造成严重后果的情形。

7. 关于涉大气污染环境犯罪的处理

会议针对涉大气污染环境犯罪的打击处理问题进行了讨论。会议强调，打赢蓝天保卫战是打好污染防治攻坚战的重中之重。各级人民法院、人民检察院、公安机关、生态环境部门要认真分析研究全国人大常委会大气污染防治法执法检查发现的问题和提出的建议，不断加大对涉大气污染环境犯罪的打击力度，毫不动摇地以法律武器治理污染，用法治力量保卫蓝天，推动解决人民群众关注的突出大气环境问题。

会议认为，司法实践中打击涉大气污染环境犯罪，要抓住关键问题，紧盯薄弱环节，突出打击重点。对重污染天气预警期间，违反国家规定，超标排放二氧化硫、氮氧化物，受过行政处罚后又实施上述行为或者具有其他严重情节的，可以适用《环境解释》第一条第十八项规定的“其他严重污染环境的情形”追究刑事责任。

8. 关于非法排放、倾倒、处置行为的认定

会议针对如何准确认定环境污染犯罪中非法排放、倾倒、处置行为进行了讨论。会议认为，司法实践中认定非法排放、倾倒、处置行为时，应当根据《固体废物污染环境防治法》和《环境解释》的有关规定精神，从其行为方式是否违反国家规定或者行业操作规范、污染物是否与外环境接触、是否造成环境污染的危险或者危害等方面进行综合分析判断。对名为运输、贮存、利用，实为排放、倾倒、处置的行为应当认定为非法排放、倾倒、处置行为，可以依法追究刑事责任。例如，未采取相应防范措施将没有利用价值的危险废物长期贮存、搁置，放任危险废物或者其有毒有害成分大量扬散、流失、泄漏、挥发，污染环境的。

9. 关于有害物质的认定

会议针对如何准确认定刑法第三百三十八条规定的“其他有害物质”的问题进行了讨论。会议认为，办理非法排放、倾倒、处置其他有害物质的案件，应当坚持主客观相一致原则，从行为人的主观恶性、污染行为恶劣程度、有害物质危险性毒害性等方面进行综合分析判断，准确认定其行为的社会危害性。实践中，常见的有害物质主要有：工业危险废物以外的其他工业固体废物；未经处理的生活垃圾；有害大气污染物、受控消耗臭氧层物质和有害水污染物；在利用和处置过程中必然产生有毒有害物质的其他物质；国务院生态环境保护主管部门会同国务院卫生主管部门公布的有毒有害污染物名录中的有关物质等。

10. 关于从重处罚情形的认定

会议强调，要坚决贯彻党中央推动长江经济带发展的重大决策，为长江经济带共抓大保护、不搞大开发提供有力的司法保障。实践中，对于发生在长江经济带十一省（直辖市）的下列环境污染犯罪行为，可以从重处罚：（1）跨省（直辖市）排放、倾倒、处置有放射性的废物、含传染病病原体的废物、有毒物质或者其他有害物质的；（2）向国家确定的重要江河、湖泊或者其他跨省（直辖市）江河、湖泊排放、倾倒、处置有放射性的废物、含传染病病原体的废物、有毒物质或者其他有害物质的。

11. 关于严格适用不起诉、缓刑、免予刑事处罚

会议针对当前办理环境污染犯罪案件中如何严格适用不起诉、缓刑、免予刑事处罚的问题进行了讨论。会议强调，环境污染犯罪案件的刑罚适用直接关系加强生态环境保护打好污染防治攻坚战的实际效果。各级人民法院、人民检察院要深刻认识环境污染犯罪的严重社会危害性，正确贯彻宽严相济刑事政策，充分发挥刑罚的惩治和预防功能。要在全面把握犯罪事实和量刑情节的基础上严格依照刑法和刑事诉讼法规定的条件适用不起诉、缓刑、免予刑事处罚，既要考虑从宽情节，又要

考虑从严情节；既要做到刑罚与犯罪相当，又要做到刑罚执行方式与犯罪相当，切实避免不起诉、缓刑、免予刑事处罚不当适用造成的消极影响。

会议认为，具有下列情形之一的，一般不适用不起诉、缓刑或者免予刑事处罚：（1）不如实供述罪行的；（2）属于共同犯罪中情节严重的主犯的；（3）犯有数个环境污染犯罪依法实行并罚或者以一罪处理的；（4）曾因环境污染违法犯罪行为受过行政处罚或者刑事处罚的；（5）其他不宜适用不起诉、缓刑、免予刑事处罚的情形。

会议要求，人民法院审理环境污染犯罪案件拟适用缓刑或者免予刑事处罚的，应当分析案发前后的社会影响和反映，注意听取控辩双方提出的意见。对于情节恶劣、社会反映强烈的环境污染犯罪，不得适用缓刑、免予刑事处罚。人民法院对判处缓刑的被告人，一般应当同时宣告禁止令，禁止其在缓刑考验期内从事与排污或者处置危险废物有关的经营活动。生态环境部门根据禁止令，对上述人员担任实际控制人、主要负责人或者高级管理人员的单位，依法不得发放排污许可证或者危险废物经营许可证。

三

会议要求，各部门要认真执行《环境解释》和原环境保护部、公安部、最高人民检察院《环境保护行政执法与刑事司法衔接工作办法》（环环监〔2017〕17 号）的有关规定，进一步理顺部门职责，畅通衔接渠道，建立健全环境行政执法与刑事司法衔接的长效工作机制。

12. 关于管辖的问题

会议针对环境污染犯罪案件的管辖问题进行了讨论。会议认为，实践中一些环境污染犯罪案件属于典型的跨区域刑事案件，容易存在管辖不明或者有争议的情况，各级人民法院、人民检察院、公安机关要加强沟通协调，共同研究解决。

会议提出，跨区域环境污染犯罪案件由犯罪地的公安机关管辖。如果由犯罪嫌疑人居住地的公安机关管辖更为适宜的，可以由犯罪嫌疑人居住地的公安机关管辖。犯罪地包括环境污染行为发生地和结果发生地。“环境污染行为发生地”包括环境污染行为的实施地以及预备地、开始地、途经地、结束地以及排放、倾倒污染物的车船停靠地、始发地、途经地、到达地等地点；环境污染行为有连续、持续或者继续状态的，相关地方都属于环境污染行为发生地。“环境污染结果发生地”包括污染物排放地、倾倒地、堆放地、污染发生地等。

多个公安机关都有权立案侦查的，由最初受理的或者主要犯罪地的公安机关立案侦查，管辖有争议的，按照有利于查清犯罪事实、有利于诉讼的原则，由共同的上级公安机关协调确定的公安机关立案侦查，需要提请批准逮捕、移送审查起诉、提起公诉的，由该公安机关所在地的人民检察院、人民法院受理。

13. 关于危险废物的认定

会议针对危险废物如何认定以及是否需要鉴定的问题进行了讨论。会议认为，根据《环境解释》

的规定精神，对于列入《国家危险废物名录》的，如果来源和相应特征明确，司法人员根据自身专业技术知识和工作经验认定难度不大的，司法机关可以依据名录直接认定。对于来源和相应特征不明确的，由生态环境部门、公安机关等出具书面意见，司法机关可以依据涉案物质的来源、产生过程、被告人供述、证人证言以及经批准或者备案的环境影响评价文件等证据，结合上述书面意见作出是否属于危险废物的认定。对于需要生态环境部门、公安机关等出具书面认定意见的，区分下列情况分别处理：（1）对已确认固体废物产生单位，且产废单位环评文件中明确为危险废物的，根据产废单位建设项目环评文件和审批、验收意见、案件笔录等材料，可对照《国家危险废物名录》等出具认定意见。（2）对已确认固体废物产生单位，但产废单位环评文件中未明确为危险废物的，应进一步分析废物产生工艺，对照判断其是否列入《国家危险废物名录》。列入名录的可以直接出具认定意见；未列入名录的，应根据原辅材料、产生工艺等进一步分析其是否具有危险特性，不可能具有危险特性的，不属于危险废物；可能具有危险特性的，抽取典型样品进行检测，并根据典型样品检测指标浓度，对照《危险废物鉴别标准》（GB 5085.1—7）出具认定意见。（3）对固体废物产生单位无法确定的，应抽取典型样品进行检测，根据典型样品检测指标浓度，对照《危险废物鉴别标准》（GB 5085.1—7）出具认定意见。对确需进一步委托有相关资质的检测鉴定机构进行检测鉴定的，生态环境部门或者公安机关按照有关规定开展检测鉴定工作。

14. 关于鉴定的问题

会议指出，针对当前办理环境污染犯罪案件中存在的司法鉴定有关问题，司法部将会同生态环境部，加快准入一批诉讼急需、社会关注的环境损害司法鉴定机构，加快对环境损害司法鉴定相关技术规范和标准的制定、修改和认定工作，规范鉴定程序，指导各地司法行政机关会同价格主管部门制定出台环境损害司法鉴定收费标准，加强与办案机关的沟通衔接，更好地满足办案机关需求。

会议要求，司法部应当根据《关于严格准入严格监管提高司法鉴定质量和公信力的意见》（司发〔2017〕11 号）的要求，会同生态环境部加强对环境损害司法鉴定机构的事中事后监管，加强司法鉴定社会信用体系建设，建立黑名单制度，完善退出机制，及时向社会公开违法违规的环境损害司法鉴定机构和鉴定人行政处罚、行业惩戒等监管信息，对弄虚作假造成环境损害鉴定评估结论严重失实或者违规收取高额费用、情节严重的，依法撤销登记。鼓励有关单位或者个人向司法部、生态环境部举报环境损害司法鉴定机构的违法违规行为。

会议认为，根据《环境解释》的规定精神，对涉及案件定罪量刑的核心或者关键专门性问题难以确定的，由司法鉴定机构出具鉴定意见。实践中，这类核心或者关键专门性问题主要是案件具体适用的定罪量刑标准涉及的专门性问题，如公私财产损失数额、超过排放标准倍数、污染物性质判断等。对案件的其他非核心或者关键专门性问题，或者可鉴定也可不鉴定的专门性问题，一般不委托鉴定。比如，适用《环境解释》第一条第二项“非法排放、倾倒、处置危险废物三吨以上”的规定对当事人追究刑事责任的，除可能适用公私财产损失第二档定罪量刑标准的以外，则不应再对公私财产损失数额或者超过排放标准倍数进行鉴定。涉及案件定罪量刑的核心或者关键专门性问题难以鉴定或者鉴定费用明显过高的，司法机关可以结合案件其他证据，并参考生态环境部门意见、专家意见等作出认定。

15. 关于监测数据的证据资格问题

会议针对实践中地方生态环境部门及其所属监测机构委托第三方监测机构出具报告的证据资格问题进行了讨论。会议认为，地方生态环境部门及其所属监测机构委托第三方监测机构出具的监测报告，地方生态环境部门及其所属监测机构在行政执法过程中予以采用的，其实质属于《环境解释》第十二条规定的“环境保护主管部门及其所属监测机构在行政执法过程中收集的监测数据”，在刑事诉讼中可以作为证据使用。

附录 10

最高人民法院 最高人民检察院
关于办理环境污染刑事案件适用法律若干问题的解释

（2016 年 11 月 7 日最高人民法院审判委员会第 1698 次会议、2016 年 12 月 8 日最高人民检察院第十二届检察委员会第 58 次会议通过，自 2017 年 1 月 1 日起施行）

为依法惩治有关环境污染犯罪，根据《中华人民共和国刑法》《中华人民共和国刑事诉讼法》的有关规定，现就办理此类刑事案件适用法律的若干问题解释如下：

第一条 实施刑法第三百三十八条规定的行为，具有下列情形之一的，应当认定为“严重污染环境”：

（一）在饮用水水源一级保护区、自然保护区核心区排放、倾倒、处置有放射性的废物、含传染病病原体的废物、有毒物质的；

（二）非法排放、倾倒、处置危险废物三吨以上的；

（三）排放、倾倒、处置含铅、汞、镉、铬、砷、铊、锑的污染物，超过国家或者地方污染物排放标准三倍以上的；

（四）排放、倾倒、处置含镍、铜、锌、银、钒、锰、钴的污染物，超过国家或者地方污染物排放标准十倍以上的；

（五）通过暗管、渗井、渗坑、裂隙、溶洞、灌注等逃避监管的方式排放、倾倒、处置有放射性的废物、含传染病病原体的废物、有毒物质的；

（六）二年内曾因违反国家规定，排放、倾倒、处置有放射性的废物、含传染病病原体的废物、有毒物质受过两次以上行政处罚，又实施前列行为的；

（七）重点排污单位篡改、伪造自动监测数据或者干扰自动监测设施，排放化学需氧量、氨氮、二氧化硫、氮氧化物等污染物的；

（八）违法减少防治污染设施运行支出一百万元以上的；

（九）违法所得或者致使公私财产损失三十万元以上的；

（十）造成生态环境严重损害的；

（十一）致使乡镇以上集中式饮用水水源取水中断十二小时以上的；

（十二）致使基本农田、防护林地、特种用途林地五亩以上，其他农用地十亩以上，其他土地二十亩以上基本功能丧失或者遭受永久性破坏的；

（十三）致使森林或者其他林木死亡五十立方米以上，或者幼树死亡二千五百株以上的；

（十四）致使疏散、转移群众五千人以上的；

（十五）致使三十人以上中毒的；

（十六）致使三人以上轻伤、轻度残疾或者器官组织损伤导致一般功能障碍的；

（十七）致使一人以上重伤、中度残疾或者器官组织损伤导致严重功能障碍的；

（十八）其他严重污染环境的情形。

第二条 实施刑法第三百三十九条、第四百零八条规定的行为，致使公私财产损失三十万元以上，或者具有本解释第一条第十项至第十七项规定情形之一的，应当认定为“致使公私财产遭受重大损失或者严重危害人体健康”或者“致使公私财产遭受重大损失或者造成人身伤亡的严重后果”。

第三条 实施刑法第三百三十八条、第三百三十九条规定的行为，具有下列情形之一的，应当认定为“后果特别严重”：

（一）致使县级以上城区集中式饮用水水源取水中断十二小时以上的；

（二）非法排放、倾倒、处置危险废物一百吨以上的；

（三）致使基本农田、防护林地、特种用途林地十五亩以上，其他农用地三十亩以上，其他土地六十亩以上基本功能丧失或者遭受永久性破坏的；

（四）致使森林或者其他林木死亡一百五十立方米以上，或者幼树死亡七千五百株以上的；

（五）致使公私财产损失一百万元以上的；

（六）造成生态环境特别严重损害的；

（七）致使疏散、转移群众一万五千人以上的；

（八）致使一百人以上中毒的；

（九）致使十人以上轻伤、轻度残疾或者器官组织损伤导致一般功能障碍的；

（十）致使三人以上重伤、中度残疾或者器官组织损伤导致严重功能障碍的；

（十一）致使一人以上重伤、中度残疾或者器官组织损伤导致严重功能障碍，并致使五人以上轻伤、轻度残疾或者器官组织损伤导致一般功能障碍的；

（十二）致使一人以上死亡或者重度残疾的；

（十三）其他后果特别严重的情形。

第四条 实施刑法第三百三十八条、第三百三十九条规定的犯罪行为，具有下列情形之一的，应当从重处罚：

（一）阻挠环境监督检查或者突发环境事件调查，尚不构成妨害公务等犯罪的；

（二）在医院、学校、居民区等人口集中地区及其附近，违反国家规定排放、倾倒、处置有放射性的废物、含传染病病原体的废物、有毒物质或者其他有害物质的；

（三）在重污染天气预警期间、突发环境事件处置期间或者被责令限期整改期间，违反国家规定排放、倾倒、处置有放射性的废物、含传染病病原体的废物、有毒物质或者其他有害物质的；

（四）具有危险废物经营许可证的企业违反国家规定排放、倾倒、处置有放射性的废物、含传染病病原体的废物、有毒物质或者其他有害物质的。

第五条 实施刑法第三百三十八条、第三百三十九条规定的行为，刚达到应当追究刑事责任的标准，但行为人及时采取措施，防止损失扩大、消除污染，全部赔偿损失，积极修复生态环境，且系初犯，确有悔罪表现的，可以认定为情节轻微，不起诉或者免予刑事处罚；确有必要判处刑罚的，应当从宽处罚。

第六条 无危险废物经营许可证从事收集、贮存、利用、处置危险废物经营活动，严重污染环境的，按照污染环境罪定罪处罚；同时构成非法经营罪的，依照处罚较重的规定定罪处罚。

实施前款规定的行为，不具有超标排放污染物、非法倾倒污染物或者其他违法造成环境污染的情形的，可以认定为非法经营情节显著轻微危害不大，不认为是犯罪；构成生产、销售伪劣产品等其他犯罪的，以其他犯罪论处。

第七条 明知他人无危险废物经营许可证，向其提供或者委托其收集、贮存、利用、处置危险废物，严重污染环境的，以共同犯罪论处。

第八条 违反国家规定，排放、倾倒、处置含有毒害性、放射性、传染病病原体等物质的污染物，同时构成污染环境罪、非法处置进口的固体废物罪、投放危险物质罪等犯罪的，依照处罚较重的规定定罪处罚。

第九条 环境影响评价机构或其人员，故意提供虚假环境影响评价文件，情节严重的，或者严重不负责任，出具的环境影响评价文件存在重大失实，造成严重后果的，应当依照刑法第二百二十九条、第二百三十一条的规定，以提供虚假证明文件罪或者出具证明文件重大失实罪定罪处罚。

第十条 违反国家规定，针对环境质量监测系统实施下列行为，或者强令、指使、授意他人实施下列行为的，应当依照刑法第二百八十六条的规定，以破坏计算机信息系统罪论处：

（一）修改参数或者监测数据的；

（二）干扰采样，致使监测数据严重失真的；

（三）其他破坏环境质量监测系统的行为。

重点排污单位篡改、伪造自动监测数据或者干扰自动监测设施，排放化学需氧量、氨氮、二氧化硫、氮氧化物等污染物，同时构成污染环境罪和破坏计算机信息系统罪的，依照处罚较重的规定定罪处罚。

从事环境监测设施维护、运营的人员实施或者参与实施篡改、伪造自动监测数据、干扰自动监测设施、破坏环境质量监测系统等行为的，应当从重处罚。

第十一条 单位实施本解释规定的犯罪的，依照本解释规定的定罪量刑标准，对直接负责的主管人员和其他直接责任人员定罪处罚，并对单位判处罚金。

第十二条 环境保护主管部门及其所属监测机构在行政执法过程中收集的监测数据，在刑事诉讼中可以作为证据使用。

公安机关单独或者会同环境保护主管部门，提取污染物样品进行检测获取的数据，在刑事诉讼中可以作为证据使用。

第十三条 对国家危险废物名录所列的废物，可以依据涉案物质的来源、产生过程、被告人供述、证人证言以及经批准或者备案的环境影响评价文件等证据，结合环境保护主管部门、公安机关等出具的书面意见作出认定。

对于危险废物的数量，可以综合被告人供述，涉案企业的生产工艺、物耗、能耗情况，以及经批准或者备案的环境影响评价文件等证据作出认定。

第十四条 对案件所涉的环境污染专门性问题难以确定的，依据司法鉴定机构出具的鉴定意见，或者国务院环境保护主管部门、公安部门指定的机构出具的报告，结合其他证据作出认定。

第十五条 下列物质应当认定为刑法第三百三十八条规定的“有毒物质”：

（一）危险废物，是指列入国家危险废物名录，或者根据国家规定的危险废物鉴别标准和鉴别方法认定的，具有危险特性的废物；

（二）《关于持久性有机污染物的斯德哥尔摩公约》附件所列物质；

（三）含重金属的污染物；

（四）其他具有毒性，可能污染环境的物质。

第十六条 无危险废物经营许可证，以营利为目的，从危险废物中提取物质作为原材料或者燃料，并具有超标排放污染物、非法倾倒污染物或者其他违法造成环境污染的情形的行为，应当认定为“非法处置危险废物”。

第十七条 本解释所称“二年内”，以第一次违法行为受到行政处罚的生效之日与又实施相应行为之日的时间间隔计算确定。

本解释所称“重点排污单位”，是指设区的市级以上人民政府环境保护主管部门依法确定的应当安装、使用污染物排放自动监测设备的重点监控企业及其他单位。

本解释所称“违法所得”，是指实施刑法第三百三十八条、第三百三十九条规定的行为所得和可得的全部违法收入。

本解释所称“公私财产损失”，包括实施刑法第三百三十八条、第三百三十九条规定的行为直接造成财产损毁、减少的实际价值，为防止污染扩大、消除污染而采取必要合理措施所产生的费用，以及处置突发环境事件的应急监测费用。

本解释所称“生态环境损害”，包括生态环境修复费用，生态环境修复期间服务功能的损失和生态环境功能永久性损害造成的损失，以及其他必要合理费用。

本解释所称“无危险废物经营许可证”，是指未取得危险废物经营许可证，或者超出危险废物经营许可证的经营范围。

第十八条 本解释自 2017 年 1 月 1 日起施行。本解释施行后，《最高人民法院、最高人民检察院关于办理环境污染刑事案件适用法律若干问题的解释》（法释〔2013〕15 号）同时废止；之前发布的司法解释与本解释不一致的，以本解释为准。

附录 11

常用的环境价值评估方法

B.1 直接市场价值法

B.1.1 生产率变动法

生产率变动法也称作观察市场价值法，是利用生产率的变动来评价环境状况变动的方法。该方法适用于衡量在市场上交易的资源使用价值，用资源的市场价格和数量信息来估算消费者剩余和生产者剩余。总的效益或损失是消费者和生产者剩余之和。

B.1.2 剂量-反应法

剂量-反应法也称为生产率法或生产要素收入法，将产出与生产要素（如土地、劳动力、资本、原材料）的不同投入水平联系起来。该方法的适用条件有：

a）环境变化直接导致销售的某种商品（或服务）的产量增加或减少，同时影响明确且能够观察或根据经验测试；

b）市场功能完好，价格是经济价值的有效指标。

B.1.3 人力资本和疾病成本法

人力资本法通过环境属性对劳动力数量和质量的影响来评估环境属性的价值。通常用因疾病引起的收入损失或治疗费用表示。

B.2 揭示偏好法

B.2.1 内涵资产定价法

内涵资产定价法又称作享乐价格法，是根据人们为优质环境的享受所支付的价格来推算环境质量价值的一种估价方法，即将享受某种产品由于环境的不同所产生的差价，作为环境差别的价值。该方法越来越多地被应用于空气质量恶化对财产价值的影响。此方法的出发点是某一财产的价值包含了它所处的环境质量的价值。如果人们为某一地方与其他地方相同的房屋和土地支付更高的价格，且其他各种可能造成价格差别的非环境因素都加以考虑后，剩余的价格差别可以归结为环境因素。

B.2.2 避免损害成本法

避免损害成本法指个人为减轻损害或防止环境退化引起的效用损失而需要为市场商品或服务支付的金额。可用于评估净化的空气和水等非市场商品的价值。

B.2.3 治理成本法

治理成本是按照现行的治理技术和水平治理排放到环境中的污染物所需要的支出。治理成本法适用于环境污染所致生态环境损害无法通过恢复工程完全恢复、恢复成本远远大于其收益或缺乏生态环境损害恢复评价指标的情形。

B.3 陈述偏好法

B.3.1 条件价值法

条件价值法也叫作权变评价法或或然估计法，条件价值评估法用调查技术直接询问人们的环境偏好。当缺乏真实的市场数据，甚至也无法通过间接的观察市场行为来赋予环境资源价值时，通常采用条件价值评估（CVM）技术。该技术特别适用于选择价值占有较大比重的独特景观、文物古迹等生态系统服务价值评估。

B.3.2 选择试验模型法

选择试验模型法基于效用最大化理论，采用问卷为被调查者提供由资源或环境物品的不同属性状态组合而成的选择集。让被调查者从每个选择集中选出自己最偏好的一种方案，研究者可以根据被调查者的偏好运用经济计量学模型分析出不同属性的价值以及由不同属性状态组合而成的各种方案的相对价值。

B.4 效益转移法

效益转移法基于消费者剩余理论，是一种非市场资源价值评价方法。若非市场资源价值受时间、空间和费用等条件限制，可适用此方法。效益转移法的适用条件如下：

a）对参照区的要求：要确定参照区的范围和规模，包括区域人口规模，评估中所需要的数据需求（如价值的类型：使用价值、非使用价值或总价值）；

b）对评估区和参照区的相关性的要求：评估区的环境资源的质量（数量）及其变化与参照区的资源质量（数量）及其预期变化应相似。

附录 12

国家危险废物名录（2021 年版）

第一条 根据《中华人民共和国固体废物污染环境防治法》的有关规定，制定本名录。

第二条 具有下列情形之一的固体废物（包括液态废物），列入本名录：

（一）具有毒性、腐蚀性、易燃性、反应性或者感染性一种或者几种危险特性的；

（二）不排除具有危险特性，可能对生态环境或者人体健康造成有害影响，需要按照危险废物进行管理的。

第三条 列入本名录附录《危险废物豁免管理清单》中的危险废物，在所列的豁免环节，且满足相应的豁免条件时，可以按照豁免内容的规定实行豁免管理。

第四条 危险废物与其他物质混合后的固体废物，以及危险废物利用处置后的固体废物的属性判定，按照国家规定的危险废物鉴别标准执行。

第五条 本名录中有关术语的含义如下：

（一）废物类别，是在《控制危险废物越境转移及其处置巴塞尔公约》划定的类别基础上，结合我国实际情况对危险废物进行的分类。

（二）行业来源，是指危险废物的产生行业。

（三）废物代码，是指危险废物的唯一代码，为 8 位数字。其中，第 1～3 位为危险废物产生行业代码［依据《国民经济行业分类（GB/T 4754—2017）》确定］，第 4～6 位为危险废物顺序代码，第 7～8 位为危险废物类别代码。

（四）危险特性，是指对生态环境和人体健康具有有害影响的毒性（Toxicity，T）、腐蚀性（Corrosivity，C）、易燃性（Ignitability，I）、反应性（Reactivity，R）和感染性（Infectivity，In）。

第六条 对不明确是否具有危险特性的固体废物，应当按照国家规定的危险废物鉴别标准和鉴别方法予以认定。

经鉴别具有危险特性的，属于危险废物，应当根据其主要有害成分和危险特性确定所属废物类别，并按代码“900-000-××”（××为危险废物类别代码）进行归类管理。经鉴别不具有危险特性的，不属于危险废物。

第七条 本名录根据实际情况实行动态调整。

第八条 本名录自 2021 年 1 月 1 日起施行。原环境保护部、国家发展和改革委员会、公安部发布的《国家危险废物名录》（环境保护部令　第 39 号）同时废止。

附表：

国家危险废物名录

废物类别	行业来源	废物代码	危险废物	危险特性[1]
HW01 医疗废物[2]	卫生	841-001-01	感染性废物	In
		841-002-01	损伤性废物	In
		841-003-01	病理性废物	In
		841-004-01	化学性废物	T/C/I/R
		841-005-01	药物性废物	T
HW02 医药废物	化学药品原料药制造	271-001-02	化学合成原料药生产过程中产生的蒸馏及反应残余物	T
		271-002-02	化学合成原料药生产过程中产生的废母液及反应基废物	T
		271-003-02	化学合成原料药生产过程中产生的废脱色过滤介质	T
		271-004-02	化学合成原料药生产过程中产生的废吸附剂	T
		271-005-02	化学合成原料药生产过程中的废弃产品及中间体	T
	化学药品制剂制造	272-001-02	化学药品制剂生产过程中原料药提纯精制、再加工产生的蒸馏及反应残余物	T
		272-003-02	化学药品制剂生产过程中产生的废脱色过滤介质及吸附剂	T
		272-005-02	化学药品制剂生产过程中产生的废弃产品及原料药	T
	兽用药品制造	275-001-02	使用砷或有机砷化合物生产兽药过程中产生的废水处理污泥	T
		275-002-02	使用砷或有机砷化合物生产兽药过程中产生的蒸馏残余物	T
		275-003-02	使用砷或有机砷化合物生产兽药过程中产生的废脱色过滤介质及吸附剂	T
		275-004-02	其他兽药生产过程中产生的蒸馏及反应残余物	T
		275-005-02	其他兽药生产过程中产生的废脱色过滤介质及吸附剂	T
		275-006-02	兽药生产过程中产生的废母液、反应基和培养基废物	T
		275-008-02	兽药生产过程中产生的废弃产品及原料药	T
	生物药品制品制造	276-001-02	利用生物技术生产生物化学药品、基因工程药物过程中产生的蒸馏及反应残余物	T
		276-002-02	利用生物技术生产生物化学药品、基因工程药物（不包括利用生物技术合成氨基酸、维生素他汀类降脂药物、降糖类药物）过程中产生的废母液、反应基和培养基废物	T
		276-003-02	利用生物技术生产生物化学药品、基因工程药物（不包括利用生物技术合成氨基酸、维生素、他汀类降脂药物、降糖类药物）过程中产生的废脱色过滤介质	T
		276-004-02	利用生物技术生产生物化学药品、基因工程药物过程中产生的废吸附剂	T
		276-005-02	利用生物技术生产生物化学药品、基因工程药物过程中产生的废弃产品、原料药和中间体	T

废物类别	行业来源	废物代码	危险废物	危险特性[1]
HW03 废药物、药品	非特定行业	900-002-03	销售及使用过程中产生的失效、变质、不合格、淘汰、伪劣的化学药品和生物制品（不包括列入《国家基本药物目录》中的维生素、矿物质类药调节水、电解质及酸碱平衡药），以及《医疗用毒性药品管理办法》中所列的毒性中药	T
HW04 农药废物	农药制造	263-001-04	氯丹生产过程中六氯环戊二烯过滤产生的残余物，及氯化反应器真空汽提产生的废物	T
		263-002-04	乙拌磷生产过程中甲苯回收工艺产生的蒸馏残渣	T
		263-003-04	甲拌磷生产过程中二乙基二硫代磷酸过滤产生的残余物	T
		263-004-04	2,4,5-三氯苯氧乙酸生产过程中四氯苯蒸馏产生的重馏分及蒸馏残余物	T
		263-005-04	2,4-二氯苯氧乙酸生产过程中苯酚氯化工段产生的含2,6-二氯苯酚精馏残渣	T
		263-006-04	乙烯基双二硫代氨基甲酸及其盐类生产过程中产生的过滤、蒸发和离心分离残余物及废水处理污泥，产品研磨和包装工序集（除）尘装置收集的粉尘和地面清扫废物	T
		263-007-04	溴甲烷生产过程中产生的废吸附剂、反应器产生的蒸馏残液和废水分离器产生的废物	T
		263-008-04	其他农药生产过程中产生的蒸馏及反应残余物（不包括赤霉酸发酵滤渣）	T
		263-009-04	农药生产过程中产生的废母液、反应罐及容器清洗废液	T
		263-010-04	农药生产过程中产生的废滤料及吸附剂	T
		263-011-04	农药生产过程中产生的废水处理污泥	T
		263-012-04	农药生产、配制过程中产生的过期原料和废弃产品	T
HW04 农药废物	非特定行业	900-003-04	销售及使用过程中产生的失效、变质、不合格、淘汰、伪劣的农药产品，以及废弃的与农药直接接触或含有农药残余物的包装物	T
HW05 木材防腐剂废物	木材加工	201-001-05	使用五氯酚进行木材防腐过程中产生的废水处理污泥，以及木材防腐处理过程中产生的沾染该防腐剂的废弃木材残片	T
		201-002-05	使用杂酚油进行木材防腐过程中产生的废水处理污泥，以及木材防腐处理过程中产生的沾染该防腐剂的废弃木材残片	T
		201-003-05	使用含砷、铬等无机防腐剂进行木材防腐过程中产生的废水处理污泥，以及木材防腐处理过程中产生的沾染该防腐剂的废弃木材残片	T
	专用化学产品制造	266-001-05	木材防腐化学品生产过程中产生的反应残余物、废过滤介质及吸附剂	T
		266-002-05	木材防腐化学品生产过程中产生的废水处理污泥	T
		266-003-05	木材防腐化学品生产、配制过程中产生的过期原料和废弃产品	T
	非特定行业	900-004-05	销售及使用过程中产生的失效、变质、不合格、淘汰、伪劣的木材防腐化学药品	T

废物类别	行业来源	废物代码	危险废物	危险特性[1]
HW06 废有机溶剂与含有机溶剂废物	非特定行业	900-401-06	工业生产中作为清洗剂、萃取剂、溶剂或反应介质使用后废弃的四氯化碳、二氯甲烷、1,1-二氯乙烷、1,2-二氯乙烷、1,1,1-三氯乙烷、1,1,2-三氯乙烷、三氯乙烯、四氯乙烯，以及在使用前混合的含有一种或多种上述卤化溶剂的混合/调和溶剂	T，I
		900-402-06	工业生产中作为清洗剂、萃取剂、溶剂或反应介质使用后废弃的有机溶剂，包括苯、苯乙烯、丁醇、丙酮、正己烷、甲苯、邻二甲苯、间二甲苯、对二甲苯、1,2,4-三甲苯、乙苯、乙醇、异丙醇、乙醚、丙醚、乙酸甲酯、乙酸乙酯、乙酸丁酯、丙酸丁酯、苯酚，以及在使用前混合的含有一种或多种上述溶剂的混合/调和溶剂	T，I，R
		900-404-06	工业生产中作为清洗剂、萃取剂、溶剂或反应介质使用后废弃的其他列入《危险化学品目录》的有机溶剂，以及在使用前混合的含有一种或多种上述溶剂的混合/调和溶剂	T，I，R
		900-405-06	900-401-06、900-402-06、900-404-06 中所列废有机溶剂再生处理过程中产生的废活性炭及其他过滤吸附介质	T，I，R
		900-407-06	900-401-06、900-402-06、900-404-06 中所列废有机溶剂分馏再生过程中产生的高沸物和釜底残渣	T，I，R
		900-409-06	900-401-06、900-402-06、900-404-06 中所列废有机溶剂再生处理过程中产生的废水处理浮渣和污泥（不包括废水生化处理污泥）	T
HW07 热处理含氰废物	金属表面处理及热处理加工	336-001-07	使用氰化物进行金属热处理产生的淬火池残渣	T，R
		336-002-07	使用氰化物进行金属热处理产生的淬火废水处理污泥	T，R
		336-003-07	含氰热处理炉维修过程中产生的废内衬	T，R
		336-004-07	热处理渗碳炉产生的热处理渗碳氰渣	T，R
		336-005-07	金属热处理工艺盐浴槽（釜）清洗产生的含氰残渣和含氰废液	T，R
		336-049-07	氰化物热处理和退火作业过程中产生的残渣	T，R
HW08 废矿物油与含矿物油废物	石油开采	071-001-08	石油开采和联合站贮存产生的油泥和油脚	T，I
		071-002-08	以矿物油为连续相配制钻井泥浆用于石油开采所产生的钻井岩屑和废弃钻井泥浆	T
	天然气开采	072-001-08	以矿物油为连续相配制钻井泥浆用于天然气开采所产生的钻井岩屑和废弃钻井泥浆	T
	精炼石油产品制造	251-001-08	清洗矿物油储存、输送设施过程中产生的油/水和烃/水混合物	T
		251-002-08	石油初炼过程中储存设施、油-水-固态物质分离器、积水槽、沟渠及其他输送管道、污水池雨水收集管道产生的含油污泥	T，I
		251-003-08	石油炼制过程中含油废水隔油、气浮、沉淀等处理过程中产生的浮油、浮渣和污泥（不包括废水生化处理污泥）	T
		251-004-08	石油炼制过程中溶气浮选工艺产生的浮渣	T，I
		251-005-08	石油炼制过程中产生的溢出废油或乳剂	T，I
		251-006-08	石油炼制换热器管束清洗过程中产生的含油污泥	T

废物类别	行业来源	废物代码	危险废物	危险特性[1]
HW08 废矿物油与含矿物油废物	精炼石油产品制造	251-010-08	石油炼制过程中澄清油浆槽底沉积物	T，I
		251-011-08	石油炼制过程中进油管路过滤或分离装置产生的残渣	T，I
		251-012-08	石油炼制过程中产生的废过滤介质	T
	电子元件及专用材料制造	398-001-08	锂电池隔膜生产过程中产生的废白油	T
	橡胶制品业	291-001-08	橡胶生产过程中产生的废溶剂油	T，I
	非特定行业	900-199-08	内燃机、汽车、轮船等集中拆解过程产生的废矿物油及油泥	T，I
		900-200-08	珩磨、研磨、打磨过程产生的废矿物油及油泥	T，I
		900-201-08	清洗金属零部件过程中产生的废弃煤油、柴油、汽油及其他由石油和煤炼制生产的溶剂油	T，I
		900-203-08	使用淬火油进行表面硬化处理产生的废矿物油	T
		900-204-08	使用轧制油、冷却剂及酸进行金属轧制产生的废矿物油	T
		900-205-08	镀锡及焊锡回收工艺产生的废矿物油	T
		900-209-08	金属、塑料的定型和物理机械表面处理过程中产生的废石蜡和润滑油	T，I
		900-210-08	含油废水处理中隔油、气浮、沉淀等处理过程中产生的浮油、浮渣和污泥（不包括废水生化处理污泥）	T，I
		900-213-08	废矿物油再生净化过程中产生的沉淀残渣、过滤残渣、废过滤吸附介质	T，I
		900-214-08	车辆、轮船及其他机械维修过程中产生的废发动机油、制动器油、自动变速器油、齿轮油等废润滑油	T，I
		900-215-08	废矿物油裂解再生过程中产生的裂解残渣	T，I
		900-216-08	使用防锈油进行铸件表面防锈处理过程中产生的废防锈油	T，I
		900-217-08	使用工业齿轮油进行机械设备润滑过程中产生的废润滑油	T，I
		900-218-08	液压设备维护、更换和拆解过程中产生的废液压油	T，I
		900-219-08	冷冻压缩设备维护、更换和拆解过程中产生的废冷冻机油	T，I
		900-220-08	变压器维护、更换和拆解过程中产生的废变压器油	T，I
		900-221-08	废燃料油及燃料油储存过程中产生的油泥	T，I
		900-249-08	其他生产、销售、使用过程中产生的废矿物油及沾染矿物油的废弃包装物	T，I
HW09 油/水、烃/水混合物或乳化液	非特定行业	900-005-09	水压机维护、更换和拆解过程中产生的油/水烃/水混合物或乳化液	T
		900-006-09	使用切削油或切削液进行机械加工过程中产生的油/水、烃/水混合物或乳化液	T
		900-007-09	其他工艺过程中产生的油/水、烃/水混合物或乳化液	T
HW10 多氯（溴联	）非特定行业	900-008-10	含有多氯联苯（PCBs）、多氯三联苯（PCTs）和多溴联苯（PBBs）的废弃电容器、变压器	T
苯类废物		900-009-10	含有 PCBs、PCTs 和 PBBs 的电力设备的清洗液	T
		900-010-10	含有 PCBs、PCTs 和 PBBs 的电力设备中废弃的介质油、绝缘油、冷却油及导热油	T
		900-011-10	含有或沾染 PCBs、PCTs 和 PBBs 的废弃包装物及容器	T

废物类别	行业来源	废物代码	危险废物	危险特性[1]
HW11 精（蒸）馏残渣	精炼石油产品制造	251-013-11	石油精炼过程中产生的酸焦油和其他焦油	T
	煤炭加工	252-001-11	炼焦过程中蒸氨塔残渣和洗油再生残渣	T
		252-002-11	煤气净化过程氨水分离设施底部的焦油和焦油渣	T
		252-003-11	炼焦副产品回收过程中萘精制产生的残渣	T
		252-004-11	炼焦过程中焦油储存设施中的焦油渣	T
		252-005-11	煤焦油加工过程中焦油储存设施中的焦油渣	T
		252-007-11	炼焦及煤焦油加工过程中的废水池残渣	T
		252-009-11	轻油回收过程中的废水池残渣	T
		252-010-11	炼焦、煤焦油加工和苯精制过程中产生的废水处理污泥（不包括废水生化处理污泥）	T
		252-011-11	焦炭生产过程中硫铵工段煤气除酸净化产生的酸焦油	T
		252-012-11	焦化粗苯酸洗法精制过程产生的酸焦油及其他精制过程产生的蒸馏残渣	T
		252-013-11	焦炭生产过程中产生的脱硫废液	T
		252-016-11	煤沥青改质过程中产生的闪蒸油	T
		252-017-11	固定床气化技术生产化工合成原料气、燃料油合成原料气过程中粗煤气冷凝产生的焦油和焦油渣	T
	燃气生产和供应业	451-001-11	煤气生产行业煤气净化过程中产生的煤焦油渣	T
		451-002-11	煤气生产过程中产生的废水处理污泥（不包括废水生化处理污泥）	T
		451-003-11	煤气生产过程中煤气冷凝产生的煤焦油	T
	基础化学原料制造	261-007-11	乙烯法制乙醛生产过程中产生的蒸馏残渣	T
		261-008-11	乙烯法制乙醛生产过程中产生的蒸馏次要馏分	T
		261-009-11	苄基氯生产过程中苄基氯蒸馏产生的蒸馏残渣	T
		261-010-11	四氯化碳生产过程中产生的蒸馏残渣和重馏分	T
		261-011-11	表氯醇生产过程中精制塔产生的蒸馏残渣	T
		261-012-11	异丙苯生产过程中精馏塔产生的重馏分	T
		261-013-11	萘法生产邻苯二甲酸酐过程中产生的蒸馏残渣和轻馏分	T
		261-014-11	邻二甲苯法生产邻苯二甲酸酐过程中产生的蒸馏残渣和轻馏分	T
		261-015-11	苯硝化法生产硝基苯过程中产生的蒸馏残渣	T
		261-016-11	甲苯二异氰酸酯生产过程中产生的蒸馏残渣和离心分离残渣	T
		261-017-11	1,1,1-三氯乙烷生产过程中产生的蒸馏残渣	T
		261-018-11	三氯乙烯和四氯乙烯联合生产过程中产生的蒸馏残渣	T
		261-019-11	苯胺生产过程中产生的蒸馏残渣	T
		261-020-11	苯胺生产过程中苯胺萃取工序产生的蒸馏残渣	T
		261-021-11	二硝基甲苯加氢法生产甲苯二胺过程中干燥塔产生的反应残余物	T
		261-022-11	二硝基甲苯加氢法生产甲苯二胺过程中产品精制产生的轻馏分	T
		261-023-11	二硝基甲苯加氢法生产甲苯二胺过程中产品精制产生的废液	T

废物类别	行业来源	废物代码	危险废物	危险特性[1]
HW11 精（蒸）馏残渣	基础化学原料制造	261-024-11	二硝基甲苯加氢法生产甲苯二胺过程中产品精制产生的重馏分	T
		261-025-11	甲苯二胺光气化法生产甲苯二异氰酸酯过程中溶剂回收塔产生的有机冷凝物	T
		261-026-11	氯苯、二氯苯生产过程中的蒸馏及分馏残渣	T
		261-027-11	使用羧酸肼生产 1,1-二甲基肼过程中产品分离产生的残渣	T
		261-028-11	乙烯溴化法生产二溴乙烯过程中产品精制产生的蒸馏残渣	T
		261-029-11	α-氯甲苯、苯甲酰氯和含此类官能团的化学品生产过程中产生的蒸馏残渣	T
		261-030-11	四氯化碳生产过程中的重馏分	T
		261-031-11	二氯乙烯单体生产过程中蒸馏产生的重馏分	T
		261-032-11	氯乙烯单体生产过程中蒸馏产生的重馏分	T
		261-033-11	1,1,1-三氯乙烷生产过程中蒸汽汽提塔产生的残余物	T
		261-034-11	1,1,1-三氯乙烷生产过程中蒸馏产生的重馏分	T
		261-035-11	三氯乙烯和四氯乙烯联合生产过程中产生的重馏分	T
		261-100-11	苯和丙烯生产苯酚和丙酮过程中产生的重馏分	T
		261-101-11	苯泵式硝化生产硝基苯过程中产生的重馏分	T，R
		261-102-11	铁粉还原硝基苯生产苯胺过程中产生的重馏分	T
		261-103-11	以苯胺、乙酸酐或乙酰苯胺为原料生产对硝基苯胺过程中产生的重馏分	T
		261-104-11	对硝基氯苯胺氨解生产对硝基苯胺过程中产生的重馏分	T，R
		261-105-11	氨化法、还原法生产邻苯二胺过程中产生的重馏分	T
		261-106-11	苯和乙烯直接催化、乙苯和丙烯共氧化、乙苯催化脱氢生产苯乙烯过程中产生的重馏分	T
		261-107-11	二硝基甲苯还原催化生产甲苯二胺过程中产生的重馏分	T
		261-108-11	对苯二酚氧化生产二甲氧基苯胺过程中产生的重馏分	T
		261-109-11	萘磺化生产萘酚过程中产生的重馏分	T
		261-110-11	苯酚、三甲苯水解生产 4,4-二羟基二苯砜过程中产生的重馏分	T
		261-111-11	甲苯硝基化合物羰基化法、甲苯碳酸二甲酯法生产甲苯二异氰酸酯过程中产生的重馏分	T
		261-113-11	乙烯直接氯化生产二氯乙烷过程中产生的重馏分	T
		261-114-11	甲烷氯化生产甲烷氯化物过程中产生的重馏分	T
		261-115-11	甲醇氯化生产甲烷氯化物过程中产生的釜底残液	T
		261-116-11	乙烯氯醇法、氧化法生产环氧乙烷过程中产生的重馏分	T
		261-117-11	乙炔气相合成、氧氯化生产氯乙烯过程中产生的重馏分	T
		261-118-11	乙烯直接氯化生产三氯乙烯、四氯乙烯过程中产生的重馏分	T
		261-119-11	乙烯氧氯化法生产三氯乙烯、四氯乙烯过程中产生的重馏分	T
		261-120-11	甲苯光气法生产苯甲酰氯产品精制过程中产生的重馏分	T

废物类别	行业来源	废物代码	危险废物	危险特性[1]
HW11 精（蒸）馏残渣	基础化学原料制造	261-121-11	甲苯苯甲酸法生产苯甲酰氯产品精制过程中产生的重馏分	T
		261-122-11	甲苯连续光氯化法、无光热氯化法生产氯化苄过程中产生的重馏分	T
		261-123-11	偏二氯乙烯氢氯化法生产 1,1,1-三氯乙烷过程中产生的重馏分	T
		261-124-11	醋酸丙烯酯法生产环氧氯丙烷过程中产生的重馏分	T
		261-125-11	异戊烷（异戊烯）脱氢法生产异戊二烯过程中产生的重馏分	T
		261-126-11	化学合成法生产异戊二烯过程中产生的重馏分	T
		261-127-11	碳五馏分分离生产异戊二烯过程中产生的重馏分	T
		261-128-11	合成气加压催化生产甲醇过程中产生的重馏分	T
		261-129-11	水合法、发酵法生产乙醇过程中产生的重馏分	T
		261-130-11	环氧乙烷直接水合生产乙二醇过程中产生的重馏分	T
		261-131-11	乙醛缩合加氢生产丁二醇过程中产生的重馏分	T
		261-132-11	乙醛氧化生产醋酸蒸馏过程中产生的重馏分	T
		261-133-11	丁烷液相氧化生产醋酸过程中产生的重馏分	T
		261-134-11	电石乙炔法生产醋酸乙烯酯过程中产生的重馏分	T
		261-135-11	氢氰酸法生产原甲酸三甲酯过程中产生的重馏分	T
		261-136-11	β-苯胺乙醇法生产靛蓝过程中产生的重馏分	T
	石墨及其他非金属矿物制品制造	309-001-11	电解铝及其他有色金属电解精炼过程中预焙阳极、碳块及其他碳素制品制造过程烟气处理所产生的含焦油废物	T
	环境治理业	772-001-11	废矿物油再生过程中产生的酸焦油	T
	非特定行业	900-013-11	其他化工生产过程（不包括以生物质为主要原料的加工过程）中精馏、蒸馏和热解工艺产生的高沸点釜底残余物	T
HW12 染料、涂料废物	涂料、油墨、颜料及类似产品制造	264-002-12	铬黄和铬橙颜料生产过程中产生的废水处理污泥	T
		264-003-12	钼酸橙颜料生产过程中产生的废水处理污泥	T
		264-004-12	锌黄颜料生产过程中产生的废水处理污泥	T
		264-005-12	铬绿颜料生产过程中产生的废水处理污泥	T
		264-006-12	氧化铬绿颜料生产过程中产生的废水处理污泥	T
		264-007-12	氧化铬绿颜料生产过程中烘干产生的残渣	T
		264-008-12	铁蓝颜料生产过程中产生的废水处理污泥	T
		264-009-12	使用含铬、铅的稳定剂配制油墨过程中，设备清洗产生的洗涤废液和废水处理污泥	T
		264-010-12	油墨生产、配制过程中产生的废蚀刻液	T
		264-011-12	染料、颜料生产过程中产生的废母液、残渣、废吸附剂和中间体废物	T
		264-012-12	其他油墨、染料、颜料、油漆（不包括水性漆生产过程中产生的废水处理污泥	T
		264-013-12	油漆、油墨生产、配制和使用过程中产生的含颜料、油墨的废有机溶剂	T

废物类别	行业来源	废物代码	危险废物	危险特性[1]
HW12 染料、涂料废物	非特定行业	900-250-12	使用有机溶剂、光漆进行光漆涂布、喷漆工艺过程中产生的废物	T，I
HW12 染料、涂料废物	非特定行业	900-251-12	使用油漆（不包括水性漆）、有机溶剂进行阻挡层涂敷过程中产生的废物	T，I
HW12 染料、涂料废物	非特定行业	900-252-12	使用油漆（不包括水性漆）、有机溶剂进行喷漆、上漆过程中产生的废物	T，I
HW12 染料、涂料废物	非特定行业	900-253-12	使用油墨和有机溶剂进行丝网印刷过程中产生的废物	T，I
HW12 染料、涂料废物	非特定行业	900-254-12	使用遮盖油、有机溶剂进行遮盖油的涂敷过程中产生的废物	T，I
HW12 染料、涂料废物	非特定行业	900-255-12	使用各种颜料进行着色过程中产生的废颜料	T
HW12 染料、涂料废物	非特定行业	900-256-12	使用酸、碱或有机溶剂清洗容器设备过程中剥离下的废油漆、废染料、废涂料	T，I，C
HW12 染料、涂料废物	非特定行业	900-299-12	生产、销售及使用过程中产生的失效、变质、不合格、淘汰、伪劣的油墨、染料、颜料、油漆（不包括水性漆）	T
HW13 有机树脂类废物	合成材料制造	265-101-13	树脂、合成乳胶、增塑剂、胶水/胶合剂合成过程产生的不合格产品（不包括热塑型树脂生产过程中聚合产物经脱除单体、低聚物、溶剂及其他助剂后产生的废料，以及热固型树脂固化后的固化体）	T
HW13 有机树脂类废物	合成材料制造	265-102-13	树脂、合成乳胶、增塑剂、胶水/胶合剂生产过程中合成、酯化、缩合等工序产生的废母液	T
HW13 有机树脂类废物	合成材料制造	265-103-13	树脂（不包括水性聚氨酯乳液、水性丙烯酸乳液水性聚氨酯丙烯酸复合乳液）、合成乳胶、增塑剂、胶水/胶合剂生产过程中精馏、分离、精制等工序产生的釜底残液、废过滤介质和残渣	T
HW13 有机树脂类废物	合成材料制造	265-104-13	树脂（不包括水性聚氨酯乳液、水性丙烯酸乳液、水性聚氨酯丙烯酸复合乳液）、合成乳胶增塑剂、胶水/胶合剂合成过程中产生的废水处理污泥（不包括废水生化处理污泥）	T
HW13 有机树脂类废物	非特定行业	900-014-13	废弃的黏合剂和密封剂（不包括水基型和热熔型黏合剂和密封剂）	T
HW13 有机树脂类废物	非特定行业	900-015-13	湿法冶金、表面处理和制药行业重金属、抗生素提取、分离过程产生的废弃离子交换树脂，以及工业废水处理过程产生的废弃离子交换树脂	T
HW13 有机树脂类废物	非特定行业	900-016-13	使用酸、碱或有机溶剂清洗容器设备剥离下的树脂状、黏稠杂物	T
HW13 有机树脂类废物	非特定行业	900-451-13	废覆铜板、印刷线路板、电路板破碎分选回收金属后产生的废树脂粉	T
HW14 新化学物质废物	非特定行业	900-017-14	研究、开发和教学活动中产生的对人类或环境影响不明的化学物质废物	T/C/I/R

废物类别	行业来源	废物代码	危险废物	危险特性[1]
HW15 爆炸性废物	炸药、火工及焰火产品制造	267-001-15	炸药生产和加工过程中产生的废水处理污泥	R，T
		267-002-15	含爆炸品废水处理过程中产生的废活性炭	R，T
		267-003-15	生产、配制和装填铅基起爆药剂过程中产生的废水处理污泥	R，T
		267-004-15	三硝基甲苯生产过程中产生的粉红水、红水，以及废水处理污泥	T，R
HW16 感光材料废物	专用化学产品制造	266-009-16	显（定）影剂、正负胶片、像纸、感光材料生产过程中产生的不合格产品和过期产品	T
		266-010-16	显（定）影剂、正负胶片、像纸、感光材料生产过程中产生的残渣和废水处理污泥	T
	印刷	231-001-16	使用显影剂进行胶卷显影，使用定影剂进行胶卷定影，以及使用铁氰化钾、硫代硫酸盐进行影像减薄（漂白）产生的废显（定）影剂、胶片和废像纸	T
		231-002-16	使用显影剂进行印刷显影、抗蚀图形显影，以及凸版印刷产生的废显（定）影剂、胶片和废像纸	T
	电子元件及电子专用材料制造	398-001-16	使用显影剂、氢氧化物、偏亚硫酸氢盐、醋酸进行胶卷显影产生的废显（定）影剂、胶片和废像纸	T
	影视节目制作	873-001-16	电影厂产生的废显（定）影剂、胶片及废像纸	T
	摄影扩印服务	806-001-16	摄影扩印服务行业产生的废显（定）影剂、胶片和废像纸	T
	非特定行业	900-019-16	其他行业产生的废显（定）影剂、胶片和废像纸	T
HW17 表面处理废物	金属表面处理及热处理加工	336-050-17	使用氯化亚锡进行敏化处理产生的废渣和废水处理污泥	T
		336-051-17	使用氯化锌、氯化铵进行敏化处理产生的废渣和废水处理污泥	T
		336-052-17	使用锌和电镀化学品进行镀锌产生的废槽液、槽渣和废水处理污泥	T
		336-053-17	使用镉和电镀化学品进行镀镉产生的废槽液、槽渣和废水处理污泥	T
		336-054-17	使用镍和电镀化学品进行镀镍产生的废槽液、槽渣和废水处理污泥	T
		336-055-17	使用镀镍液进行镀镍产生的废槽液、槽渣和废水处理污泥	T
		336-056-17	使用硝酸银、碱、甲醛进行敷金属法镀银产生的废槽液、槽渣和废水处理污泥	T
		336-057-17	使用金和电镀化学品进行镀金产生的废槽液、槽渣和废水处理污泥	T
		336-058-17	使用镀铜液进行化学镀铜产生的废槽液、槽渣和废水处理污泥	T
		336-059-17	使用钯和锡盐进行活化处理产生的废渣和废水处理污泥	T
		336-060-17	使用铬和电镀化学品进行镀黑铬产生的废槽液、槽渣和废水处理污泥	T

废物类别	行业来源	废物代码	危险废物	危险特性[1]
HW17 表面处理废物	金属表面处理及热处理加工	336-061-17	使用高锰酸钾进行钻孔除胶处理产生的废渣和废水处理污泥	T
		336-062-17	使用铜和电镀化学品进行镀铜产生的废槽液、槽渣和废水处理污泥	T
		336-063-17	其他电镀工艺产生的废槽液、槽渣和废水处理污泥	T
		336-064-17	金属或塑料表面酸（碱）洗、除油、除锈、洗涤、磷化、出光、化抛工艺产生的废腐蚀液、废洗涤液、废槽液、槽渣和废水处理污泥［不包括：铝、镁材（板）表面酸（碱）洗、粗化硫酸阳极处理、磷酸化学抛光废水处理污泥，铝电解电容器用铝电极箔化学腐蚀、非硼酸系化成液化成废水处理污泥，铝材挤压加工模具碱洗（煲模）废水处理污泥，碳钢酸洗除锈废水处理污泥］	T/C
		336-066-17	镀层剥除过程中产生的废槽液、槽渣和废水处理污泥	T
		336-067-17	使用含重铬酸盐的胶体、有机溶剂、黏合剂进行漩流式抗蚀涂布产生的废渣和废水处理污泥	T
		336-068-17	使用铬化合物进行抗蚀层化学硬化产生的废渣和废水处理污泥	T
		336-069-17	使用铬酸镀铬产生的废槽液、槽渣和废水处理污泥	T
		336-100-17	使用铬酸进行阳极氧化产生的废槽液、槽渣和废水处理污泥	T
		336-101-17	使用铬酸进行塑料表面粗化产生的废槽液、槽渣和废水处理污泥	T
HW18 焚烧处置残渣	环境治理业	772-002-18	生活垃圾焚烧飞灰	T
		772-003-18	危险废物焚烧、热解等处置过程产生的底渣、飞灰和废水处理污泥	T
		772-004-18	危险废物等离子体、高温熔融等处置过程产生的非玻璃态物质和飞灰	T
		772-005-18	固体废物焚烧处置过程中废气处理产生的废活性炭	T
HW19 含金属羰基化合物废物	非特定行业	900-020-19	金属羰基化合物生产、使用过程中产生的含有羰基化合物成分的废物	T
HW20 含铍废物	基础化学原料制造	261-040-20	铍及其化合物生产过程中产生的熔渣、集（除尘装置收集的粉尘和废水处理污泥	T
HW21 含铬废物	毛皮鞣制及制品加工	193-001-21	使用铬鞣剂进行铬鞣、复鞣工艺产生的废水处理污泥和残渣	T
		193-002-21	皮革、毛皮鞣制及切削过程产生的含铬废碎料	T
	基础化学原料制造	261-041-21	铬铁矿生产铬盐过程中产生的铬渣	T
		261-042-21	铬铁矿生产铬盐过程中产生的铝泥	T
		261-043-21	铬铁矿生产铬盐过程中产生的芒硝	T
		261-044-21	铬铁矿生产铬盐过程中产生的废水处理污泥	T
		261-137-21	铬铁矿生产铬盐过程中产生的其他废物	T
		261-138-21	以重铬酸钠和浓硫酸为原料生产铬酸酐过程中产生的含铬废液	T

废物类别	行业来源	废物代码	危险废物	危险特性[1]
HW21 含铬废物	铁合金冶炼	314-001-21	铬铁硅合金生产过程中集（除）尘装置收集的粉尘	T
		314-002-21	铁铬合金生产过程中集（除）尘装置收集的粉尘	T
		314-003-21	铁铬合金生产过程中金属铬冶炼产生的铬浸出渣	T
	金属表面处理及热处理加工	336-100-21	使用铬酸进行阳极氧化产生的废槽液、槽渣和废水处理污泥	T
	电子元件及电子专用材料制造	398-002-21	使用铬酸进行钻孔除胶处理产生的废渣和废水处理污泥	T
HW22 含铜废物	玻璃制造	304-001-22	使用硫酸铜进行敷金属法镀铜产生的废槽液、槽渣和废水处理污泥	T
	电子元件及电子专用材料制造	398-004-22	线路板生产过程中产生的废蚀铜液	T
		398-005-22	使用酸进行铜氧化处理产生的废液和废水处理污泥	T
		398-051-22	铜板蚀刻过程中产生的废蚀刻液和废水处理污泥	T
HW23 含锌废物	金属表面处理及热处理加工	336-103-23	热镀锌过程中产生的废助镀熔（溶）剂和集（除尘装置收集的粉尘	T
	电池制造	384-001-23	碱性锌锰电池、锌氧化银电池、锌空气电池生产过程中产生的废锌浆	T
	炼钢	312-001-23	废钢电炉炼钢过程中集（除）尘装置收集的粉尘和废水处理污泥	T
	非特定行业	900-021-23	使用氢氧化钠、锌粉进行贵金属沉淀过程中产生的废液和废水处理污泥	T
HW24 含砷废物	基础化学原料制造	261-139-24	硫铁矿制酸过程中烟气净化产生的酸泥	T
HW25 含硒废物	基础化学原料制造	261-045-25	硒及其化合物生产过程中产生的熔渣、集（除尘装置收集的粉尘和废水处理污泥	T
HW26 含镉废物	电池制造	384-002-26	镍镉电池生产过程中产生的废渣和废水处理污泥	T
HW27 含锑废物	基础化学原料制造	261-046-27	锑金属及粗氧化锑生产过程中产生的熔渣和集（除）尘装置收集的粉尘	T
		261-048-27	氧化锑生产过程中产生的熔渣	T
HW28 含碲废物	基础化学原料制造	261-050-28	碲及其化合物生产过程中产生的熔渣、集（除尘装置收集的粉尘和废水处理污泥	T
HW29 含汞废物	天然气开采	072-002-29	天然气除汞净化过程中产生的含汞废物	T
	常用有色金属矿采选	091-003-29	汞矿采选过程中产生的尾砂和集（除）尘装置收集的粉尘	T
	贵金属冶炼	322-002-29	混汞法提金工艺产生的含汞粉尘、残渣	T
	印刷	231-007-29	使用显影剂、汞化合物进行影像加厚（物理沉淀）以及使用显影剂、氨氯化汞进行影像加厚（氧化）产生的废液和残渣	T

废物类别	行业来源	废物代码	危险废物	危险特性[1]
HW29 含汞废物	基础化学原料制造	261-051-29	水银电解槽法生产氯气过程中盐水精制产生的盐水提纯污泥	T
		261-052-29	水银电解槽法生产氯气过程中产生的废水处理污泥	T
		261-053-29	水银电解槽法生产氯气过程中产生的废活性炭	T
		261-054-29	卤素和卤素化学品生产过程中产生的含汞硫酸钡污泥	T
	合成材料制造	265-001-29	氯乙烯生产过程中含汞废水处理产生的废活性炭	T，C
		265-002-29	氯乙烯生产过程中吸附汞产生的废活性炭	T，C
		265-003-29	电石乙炔法生产氯乙烯单体过程中产生的废酸	T，C
		265-004-29	电石乙炔法生产氯乙烯单体过程中产生的废水处理污泥	T
	常用有色金属冶炼	321-030-29	汞再生过程中集（除）尘装置收集的粉尘，汞再生工艺产生的废水处理污泥	T
		321-033-29	铅锌冶炼烟气净化产生的酸泥	T
		321-103-29	铜、锌、铅冶炼过程中烟气氯化汞法脱汞工艺产生的废甘汞	T
	电池制造	384-003-29	含汞电池生产过程中产生的含汞废浆层纸、含汞废锌膏、含汞废活性炭和废水处理污泥	T
	照明器具制造	387-001-29	电光源用固汞及含汞电光源生产过程中产生的废活性炭和废水处理污泥	T
	通用仪器仪表制造	401-001-29	含汞温度计生产过程中产生的废渣	T
	非特定行业	900-022-29	废弃的含汞催化剂	T
		900-023-29	生产、销售及使用过程中产生的废含汞荧光灯管及其他废含汞电光源，及废弃含汞电光源处理处置过程中产生的废荧光粉、废活性炭和废水处理污泥	T
		900-024-29	生产、销售及使用过程中产生的废含汞温度计废含汞血压计、废含汞真空表、废含汞压力计废氧化汞电池和废汞开关	T
		900-452-29	含汞废水处理过程中产生的废树脂、废活性炭和污泥	T
HW30 含铊废物	基础化学原料制造	261-055-30	铊及其化合物生产过程中产生的熔渣、集（除尘装置收集的粉尘和废水处理污泥	T
HW31 含铅废物	玻璃制造	304-002-31	使用铅盐和铅氧化物进行显像管玻璃熔炼过程中产生的废渣	T
	电子元件及电子专用材料制造	398-052-31	线路板制造过程中电镀铅锡合金产生的废液	T
	电池制造	384-004-31	铅蓄电池生产过程中产生的废渣、集（除）尘装置收集的粉尘和废水处理污泥	T
	工艺美术及礼仪用品制造	243-001-31	使用铅箔进行烤钵试金法工艺产生的废烤钵	T
	非特定行业	900-052-31	废铅蓄电池及废铅蓄电池拆解过程中产生的废铅板、废铅膏和酸液	T，C
		900-025-31	使用硬脂酸铅进行抗黏涂层过程中产生的废物	T

废物类别	行业来源	废物代码	危险废物	危险特性[1]
HW32 无机氟化物废物	非特定行业	900-026-32	使用氢氟酸进行蚀刻产生的废蚀刻液	T，C
HW33 无机氰化物废物	贵金属矿采选	092-003-33	采用氰化物进行黄金选矿过程中产生的氰化尾渣和含氰废水处理污泥	T
	金属表面处理及热处理加工	336-104-33	使用氰化物进行浸洗过程中产生的废液	T，R
	非特定行业	900-027-33	使用氰化物进行表面硬化、碱性除油、电解除油产生的废物	T，R
		900-028-33	使用氰化物剥落金属镀层产生的废物	T，R
		900-029-33	使用氰化物和双氧水进行化学抛光产生的废物	T，R
HW34 废酸	精炼石油产品制造	251-014-34	石油炼制过程产生的废酸及酸泥	C，T
	涂料、油墨、颜料及类似产品制造	264-013-34	硫酸法生产钛白粉（二氧化钛）过程中产生的废酸	C，T
	基础化学原料制造	261-057-34	硫酸和亚硫酸、盐酸、氢氟酸、磷酸和亚磷酸硝酸和亚硝酸等的生产、配制过程中产生的废酸及酸渣	C，T
		261-058-34	卤素和卤素化学品生产过程中产生的废酸	C，T
	钢压延加工	313-001-34	钢的精加工过程中产生的废酸性洗液	C，T
	金属表面处理及热处理加工	336-105-34	青铜生产过程中浸酸工序产生的废酸液	C，T
	电子元件及电子专用材料制造	398-005-34	使用酸进行电解除油、酸蚀、活化前表面敏化催化、浸亮产生的废酸液	C，T
		398-006-34	使用硝酸进行钻孔蚀胶处理产生的废酸液	C，T
		398-007-34	液晶显示板或集成电路板的生产过程中使用酸浸蚀剂进行氧化物浸蚀产生的废酸液	C，T
	非特定行业	900-300-34	使用酸进行清洗产生的废酸液	C，T
		900-301-34	使用硫酸进行酸性碳化产生的废酸液	C，T
		900-302-34	使用硫酸进行酸蚀产生的废酸液	C，T
		900-303-34	使用磷酸进行磷化产生的废酸液	C，T
		900-304-34	使用酸进行电解除油、金属表面敏化产生的废酸液	C，T
		900-305-34	使用硝酸剥落不合格镀层及挂架金属镀层产生的废酸液	C，T
		900-306-34	使用硝酸进行钝化产生的废酸液	C，T
		900-307-34	使用酸进行电解抛光处理产生的废酸液	C，T
		900-308-34	使用酸进行催化（化学镀）产生的废酸液	C，T
		900-349-34	生产、销售及使用过程中产生的失效、变质、不合格、淘汰、伪劣的强酸性擦洗粉、清洁剂污迹去除剂以及其他强酸性废酸液和酸渣	C，T
HW35 废碱	精炼石油产品制造	251-015-35	石油炼制过程产生的废碱液和碱渣	C，T
	基础化学原料制造	261-059-35	氢氧化钙、氨水、氢氧化钠、氢氧化钾等的生产、配制中产生的废碱液、固态碱和碱渣	C

废物类别	行业来源	废物代码	危险废物	危险特性[1]
HW35 废碱	毛皮鞣制及制品加工	193-003-35	使用氢氧化钙、硫化钠进行浸灰产生的废碱液	C，R
	纸浆制造	221-002-35	碱法制浆过程中蒸煮制浆产生的废碱液	C，T
	非特定行业	900-350-35	使用氢氧化钠进行煮炼过程中产生的废碱液	C
		900-351-35	使用氢氧化钠进行丝光处理过程中产生的废碱液	C
		900-352-35	使用碱进行清洗产生的废碱液	C，T
		900-353-35	使用碱进行清洗除蜡、碱性除油、电解除油产生的废碱液	C，T
		900-354-35	使用碱进行电镀阻挡层或抗蚀层的脱除产生的废碱液	C，T
		900-355-35	使用碱进行氧化膜浸蚀产生的废碱液	C，T
		900-356-35	使用碱溶液进行碱性清洗、图形显影产生的废碱液	C，T
		900-399-35	生产、销售及使用过程中产生的失效、变质、不合格、淘汰、伪劣的强碱性擦洗粉、清洁剂污迹去除剂以及其他强碱性废碱液、固态碱和碱渣	C，T
HW36 石棉废物	石棉及其他非金属矿采选	109-001-36	石棉矿选矿过程中产生的废渣	T
	基础化学原料制造	261-060-36	卤素和卤素化学品生产过程中电解装置拆换产生的含石棉废物	T
	石膏、水泥制品及类似制品制造	302-001-36	石棉建材生产过程中产生的石棉尘、废石棉	T
	耐火材料制品制造	308-001-36	石棉制品生产过程中产生的石棉尘、废石棉	T
	汽车零部件及配件制造	367-001-36	车辆制动器衬片生产过程中产生的石棉废物	T
	船舶及相关装置制造	373-002-36	拆船过程中产生的石棉废物	T
	非特定行业	900-030-36	其他生产过程中产生的石棉废物	T
		900-031-36	含有石棉的废绝缘材料、建筑废物	T
		900-032-36	含有隔膜、热绝缘体等石棉材料的设施保养拆换及车辆制动器衬片的更换产生的石棉废物	T
HW37 有机磷化合物废物	基础化学原料制造	261-061-37	除农药以外其他有机磷化合物生产、配制过程中产生的反应残余物	T
		261-062-37	除农药以外其他有机磷化合物生产、配制过程中产生的废过滤吸附介质	T
		261-063-37	除农药以外其他有机磷化合物生产过程中产生的废水处理污泥	T
	非特定行业	900-033-37	生产、销售及使用过程中产生的废弃磷酸酯抗燃油	T
HW38 有机氰化物废物	基础化学原料制造	261-064-38	丙烯腈生产过程中废水汽提器塔底的残余物	T，R
		261-065-38	丙烯腈生产过程中乙腈蒸馏塔底的残余物	T，R
		261-066-38	丙烯腈生产过程中乙腈精制塔底的残余物	T
		261-067-38	有机氰化物生产过程中产生的废母液和反应残余物	T

废物类别	行业来源	废物代码	危险废物	危险特性[1]
HW38 有机氰化物废物	基础化学原料制造	261-068-38	有机氰化物生产过程中催化、精馏和过滤工序产生的废催化剂、釜底残余物和过滤介质	T
		261-069-38	有机氰化物生产过程中产生的废水处理污泥	T
		261-140-38	废腈纶高温高压水解生产聚丙烯腈-铵盐过程中产生的过滤残渣	T
HW39 含酚废物	基础化学原料制造	261-070-39	酚及酚类化合物生产过程中产生的废母液和反应残余物	T
		261-071-39	酚及酚类化合物生产过程中产生的废过滤吸附介质、废催化剂、精馏残余物	T
HW40 含醚废物	基础化学原料制造	261-072-40	醚及醚类化合物生产过程中产生的醚类残液、反应残余物、废水处理污泥（不包括废水生化处理污泥）	T
HW45 含有机卤化物废物	基础化学原料制造	261-078-45	乙烯溴化法生产二溴乙烯过程中废气净化产生的废液	T
		261-079-45	乙烯溴化法生产二溴乙烯过程中产品精制产生的废吸附剂	T
		261-080-45	芳烃及其衍生物氯代反应过程中氯气和盐酸回收工艺产生的废液和废吸附剂	T
		261-081-45	芳烃及其衍生物氯代反应过程中产生的废水处理污泥	T
		261-082-45	氯乙烷生产过程中的塔底残余物	T
		261-084-45	其他有机卤化物的生产过程（不包括卤化前的生产工段）中产生的残液、废过滤吸附介质、反应残余物、废水处理污泥、废催化剂（不包括上述 HW04、HW06、HW11、HW12、HW13、HW39 类别的废物）	T
		261-085-45	其他有机卤化物的生产过程中产生的不合格、淘汰、废弃的产品（不包括上述 HW06、HW39 类别的废物）	T
		261-086-45	石墨作阳极隔膜法生产氯气和烧碱过程中产生的废水处理污泥	T
HW46 含镍废物	基础化学原料制造	261-087-46	镍化合物生产过程中产生的反应残余物及不合格、淘汰、废弃的产品	T
	电池制造	384-005-46	镍氢电池生产过程中产生的废渣和废水处理污泥	T
	非特定行业	900-037-46	废弃的镍催化剂	T，I
HW47 含钡废物	基础化学原料制造	261-088-47	钡化合物（不包括硫酸钡）生产过程中产生的熔渣、集（除）尘装置收集的粉尘、反应残余物、废水处理污泥	T
	金属表面处理及热处理加工	336-106-47	热处理工艺中产生的含钡盐浴渣	T
HW48 有色金属采选和冶炼废物	常用有色金属矿采选	091-001-48	硫化铜矿、氧化铜矿等铜矿物采选过程中集（除）尘装置收集的粉尘	T
		091-002-48	硫砷化合物（雌黄、雄黄及硫砷铁矿）或其他含砷化合物的金属矿石采选过程中集（除）尘装置收集的粉尘	T
	常用有色金属冶炼	321-002-48	铜火法冶炼过程中烟气处理集（除）尘装置收集的粉尘	T
		321-031-48	铜火法冶炼烟气净化产生的酸泥（铅滤饼）	T
		321-032-48	铜火法冶炼烟气净化产生的污酸处理过程产生的砷渣	T
		321-003-48	粗锌精炼加工过程中湿法除尘产生的废水处理污泥	T
		321-004-48	铅锌冶炼过程中，锌焙烧矿、锌氧化矿常规浸出法产生的浸出渣	T

废物类别	行业来源	废物代码	危险废物	危险特性[1]
HW48 有色金属 采选和冶炼 废物	常用有色金属冶炼	321-005-48	铅锌冶炼过程中，锌焙烧矿热酸浸出黄钾铁矾法产生的铁矾渣	T
		321-006-48	硫化锌矿常压氧浸或加压氧浸产生的硫渣（浸出渣）	T
		321-007-48	铅锌冶炼过程中，锌焙烧矿热酸浸出针铁矿法产生的针铁矿渣	T
		321-008-48	铅锌冶炼过程中，锌浸出液净化产生的净化渣包括锌粉-黄药法、砷盐法、反向锑盐法、铅锑合金锌粉法等工艺除铜、锑、镉、钴、镍等杂质过程中产生的废渣	T
		321-009-48	铅锌冶炼过程中，阴极锌熔铸产生的熔铸浮渣	T
		321-010-48	铅锌冶炼过程中，氧化锌浸出处理产生的氧化锌浸出渣	T
		321-011-48	铅锌冶炼过程中，鼓风炉炼锌锌蒸气冷凝分离系统产生的鼓风炉浮渣	T
		321-012-48	铅锌冶炼过程中，锌精馏炉产生的锌渣	T
		321-013-48	铅锌冶炼过程中，提取金、银、铋、镉、钴、铟、锗、铊、碲等金属过程中产生的废渣	T
		321-014-48	铅锌冶炼过程中，集（除）尘装置收集的粉尘	T
		321-016-48	粗铅精炼过程中产生的浮渣和底渣	T
		321-017-48	铅锌冶炼过程中，炼铅鼓风炉产生的黄渣	T
		321-018-48	铅锌冶炼过程中，粗铅火法精炼产生的精炼渣	T
		321-019-48	铅锌冶炼过程中，铅电解产生的阳极泥及阳极泥处理后产生的含铅废渣和废水处理污泥	T
		321-020-48	铅锌冶炼过程中，阴极铅精炼产生的氧化铅渣及碱渣	T
		321-021-48	铅锌冶炼过程中，锌焙烧矿热酸浸出黄钾铁矾法、热酸浸出针铁矿法产生的铅银渣	T
		321-022-48	铅锌冶炼烟气净化产生的污酸除砷处理过程产生的砷渣	T
		321-023-48	电解铝生产过程电解槽阴极内衬维修、更换产生的废渣（大修渣）	T
		321-024-48	电解铝铝液转移、精炼、合金化、铸造过程熔体表面产生的铝灰渣，以及回收铝过程产生的盐渣和二次铝灰	R，T
		321-025-48	电解铝生产过程产生的炭渣	T
		321-026-48	再生铝和铝材加工过程中，废铝及铝锭重熔、精炼、合金化、铸造熔体表面产生的铝灰渣，及其回收铝过程产生的盐渣和二次铝灰	R
		321-034-48	铝灰热回收铝过程烟气处理集（除）尘装置收集的粉尘，铝冶炼和再生过程烟气（包括：再生铝熔炼烟气、铝液熔体净化、除杂、合金化铸造烟气）处理集（除）尘装置收集的粉尘	T，R
		321-027-48	铜再生过程中集（除）尘装置收集的粉尘和湿法除尘产生的废水处理污泥	T
		321-028-48	锌再生过程中集（除）尘装置收集的粉尘和湿法除尘产生的废水处理污泥	T
		321-029-48	铅再生过程中集（除）尘装置收集的粉尘和湿法除尘产生的废水处理污泥	T
	稀有稀土金属冶炼	323-001-48	仲钨酸铵生产过程中碱分解产生的碱煮渣（钨渣）、除钼过程中产生的除钼渣和废水处理污泥	T

废物类别	行业来源	废物代码	危险废物	危险特性[1]
HW49 其他废物	石墨及其他非金属矿物制品制造	309-001-49	多晶硅生产过程中废弃的三氯化硅及四氯化硅	R，C
	环境治理	772-006-49	采用物理、化学、物理化学或生物方法处理或处置毒性或感染性危险废物过程中产生的废水处理污泥、残渣（液）	T/In
	非特定行业	900-039-49	烟气、VOCs治理过程（不包括餐饮行业油烟治理过程）产生的废活性炭，化学原料和化学制品脱色（不包括有机合成食品添加剂脱色）、除杂净化过程产生的废活性炭（不包括900-405-06、772-005-18、261-053-29、265-002-29、384-003-29、387-001-29类废物）	T
		900-041-49	含有或沾染毒性、感染性危险废物的废弃包装物、容器、过滤吸附介质	T/I
		900-042-50	环境事件及其处理过程中产生的沾染危险化学品、危险废物的废物	T/C/I/R/In
		900-044-49	废弃的镉镍电池、荧光粉和阴极射线管	T
		900-045-50	废电路板（包括已拆除和未拆除元器件的废弃电路板），及废电路板拆解过程产生的废弃CPU、显卡、声卡、内存、含电解液的电容器、含金等贵金属的连接件离子交换装置（不包括饮用水、工业纯水和锅炉软化水制备装置）	T
		900-046-49	再生过程中产生的废水处理污泥	T
		900-047-49	生产、研究、开发、教学、环境检测（监测）活动中，化学和生物实验室（不包含感染性医学实验室及医疗机构化验室）产生的含氰、氟、重金属无机废液及无机废液处理产生的残渣、残液，含矿物油、有机溶剂、甲醛有机废液，废酸、废碱，具有危险特性的残留样品，以及沾染上述物质的一次性实验用品（不包括按实验室管理要求进行清洗后的废弃的烧杯、量器、漏斗等实验室用品）、包装物（不包括按实验室管理要求进行清洗后的试剂包装物、容器）、过滤吸附介质等	T/C/I/R
		900-053-49	已禁止使用的《关于持久性有机污染物的斯德哥尔摩公约》受控化学物质；已禁止使用的《关于汞的水俣公约》中氯碱设施退役过程中产生的汞；所有者申报废弃的，以及有关部门依法收缴或接收且需要销毁的《关于持久性有机污染物的斯德哥尔摩公约》《关于汞的水俣公约》受控化学物质	T
		900-999-49	被所有者申报废弃的，或未申报废弃但被非法排放、倾倒、利用、处置的，以及有关部门依法收缴或接收且需要销毁的列入《危险化学品目录》的危险化学品（不含该目录中仅具有“加压气体”物理危险性的危险化学品）	T/C/I/R

废物类别	行业来源	废物代码	危险废物	危险特性[1]
HW50 废催化剂	精炼石油产品制造	251-016-50	石油产品催化重整过程中产生的废催化剂	T
		251-017-50	石油产品催化重整过程中产生的废催化剂	T
		251-018-50	石油产品催化重整过程中产生的废催化剂	T
		251-019-50	石油产品催化重整过程中产生的废催化剂	T
	基础化学原料制造	261-151-50	树脂、乳胶、增塑剂、胶水/胶合剂生产过程中合成、酯化、缩合等工序产生的废催化剂	T
		261-152-50	有机溶剂生产过程中产生的废催化剂	T
		261-153-50	丙烯腈合成过程中产生的废催化剂	T
		261-154-50	聚乙烯合成过程中产生的废催化剂	T
		261-155-50	聚丙烯合成过程中产生的废催化剂	T
		261-156-50	烷烃脱氢过程中产生的废催化剂	T
		261-157-50	乙苯脱氢生产苯乙烯过程中产生的废催化剂	T
		261-158-50	采用烷基化反应（歧化）生产苯、二甲苯过程中产生的废催化剂	T
		261-159-50	二甲苯临氢异构化反应过程中产生的废催化剂	T
		261-160-50	乙烯氧化生产环氧乙烷过程中产生的废催化剂	T
		261-161-50	硝基苯催化加氢法制备苯胺过程中产生的废催化剂	T
		261-162-50	以乙烯和丙烯为原料，采用茂金属催化体系生产乙丙橡胶过程中产生的废催化剂	T
		261-163-50	乙炔法生产醋酸乙烯酯过程中产生的废催化剂	T
		261-164-50	甲醇和氨气催化合成、蒸馏制备甲胺过程中产生的废催化剂	T
		261-165-50	催化重整生产高辛烷值汽油和轻芳烃过程中产生的废催化剂	T
		261-166-50	采用碳酸二甲酯法生产甲苯二异氰酸酯过程中产生的废催化剂	T
		261-167-50	合成气合成、甲烷氧化和液化石油气氧化生产甲醇过程中产生的废催化剂	T
		261-168-50	甲苯氯化水解生产邻甲酚过程中产生的废催化剂	T
		261-169-50	异丙苯催化脱氢生产α-甲基苯乙烯过程中产生的废催化剂	T
		261-170-50	异丁烯和甲醇催化生产甲基叔丁基醚过程中产生的废催化剂	T
		261-171-50	以甲醇为原料采用铁钼法生产甲醛过程中产生的废铁钼催化剂	T
		261-172-50	邻二甲苯氧化法生产邻苯二甲酸酐过程中产生的废催化剂	T
		261-173-50	二氧化硫氧化生产硫酸过程中产生的废催化剂	T
		261-174-50	四氯乙烷催化脱氯化氢生产三氯乙烯过程中产生的废催化剂	T

废物类别	行业来源	废物代码	危险废物	危险特性[1]
HW50 废催化剂	基础化学原料制造	261-175-50	苯氧化法生产顺丁烯二酸酐过程中产生的废催化剂	T
		261-176-50	甲苯空气氧化生产苯甲酸过程中产生的废催化剂	T
		261-177-50	羟丙腈氨化、加氢生产 3-氨基-1-丙醇过程中产生的废催化剂	T
		261-178-50	β-羟基丙腈催化加氢生产 3-氨基-1-丙醇过程中产生的废催化剂	T
		261-179-50	甲乙酮与氨催化加氢生产 2-氨基丁烷过程中产生的废催化剂	T
		261-180-50	苯酚和甲醇合成 2,6-二甲基苯酚过程中产生的废催化剂	T
		261-181-50	糠醛脱羰制备呋喃过程中产生的废催化剂	T
		261-182-50	过氧化法生产环氧丙烷过程中产生的废催化剂	T
		261-183-50	除农药以外其他有机磷化合物生产过程中产生的废催化剂	T
	农药制造	263-013-50	化学合成农药生产过程中产生的废催化剂	T
	化学药品原料药制造	271-006-50	化学合成原料药生产过程中产生的废催化剂	T
	兽用药品制造	275-009-50	兽药生产过程中产生的废催化剂	T
	生物药品制品制造	276-006-50	生物药品生产过程中产生的废催化剂	T
	环境治理业	772-007-50	烟气脱硝过程中产生的废钒钛系催化剂	T
	非特定行业	900-048-50	废液体催化剂	T
		900-049-50	机动车和非道路移动机械尾气净化废催化剂	T

注：1. 所列危险特性为该种危险废物的主要危险特性，不排除可能具有其他危险特性；“，”分隔的多个危险特性代码，表示该种废物具有列在第一位代码所代表的危险特性，且可能具有所列其他代码代表的危险特性；“/”分隔的多个危险特性代码，表示该种危险废物具有所列代 码所代表的一种或多种危险特性。

2. 医疗废物分类按照《医疗废物分类目录》执行。

附录：

危险废物豁免管理清单

本清单各栏目说明：

1. “序号”指列入本目录危险废物的顺序编号；
2. “废物类别/代码”指列入本目录危险废物的类别或代码；
3. “危险废物”指列入本目录危险废物的名称；
4. “豁免环节”指可不按危险废物管理的环节；
5. “豁免条件”指可不按危险废物管理应具备的条件；
6. “豁免内容”指可不按危险废物管理的内容；
7. 《医疗废物分类目录》对医疗废物有其他豁免管理内容的，按照该目录有关规定执行；
8. 本清单引用文件中，凡是未注明日期的引用文件，其最新版本适用于本清单。

序号	废物类别/代码	危险废物	豁免环节	豁免条件	豁免内容
1	生活垃圾中的危险废物	家庭日常生活或者为日常生活提供服务的活动中产生的废药品、废杀虫剂和消毒剂及其包装物、废油漆和溶剂及其包装物、废矿物油及其包装物、废胶片及废像纸、废荧光灯管、废含汞温度计、废含汞血压计、废铅蓄电池、废镍镉电池和氧化汞电池以及电子类危险废物等	全部环节	未集中收集的家庭日常生活中产生的生活垃圾中的危险废物	全过程不按危险废物管理
			收集	按照各市、县生活垃圾分类要求，纳入生活垃圾分类收集体系进行分类收集，且运输工具和暂存场所满足分类收集体系要求	从分类投放点收集转移到所设定的集中贮存点的收集过程不按危险废物管理
2	HW01	床位总数在19张以下（含19张）的医疗机构产生的医疗废物（重大传染病疫情期间产生的医疗废物除外）	收集	按《医疗卫生机构医疗废物管理办法》等规定进行消毒和收集	收集过程不按危险废物管理
			运输	转运车辆符合《医疗废物转运车技术要求（试行）（GB 19217）要求	不按危险废物进行运输
		重大传染病疫情期间产生的医疗废物	运输	按事发地的县级以上人民政府确定的处置方案进行运输。	
		重大传染病疫情期间产生的医疗废物	处置	按事发地的县级以上人民政府确定的处置方案进行处置	处置过程不按危险废物管理

序号	废物类型/代码	危险废物	豁免环节	豁免条件	豁免内容
3	841-001-01	感染性废物	运输	按照《医疗废物高温蒸汽集中处理工程技术规范（试行）》（HJ/T276）或《医疗废物化学消毒集中处理工程技术规范（试行）》（HJ/T228）或《医疗废物微波消毒集中处理工程技术规范（试行）》（HJ/T229）进行处理后按生活垃圾运输	不按危险废物进行运输
			处置	按照《医疗废物高温蒸汽集中处理工程技术规范（试行）》（HJ/T 276）或《医疗废物化学消毒集中处理工程技术规范（试行）》（HJ/T 228）或《医疗废物微波消毒集中处理工程技术规范（试行）》（HJ/T 229）进行处理后进入生活垃圾填埋场或进入生活垃圾焚烧厂焚烧	处置过程不按危险废物管理
4	841-002-01	损伤性废物	运输	按照《医疗废物高温蒸汽集中处理工程技术规范（试行）》（HJ/T 276）或《医疗废物化学消毒集中处理工程技术规范（试行）》（HJ/T 228）或《医疗废物微波消毒集中处理工程技术规范（试行）》（HJ/T 229）进行处理后按生活垃圾运输	不按危险废物进行运输
5	841-003-01	病理性废物（人体器官除外）	运输	按照《医疗废物化学消毒集中处理工程技术规范（试行）》（HJ/T 228）或《医疗废物微波消毒集中处理工程技术规范（试行）》（HJ/T 229）进行处理后按生活垃圾运输	不按危险废物进行运输
			处置	按照《医疗废物化学消毒集中处理工程技术规范（试行）》（HJ/T 228）或《医疗废物微波消毒集中处理工程技术规范（试行）》（HJ/T 229）进行处理后进入生活垃圾焚烧厂焚烧	处置过程不按危险废物管理

序号	废物类别/代码	危险废物	豁免环节	豁免条件	豁免内容
6	900-003-04	农药使用后被废弃的与农药直接接触或含有农药残余物的包装物	收集	依据《农药包装废弃物回收处理管理办法》收集农药包装废弃物并转移到所设定的集中贮存点	收集过程不按危险废物管理
			运输	满足《农药包装废弃物回收处理管理办法》中的运输要求	不按危险废物进行运输
			利用	进入依据《农药包装废弃物回收处理管理办法》确定的资源化利用单位进行资源化利用	利用过程不按危险废物管理
			处置	进入生活垃圾填埋场填埋或进入生活垃圾焚烧厂焚烧	处置过程不按危险废物管理
7	900-210-08	船舶含油污水及残油经船上或港口配套设施预处理后产生的需通过船舶转移的废矿物油与含矿物油废物	运输	按照水运污染危害性货物实施管理	不按危险废物进行运输
8	900-249-08	废铁质油桶（不包括900-041-49类）	利用	封口处于打开状态、静置无滴漏且经打包压块后用于金属冶炼	利用过程不按危险废物管理
9	900-200-08 900-006-09	金属制品机械加工行业珩磨、研磨、打磨过程，以及使用切削油或切削液进行机械加工过程中产生的属于危险废物的含油金属屑	利用	经压榨、压滤、过滤除油达到静置无滴漏后打包压块用于金属冶炼	利用过程不按危险废物管理
10	252-002-11 252-017-11 451-003-11	煤炭焦化、气化及生产燃气过程中产生的满足《煤焦油标准》（YB/T 5075）技术要求的高温煤焦油	利用	作为原料深加工制取萘、洗油、蒽油	利用过程不按危险废物管理
		煤炭焦化、气化及生产燃气过程中产生的高温煤焦油	利用	作为黏合剂生产煤质活性炭、活性焦、碳块衬层、自焙阴极、预焙阳极、石墨碳块、石墨电极、电极糊、冷捣糊	利用过程不按危险废物管理
		煤炭焦化、气化及生产燃气过程中产生的中低温煤焦油	利用	作为煤焦油加氢装置原料生产煤基氢化油，且生产的煤基氢化油符合《煤基氢化油》（HG/T 5146）技术要求	利用过程不按危险废物管理
		煤炭焦化、气化及生产燃气过程中产生的煤焦油	利用	作为原料生产炭黑	利用过程不按危险废物管理

序号	废物类别/代码	危险废物	豁免环节	豁免条件	豁免内容
11	900-451-13	采用破碎分选方式回收废覆铜板、线路板、电路板中金属后的废树脂粉	运输	运输工具满足防雨、防渗漏、防遗撒要求	不按危险废物进行运输
			处置	满足《生活垃圾填埋场污染控制标准》（GB 16889）要求进入生活垃圾填埋场填埋，或满足《一般工业固体废物贮存、处置场污染控制标准》（GB 18599）要求进入一般工业固体废物处置场处置	填埋处置过程不按危险废物管理
12	772-002-18	生活垃圾焚烧飞灰	运输	经处理后满足《生活垃圾填埋场污染控制标准（GB 16889）要求，且运输工具满足防雨、防渗漏、防遗撒要求	不按危险废物进行运输
			处置	满足《生活垃圾填埋场污染控制标准》（GB 16889）要求进入生活垃圾填埋场填埋	填埋处置过程不按危险废物管理
			处置	满足《水泥窑协同处置固体废物污染控制标准（GB 30485）和《水泥窑协同处置固体废物环境保护技术规范》（HJ 662）要求进入水泥窑协同处置	水泥窑协同处置过程不按危险废物管理
13	772-003-18	医疗废物焚烧飞灰	处置	满足《生活垃圾填埋场污染控制标准》（GB 16889）要求进入生活垃圾填埋场填埋	填埋处置过程不按危险废物管理
		医疗废物焚烧处置产生的底渣	全部环节	满足《生活垃圾填埋场污染控制标准》（GB 16889）要求进入生活垃圾填埋场填埋	全过程不按危险废物管理
14	772-003-18	危险废物焚烧处置过程产生的废金属	利用	用于金属冶炼	利用过程不按危险废物管理
15	772-003-18	生物制药产生的培养基废物经生活垃圾焚烧厂焚烧处置产生的焚烧炉底渣、经水煤浆气化炉协同处置产生的气化炉渣、经燃煤电厂燃煤锅炉和生物发电电厂焚烧炉协同处置以及培养基废物专用焚烧炉焚烧处置产生的炉渣和飞灰	全部环节	生物制药产生的培养基废物焚烧处置或协同处置过程不应混入其他危险废物	全过程不按危险废物管理

序号	废物类别/代码	危险废物	豁免环节	豁免条件	豁免内容
16	193-002-21	含铬皮革废碎料（不包括鞣制工段修边、削匀过程产生的革屑和边角料）	运输	运输工具满足防雨、防渗漏、防遗撒要求	不按危险废物进行运输
			处置	满足《生活垃圾填埋场污染控制标准》（GB 16889）要求进入生活垃圾填埋场填埋，或满足《一般工业固体废物贮存、处置场污染控制标准》（GB 18599）要求进入一般工业固体废物处置场处置	填埋处置过程不按危险废物管理
		含铬皮革废碎料	利用	用于生产皮件、再生革或静电植绒	利用过程不按危险废物管理
17	261-041-21	铬渣	利用	满足《铬渣污染治理环境保护技术规范（暂行）》（HJ/T 301）要求用于烧结炼铁	利用过程不按危险废物管理
18	900-052-31	未破损的废铅蓄电池	运输	运输工具满足防雨、防渗漏、防遗撒要求	不按危险废物进行运输
19	092-003-33	采用氰化物进行黄金选矿过程中产生的氰化尾渣	处置	满足《黄金行业氰渣污染控制技术规范》（HJ 943）要求进入尾矿库处置或进入水泥窑协同处置	处置过程不按危险废物管理
20	HW34	仅具有腐蚀性危险特性的废酸	利用	作为生产原料综合利用	利用过程不按危险废物管理
			利用	作为工业污水处理厂污水处理中和剂利用，且满足以下条件：废酸中第一类污染物含量低于该污水处理厂排放标准，其他《危险废物鉴别标准浸出毒性》（GB 5085.3）所列特征污染物含量低于GB 5085.3 限值的 1/10	利用过程不按危险废物管理
21	HW35	仅具有腐蚀性危险特性的废碱	利用	作为生产原料综合利用	利用过程不按危险废物管理
			利用	作为工业污水处理厂污水处理中和剂利用，且满足以下条件：液态碱或固态碱按 HJ/T 299 方法制取的浸出液中第一类污染物含量低于该污水处理厂排放标准，其他《危险废物鉴别标准浸出毒性》（GB 5085.3）所列特征污染物低于GB 5085.3 限值的 1/10	利用过程不按危险废物管理
22	321-024-48 321-026-48	铝灰渣和二次铝灰	利用	回收金属铝	利用过程不按危险废物管理
23	323-001-48	仲钨酸铵生产过程中碱分解产生的碱煮渣（钨渣）和废水处理污泥	处置	满足《水泥窑协同处置固体废物污染控制标准》（GB 30485）和《水泥窑协同处置固体废物环境保护技术规范》（HJ 662）要求进入水泥窑协同处置	处置过程不按危险废物管理

序号	废物类别/代码	危险废物	豁免环节	豁免条件	豁免内容
24	900-041-49	废弃的含油抹布、劳保用品	全部环节	未分类收集	全过程不按危险废物管理
25	突发环境事件产生的危险废物	突发环境事件及其处理过程中产生的HW900-042-49类危险废物和其他需要按危险废物进行处理处置的固体废物，以及事件现场遗留的其他危险废物和废弃危险化学品	运输	按事发地的县级以上人民政府确定的处置方案进行运输	不按危险废物进行运输
			利用、处置	按事发地的县级以上人民政府确定的处置方案进行利用或处置	利用或处置过程不按危险废物管理
26	历史遗留危险废物	历史填埋场地清理，以及水体环境治理过程产生的需要按危险废物进行处理处置的固体废物	运输	按事发地的设区市级以上生态环境部门同意的处置方案进行运输	不按危险废物进行运输
			利用、处置	按事发地的设区市级以上生态环境部门同意的处置方案进行利用或处置	利用或处置过程不按危险废物管理
		实施土壤污染风险管控、修复活动中，属于危险废物的污染土壤	运输	修复施工单位制订转运计划，依法提前报所在地和接收地的设区市级以上生态环境部门	不按危险废物进行运输
			处置	满足《水泥窑协同处置固体废物污染控制标准》（GB 30485）和《水泥窑处置固体废物环境保护技术规范》（HJ 662）要求进入水泥窑协同处置	处置过程不按危险废物管理
27	900-044-49	阴极射线管含铅玻璃	运输	运输工具满足防雨、防渗漏、防遗撒要求	不按危险废物进行运输
28	900-045-49	废弃电路板	运输	运输工具满足防雨、防渗漏、防遗撒要求	不按危险废物进行运输
29	772-007-50	烟气脱硝过程中产生的废钒钛系催化剂	运输	运输工具满足防雨、防渗漏、防遗撒要求	不按危险废物进行运输
30	251-017-50	催化裂化废催化剂	运输	采用密闭罐车运输	不按危险废物进行运输
31	900-049-50	机动车和非道路移动机械尾气净化废催化剂	运输	运输工具满足防雨、防渗漏、防遗撒要求	不按危险废物进行运输
32	—	未列入本《危险废物豁免管理清单》中的危险废物或利用过程不满足本《危险废物豁免管理清单》所列豁免条件的危险废物	利用	在环境风险可控的前提下，根据省级生态环境部门确定的方案，实行危险废物“点对点”定向利用，即：一家单位产生的一种危险废物，可作为另外一家单位环境治理或工业原料生产的替代原料进行使用	利用过程不按危险废物管理

附录 13

第二批生态环境损害赔偿磋商十大典型案例

一、宁夏回族自治区中卫市某公司污染腾格里沙漠生态环境损害赔偿案

1．案件简介

2019 年 11 月，媒体报道位于腾格里沙漠内蒙古和宁夏交界区域的某公司速生林基地存在环境污染问题。宁夏中卫市和内蒙古阿拉善盟开展情况摸排，核实案件线索。经调查发现，该公司于 2003 年 8 月至 2007 年 6 月违法倾倒造纸产生的黑色黏稠状废物，造成腾格里沙漠内蒙古、宁夏交界区域 14 个地块的土壤、地下水和植被损害。

2020 年 2 月，宁夏中卫市生态环境局、内蒙古阿拉善盟生态环境局和该公司共同委托第三方鉴定评估机构，对其非法倾倒污染物造成的生态环境损害进行鉴定评估。鉴定评估报告量化了生态环境损害，并建议进一步开展林区生态建设的生态环境效益评估，以林区的生态效益，替代性补偿本次土壤和地下水环境损害带来的损失；对效益不足的部分，采用其他方式予以补偿。

2．磋商结果

该案受污染地块主要位于内蒙古，但该公司所在地和受污染的地下水下游位于宁夏，赔偿权利人中卫市政府和阿拉善盟行政公署分属两个省份，在职责分配、赔偿方式、采用的修复技术方法、修复效果评估和后续监管等方面需要两个赔偿权利人与义务人三方达成统一意见，整体磋商难度较大。此外，该案的涉案金额数额高，赔偿义务人自身直接赔付能力不足。

通过探索“一次签约、分段实施”的方式，宁夏中卫市政府、内蒙古阿拉善盟行政公署与该公司于 2020 年 12 月达成赔偿协议。赔偿工作分两个阶段实施：第一阶段开展污染状况调查以及污染清理实施工程，支出费用 4 423 万元；第二阶段开展补偿性恢复、地下水监测、污染地块风险管控、林区管护、生态环境效益评估等工作，并以开展补偿性恢复荒漠和以林地生态效益抵扣两种方式，赔偿生态资源期间服务功能损失 1.54 亿元。2021 年 3 月，中卫市中级法院经审查，作出民事裁定书，对三方经磋商达成的赔偿协议，予以确认。

3．典型意义

该案为生态环境部挂牌督办的案件，是全国第一起跨省联合磋商并获司法确认的生态环境损害赔偿案件，对类似跨省区损害赔偿案件的启动、责任分工、磋商程序、赔偿协议等方面工作提供了较好的借鉴。①两地政府高度重视，有效分工协作，保障磋商顺利推进。宁夏、内蒙古两地省级政府高度重视，多次调度推进。该案磋商过程中，综合前期参与程度、与赔偿义务人磋商便利性等情况，经双方商定，由中卫市政府牵头磋商工作，阿拉善盟行政公署配合，双方分工合作、共同推进，

两地检察机关支持赔偿磋商，保障了赔偿协议的顺利达成。②首次以生态效益抵扣损害，创新了生态环境损害赔偿途径。鉴定评估过程中考虑到该案同时涉及土壤和地下水环境与林地生态系统损害赔偿，创新性地提出了以林区产生的生态环境效益扣抵地下水生态环境损害的方案，为赔偿权利人和义务人所采纳，最终得到了法院的认可。③探索了由赔偿义务人大股东自愿借款或承担部分相关费用的做法，有助于解决赔偿义务人赔付能力不足的问题。该案赔偿义务人的大股东，自愿向其借款偿付污染清理等费用 4 400 多万元，解决了赔偿义务人赔偿能力不足的问题。

4．专家[①]点评

本案作为首例跨省域的生态环境损害赔偿案件，推进了跨省域生态环境损害赔偿协商机制的健全与完善。两地在获取案件线索后，积极开展合作、精准采取措施、科学有效处置，在损害调查、鉴定评估、赔偿磋商、协议签订、司法确认等环节始终保持信息沟通和协调配合，并注重多元主体的充分参与。同时，两地还通过签署《推进解决中卫美利林区污染问题协调机制》和《阿拉善盟—中卫市区域环境污染联防联控合作协议》，形成了八项联防联控机制，推动了制度建设。

在本案中，三方还根据赔偿义务人的主观过错、经济状况等因素，探索“一次签约、分段实施”的方式，创新了以生态效益抵扣损害的生态环境损害赔偿途径，为探索多样化生态环境损害责任承担方式提供了有益的经验借鉴。

二、重庆市南川区某公司赤泥浆输送管道泄漏污染凤咀江生态环境损害赔偿案

1．案件基本情况

2020 年 3 月 12 日，重庆市南川区生态环境局接到群众电话，反映凤咀江福南桥段河面有死鱼的情况，立即安排执法人员现场检查，发现赤泥料浆泄漏进入凤咀江，水体呈现蓝白相间的颜色，大量鱼类死亡。重庆市生态环境局会同南川区生态环境局立即启动突发事件应急处置工作，并组织开展生态环境损害鉴定评估。2020 年 3 月 17 日水质达标，解除应急响应。调查发现，该公司赤泥浆输送管道焊接处因长期高压冲击发生破裂，17 m^3 赤泥浆流入凤咀江顺流而下，致使水体碱度升高，鱼类碱中毒和鳃堵塞缺氧死亡。经第三方机构鉴定评估，本次泄漏事故定性为一般（Ⅳ级）突发环境事件，凤咀江水生态环境、天然渔业资源等受到严重损害。泄漏点至下游约 31.6 km 河段水体 pH 值升高；泄漏点下游河段 14～15 km 约 42 hm^2 水域中鲫鱼、黄颡鱼、土鲶等 10 余种鱼因窒息、碱中毒死亡，累计 1 300 多 kg；生态环境损害量化金额为 70.58 万元。2020 年 5 月 25 日，南川区生态环境局依法作出罚款 1.9 万元的行政处罚。

2．磋商情况

2020 年 6 月 10 日，重庆市生态环境局召开磋商前沟通会议。7 月 2 日，召开了磋商会议，并邀请市检察院三分院、市农业农村委，南川区生态环境局、南川区农业农村委等部门全程参与。重点围绕天然渔业资源损害费用、损害赔偿方式和增殖放流方案以及防止损害再次发生等问题进行磋

① 中国政法大学于文轩教授。

商。经磋商达成一致意见并签订赔偿协议，由该公司承担生态环境损害赔偿费用共计 106.95 万元，其中包括主动投入 36.37 万元对跨江管道实施整改。2020 年 7 月 14 日，双方向重庆市渝北区人民法院申请司法确认；2020 年 9 月 15 日，法院裁定赔偿协议有效。

3．典型意义

该案系重庆市首例突发环境事件应急处置与生态环境损害赔偿同步追责的案件。在创新索赔工作机制、宣传教育等方面积累了较好的经验。

（1）突发环境事件处置与生态环境损害评估同步开展，实现应急处置费用和生态环境损害赔偿一并追赔。突发环境事件发生后，往往由有关政府或有关行政主管部门牵头处置并垫付处置费用，处置结束后再依法追赔。该案在突发环境事件处置阶段同步开展生态环境损害鉴定评估，及时固定有效证据材料，保障生态环境损害鉴定评估的有效性和准确性。该案应急处置及时，生态环境损害赔偿到位，既解决突发环境事件处置费用垫付问题，又节省了处置费用另案追赔诉讼成本。

（2）创新索赔工作机制，多部门齐抓共管、统筹推进。该案对水生态环境、天然渔业资源等造成损害，涉及生态环境和农业农村等多个部门。生态环境部门充分发挥牵头抓总作用，创新工作机制，完善行政执法与生态环境损害赔偿案件线索的衔接，强化横向纵向联动，实现了案件的快速推动。

（3）创新公众参与方式，提高企业环境责任意识。通过强化宣传教育，落实企业主体责任，促使企业从“不愿赔”，到“应该赔”，转变为“主动赔”，积极履行赔偿责任，整改环保设施设备，开展增殖放流修复，自愿接受新闻媒体采访。同时，邀请检察机关、专家、当地居委会及村民代表和新闻媒体参加磋商和增殖放流工作，接受公众监督。该案整合了司法机关、行政机关、企业、公众、媒体等各方力量，共同推动生态环境损害赔偿制度实施，对推进“环境有价、损害担责”理念深入人心起到了积极示范作用。

4．专家[①]点评

本案在处理过程中，充分体现了执法者的法律意识与专业素养。首先是案件处理及时，多个部门及时联动，保证了突发环境事件的有效处置；其次是处理过程合法且高效，特别是磋商过程，无论从程序还是实体上看，都是在严格遵守相关法律制度层面上展开的；再次是真正体现了环境问题需要多元共治的精神，这也是本案最值得总结的地方，包括政府各部门之间的协调配合，行政主管部门与司法机关之间的联动，行政主管部门与行政管理相对人之间的互动，以及广大社会公众积极主动的参与。

三、贵州省遵义市某公司未批先建生态环境损害赔偿案

1．案件基本情况

2019 年 7 月，遵义市生态环境局在执法检查时发现某公司在未取得环评变更批复情况下开展项

① 复旦大学张梓太教授。

目建设，增加建筑物高度 13.46 m，扩建面积为 11 920 m^2，违法占用林地，破坏植被资源，对生态环境造成不良影响。11 月，贵州省生态环境厅委托第三方机构开展了生态环境损害鉴定评估。经评估，项目扩建造成水源涵养、水土保持等绿地生态系统服务功能受损，项目扩建违法增高对景观视觉造成一定的影响，增加的交通运输噪声对周边环境造成危害，应承担生态环损害赔偿责任 1 000 余万元。

2．磋商情况

2020 年 3 月 27 日，该公司作为赔偿义务人提出生态环境修复意愿，积极响应贵州省生态环境厅损害赔偿磋商的提议，双方在案件损害调查阶段同时启动磋商程序。经磋商，双方对损害事实、损害结果、修复方案等达成一致意见，签订了赔偿协议。由该公司开展替代生态环境修复，替代修复工程概算为 1 181.3 万元。

3．典型意义

该案系项目未批先建造成生态系统服务功能损失的案件，在创新评估方法、开展替代修复等方面积累了较好的经验。

（1）涉及损害类型多样，探索了景观视觉影响损害价值评估方法。该案涉及的生态环境受损类型，涵盖了生态系统服务功能受损、景观视觉影响和噪声污染三类。其中，对生态景观视觉影响的评估，探索了新类型生态环境损害评估方法。针对建设项目超规模建设对生态环境和景观视觉造成的影响，制定了与周边环境相适应的生态环境基本恢复和补偿性恢复方案，并测算了超规模建设带来的预期收益增加，针对视觉影响提出了相应的替代性修复方案。

（2）开展替代修复，弥补生态系统服务功能损失。该案选择在邻近区域宜林荒山实施生态环境修复的方式开展替代修复，既能够有效恢复区域内水源涵养和水土保持功能，也能通过大面积的有形绿植在一定程度上填补缺损的生态环境视觉美感，修正和维持生态环境承载限度，体现了修复优先的基本原则，促进了替代修复的有效实施。

（3）探索在调查阶段同步启动磋商，提高修复效率。该案双方在案件损害调查阶段同步启动磋商程序，有利于尽快完成赔偿协议，及时开展生态环境修复，避免损害扩大。该经验为《贵州省生态环境损害赔偿案件办理规程（试行）》所吸纳。

4．专家①点评

本案就先行磋商进行了积极的探索，提高了办案效率，便于生态环境修复工作的及时开展，有效避免了生态环境损害的进一步扩大。这一经验对类似的案件处理具有示范意义。

在本案中，鉴定评估机构还积极探索新型的生态环境损害鉴定评估方法，对于生态环境损害鉴定评估技术和方法的体系完善具有重要的参考价值。本案也充分体现了对生态环境视觉美感价值的重视，很好地回应了“不断满足人民日益增长的优美生态环境需要”的内在要求。

本案选择在邻近区域实施恢复植被替代性修复方式，同时实现了修复区域内水源涵养和水土保

---

① 中国政法大学于文轩教授。

持、提升生态环境视觉美感、降低区域噪声影响、保障生态环境修复实施效果等多重目标。

四、江苏省南通市 33 家钢丝绳生产企业非法倾倒危险废物生态环境损害赔偿系列案

1．案件基本情况

2017 年 5 月，南通市生态环境局开发区分局在执法巡查中发现，张江公路西侧一处空地堆放了疑似磷化渣的大量白色固体，未做防腐、防渗等污染防治措施，场地及四周的土壤发白发绿。经核实，该白色固体为钢丝绳生产废料磷化渣，属于《国家危险废物名录》（2016 年）中的表面处理废物（HW17），系危险废物。经调查，磷化渣是钢丝绳企业在生产加工的过程中，对盘条酸洗磷化后产生的槽渣，呈白色。开发区部分钢丝绳企业将生产过程中产生的磷化渣交由无危险废物经营许可证的第三方进行处置，第三方将收集到的磷化渣堆放在无防渗措施的土地上。南通市生态环境部门、公安部门委托第三方鉴定评估机构开展生态环境损害评估工作，并采取应急处置措施，共处置磷化渣约 18 000 t。经评估，违法堆放磷化渣造成土壤、河道底泥、地下水、地表水损害，生态环境损害赔偿金额 3 100 多万元。

2．磋商情况

该案涉及的钢丝绳生产企业共 33 家，每家企业违法情形差异较大，涉案金额不尽相同，处置、磋商、追偿难度大。在磋商过程中，多数企业存在疑虑，持观望态度。南通市生态环境局认真研究企业的个案情况，不断派专人与相关企业沟通，包括召集企业负责人召开专题会议、上门讲解生态环境损害赔偿的政策法规等，站在企业发展的角度，耐心分析利害关系。2018 年 11 月，经多轮磋商，南通市生态环境局开发区分局与 33 家企业签订系列生态环境损害赔偿协议。33 家企业按照协议约定，缴纳生态环境损害赔偿金 3 108.6 万元。

3．典型意义

该案是典型的同类群发性生态环境损害集中索赔案件，涉案主体多、赔偿金额较大。在群发性案件的办理、创新集中磋商形式、资金管理、加强警示教育等方面形成了较好的作法。

（1）对群发性生态环境损害赔偿案件的办理具有较强的示范意义。该案涉及赔偿义务人众多、责任分配难度大，不同责任主体因可能受到的刑事处罚轻重不同，赔偿意愿差别较大，加大了磋商的难度。部分赔偿义务人已停产，偿付能力弱，追偿难度大。经多轮磋商，南通市生态环境局开发区分局与 33 家企业签订赔偿协议，并全部履行到位。该案对类似群发性生态环境损害赔偿案件的办理提供了经验借鉴和示范作用。

（2）部门联动推进，集中磋商成效明显。南通市人民政府指定生态环境部门组织开展磋商，并抽调多个部门人员成立磋商工作小组，协调推进磋商事宜，创新性采取集中磋商、集中签约的方式，极大提高了办案效率。生态环境部门强化与司法机关的衔接沟通，将赔偿情况作为司法审判时重要情节进行考虑，推动企业主动承担赔偿责任。

（3）创新资金管理，因地制宜开展修复。设立临时赔偿资金专用账户，确保资金用于实际修复，

便于资金使用和监管。结合各污染地块的受污染程度、周边情况及未来用途，因地制宜采取人工恢复、市政工程与修复工程相结合的方式，实现了环境效益和经济效益双赢。

（4）加强警示教育，提高企业环境责任主体意识。该案的办理，对企业危险废物倾倒行为有较强的警示教育作用，有助于规范产废单位的危险废物处置工作。在深入打好污染防治攻坚战的背景下，依法严惩环境污染犯罪、落实生态环境损害赔偿责任，对类似群发性生态环境损害行为具有较强的威慑力，有助于提高企业环境责任主体意识。

4．专家①点评

本案涉及多个赔偿义务人，类似的案件在处理过程中，往往因为难以找到对应的因果关系，而使案件处理变得困难和复杂。

本案处理的亮点是，充分做到刑民案处理过程中的互动。在责任划分问题上，生态环境部门与司法机关保持衔接与沟通，参照刑事案件调查的份额进行民事责任分配，这在一定程度上弥补了生态环境部门在案件调查过程中的短板，同时也节省了人力物力，并提高了效率。

本案的处理，还给了我们一些启示。本案的危险废物是由多家钢丝绳企业共同排放的，为了使今后类似的环境损害能得到及时有效的赔偿，应当考虑逐步建立赔偿责任社会分担机制，即通过建立同类企业的生态环境损害赔偿基金或通过保险制度，化解可能形成的生态环境损害风险。

五、某公司向安徽省颍上县跨省倾倒危险废物生态环境损害赔偿案

1．案件基本情况

2019 年 7 月 15 日，安徽省颍上县生态环境分局接到群众电话反映，刘集乡苏杨村有不明废物倾倒，刺激性气味强烈。经调查发现，现场有一批装有不明液体的塑料桶，气味刺鼻，倾倒与掩埋场地污染痕迹明显。颍上县生态环境分局联合公安机关开展线索核查，经过比对溯源，结合犯罪嫌疑人讯问笔录、涉案公司提交的情况说明、检测报告数据等资料，确定该废物系邻省江西某公司生产过程中的蒸馏残渣和精馏残渣，属于农药废物（HW04 类），危险特性为 T（毒性），于 2019 年 7 月由涉案公司跨省转运至颍上县倾倒，总量约 35 t。随后，颍上县及时组织开展应急处置，将清理出的污染物妥善存放，并委托第三方机构进行生态环境损害鉴定评估。

2．磋商情况

2020 年 4 月，阜阳市人民政府指定阜阳市生态环境局与江西该公司进行磋商。磋商过程中，该公司主张向政府交纳修复费用，由政府组织开展修复工作。阜阳市生态环境局考虑到实际修复中存在的不确定性，为使受损生态环境得到完全修复，要求该公司自行或委托开展修复。后经双方多次磋商达成一致，签订赔偿协议，由该公司委托具有资质的第三方机构开展修复工作。赔偿协议规定该公司承担赔偿费用合计 2 709.23 万元，并公开赔礼道歉。同时，协议约定该公司按照生态环境修复费用的 50%缴纳履约保证金。保证金将根据该公司履行赔偿协议和修复生态环境的情况，分期返

① 复旦大学张梓太教授。

还。2020 年 10 月，阜阳市中级人民法院确认赔偿协议有效。

3．典型意义

该案是一起典型的跨省倾倒危险废物案件，被评为安徽省 2020 年度行政执法十大事件之一，对跨界倾倒案件的沟通处置、索赔程序与刑事追责的衔接、多样化承担方式等均有借鉴意义。

（1）科学处置与强化风险管控相结合，通过部门联动，有效处置跨省倾倒危险废物及附属物。案发后及时组织专业技术人员查看案件现场，研判环境安全与风险情况。委托专业机构编制应急风险管控方案，及时采取应急清理与风险管控措施。为规范妥善处置涉案危废，案发地县级生态环境和公安部门与赔偿义务人所在地生态环境部门、公安机关无缝衔接，监督危险废物的无害化处置。

（2）采用“先民事后刑事”模式，鼓励赔偿义务人及时修复受损生态环境。以生态环境修复为核心，根据有关讯问笔录、涉案公司提交的情况说明、检测报告数据等证明材料，督促涉案公司在刑事案件审结前，积极开展磋商，达成赔偿协议。生态环境部门在赔偿义务人积极履行赔偿和修复义务后，将赔偿协议等证明材料，抄送检察机关和审判机关，作为司法机关审理相关刑事案件时依法从宽量刑的佐证，达到了积极引导赔偿义务人承担生态环境损害赔偿责任的制度效果。

（3）通过缴纳履约保证金的方式，保障受损生态环境得到全面有效修复。考虑到非法倾倒和处置造成的生态环境损害程度范围，修复工作不可能短期内完成，赔偿协议既规定赔偿权利人要全程监管修复，也规定了赔偿义务人缴纳修复保证金，并根据修复进度和效果分阶段返还，确保修复目标的按期实现，修复效果的保质保量完成。

4．专家①点评

本案是在非法处置危险废物犯罪嫌疑人均已到案的背景下，由环境部门和违法企业通过磋商达成生态环境损害赔偿协议，并经人民法院裁定确认协议有效，后由违法企业支付相关赔偿金并实施生态环境修复工程的案例。

生态环境损害案件具有一个共性特征，就是违法企业的行为同时可能具备既违反国家生态环境法规并构成污染环境犯罪、又因污染环境侵害他人合法权益以及环境公益等行政、刑事和民事等多重违法属性。而在违法行为人诸多法律责任的承担上，行政或者刑事制裁违法行为实际上对已经损害了的生态环境于事无补。如果刑事诉讼判决在先，那么违法行为人会在得知不利刑罚后果的情况下产生消极履行赔偿义务的心态，从而影响其与政府部门就索赔事项进行积极磋商。本案采用了将生态环境损害赔偿责任的履行作为刑事审判量刑情节的做法，由政府部门将包括磋商协议在内的相关材料抄送司法机关，为刑事判决时对积极履行责任的义务人从宽量刑提供证据材料，促进了生态环境损害赔偿磋商协议的先行签订和违法行为人实际履行赔偿责任和修复治理的义务。

---

① 北京大学汪劲教授。

六、湖南省沅江市 3 家公司污染大气生态环境损害赔偿案

1．案件基本情况

2020 年 12 月 8 日，湖南省益阳市生态环境局在日常执法检查中发现，沅江市 3 家公司存在超标排放大气污染物的行为，排放废气颗粒物超标倍数分别为 9.02 倍、11.67 倍、20.12 倍。益阳市生态环境局随即对 3 家公司污染大气的违法行为立案处罚，并启动生态环境损害赔偿。经综合考虑 3 家公司违法事实较简单、造成损害较小，根据《关于推进生态环境损害赔偿制度改革若干具体问题的意见》（环法规〔2020〕44 号）和湖南省《关于进一步完善生态环境损害赔偿工作程序的通知》相关规定，决定采用简易程序进行生态环境损害鉴定评估。按照简易程序规定，委托湖南省环境损害司法鉴定评估专家库专家，出具专家评估意见书，认定涉案 3 家公司生态环境损害金额分别为 5.53 万元、10.24 万元和 14.11 万元。

2．磋商情况

2021 年 1 月 29 日，赔偿权利人指定益阳市生态环境局与 3 家公司进行磋商，邀请鉴定专家、沅江市人民政府及沅江市人民法院、市人民检察院、市司法局、市财政局、市税务局等部门参加。磋商过程中，其中一家公司在磋商开始前已自行在厂区周边公共区域植树造林花费近 1.5 万元，该公司认为其替代修复支出费用也应属于积极履行赔偿义务行为。益阳市生态环境局根据实际情况，认可该公司前期植树造林的部分花费可以从赔偿金中予以扣除。经磋商，责任公司认可污染损害事实，同意赔偿。最终分别达成了磋商赔偿协议，由三家公司分别赔付 5.53 万元、10.24 万元和 13 万元，约定赔偿金用于替代修复。

3．典型意义

该案是典型的大气污染物非法排放生态环境损害赔偿案件，在生态环境损害赔偿磋商、简易评估程序选择、虚拟治理成本法使用等方面具有示范意义：

（1）该案采取简易程序，提高了磋商效率。在行政处罚案件办理过程中，同步启动了生态环境损害赔偿。针对生态环境损害事实简单、责任认定无争议、损害较小的实际情况，益阳市生态环境局及时开展调查，采用简易评估认定程序，与赔偿义务人在较短时间内达成赔偿协议并开展修复，实现了磋商效率和修复效益的“双赢”。

（2）针对涉及多家公司的小型大气环境污染案件，探索了集中替代修复模式。该案是湖南省首例生态环境损害集中替代修复案例。3 家公司的生态环境损害行为属于同一类型，发生在同一地区和同一时段，赔偿金额较小，且不适宜原地修复，而单独实行替代修复又无法达到环境质量改善的规模效益。在湖南省生态环境厅的指导下，益阳市生态环境局根据实际情况，选择集中替代修复，打造益阳沅江生态环境损害赔偿警示林。

（3）建设损害赔偿替代修复基地，起到了良好的生态效应和社会效果。该案通过建设修复基地的替代修复方式，弥补了违法公司对大气环境造成的损害，形成占地 11 亩、种植各类树木 509 棵

的警示林，改善了周边空气质量，对大气污染形成警示作用，实现生态效应和社会效应的统一，突显了生态环境损害赔偿制度改革改善民生的良好社会效应。

4．专家[①]点评

大气超标排放案件是我国主要的环境损害案件类型之一，生态环境损害赔偿制度改革启动以来，各级赔偿权利人针对大气污染类损害，启动了千余件生态环境损害赔偿磋商案件，解决了大量人民群众关心的大气环境问题。但在实践中，地方对于鉴定评估方法的选取，赔偿方式的确定仍存在疑问。湖南省益阳市生态环境局作为权利人办理的“沅江市 3 家公司污染大气生态环境损害赔偿案”有以下几个方面的经验值得推广和借鉴。

一是权利人针对三起同区域、同类型大气污染案件，采用了“合并处理，统一磋商”的方式，提高了义务人达成磋商协议的主动性和案件的整体赔偿效率。二是在鉴定评估方面，尽管本案采用了简易评估认定程序，但鉴定评估严格按照国家标准《生态环境损害鉴定评估技术指南基础方法　第 1 部分：大气污染虚拟治理成本法》（GB/T 39793.1—2020）执行，参数选择合理，计算过程严谨。三是选择集中替代性修复的损害赔偿方式，提高了整体赔偿实效。生态环境损害赔偿制度旨在高效推动受损生态环境的恢复，本案权利人充分发挥了该项制度的灵活性优势，同时也保证了赔偿责任的落实到位，取得了良好的社会、环境效益。

七、北京市丰台区某公司违法排放废水生态环境损害赔偿案

1．案件基本情况

2018 年 5 月，北京市丰台区生态环境局在执法检查过程中，发现某公司逃避监管，超标向黄土岗灌渠排放污水，对丰台区水生态环境产生较大影响。2019 年 4 月，依法对该公司处以 50 万元行政罚款。按照《北京市生态环境损害赔偿制度改革工作实施方案》要求，该违法排污案件符合生态环境损害赔偿启动条件，应当由北京市丰台区水务局组织开展相关工作。丰台区生态环境局于 2018 年 8 月发函告知丰台区水务局案件线索情况。2018 年 9 月，北京市生态环境损害赔偿制度改革工作领导小组办公室对调查、鉴定、磋商等事项推进情况进行了调度。为保障损害赔偿工作及时顺利开展，丰台区生态环境局主动协调区财政局，申请鉴定资金 19.64 万元，完成了前期调查和鉴定评估工作。2018 年 12 月，经第三方机构鉴定评估，该公司向黄土岗灌渠违法排污造成的生态环境损害数额为 1 956.72 万元，对丰台区生态环境造成严重影响。

2．磋商情况

经过 2 轮正式磋商和 7 轮非正式磋商，双方最终达成一致，并于 2020 年 4 月签订赔偿协议。协议约定，该公司出资实施公司污水外排和污水处理站提升改造工程，包含新建外排泵站 1 座，污水排水管道 764.2 m，将污水接入市政管网，同时对污水处理站进行提升改造，建设污水管道 135 m，连接污水站出水口至外排泵站。改造完成后，确保将达到地表排放标准的污水排入市政管网，实现

① 生态环境部环境规划院於方研究员。

提标排放。签订协议时，该公司已按照磋商修复方案开始施工建设，并基本完成主体工程，生态环境损害赔偿协议确定的义务内容已基本履行，故未申请司法确认。

3．典型意义

该案是北京市生态环境损害赔偿制度改革启动以来，第一件采取替代修复的赔偿案件。丰台区生态环境局根据实际情况，尝试探索“提标”改造、改善污水排放管道沿线环境质量等多样化责任承担方式。

（1）跨地区多部门密切合作，案件衔接高效有序。该案地跨北京市丰台、大兴两区，排污问题涉及生态环境和水务部门。北京市生态环境损害赔偿制度改革工作领导小组办公室和北京铁路运输检察院发挥跨部门协调和跨行政区划管辖的职能，通过铁路系统内部畅通的沟通渠道，协调生态环境、水务以及鉴定评估机构全方位调查、固定证据，积极督促义务人参加磋商。

（2）多轮磋商解决分歧，耐心细致取得共识。首轮磋商，赔偿义务人认为，其已投入大量资金对设备进行改造，不同意承担 1 900 余万元的损害赔偿。经过多次磋商，案件承办人员耐心细致地讲解生态环境损害赔偿改革制度要求和相关法律规定，提高了义务人的认识，使义务人认识到了违法事实，同意并积极承担“提标”改造和市政公共管网改造的“替代修复”。

（3）积极探索替代修复方式，改善环境多方共赢。由赔偿义务人出资实施该公司污水外排和污水处理站提升改造工程，使污水达到地表排放标准后进入市政管网，降低了下游花乡污水处理厂处理负荷，实现了总量减排。同时，丰台区花乡地区污水管网改造完善使沿途企业的污水也完成了与市政管网的接驳，提升了管线沿途环境质量，形成了政府与企业共治共赢的局面。

4．专家[①]点评

本案亮点在于：经过多轮磋商，赔偿义务人认可了违法事实，并以提标改造和完善市政公共管网的“替代修复”方式承担了生态环境损害赔偿责任。

本案中，赔偿义务人所实施的“替代修复”并非典型意义上的替代修复行为。丰台区水务局在发现向黄土岗灌渠排放污水的行为后，应急组织了相关单位采取了封堵排污口、临时导流和河底淤泥清理等处理措施，事实上已经代为采取避免进一步损害的措施、清理污染物并修复环境，赔偿义务人的修复责任实际上已经转换为修复费用的赔偿责任。因此，本案中赔偿义务人出资建设本该属于政府投资建设的公共设施，可以视为是其后续实质上承担了相当数量的赔款。此外，本案中，原本用于赔偿的资金直接用于环保投资建设，减少了资金流通的中间环节，有助于提高资金利用效率；从另一视角分析，赔偿资金能用于与其业务相关的公共设施建设，也可以提高赔偿义务人履行赔偿义务的积极性。从合理性角度评价，本案中的“替代修复”的方式值得肯定，建议研究如何通过法律程序机制规范和约束相关主体的行为，将试点探索的有益经验转化为法治实践。

---

① 中国人民大学竺效教授。

八、河北省三河市某公司超标排放污水生态环境损害赔偿案

1．案件基本情况

2018 年 8 月 17 日，廊坊市生态环境局三河市分局对三河市某污水处理公司现场调查时，发现该公司 2018 年第二季度在线监测水污染物浓度日均值超标 29 天，其中氨氮超标 28 天，化学需氧量超标 2 天。据此，三河市分局依法责令该公司十日内改正违法行为，并处罚款 20 万元。2019 年 11 月，廊坊市生态环境局经调查核实，认为该公司超标排放污水的情况属实，初步确认已对水生态环境造成了损害，并委托第三方机构开展鉴定评估。由于该案造成的地表水环境损害已无法监测确认，故采用水污染虚拟治理成本法量化超标排放的污水造成的环境损害数额。鉴定结论表明，该公司污水超标排放造成的生态环境损害金额为 181.19 万元。

2．磋商情况

2019 年 12 月 20 日，廊坊市生态环境局向该公司送达了《廊坊市生态环境局生态损害赔偿建议书》，正式启动磋商程序。2019 年 12 月 31 日，在第三方调解机构的主持下，廊坊市生态环境局召开磋商会议。会上，廊坊市生态环境局提供了该公司超标排放污水的证据，对其造成的生态环境损害进行了陈述并要求其进行赔偿。经过磋商，双方达成一致意见并签署了生态环境损害赔偿协议，由该公司以升级改造污水处理设备的方式进行替代修复，将应缴纳的生态环境损害赔偿金 181.19 万元一并用于对污水处理设备的技术改造。协议签订后，双方向廊坊市广阳区人民法院申请司法确认，2020 年 2 月 11 日法院裁定赔偿协议有效。

3．典型意义

该案为生态环境部挂牌督办的案件，涉及超标排放污水造成生态环境损害的赔偿，也是廊坊市办结的第一例生态环境损害赔偿案件。该案具有两个重要意义：

（1）因案制宜，灵活应用鉴定评估方法。该案超标排放行为清楚，因生态环境实际损害难以明确，适用水污染虚拟治理成本法。鉴定评估机构创新采用“边际治理成本+污水处理设施资产边际折旧费”作为超标排放废水的单位治理成本，科学合理。

（2）以案为鉴，倒逼企业升级改造。办案中，寓普法于磋商，经深入宣讲法定义务和责任，赔偿义务人深刻认识到违法行为对生态环境的损害和所需承担的法律后果。义务人不仅承担了生态环境损害赔偿费用，还主动实施升级改造工程项目，以求长远治理效果，工程完工后，企业水污染物排放将提升一个等级，低于规定的排放限值，减轻对鲍丘河水域的污染。

4．专家①点评

流动的水体具有一定的自净和自我修复能力，因此污水超标排放类案件经常面临难以查明案发时生态环境损害具体情况的难题。本案中，赔偿权利人在初步确认赔偿义务人已对水生态环境造成了损害后，采用了虚拟治理成本法量化损害数额，是解决上述问题的有益尝试。

---

① 中国人民大学竺效教授。

不仅如此，本案中赔偿义务人对赔偿权利人提出的生态环境损害赔偿金予以认可，还承诺用远高于赔偿金数额的资金升级改造污水处理设备，说明在承担生态环境损害赔偿责任的过程中，企业履行环境保护的社会责任有望被激发。本案的典型意义在于，环境保护不能仅依靠惩罚、赔偿等事后惩戒和救济措施，还要加强宣传、教育，帮助企业自觉环境守法，走绿色高质量的发展道路，从源头上预防污染环境、破坏生态行为的发生。

九、山东省东营市某公司倾倒危险废物生态环境损害赔偿案

1．案件基本情况

2020 年 5 月 31 日，东营市公安局东营分局接到群众报警，发现在牛庄镇油地融合产业园创新路停有两辆罐车，其中一辆罐车废液已全部倾倒至沟渠，另一辆罐车内废液尚未完全倾倒，现场有 3 名男子死亡。经调查，滨州市滨海化工园区某公司生产过程中产生的废液经 6 次倒手，违法倾倒至该案现场。倾倒过程中，废液中所含的硫化物气体溢出，导致 3 人中毒死亡。本次违法倾倒造成有关水体、土壤、空气等多环境要素污染。案发后，东营市生态环境局赴现场进行初步勘验，牛庄镇政府委托环境检测公司开展应急监测，并迅速采取应急处置措施，紧急清理废液和底泥 801.2 t。东营市生态环境局东营区分局、东营市公安局东营分局委托第三方机构对本次生态环境损害进行鉴定评估。根据鉴定评估结果，该违法倾倒行为造成案发沟渠临近区域空气中氨、硫化氢超标，水体及底泥氨氮、总磷、COD、总氮等超标，严重污染了案发地及周边区域的水体、土壤、环境空气，损害数额约 1 000 万元。

2．磋商情况

在侦查起诉过程中，该公司积极履行生态环境损害赔偿责任，主动缴纳履约保证金 1000 万元。该公司认可鉴定评估结论及审计公司出具的审计报告，同意支付前期应急处置费用、生态修复费用 881.08 万元；对于造成的生态环境损害无法修复的部分，该公司以改造提升水渠及周边环境质量的方式进行替代修复，并承担相关提升改造费用 118.92 万元。2020 年 12 月，东营市东营区人民政府与该公司进行磋商，签订了生态环境损害赔偿协议，并向东营市东营区人民法院申请司法确认。

3．典型意义

该案是一起典型的危险废物违法倾倒突发环境案件，造成人员伤亡及水体、土壤、空气多环境要素污染，社会影响大、损害数额高，在案件办理过程中取得了一系列可供参考的经验：

（1）生态环境修复及时全面。案发后迅速开展应急处置，防止污染扩大；对于造成的大气等生态环境损害无法修复的部分，赔偿义务人以改造提升水渠及周边生态环境质量的方式进行替代修复。

（2）应急联动快速响应，多方配合提高效率。在应急结束后，多部门联合，第一时间启动了该案生态环境损害调查与鉴定评估工作，确保了生态环境损害鉴定评估报告的可靠性和时效性，为赔偿磋商及时收集了有效证据。在正式磋商之前，多次组织该案有关单位（公安、检察院、法院等）

对案件相关情况、修复目标、案件刑事审判等问题进行了有效沟通，确保各单位充分了解案情。

（3）创新资金管理方式，保障修复及时有效。该案涉及赔偿款项目较多，应急处置及后续环境修复时间较长。为保证赔偿金额准确、客观，全程委托第三方审计公司进行审计，并出具了审计报告，为顺利开展磋商奠定了坚实的基础。同时前期积极有效沟通，促使赔偿义务人主动提前缴纳履约保证金 1 000 万元，提高了案件办理效率和磋商的成功率，确保生态环境得到及时修复。

4．专家[①]点评

截至 2020 年年底，山东省是我国启动生态环境损害赔偿案件实践最多的省份，也是全国第一个生态环境损害赔偿案件数过千的省份。“山东省东营市某公司倾倒危险废物生态环境损害赔偿案”在山东省众多案件中具有典型意义，这是一起非法倾倒危险废物引起的突发环境事件，不仅对水体、土壤、空气等多种环境要素造成污染，还导致了人员伤亡。东营市生态环境局办案程序清晰，亮点突出，经验可供参考：

一是案件发生后及时启动应急、损害鉴定评估、索赔等一系列工作，环境应急和损害赔偿有效衔接，大大提高了办案效率；后期同步追究刑事责任和生态环境损害赔偿，确保涉案人承担所有责任。二是在案件办理过程中引入审计进行监管，保证了涉案资金的流通和用途，该措施在涉及金额较大的案件中都可以借鉴使用，有助于顺利开展损害赔偿工作。三是本案权利人山东省东营市人民政府指定区级生态环境部门负责案件生态环境损害赔偿的具体工作，一线部门对辖区社会、经济与环境状况更了解，对办理具体事务流程也更加熟悉，大大提高了办案效率。

《生态环境损害赔偿制度改革方案》规定赔偿权利人为省、市两级人民政府，赔偿权利人根据当地实际情况指定有能力的基层机构负责索赔具体工作，有利于提高索赔效率。

十、浙江省衢州市某公司违规堆放危险废物生态环境损害赔偿案

1．案件基本情况

2019 年 1 月，衢州市生态环境局常山分局执法人员对衢州市某公司开展现场检查，发现该公司非法堆放大量污水处理后的污泥，经鉴定该污泥为危险废物。衢州市生态环境局常山分局于 2019 年 3 月 5 日作出行政处罚决定，责令停产整治，改正环境违法行为，并处以罚款 50 万元，对公司法定代表人处以罚款 8 万元。同时，委托第三方机构开展生态环境损害鉴定评估。经鉴定评估，该公司违规堆存危险废物致土壤受损总量约 4 440 m^3，致地下水受损总量约 2 795 m^3，生态环境损害数额总计 478.67 万元。

2．磋商情况

2020 年 3 月，衢州市生态环境局常山分局围绕修复方式、违约金标准等内容与该公司开展磋商，经多轮磋商，最终于 2020 年 8 月 26 日签订了生态环境损害赔偿协议。根据赔偿协议，由该公司自行开展土壤、地下水生态修复，并在规定时间内通过验收，同时支付损害调查和鉴定评估

① 北京大学汪劲教授。

费用53.9万元；若该公司逾期未履行义务，自规定期限届满之日起，按每日3‰的标准向赔偿权利人支付违约金。2020年9月，双方就该协议向衢州市中级人民法院申请司法确认，衢州市中级人民法院经审查后出具民事裁定书，对赔偿协议进行司法确认。

3．典型意义

该案是浙江省首例开展“一案双查”、启动生态环境损害鉴定评估快速响应机制、设立履责违约金，最大限度保障赔偿并修复到位的“样板”案例。其典型意义主要有：

（1）率先同步开展“一案双查”实践探索。在追究企业及其法定代表人环境违法行政责任的同时，同步启动损害赔偿责任的调查取证，委托第三方机构开展鉴定评估，追究企业的生态环境损害赔偿责任，为解决先处罚后赔偿情况下追赔难问题，在行政执法与损害赔偿的衔接机制上作了积极尝试。

（2）启动生态环境损害鉴定评估快速响应机制。地方积极发挥与鉴定评估机构签订的战略合作协议作用，在发现案件线索后，第一时间联系协议机构开展远程和现场指导，精准高效开展调查，为破解调查取证难、鉴定周期长等问题提供了有益借鉴。

（3）多管齐下确保赔偿修复到位。建立损害调查、鉴定评估、修复评估等费用同级财政预算保障制度，解决困扰案件办理中资金缺乏保障问题；设立未按期履行违约金条款，促使赔偿义务人尽快履责，为保障赔偿修复到位提供了新思路；密切司法协作，邀请检察机关全过程参与指导，并通过法院司法确认赋予赔偿协议强制执行效力，借力司法机关，进一步增强威慑力。

4．专家[①]点评

本案涉及危险废物的违规处置，并造成了土壤和地下水污染。危险废物的违规处置是我国近年重点打击的环境犯罪类型，而且往往涉及土壤和地下水污染，此类案件在我国已启动的生态环境损害赔偿案件中占比最高。衢州市生态环境局常山分局办理的该案件整体程序规范，赔偿修复到位，在磋商协议设计方面富有创新性，为国内同类型案件提供了典型经验。

一是行政执法与生态环境损害赔偿紧密衔接，在行政执法过程中对于判定符合生态环境损害赔偿启动条件的案件，及时委托鉴定评估，为后续磋商工作奠定了良好基础。二是在磋商协议中设置了违约条款，并申请了司法确认，为生态环境损害及时修复治理增加了保障。三是及时开展了修复效果评估，保证环境损害鉴定评估的完整性和生态环境恢复的实际效果。

土壤和地下水污染类案件，一般要开展实际的修复治理，并且可能修复时间较长，金额较高，需要充分考虑执行过程中各环节可能遇到的问题。本案针对如何保障磋商协议执行、修复标准不明晰等问题，提出了有针对性的措施，此类经验值得推广借鉴。

① 生态环境部环境规划院於方研究员。

参考文献

[1] 朱晋峰. 环境损害司法鉴定管理及鉴定意见的形成与采信[M]. 北京：法律出版社，2020.

[2] 司法部公共法律服务管理局. 生态环境损害鉴定评估法律规范与标准汇编[M]. 北京：北京大学出版社，2019.

[3] 於方，张衍燊，张红振，等. 环境污染损害评估方法与案例分析[M]. 北京：中国环境出版社，2013.

[4] 张红振，董璟琦. 环境损害评估：制度、方法与实例[M]. 北京：中国环境出版社，2016.

[5] 吕政远. 环境损害鉴定评估报告的采信机制研究[D]. 上海：上海财经大学，2020.

[6] 李云朔. 污染环境罪视角下环境损害司法鉴定研究[D]. 青岛：青岛大学，2020.

[7] 黄艳. 环境损害司法鉴定问题研究[D]. 兰州：西北师范大学，2020.

[8] 田超，张衍燊，於方. 环境损害司法鉴定：打开环境执法与环境司法新局面[J]. 环境保护，2016，44（5）：62-64.

[9] 喻瑜. 我国环境损害司法鉴定困境与对策[D]. 南昌：江西财经大学，2020.

[10] 官纫惠. 生态环境损害鉴定评估制度研究[D]. 南宁：广西大学，2020.

[11] 王灿发，郑振玉，王旭，等. 中国环境损害司法鉴定的发展路径与管理探索[J]. 环境保护，2017，45（9）：12-15.

[12] 段伟鹏. 环境损害司法鉴定制度问题研究[D]. 郑州：郑州大学，2020.

[13] 曹林杰. 我国环境损害鉴定评估制度研究[D]. 郑州：河南大学，2019.

[14] 刘乘凤. 我国环境损害司法鉴定制度的检视与完善[D]. 济南：山东师范大学，2019.

[15] 谢郭琪. 生态环境损害赔偿制度研究[D]. 桂林：广西师范大学，2019.

[16] 张一凡. 我国环境损害鉴定评估法律制度实证研究[D]. 郑州：郑州大学，2019.

[17] 朱晋峰. 环境损害司法鉴定管理及鉴定意见的形成、采信研究[D]. 南京：南京师范大学，2019.

[18] 谢添. 环境犯罪案件取证问题研究[D]. 重庆：西南政法大学，2019.

[19] 邢洁，曲茉莉，李立欣，等. 中国环境污染损害鉴定评估研究进展[J]. 环境科学与管理，2016，41（5）：34-38.

[20] 陆红. 生态环境损害赔偿制度研究[D]. 唐山：华北理工大学，2019.

[21] 刘玲玉. 我国环境民事公益诉讼损害赔偿标准问题研究[D]. 上海：上海师范大学，2018.

[22] 冉飘. 我国环境损害司法鉴定制度研究[D]. 重庆：西南政法大学，2018.

[23] 孙雪妍. 环境损害司法鉴定程序研究[D]. 重庆：西南政法大学，2018.

[24] 王江. 环境损害司法鉴定：制度框架、现实困境与破解思路[J]. 中国司法鉴定，2018（2）：9-13.

[25] 贾纪立. 诉讼视角下环境损害鉴定评估机制研究[D]. 贵阳：贵州师范大学，2017.

[26] 史升伟. 生态损害赔偿额司法确定问题研究[D]. 郑州：河南财经政法大学，2017.

[27] 庄琳. 对环境损害司法鉴定的若干思考[J]. 环境保护，2018，46（17）：30-34.

[28] 沈莉萍，周丽娜，秦继华，等. 环境损害司法鉴定中若干技术方法论述[J]. 资源节约与环保，2018（6）：127.

[29] 方晴. 环境公益诉讼鉴定评估机制研究[D]. 南京：南京工业大学，2017.

[30] 陈志桢. 论我国环境司法鉴定制度的完善[D]. 湘潭：湘潭大学，2016.

[31] 熊丽丽. 环境民事公益诉讼实证研究[D]. 福州：福州大学，2016.

[32] 郎建，张卫东，李红卫，等. 浅谈环境损害司法鉴定[J]. 中国司法鉴定，2016（2）：24-30.

[33] 霍继男. 环境损害司法鉴定制度研究[D]. 重庆：重庆大学，2016.

[34] 胡环宇. 环境损害鉴定评估司法适用研究[D]. 重庆：西南政法大学，2016.

[35] 陈学敏. 环境司法制度研究[D]. 武汉：武汉大学，2013.

[36] 闫峭. 试论我国环境侵权司法鉴定制度的革新与完善[D]. 西安：西安建筑科技大学，2013.

[37] 游镇宇. 环境污染侵权损害额确定制度研究[D]. 重庆：西南政法大学，2014.

[38] 李清，文国云. 检视与破局：生态环境损害司法鉴定评估制度研究——基于全国 19 个环境民事公益诉讼典型案件的实证分析[J]. 中国司法鉴定，2019（6）：1-9.

[39] 王少东. 我国环境司法若干问题研究[D]. 郑州：河南大学，2014.

[40] 蒋倩文. 环境污染损害鉴定评估机制研究[D]. 长沙：中南林业科技大学，2014.

[41] 雷名星. 长江经济带环境损害司法鉴定的协同发展路径[J]. 中国司法鉴定，2019（4）：16-21.

[42] 马心伟. 我国环境污染损害鉴定评估制度完善研究[D]. 郑州：郑州大学，2015.

[43] 蔡学恩. 专门环境诉讼研究[D]. 武汉：武汉大学，2015.

[44] 侯雪璟. 环境损害鉴定评估制度研究[D]. 保定：河北大学，2017.

[45] 郑秀亮. 开启环境损害司法鉴定新征程[J]. 环境，2018（8）：24-26.

[46] 宋瑞红. 我国环境司法机制研究[D]. 济南：山东师范大学，2017.

[47] 周修友. 关于加强生态环境鉴定评估机制建设的探索与思考——以重庆市为视角[J]. 中国司法鉴定，2019（4）：81-87.

[48] 王云兰. 论我国生态环境修复法律制度的完善[D]. 抚州：东华理工大学，2018.

[49] 黄剑勇. 论生态环境损害赔偿制度的发展方向[D]. 武汉：中南财经政法大学，2018.

[50] 苗宇萍，来晋兵. 环境损害司法鉴定现状及展望[J]. 法制与社会，2021（11）：90-91.

[51] 刘航琦. 环境司法中的专家辅助人制度研究[D]. 重庆：重庆大学，2018.

[52] 任刚. 我国环境侵权诉讼中科学证据可采性规则研究[D]. 重庆：重庆大学，2019.

[53] 胡静，崔梦钰. 生态环境损害赔偿制度框架探究[N]. 中国环境报，2019-12-19（8）.

[54] 天安. 规范环境损害司法鉴定　助推生态文明建设[N]. 中国审计报，2020-04-15（7）.

[55] 吴学安. 司法鉴定助力生态文明[N]. 人民法院报，2019-07-05（2）.

[56] 谷亚晴，赵光. 推进生态环境损害赔偿制度改革实践[N]. 中国环境报，2019-05-23（3）.

[57] 吴学安. 规范环境损害司法鉴定是推进生态文明本应之义[N]. 民主与法制时报，2016-12-10（2）.

[58] 吴学安. 环境损害司法鉴定亟待规范完善[N]. 经济参考报，2017-08-01（8）.

[59] 吴学安. 规范环境损害司法鉴定有助于明确侵权责任[N]. 中国环境报，2018-08-06（8）.

[60] 於方，齐霁，田超. “环境有价　损害担责　应赔尽赔”理念初步建立[N]. 中国环境报，2019-12-13（6）.

[61] 霍桃. 为环境损害司法鉴定立规矩[N]. 中国环境报，2016-01-20（8）.

[62] 许辉. 规范损害鉴定让环境诉讼不再难[N]. 人民法院报，2016-01-16（2）.

[63] 姚伊乐. 环境损害司法鉴定　管理模式有待创新[N]. 中国环境报，2014-10-22（5）.

[64] 乔刚，胡环宇. 我国环境损害鉴定评估司法适用问题与对策研究[C]// 中国环境资源法学研究会、武汉大学. 新形势下环境法的发展与完善——2016 年全国环境资源法学研讨会（年会）论文集. 2016：4.

[65] 陈嵩. 环境污染损害鉴定评估方法在环境司法中的实践[R]. 云南省昆明市环境科学研究院，2013-04-27.

[66] 张红振，王金南，牛坤玉，等. 环境损害评估：构建中国制度框架[J]. 环境科学，2014，35（10）：4015-4030.

[67] 王旭光. 环境损害司法鉴定中的问题与司法对策[J]. 中国司法鉴定，2016（1）：2-8.

[68] 马勇. 从公益诉讼视角看我国环境损害司法鉴定[J]. 中国司法鉴定，2016（1）：9-17.

[69] 曹锦秋，王兵. 论我国环境损害鉴定评估主体法律制度的完善[J]. 辽宁大学学报（哲学社会科学版），2017，45（2）：113-119.

[70] 孙佑海. 环境损害司法鉴定：如何依法有序发展？[J]. 环境保护，2016，44（24）：28-33.

[71] 朱晋峰. 环境损害司法鉴定若干问题探索——基于环境损害责任纠纷实践的分析[J]. 证据科学，2017，25（1）：65-79.

[72] 侯艳芳. 环境损害司法鉴定的现实与理想[J]. 山东社会科学，2017（10）：107-112.

[73] 姜红，赵莎莎. 环境损害鉴定评估制度的司法困境及破解路径——以 10 件环境民事公益诉讼案为例[J]. 贵州大学学报（社会科学版），2017，35（4）：144-151.

[74] 王元凤，王旭，王灿发，等. 我国环境损害司法鉴定的现状与展望[J]. 中国司法鉴定，2017（4）：8-15.

[75] 周丽娜，秦继华，杨丽娟，等. 环境损害司法鉴定的程序及内容概述[J]. 环境与发展，2018，30（8）：220，222.

[76] 於方，赵丹，王膑，等.《生态环境损害鉴定评估技术指南　土壤与地下水》解读[J]. 环境保护，2019，47（5）：19-23.

[77] 赵丹，徐伟攀，朱文英，等. 土壤地下水环境损害因果关系判定方法及应用[J]. 环境科学研究，2016，29（7）：1059-1066.

[78] 生态环境部. 生态环境损害鉴定评估技术指南总纲和关键环节 第 1 部分：总纲：GB/T 39791. 1—2020 [S].

[79] 生态环境部. 生态环境损害鉴定评估技术指南总纲和关键环节 第 2 部分：损害调查：GB/T 39791. 2—2020 [S].

[80] 生态环境部. 生态环境损害鉴定评估技术指南环境要素 第 1 部分：土壤和地下水：GB/T 39792. 1—2020 [S].

[81] 生态环境部. 生态环境损害鉴定评估技术指南环境要素 第 2 部分：地表水和沉积物：GB/T 39792. 2—2020 [S].